Sous la direction de Pierre BRISSON

L'usage des drogues et la toxicomanie

gaëtan morin éditeur

gaëtan morin éditeur
C.P. 2400, SUCC. C, MONTRÉAL, QUÉBEC, CANADA
H2L 4K6   TÉL. : (514) 522-0990

ISBN 2-89105-268-4

Dépôt légal 4e trimestre 1988
Bibliothèque nationale du Québec
Bibliothèque nationale du Canada

L'usage des drogues et la toxicomanie
TOUS DROITS RÉSERVÉS
© 1988, Gaëtan Morin éditeur ltée
123456789 GME 98

Révision linguistique : Élaine Tremblay, linguiste agréée

Distributeur exclusif pour l'Europe et l'Afrique :
Éditions Eska S.A.R.L.
30, rue de Domrémy
75013 Paris, France
☎ **583.62.02**

On peut se procurer nos ouvrages chez les diffuseurs suivants :

ALGÉRIE

Entreprise nationale du livre
3, boul. Zirout Youcef
Alger
☎ (213) 63.92.67

ESPAGNE

DIPSA
Francisco Aranda n° 43
Barcelone
☎ (34-3) 300.00.08

PORTUGAL

LIDEL
Av. Praia de Victoria 14A
Lisbonne
☎ (351-19) 57.12.88

ALGÉRIE

Office des publications
universitaires
1, Place Centrale
Ben-Aknoun (Alger)
☎ (213) 78.87.18

TUNISIE

Société tunisienne
de diffusion
5, av. de Carthage
Tunis
☎ (216-1) 255000

et dans les librairies universitaires des pays suivants :

Algérie	Côte-d'Ivoire	Luxembourg	Rwanda
Belgique	France	Mali	Sénégal
Cameroun	Gabon	Maroc	Suisse
Congo	Liban	Niger	Tchad

Mot du président de l'AITQ

Depuis des années, les intervenants œuvrant auprès des personnes toxicomanes déplorent l'absence de documents pertinents rédigés en français, traitant des divers aspects de leur pratique. La spécificité du sujet et la rareté des textes de référence pertinents obligeaient le lecteur intéressé à recourir aux multiples publications anglophones abordant la question.

L'intervenant francophone soucieux du maintien de sa compétence ne peut qu'applaudir l'initiative du GRAP plaçant à sa portée le savoir et les opinions de plusieurs experts. Tout en confrontant ses connaissances antérieures avec celles des spécialistes d'orientations diverses, l'intervenant puisera dans les pages qui suivent le matériel nécessaire pour perfectionner (ou même modifier, qui sait !) sa perception des toxicomanies.

L'Association des intervenants en toxicomanies du Québec est heureuse d'avoir pu collaborer avec le GRAP pour faciliter la parution du présent ouvrage.

le président,
Claude Giroux

Liste des collaborateurs

☐ **Line BEAUCHESNE**

Professeure au Département de criminologie de l'Université d'Ottawa, elle a entre autres, comme champ de spécialisation, la question des lois et drogues en rapport avec le système pénal. Sur ce sujet, elle a déjà publié plusieurs articles et un volume, touchant plus spécifiquement les questions de prévention et d'abus des drogues chez les jeunes de même que les aspects politiques, économiques et sociaux des lois actuelles.

☐ **Marie-Andrée BERTRAND**

Membre de la Commission d'enquête sur l'usage des drogues à des fins non médicales (Le Dain) au début des années 1970, elle est actuellement professeure titulaire au Département de criminologie de l'Université de Montréal et auteure de nombreux articles traitant de la question des législations en matière de drogue.

☐ **Yvon BLAIS**

Psychologue, il travaille auprès des alcooliques et des toxicomanes depuis onze ans et supervise depuis quelques années le travail des stagiaires au Certificat de toxicomanies de l'Université de Montréal.

☐ **Serge BROCHU**

Détenteur d'un doctorat en psychologie de l'Université de Montréal, il a travaillé à différents postes en intervention et recherche liés à la problématique de la toxicomanie. Il occupe présentement un poste de professeur adjoint à l'École de criminologie et poursuit des recherches dans ce domaine au Centre international de criminologie comparée.

☐ **Michael BRYAN**

Directeur de l'Unité centrale de traitement de Statistique Canada, au Sinclair Center à Vancouver.

☐ **Nicole CARDINAL**

Titulaire d'une maîtrise en anthropologie, elle est présentement chargée de cours au Certificat de toxicomanies de l'Université de Montréal et consultante au service de toxicologie de l'hôpital Santa-Cabrini. Elle fait également partie du Comité national québécois de l'équipe internationale de rédaction de la revue « Psychotropes ».

☐ **Guy CHARPENTIER**

Psychologue de profession et œuvrant dans le domaine de la toxicomanie depuis 1962, il est, depuis 1981, directeur général du Pavillon Jellinek, centre public de réadaptation pour alcooliques et autres toxicomanes situé à Hull.

☐ **Dollard CORMIER**

Détenteur d'un doctorat en psychologie et professeur titulaire au Département de psychologie de l'Université de Montréal, il a fondé en 1970 le Laboratoire de recherche sur l'abus de l'alcool et des drogues qu'il dirige toujours. Auteur de nombreuses publications, il a publié « Toxicomanie : style de vie » et « Pilules mirages : essai sur la qualité de vie des aînés » (en collaboration avec J. Trudel).

☐ **Patrick CRAWSHAW**

Cofondanteur d'une compagnie de consultants sur les programmes d'aide aux employés, à Vancouver.

☐ **André DE CHAMPLAIN**

Responsable de l'élaboration d'un questionnaire d'évaluation pour le programme Bar ouvert ainsi que de l'analyse des données recueillies dans ce cadre.

☐ **Maurice DONGIER**

Ayant fait ses études de médecine et une spécialisation en neurologie à Marseille (thèse de doctorat, 1951), il est diplômé de l'Université McGill (1954). Titulaire d'une chaire de Psychologie médicale et médecine psychosomatique à Liège (Belgique) de 1963 à 1971, il est actuellement professeur de psychiatrie à l'Université McGill depuis 1971.

☐ **Claude GIROUX**

Pharmacien œuvrant depuis 1976 dans le domaine de la toxicomanie, il est actuellement chargé de cours au Certificat de toxicomanies de l'Université de Sherbrooke et président de l'Association des intervenants en toxicomanie du Québec (A.I.T.Q.)

☐ **Georges KHAL**

Né le 6 mai 1945, il a vécu au Canada et demeure présentement en Asie. Journaliste, écrivain, cofondateur de la revue « Mainmise » et ex-professeur au Certificat de toxicomanies de l'Université de Montréal, il s'intéresse principalement à la cybernétique et à la systémique.

☐ **Louis-Raymond KILCHER**

Responsable pédagogique et administratif de la Commission interdépartementale « Drogue dans les écoles », à Lausanne en Suisse.

☐ **Pierre LAMARCHE**

Détenteur d'une maîtrise en science politique de l'Université du Québec à Montréal, il s'est particulièrement intéressé à la question du trafic des stupéfiants auprès de divers pays et d'organismes internationaux. Il a été responsable du dossier « Toxicomanie » pour le ministère fédéral de la Santé et du Bien-être social ainsi que chargé de cours en prévention pour les universités de Montréal et Sherbrooke ; il occupe actuellement le poste de directeur général du centre Domrémy-Montréal, le plus important du genre en réadaptation au Québec.

☐ **Michel LANDRY**

Détenteur d'un doctorat en psychologie de l'Université de Montréal, il occupe depuis mars 1986 le poste de directeur des services professionnels au Centre de réadaptation Domrémy-Montréal, où il a travaillé auparavant comme clinicien pendant près de dix ans. Il est également chargé de cours au Certificat de toxicomanies de l'Université de Montréal.

☐ **Louise LAPIERRE**

Diplômée de l'Université du Québec à Montréal, elle est analyste à la division de la santé de Statistique Canada depuis 1981. Elle a publié des études sur la santé des femmes et des jeunes et prépare présentement deux monographies sur les personnes âgées.

☐ **Pierre LAUZON**

Médecin de famille depuis 1971, d'abord à la Clinique communautaire de Pointe-Saint-Charles, puis au CLSC Centre-sud, il montre un intérêt depuis dix ans pour le traitement des héroïnomanes et est cofondateur du Centre de recherche et d'aide pour narcomanes (CRAN) dont il est actuellement le directeur.

☐ **François LEHMANN**

Depuis dix-huit ans, il pratique la médecine familiale en CLSC et l'enseignement universitaire dans le même domaine. Cofondateur du Centre de recherche et d'aide pour narcomanes (CRAN), il possède une expérience de quinze ans dans le traitement des héroïnomanes à la méthadone.

☐ **Jean MARTIN**

Médecin cantonal adjoint, président de la Commission interdépartementale « Drogue dans les écoles », à Lausanne en Suisse.

☐ **Céline MERCIER**

Assistante professeure au Département de psychiatrie de l'Université McGill, elle est détentrice d'un doctorat en psychologie. Elle travaille actuellement comme chercheure à l'Unité de recherche psychosociale du Centre de recherche de l'Hôpital Douglas où elle est responsable de l'axe consacré à l'évaluation des services de santé mentale.

☐ **Louise NADEAU**

Psychologue, elle est fondatrice et responsable du Certificat de toxicomanies de l'Université de Montréal depuis 1978. Elle est auteure, en collaboration, de « Va te faire soigner, t'es malade » (Stanké, 1981), d'une monographie, « Les femmes et l'alcool » (PUQ, 1984) et de nombreux articles. Elle est également présidente du conseil d'administration de Domrémy-Montréal.

☐ **Pierre PAQUIN**

Formé en psychologie à l'UQAM, il enseigne actuellement au Certificat de toxicomanies de l'Université de Sherbrooke, en plus d'avoir agi comme conférencier à plusieurs occasions sur la question des drogues. Intervenant au Centre de réadaptation « Alternatives » depuis 1977, il est également cofondateur du Bureau de consultation en toxicomanie de Montréal.

☐ **Jacques PERRAS**

Diplômé en psychologie de l'Université McGill, il fut responsable de programme à la Maison Jean Lapointe. Il est actuellement chargé de cours en toxicomanie à l'Université de Sherbrooke et consultant dans le domaine auprès de divers organismes.

☐ **André POUPART**

Détenteur d'une licence en droit de l'Université de Montréal et d'un doctorat de l'Université de Nice dans la même discipline, il est présentement professeur titulaire à la Faculté de droit de l'Université de Montréal.

☐ **Johanne RENAY**

Formée en recherche psychosociale, elle a réalisé de nombreuses enquêtes touchant l'évaluation de programmes et les sondages d'opinion publique. Actuellement psychologue pour le compte de la firme CGEAS (Les Consultants en gestion des établissements des affaires sociales), elle intervient principalement en milieu organisationnel.

☐ **Lise ROY**

Psychologue, directrice du Certificat de toxicomanies de l'Université de Sherbrooke depuis 1985, elle fut intervenante au Centre de réadaptation André Boudreau de 1981 à 1985. Responsable de plusieurs activités et conférences dans le domaine de la formation, elle est membre du GRAP et de l'AITQ.

☐ **Jean-Pierre VALLA**

Formé en psychiatrie à Paris, puis en recherche à l'Université McGill, il est professeur agrégé à l'Université de Montréal. Il a publié en 1983 un ouvrage sur l'expérience hallucinogène et ses travaux dans le domaine l'ont conduit à effectuer de nombreux voyages en Amérique du Sud.

☐ **Marc VALLEUR**

Docteur en médecine, praticien hospitalier au Centre médical Marmottan de Paris dirigé par le docteur Olievenstein, secrétaire de la Société d'enseignement et de recherches sur les toxicomanies (Paris), il a publié de nombreux articles dans des revues psychiatriques et médicales, et est coauteur de « La vie du toxicomane » (PUF, 1982), « La drogue sans poudre aux yeux » (Hachette, 1986) et de « La clinique du toxicomane » (Éditions Universitaires, 1987).

☐ **Guy VERMETTE**

Possédant une scolarité de maîtrise en psychologie de l'Université de Montréal, il a assumé pendant huit ans la fonction de chef d'unité de réadaptation au conseil d'administration de Domrémy-Montréal, ce qui lui a permis d'acquérir une expertise clinique en gérontoxicomanie ; il a également été directeur des services de réadaptation dans la même établissement pendant près de deux ans. Conférencier invité, auteur de publications, il est impliqué dans la formation d'intervenants et agit maintenant comme consultant en gérontologie et en toxicomanie.

Avant-propos

L'idée de publier un manuel regroupant des textes francophones significatifs dans le domaine de l'usage des drogues et de la toxicomanie revient à Pierre Lamarche qui, au printemps 1985, sollicita la collaboration d'auteurs québécois et étrangers sur le sujet. C'est à l'été suivant que le projet a véritablement démarré alors que Martine Bernier entreprit d'effectuer un premier travail de révision des textes soumis. Par la suite, grâce à une subvention obtenue de la Fondation Jean-Lapointe, Pierre Brisson a pris la relève pour donner au recueil sa facture actuelle : la structuration du manuscrit et l'ensemble du travail éditorial et rédactionnel se sont effectués sous sa direction. La coordination du projet fut assurée, du début à la fin, par Lise Roy, responsable du Certificat de toxicomanies de l'Université de Sherbrooke.

Nous tenons à remercier les collaborateurs qui ont mis leur savoir et leur compétence au service des lecteurs. Nous voulons également souligner l'apport des réviseurs qui, par leurs observations constructives, ont contribué à la mise en forme finale des textes. Nous désirons en outre mentionner la collaboration de l'Association de intervenants en toxicomanie du Québec qui nous a permis de publier certains textes inédits, présentés à la Première conférence internationale sur l'alcoolisme et les toxicomanies, tenue à Montréal en octobre 1987.

Cette première publication pose les jalons pour une édition subséquente d'autres volumes afin que soient diffusés les meilleurs textes consacrés à l'étude des drogues et de leurs usages ; nous espérons à cet égard que les volumes à venir pourront compter sur la contribution de l'ensemble des pays francophones. Nous espérons que cette première édition saura être utile aux étudiants, aux professionnels et aux chercheurs auxquels elle est destinée.

Pierre Lamarche
Louise Nadeau
Lise Roy

pour le Groupe de recherche appliquée sur les psychotropes

Table des matières

Introduction

Il n'est en vérité de journée sans qu'il ne soit question de la drogue : sujet privilégié de conversations, de calembours ou de controverses, il alimente les médias de toutes sortes qui affichent l'inquiétude autant que la fascination — quelquefois morbide — de l'époque pour ce qu'il est convenu de qualifier de phénomène, ou encore de fléau majeur de notre temps. Mais au fait, de quoi s'agit-il ? De l'usage généralisé d'une panoplie de produits commerciaux ou de l'abus manifeste de quelques substances étrangères ? Du volontarisme éclatant de quelques leaders politiques ou des intérêts économiques souterrains qui conditionnent les marchés, licites autant qu'illicites ? De comportements à la mode ou de mœurs plusieurs fois millénaires ? D'échanges biochimiques, d'affliction psychologique, de symptôme social ? De la part de Dieu ou de celle du diable ?

Force nous est de constater que le champ de l'usage des drogues et de la toxicomanie se présente aujourd'hui comme un écheveau de discours, de pratiques et d'émotions où il est difficile de départager les faits des fantasmes, la réflexion de la réaction, ce qui compromet une compréhension véritable, autant scientifique que sociale et historique, du phénomène en cause.

Si l'usage des drogues et la toxicomanie renvoient aux pratiques et aux préoccupations quotidiennes de bon nombre d'individus, il s'agit par ailleurs d'un terrain fertile au plan de la recherche et de l'intervention, qui met à contribution aussi bien le domaine des sciences pures (toxicologie, biochimie, neurologie, psychopharmacologie, etc.), que celui des sciences humaines (anthropologie, psychologie, sociologie, criminologie, sciences politiques, etc.) sans oublier le large secteur relevant de l'intervention (médecine, sciences infirmières, travail social, psychothérapie, etc.). Pareil carrefour ne va pas sans heurt comme en témoignent les débats fréquents qui confrontent les tenants de diverses disciplines ou les praticiens d'approches différentes : qu'il s'agisse de tensions entre les conceptions biomédicale et psychosociale de la dépendance aux drogues, de divergences quant à la part de déterminations attribuable à la personnalité ou à l'environnement, ou encore du conflit qui trop souvent oppose théoriciens et praticiens du domaine, les occasions de discussions sont nombreuses. Cet étonnant ménage — qui parfois se fait grinçant — nous apparaît pourtant d'un grand intérêt, comme la richesse d'un champ d'études et de pratiques foncièrement interdisciplinaire en ce qu'il mobilise plusieurs niveaux de lecture de l'expérience humaine et débouche sur une variété de pistes de réflexion et d'action.

En réunissant pour une première fois en langue française un ensemble de textes permettant à un public large de constater l'éventail des dimensions couvertes par la question des drogues, le présent ouvrage veut favoriser une vision globale et nuancée du sujet. La perspective adoptée est résolument interdisciplinaire comme en témoigne la sélection de trente textes, représentatifs de la variété des approches comme de la diversité des points de vue existants sur la question.

Il est clair que la sélection des textes présentés ne peut prétendre être exhaustive attendu l'étendue du domaine qui retient notre attention. Il s'agissait de faire connaître les différentes perspectives à travers des contributions récentes — la plupart inédites — de façon à ce que chacun puisse y trouver un intérêt et, nous l'espérons, également découvrir des facettes nouvelles du phénomène.

Les trente textes présentés sont groupés en trois parties et huit sections thématiques qui tentent de couvrir, sans l'épuiser, la diversité des questionnements et des points de vue sur le sujet. La *première partie*, telle la portion large d'un entonnoir, aborde la réalité de l'usage des drogues et de la toxicomanie comme un *phénomène multiple* : une *première section* présente *le contexte général et les approches de base*, et permet d'aborder le sujet à travers plusieurs de ses dimensions constitutives : épistémologique d'abord (*texte 1*), puis historique et culturelle (*texte 2*), pharmacologique et physiologique (*textes 3 et 4*), et enfin sociologique (*textes 5 et 6*) ; la *seconde section* complète le panorama en traitant plus spécialement de l'importante *question des contrôles législatifs* : on y aborde tour à tour la nature des lois canadiennes actuelles en matière de drogues (*texte 7*), leur genèse historique (*texte 8*), les effets controversés suscités par l'application de ce type de législations (*texte 9*) parmi lesquels le problème du trafic international et de ses implications politiques (*texte 10*) est non le moindre.

Suite à ce tour d'horizon général, la *deuxième partie* nous introduit aux *problématiques spécifiques* en matière d'usage de drogues et de toxicomanie. Ainsi la *troisième section* couvre les *théories et modèles explicatifs* en présentant d'abord un plaidoyer pour une approche systémique du phénomène, qui puisse dépasser en les intégrant les explications classiques (*texte 11*) ; l'article suivant fait état de l'évolution des conceptions de l'alcoolisme et de la crise récente qui remet en question les modèles traditionnellement établis (*texte 12*) ; enfin, cette section se clôt par un aperçu des principales stratégies et résultats de la recherche en génétique de l'alcoolisme (*texte 13*).

Les *quatrième et cinquième sections* proposent ensuite des analyses plus spécifiquement centrées sur *les populations à risques* et *les problèmes de santé publique*. Dans un premier temps, il est question de phénomènes comme l'alcoolisme chez les personnes âgées (*texte 14*), l'expérience masculine de l'alcool (*texte 15*) et la consommation de drogues chez les adolescents (*texte 16*) ; en deuxième lieu, des auteurs discutent de la législation sur la conduite en état d'ébriété (*texte 17*), des toxicomanies autres que l'alcoolisme en milieu de travail (*texte 18*) et finalement, des rapports entre toxicomanie et délinquance chez les jeunes (*texte 19*).

La *dernière partie* du recueil laisse place aux *pratiques particulières* qui animent le champ de l'usage des drogues et de la toxicomanie. Les *modèles et réalités de la prévention* sont couverts par trois contributions : une présentation méthodologique des principales étapes d'une démarche en prévention (*texte 20*) que suit une analyse critique de l'idéologie de même que des principales stratégies préventives actuelles (*texte 21*), le tout complété par l'exposé d'une expérience européenne originale en matière de prévention (*texte 22*). La *section 6* nous introduit ensuite aux *philosophies et pratiques en intervention* à travers quatre points de vue : d'abord une clarification théorique, basée sur une revue de littérature, de ce qu'est l'approche psychosociale dans le traitement de la toxicomanie *(texte 23)* ; puis une présentation du traitement particulier de la narcomanie à la méthadone *(texte 24)* ; finalement, deux textes terminent la section qui présentent chacun à leur façon l'importance des dimensions postcure dans le traitement de l'alcoolisme et des toxicomanies *(texte 25 et 26)*.

La *dernière section* du recueil, qui termine l'éventail des pratiques, fournit un aperçu de *l'évaluation et de la formation* dans le secteur qui nous concerne. Un premier texte propose une démarche méthodologique pour l'évaluation de l'efficacité des programmes *(texte 27)* alors que l'article suivant présente les conclusions des recherches évaluatives sur les programmes en alcoolisme *(texte 28)* ; il est ensuite question de l'évaluation spécifique d'une expérience novatrice en prévention *(texte 29)* ainsi que du portrait sommaire de la formation en toxicomanie au Québec, à travers la présentation d'une expérience particulière en ce domaine *(texte 30)*.

Chaque contribution au recueil se veut une synthèse accessible des principales notions du point de vue ou de la question abordé en rapport avec la thématique centrale de l'usage des drogues ; en ce sens, le style de l'ensemble des textes présente une relative unité, évitant l'utilisation de termes hermétiques, la référence à des concepts trop spécialisés ou encore le recours à une langue qui soit « ésotérique » pour le lecteur. Cela dit, certains textes touchant des matières plus complexes ou techniques que d'autres, pourront peut-être sembler rebutants. Il faut toutefois considérer ce recueil un peu à la manière d'une encyclopédie : nul besoin d'en lire ou d'en digérer toutes les pages pour en apprécier le contenu. Chacun est invité à le consulter selon l'évolution de ses besoins et de sa curiosité, la lecture de certains textes permettant souvent d'en introduire d'autres ou de permettre la relecture de ceux qui auraient été moins bien assimilés, etc. À cet égard, pour faciliter un repérage rapide, tous les textes sont accompagnés d'un court résumé du propos développé ainsi que d'une liste des références pertinentes afin de permettre un approfondissement des sujets traités. L'index auteurs/sujets en fin de volume permet également un repérage plus rapide des centres d'intérêt.

Signalons enfin que, dans le but d'éviter les alourdissements de style que cela aurait inévitablement créé à l'intérieur d'un ouvrage aussi volumineux, le genre masculin inclut, sauf indications contraires, le genre féminin à l'intérieur de tous les textes, sans que cela ne soit bien sûr entaché de quelque discrimination.

Nous osons espérer que l'effort conjugué de plusieurs personnes sur la période de près de trois ans qui fut nécessaire à la production de cet ouvrage puisse porter fruits en suscitant l'intérêt de tous les gens concernés par ce domaine de connaissances. Souhaitons également que l'initiative de publier des textes francophones de qualité sur ce sujet, si elle s'avère utile et enrichissante, puisse devenir une tradition.

Pierre Brisson

Première partie

L'USAGE DES DROGUES ET LA TOXICOMANIE:

un phénomène multiple

Section 1
CONTEXTE GÉNÉRAL ET APPROCHES DE BASE

Chapitre 1

Crise

épistémologique et

expérience

psychotrope*

Georges Khal

Il faisait nuit sur la côte californienne. Quelques heures auparavant, j'avais avalé avec la plus grande difficulté une poudre amère obtenue en broyant cent graines de la fleur Gloire du matin. J'étais très «stone» et trop conscient. J'avais froid et l'estomac encore un peu bouleversé par la nausée de la première heure. Dehors la mer grondait et le vent soufflait sur ma vieille camionnette qu'il pénétrait avec sifflements. Soudain le ciel s'ouvrit: Dieu en sortit, et le diable aussi. Ils se réconcilièrent devant moi, qui me tenait à une distance respectueuse, et disparurent bras dessus, bras dessous. Un scribe que je n'avais pas vu me demanda gentiment de signer le livre des minutes. Héberlué et à demi mort de terreur, je signai.

– « C'est tout? , lui demandais-je.
– Oui, c'est tout. Vous n'étiez là que comme témoin.
– Ah bon! Et alors?
– Rien. Vous pouvez rentrer chez vous.»

Cela me prit trois heures pour redescendre. Et après une nuit de sommeil qui se passa absolument de rêves, je me réveillai pour trouver dans le ciel matinal une singulière confirmation de cette grandiose réconciliation des contraires à laquelle j'avais été convié la veille: le soleil et la lune se tenaient à égale distance l'un de l'autre et à la même élévation. Parfaite symétrie. Fearful symmetry. Voilà, c'était tout, je pouvais rentrer chez moi. Ce que je fis.

---

* Texte inédit.

Introibo ad altere mundi[1]

La planète est malade, mais comme le précise Gregory Bateson, il n'y a pas de crise écologique puisque l'écosystème de la biosphère Terre s'arrangera toujours pour retrouver son équilibre naturel, même si ça lui prend des centaines de milliers d'années. La seule inconnue de cette histoire consiste à savoir si nous ferons toujours partie de cet équilibre. Non, il n'y a pas de crise écologique, il n'y a qu'une crise humaine, ou plus précisément une crise épistémologique, une crise dans notre conception du monde puisque c'est elle qui provoque l'état actuel des choses. Et ce sont moins des solutions techniques qui s'imposent, faisant elles-mêmes partie du problème, qu'un changement radical dans nos attitudes. Seul un changement dans l'état de conscience ou mieux, l'accès à des états de conscience modifiés, peut provoquer ce changement d'attitude et donner naissance à de nouvelles visions du monde.

Or, ces états de conscience modifiés, bien qu'accessibles sous diverses formes depuis des millénaires et ayant même quelquefois été codifiés, sanctionnés dans certaines cultures, se sont, depuis les années 1960, diffusés en Occident de façon massive grâce à la redécouverte des plantes hallucinogènes ou psychédéliques. La vague est passée mais les questions soulevées demeurent. Qu'est-ce donc que ces états de conscience modifiés et pourquoi sont-ils considérés suspects par les puissances de ce monde? Que contiennent-ils de si étonnant qu'ils en arrivent à bouleverser la vie d'individus, à engendrer de nouvelles épistémologies et à susciter chez certains penseurs — Huxley, Leary, Watts et tant d'autres — l'extravagante proposition qu'ils sont la clé de la prochaine étape de l'évolution humaine?

Le labyrinthe

Revenons au cabaret cosmique. À la suite de l'expérience décrite précédemment, je pouvais m'accuser froidement et rationnellement de folie: mais alors, cette accusation participait-elle de ma folie? Si oui, je perdais mon temps à y réfléchir; si non, à quelle instance non touchée par la folie allais-je m'en remettre pour sortir de la contradiction où me plongeait cette auto-accusation de folie, et la folie ne consistait-elle pas justement à me traiter de fou puisqu'il fallait précisément ne pas être fou pour pouvoir me traiter rationnellement de fou et que m'entêter à me traiter de fou prouvait justement à quel point était folle cette accusation de folie, et qu'il suffisait d'aller à la taverne regarder une partie de hockey et y boire quelques bières froides en compagnie de bons copains pour me rendre compte qu'il y a toujours plus fou que soi. Je pouvais au contraire admettre la validité de l'expérience et tenter de la réconcilier avec l'attitude rationnelle avec laquelle je l'observais. Je ne délibérai pas longtemps. L'intensité de l'expérience et la perfection de son déroulement étaient trop

---

1. Déformation volontaire de la phrase latine du prêtre entamant la messe: «*Introibo ad altare dei*».

nettes pour que je la jette au panier de la pathologie. Je n'étais pas assez fou pour cela...

Le Minotaure

Mais qu'est-ce donc qu'être fou? Personnellement, la question m'importait peu mais je cherchais à savoir pourquoi, si je racontais objectivement mon histoire, l'accusation en serait portée par des gens et des instances dont j'étais convaincu qu'il ne pouvait y avoir plus fous. Il s'agissait donc de savoir qui était fou et pourquoi et comment, et surtout qui a le pouvoir d'en décider et au nom de quoi. Histoire naturelle de la pathologie mentale et enjeu énorme pour la tête des individus.

Pourtant, je m'amusais bien avec les psychédéliques — qu'est-ce qu'on peut rire sous l'effet de l'acide ou de la mari! — alors que je risquais la prison (j'y suis d'ailleurs allé), la dénonciation sociale et Dieu sait quoi. Mais qu'est-ce qui leur fait si peur? C'était pourtant simple, nous explique Joseph C. Pearce: l'alcool, en dépit de ses effets nocifs est culturellement acceptable pour se protéger du désespoir alors que nous réagissons instinctivement avec furie contre les psychédéliques; se rendre à la lune en volant à bord d'une machine est une manoeuvre culturelle satisfaisante alors que la prétention de don Juan (chamane yaqui du Mexique, initiateur de Carlos Castaneda) de voler comme un corbeau menace notre vision du monde. Voler comme un corbeau? Avez-vous dit voler comme un corbeau?

Ariane

La solution s'imposait: ils sont fous, je suis sain. Contre leur vision du monde et leur physique (se rendre à la lune ou voler comme un corbeau, c'est strictement et uniquement une question de physique), il y en avait sûrement une autre, meilleure, supérieure, plus vraie, qu'il suffisait de trouver. Et je suis parti, comme tant d'autres, à la grande recherche de l'autre voie. Et je fus, comme tant d'autres, déconcerté par la profusion de ces autres voies. Toujours poussé par cette idée qu'il devait bien exister quelque part la bonne, la vraie, la seule, l'unique, «coke-is-it» solution à tous les problèmes personnels, familiaux, nationaux et universels, je parcourus les interminables régions intellectuelles auxquelles ont donné naissance ce qu'on appelle la Tradition et la virtuosité mythologique des humains. La diversité irréductible des systèmes de croyances et de pratiques ne pouvait que m'étourdir. Qu'est-ce que les humains peuvent inventer comme explications de l'univers et rituels rigolos pour le célébrer! N'importe quoi, me disais-je parfois en hurlant de rire, absolument n'importe quoi et la plupart du temps absolument génial!

Il y avait bien un fil qui semblait courir de l'une à l'autre de ces régions, mais je me suis vite rendu compte que la fameuse unité de ces traditions intellectuelles et religieuses ne s'obtenait généralement qu'au détriment de la complexité de chacune d'entre elles, et en en faussant quelquefois l'esprit et la teneur. Non, les humains étaient décidément d'intarissables machines à créer des systèmes du monde dont la validité semblait n'avoir aucune limite. Mais on a beau être relativiste, le vertige de croire que tout est possible était intenable.

Je revins au point de départ. «What's going on ? Kissé kia la réponse?» Et à force de tourner autour du pot (dans les deux sens du terme), je me rendis compte que s'il ne semblait pas y avoir de réponse unique se dévoilant majestueusement dans l'apothéose éblouissante d'un ultime strip-tease, c'est qu'elles se valaient toutes. Au menu de l'Univers, tous les plats sont offerts et on n'a qu'à se servir. Mais encore une fois, on a beau se dire ça le soir, au moment où le sommeil enlèvera toute espèce d'importance à ces questions, le matin venu, il faut quand même endosser son identité — qui est tout sauf arbitraire — et le système de croyance qui correspond à l'environnement social du jour.

Vers une écologie de la conscience

États de conscience

Je repris donc mes voyages et compris finalement qu'il fallait cesser de jouer au jeu mortel du ou bien/ou bien. Et c'est là que je découvris, pour moi-même, l'existence de différents niveaux de conscience dont la pluralité et la diversité ne pouvaient se résoudre que dans l'unité d'une écologie générale de la psyché, qui conférait à chacun sa place indispensable dans le bon fonctionnement du système. Toute ma vie sembla alors venir se concentrer et se fondre dans un projet qui se forma sur le champ: justifier, valider, célébrer, encourager les différences, projet que le marginal en moi, qu'écoeuraient profondément l'homogénéisation occidentale et son invraisemblable mépris de l'Autre, embrassa avec allégresse.

J'avais trouvé mon fil directeur: la multiplicité se résout dans l'unicité et celle-ci ne peut se manifester que dans la multiplicité. De là, le reste s'enchaînait. Par la suite, toutes mes lectures, dont j'avais l'impression qu'elles se présentaient à moi dans un ordre préétabli (voir folie plus haut), nourrirent lentement et amicalement cette certitude: Gregory Bateson, la cybernétique, la systémique, l'anthropologie, l'ethnologie, Carlos Castaneda, Oswald Spengler, Joseph C. Pearce, l'épistémologie radicale, la mystisque islamique, la philosophie de la Nature du romantisme allemand, l'alchimie, Jung, l'organicisme, le vitalisme, etc.

Plusieurs notions se recoupaient ici: diversité, écologie, symbiose, harmonie. J'avais découvert ma propre diversité psychique où aucun niveau n'avait le droit de se poser en norme universelle des autres et s'arroger le droit de les dominer. Chaque état de conscience était valide dans les limites des activités auxquelles il donnait accès et c'est le jeu ouvert de leur diversité qui leur conférait cette validité. A cette diversité psychique devait correspondre une diversité ethnologique — à laquelle s'appliquaient les mêmes principes de relativisme. Il restait à fusionner le tout dans une théorie écologique générale dont je trouvai les prémisses dans la théorie cybernétique.

Cybernétique: science de l'organisation et de la régulation des systèmes complexes. On a beau dire ça, froidement, avec des termes polysyllabiques, cette régulation demeure un mystère, et qu'est-ce que la psyché sinon un système hypercomplexe (sur lequel sont venus se «péter royalement la gueule» les plus grands génies du siècle) dont la bonne santé dépend de ce que n'en soit exclu aucun des éléments constituants. Rêve, folie, extase, désespoir, délire, visions, révélations, n'appartenaient plus à la pathologie humaine, non plus qu'au radicalisme esthétique (cette brave tentative de «piédestaliser» les marges!): ces états étaient des instances possibles, normales et nécessaires du système psychique, les registres disponibles sur le clavier neurologique. Il n'y avait plus à en faire un plat: tout était possible, tout devenait normal, à condition de l'intégrer dans l'écologie générale du système.

Au-delà du relativisme (assez banal) de cette constatation, je me disais qu'il n'y a pas plus grande victoire sur l'imbécillité officielle «established-since-god-knows-when» que de découvrir, pour soi, qu'après tout on n'est pas fou. Il suffit de transposer cela au niveau ethnique pour se rendre compte que le massacre généralisé des cultures primitives dont on a toujours pensé qu'elles étaient folles, sauvages, dégénérées, pittoresques, est la reproduction fidèle, à un niveau grandiose et terrifiant, du principe d'exclusion. En ce sens, l'Occident constitue la plus grande peste que la planète ait connue.

Comme il se refusait à prendre au sérieux les «divagations» des peuples «primitifs», l'establishment médical et psychiatrique rejetait également ces drogues qui m'avaient permis révélation et apprentissage et que chaque jour célébraient la presse underground et les écrits sérieux de nombreux Américains.

Nourritures de l'esprit

Où trouver nourriture spirituelle et intellectuelle pour assouvir la faim soudainement provoquée par ces découvertes? Il y avait bien l'Orient, particulièrement les Indes, mais le «mumbo-jumbo tautologique» et exaspérant des traductions du sanscrit sous lequel nous parvient le «high-tech» mystique des Indes me laissait complètement froid. Le bouddhisme traditionnel me rebutait par son pessimisme foncier, et le bouddhisme zen des Japonais me déroutait par ses jeux verbaux qui devaient mener à l'illumination. Mais ce n'était pas l'illumination que je cherchais (pour une autre vie, ça), c'était une compréhension de la magnificence et de la complexité du monde pour mieux le célébrer, en musique si possible. Restait le taoïsme, religion-philosophie délicieuse et fortement imprégnée d'écologisme, dans laquelle je retrouvai tous les principes de la cybernétique et de la systémique; je fis du Yi-king, le Livre des mutations, mon Conseiller général délégué à la gestion du système Georges Khal. Depuis, l'humour et la folie de cette philosophie n'ont cessé de me maintenir à flot.

Et puis il y eut la découverte de Gregory Bateson et de son merveilleux livre: *Vers une écologie de l'esprit.* Alors que Marcuse (*Éros et civilisation*) et Norman O. Brown (*Éros et Thanatos, Le corps d'amour*) m'avaient fait sortir de l'enfer auquel m'avait conditionné 15 ans d'abrutissement organisé, Bateson m'indiquait les façons de réintégrer le paradis de ma propre santé mentale. Son projet d'une «ecology of mind» fut une révélation: combien de fois, dans des soirées californiennes enfumées, je me suis répété, avec l'enthousiasme naïf de quelqu'un qui vient de trouver la pierre philosophale, ces mots qui me semblaient le comble du GCI (grand chic international) : *ecology of mind*. Il suffisait de se laisser aller quelques minutes aux implications de cette idée pour se retrouver flottant dans un paradis symbiotique où toutes les différences, ayant enfin droit de cité, n'ont d'autre choix que de se tordre de rire devant l'extraordinaire harmonie sans pilier qui les porte toutes. Mes compagnons de voyage, sans trop savoir dans quel endroit je naviguais, avaient repris à leur compte ce fou rire qui témoignait de la limpidité générale des choses.

Cette écologie de la conscience, seule l'école américaine s'en est préoccupée jusqu'à maintenant (à l'exception du Français Charles Duits, totalement ignoré dans son pays): en plus de Charles Tart, à qui l'on doit la première tentative de systématisation formelle, il y a, bien sûr, Timothy Leary, Alan Watts et John Lilly, qui forment la trilogie cruciale sans laquelle on ne peut comprendre la passion psychédélique qui s'empara des années 1960 et qui servit de locomotive au phantasmatique «problème des drogues» qui depuis hante notre société. Dans *La Politique de l'extase* (Leary, 1973), *La joyeuse cosmologie* (Watts, 1971) et *Programming and Metaprogramming of the Human Bio-Computer* (Lilly, 1968), les bases d'une nouvelle compréhension de la psyché humaine étaient jetées qui, tout en renouant avec d'antiques conceptions, se projetaient dans un avenir (et un langage) tellement «science-fictionnesque» que l'establishment académique, embarrassé par la notoriété et les titres des trois larrons, mais sachant bien reconnaître les dangers qui menaçaient ses intérêts, fut contraint de les clouer sur la croix de la folie. Là-dessus, Thomas Szasz (1976) a tout dit.

Droits neurologiques

«Mais vous êtes pour la légalisation des drogues!» A ce propos, il y a peu de chances que le débat aille au-delà d'un dialogue de sourds... et c'est peut-être mieux ainsi. Comme disait le sublime Lenny Bruce, la pire chose qui pourrait arriver aux drogues illicites, c'est d'être légalisées et de subir le triste sort du pain, du tabac et de la bière.

Je ne recommanderais certainement pas l'usage des drogues à quiconque, pas plus que je ne le déconseillerais. Recommande-t-on aux gens de conduire une automobile? Non, on leur dit: si tu veux conduire une auto, apprends à en conduire une. Ni plus ni moins. Or, les drogues sont-elles autres choses que des véhicules que l'on conduit toujours à ses risques (et Dieu sait s'ils sont énormes)? On peut, tout au plus, défendre le droit de chaque personne à modifier son état de conscience et, dans les limites qu'établit un tel principe, celui de commettre bien des bêtises personnelles. Le droit à l'erreur, en somme.

Ce qu'on a très mal compris chez Timothy Leary et qui fonde toute son éthique, c'est ce principe des droits neurologiques: le droit fondamental que possède chaque personne de modifier son état de conscience — droit qui n'existait explicitement que dans les sociétés de chasseurs-cueilleurs de la préhistoire et qui disparut graduellement de la carte sociale dès la révolution néolithique. Leary (1973) a cherché à créer une nouvelle carte neurologique mais sa tentative ne fut reprise par personne. Faudra-t-il s'en remettre à la nouvelle «cognitive science», synthèse bizarre de la psychologie, de la neurologie, de l'informatique, de l'intelligence artificielle, de la linguistique, etc.? Rien de très sérieux dans tout cela, sinon la neurologie. Tout, encore une fois et toujours, revient à ce sublime et effarant SNC (système nerveux central) sur lequel les poètes et les musiciens en savent toutefois plus que les savants.

Conscience et neurologie

Encore faut-il faire attention lorque l'on parle de neurologie car la tentative de faire correspondre les données neurobiologiques aux contenus vécus de la conscience se heurte au plus insurmontable obstacle que connaît la science aujourd'hui. Passer de l'activité d'une zone corticale au bouleversant sentiment de tendresse que peut inspirer l'épaule nue de la personne aimée, retrouver dans le déclenchement de 100 000 neuronnes le désarroi existentiel que peut provoquer un rocher immobile, observer dans les bousculades synaptiques le raisonnement épistémologique posant avec la plus grande certitude le principe d'incertitude, et retracer dans les embouteillages d'ions le long des axones la fulgurante compréhension du *mysterium conjunctionis* qui fonde l'univers dans la carte alchimique, autant chercher la musique de Mozart dans l'analyse des sillons d'un disque. Ça ne peut tout simplement pas marcher. Aucun rapport. Cul-de-sac formidable.

On en est réduit à élaborer une écologie générale de la conscience où s'inséreraient à la fois les découvertes de la psychologie moderne, les principes de la cybernétique et de la théorie des systèmes, et la sagesse «systématisable» des siècles, et à espérer, si tant est que cela ait la moindre utilité, voir un jour la neurologie, transformée alors en monstre hybride de la «psycho-bio-pharmaco-coco-neuro-bobo-logie», en arriver à formuler son premier F = MA ou Félicité = Maman x Amour.

Il n'existe du reste qu'une seule façon d'aborder le problème avec la moindre chance de succès, c'est la pataphysique, science des solutions imaginaires, et science jumelle de cette science des systèmes de croyances qu'a cherché à fonder John Lilly — qui insiste bien pour dire que cette science fait elle-même partie des systèmes de croyances qu'elle analyse — et où converge toute l'épistémologie moderne.

La nouvelle épistémologie

«It's all in your mind»

Y a-t-il quoi que ce soit qui sous-tende la validité des états de conscience et de leurs contenus? Que faut-il penser des images de réalité qu'ils nous proposent ? Quel est le statut ontologique qu'il faille accorder à ces réalités, comme disait ma grand-mère? Faut-il s'en remettre à la méthode scientifique pour nous expliquer ce qu'est la réalité et nous signifier quelles sont les réalités acceptables? Vous voulez rire, non! Mais courage, toute une branche de la pensée moderne, que j'appelle la nouvelle épistémologie ou l'épistémologie radicale, s'est chargée de ramener cette méthode à sa place et de lui donner une convenable leçon d'humilité.

La méthode scientifique

Mais auparavant un mot de notre commanditaire, Madame Raison. Je ne prétends pas m'élever contre la méthode scientifique en tant que telle puisque, dans les limites normales de son exercice, je trouve son rôle d'outil rationnel somme toute très commode. Mais comment être fermé aux thèses radicales de ceux qui, «contre la méthode» et contre la rationalité scientifique, ont su démontrer l'inanité de ses folles prétentions: à cet égard, je suis tout prêt, dans un acte de profonde humilité épistémologique, à admettre en effet que la rationalité scientifique peut admirablement servir à justifier les génocides et à empoisonner la Terre, mais en tant qu'instrument de survie à long terme, elle peut toujours, comme le dit Bateson, repasser.

Il suffit d'ouvrir n'importe quel ouvrage de mécanique quantique pour s'apercevoir qu'aujourd'hui la science radote autant que les manuels les plus abstrus d'ésotérisme d'hier, et qu'elle délire à l'aide de formules mathématiques aussi fantastiques que les formules incantatoires des vieux grimoires. Lorsque la science en arrive à dire que l'effet se produit avant la cause, torture ces pauvres atomes pour les forcer à vomir des particules qui n'en finissent plus de se multiplier et s'invente des fables du genre «le chat de Schrödinger», il n'y a plus qu'à faire ses valises et partir. Partir avec eux. L'explication de la réalité a perdu ici, merveilleusement, tout contact avec, justement, la réalité. C'était inespéré, n'est-ce-pas! À fouiller désespérément les particules pour n'y trouver que du vide valsant en habits d'ondes, et à y observer suffisamment de régularités pour les décorer de signes abstraits (dont on ne sait plus si on doit chercher à les comprendre — et dit l'un deux: il n'y a que 100 personnes sur terre qui en seraient capables — ou à en admirer les gracieux graphismes), les savants passent à un autre niveau de conscience où les seules solutions plausibles empruntent le vocabulaire de la mystique traditionnelle. Et tout ça, encore une fois, sous le patronage du système nerveux central.

Les principaux théorèmes

Mais revenons à la question fondamentale de la validité des états de conscience modifiés et surtout de leurs contenus. Alors que la rationalité scientifique maintient une très forte tension entre réalité objective et imaginaire (et ce, toujours au profit de la première, le tout formant le complot socio-économique des blancs face aux autres cultures de la planète), la nouvelle épistémologie soutient que la réalité est principalement définie par l'observateur (n'importe quelle andouille sur terre, ou vous et moi) dans son rapport avec l'univers. L'argumentation est complexe et il suffit d'en présenter les grandes lignes et certains de ses plus éloquents porte-parole.

Tout le monde connaît bien sûr le principe d'incertitude d'Heisenberg que l'on peut résumer ainsi: l'observateur influe sur l'observé dans l'acte d'observation et nous ne pourrons jamais avoir un accès pur à la réalité, puisque nous sommes toujours «dans le chemin». Bien que formulé dans le cadre de la microphysique, ce principe a eu des répercussions philosophiques fondamentales dans le projet de définition de la nature «ultime» de la réalité physique.

Selon Heinz von Foerster (1982), le SNC est structuré de telle façon qu'il n'accorde le statut de réalité qu'aux modèles intérieurs dont il obtient confirmation par les autres. Conscience, c'est «savoir avec».

Pour Lilly (1968), l'univers est fonction des états de conscience de l'observateur. Un système de croyance, quel qu'il soit, ne peut, telle une plante survivant dans des conditions environnementales extrêmement précises, exister que dans un environnement psychique adéquat ou l'état de conscience approprié. Aucune limite à ce que le cerveau d'un individu peut imaginer ou croire. Aucune limite à ce qu'un ensemble d'individus peut définir par consensus comme étant la réalité dominante à tel moment précis. Nous vivons dans le monde que simule notre SNC. Pour Lilly, on se crée d'abord un modèle de l'univers et ensuite on réduit le moi à un micropoint que l'on fait circuler dans le modèle comme s'il était vrai.

Pour Humberto Maturana, de l'Université de Santiago, le système nerveux est un système fermé qui ne peut absolument pas faire la distinction entre perception provenant de l'extérieur et hallucination endogène. Seule la culture ou le consensus social peut lui permettre de départager entre les deux, mais toujours selon les critères de sa culture. Selon Maturana, le SNC ne consacre que 25 % de son activité à traiter les informations lui provenant des sens, et consacre l'autre 75 % à maintenir la cohérence de l'image de la réalité ainsi formée. Ce principe de cohérence est, entre nous, assez incroyable.

Reprenant la notion sociologique moderne selon laquelle la réalité est une construction sociale, Pearce (1971; 1975) la pousse à sa conclusion la plus extrême et pose qu'il existe un nombre infini de réalités, toutes également valides, et que cette propriété de l'univers est en fait celle du SNC. Pour John C. Pearce, le représentant le plus vigoureux du radicalisme épistémologique, l'humain est ainsi fait qu'il peut intervenir dans la constitution ontologique de l'univers et restructurer la réalité dans une synthèse libre de ses éléments. S'inspirant de don Juan de Castaneda et du Jésus des Gnostiques, il pose l'être humain comme système ontologiquement ouvert, synthétiseur d'univers.

Un poète, William Blake, et un commentateur de la mystique islamique, Henri Corbin, s'accordent tous deux pour dire que l'organe priviliégié de la connaissance est l'imagination créatrice et que l'univers se dévoile à travers cette faculté divine de l'être humain.

Tous ces auteurs se rejoignent finalement pour dire à quel point nous participons fondamentalement à la structure de l'univers, ce que Pearce appelle l'intervention dans la structure ontologique de l'univers.

Avouons que tout cela n'est pas très facile à comprendre et encore moins à admettre dans ses implications les plus radicales. Mais il suffit d'avoir vécu un état de conscience modifié (soit spontanément, soit par technique mystique, soit à l'aide d'hallucinogènes, soit par privations) pour le saisir intimement. Et dans le domaine qui nous intéresse, combien de gens n'ont-ils pas avoué que leur vie fut changée, ou du moins l'idée qu'ils se faisaient de l'univers, après une forte expérience psychédélique. Mais, comble de malheur pour la méthode, tout ceci est absolument improuvable.

Le radicalisme épistémologique: visions du monde

Aucun individu ne peut vivre sans une quelconque vision du monde, qu'elle soit implicite ou explicite. Il n'y a d'être que dans un mode d'être, dit Pearce. Toute perception est traduction et interprétation selon les termes mêmes de cette vision du monde qui s'arrange toujours pour vérifier ses propres prémices dans le choix extrêmement sélectif des éléments qu'elle perçoit dans l'univers. Selon ce radicalisme, l'univers n'est pas une illusion à surmonter, comme le propose l'Orient, ni un donné absolu à subir, comme le pense l'Occident, mais une construction arbitraire située sur un continuum infini de constructions possibles.

Il n'y aurait pas de vérité finale «out there», accessible enfin un jour en fin de parcours, à la suite d'une longue quête; l'univers soutiendra toutes les vérités, c'est-à-dire toutes les définitions de la réalité, toutes les perceptions possibles. Il s'agit donc moins de croire arriver quelque part que de se loger convenablement là où nous sommes ou parvenons, en sachant que partout tout s'y trouve, ou du moins une version possible de ce tout.

Ce n'est pas que toutes les propositions se valent, la question n'est pas dans le contenu mais dans l'attitude derrière. Seules se manifestent et survivent les propositions qui sont nourries par une absence d'ambiguïté et une concentration totale. La foi qui fait bouger les montagnes (et si nous n'avons jamais vu bouger les montagnes, ce doit être que les personnes qui en ont les moyens trouvent que les montagnes sont très bien là où elles sont).

Nous sommes les cocréateurs du monde, qui se plie selon ses règles à l'idée que nous nous en faisons. Il n'y aurait d'univers que dans cette perception[2].

---

2. Je me souviens de soirées enfumées et acidulées où, à moitié morts du rire provoqué par cet exercice pataphysique, nous nous demandions si l'univers existe sauf dans certains cas, ou si l'univers n'existe pas sauf dans certaines conditions. Nous aboutissions à des paradoxes qui, tout en provoquant une hilarité totale, nous convainquaient de ce que l'univers nous avait créé pour que nous le créions à notre tour. Et si vous croyez que c'est forcer la note, sachez que la mystique islamique est fondée sur ce joyeux tour de passe-passe...

Le radicalisme épistémologique: physiques et natures

Y aurait-il donc plusieurs physiques? Avons-nous le choix? La physique d'une culture peut être magie pour une autre. L'Occident prétend qu'il y a une seule physique plus «vraie» que les autres ou qui les englobe, comme la physique d'Einstein englobe celle de Newton. Mais, dit Pearce, rien n'empêche qu'il y en ait plusieurs. Il n'y a pas de magie ou de surnaturel, ajoute-t-il, mais une infinité de natures possibles. Ici, il est presque nécessaire de décrocher, car il n'y a plus rien de rassurant, et peu d'entre nous sommes capables de demeurer des guerriers à la don Juan. La sécurité ontologique avant tout, mais le prix à payer pour cette sécurité est celui de la pathologie pour ceux et celles qui n'ont pas le même «mérite normal» que nous.

Le physicien David Bohm (1983) parle de «l'infinité qualitative de l'univers». Par moments, je trouve étonnant que l'univers soit ainsi, à d'autres; il me semble qu'il ne pourrait être autrement. Je ne prétends pas que nous pourrons tous un jour être parfaitement à l'aise avec ce principe et se taper des déploiements épistémologiques à volonté (c'est quand même l'univers qui a produit Descartes, Newton et le «mindset» occidental mécaniste rationnel), mais peut-être ce principe pourra-t-il nous réconcilier avec notre diversité et mettre un frein à l'homogénéisation universelle.

Et en voiture pour le problème des drogues...

Aperçu historique

On ne saurait analyser proprement le «problème des drogues» sans le situer dans le contexte de l'écologie psychique générale de l'Occident. Pourquoi, depuis vingt ou trente ans, ce problème des drogues? Notre système chercherait-il à se rééquilibrer psychiquement? «Acidheads», alcooliques, junkies, cocaïnomanes, «speedfreaks», «poteux», «valiumophiles», etc., jetés dans le tourbillon d'une exploration où ils cherchent à stabiliser... mais quoi?

Serait-ce que l'Histoire délire et que, emportée par ce mouvement d'auto-accélération qu'y provoque l'échauffement de la noosphère («ta roue frotte», souviens-toi Barbara), elle se dirige vers cette rencontre finale avec nous-mêmes dont nous ne sortirons peut-être pas vivants? Et qu'est-ce que les drogues viennent faire dans cette histoire?

Dès le milieu des années 1960, l'inconscient de l'Occident éclate et lâche «lousse» dans son atmosphère déjà irrespirable les fabuleuses extravagances, dont il ne s'est pas encore remis, de la génération la plus choyée, la plus nourrie et la plus argentée de l'histoire. Encore une fois, une simple connaissance du mécanisme jungien aurait suffi à le prévoir.

À l'efflorescence baroque du psychédélisme, totalement insoutenable pour le conscient organisationnel du système, qui n'avait alors d'autre choix que celui horrible d'assassiner son enfant[3], succède le nihilisme post-moderne de la «punkitude néovaguante» qui, tout en s'intégrant parfaitement dans la logique pessimiste et amère du protestantisme, préfigure l'apparition de la Bête sociale que le fondamentalisme chrétien nord-américain attend de toute sa haine et qui l'éventrera de l'intérieur (si tant est que la douteuse chronologie apocalyptique dans laquelle il se vautre finira par correspondre aux événements extérieurs). Le nihilisme contemporain correspond peut-être à une restructuration générale des valeurs (la vieille prophétie de Nietzsche) et, dans les affres de la transition, le système cherche par tous les moyens à obtenir un nouvel équilibre, ce qui dans la vie de tous les jours se traduirait par une surconsommation des substances susceptibles de stabiliser les systèmes nerveux individuels.

Et ça n'est pas fini, Gertrude! Appartenant déjà à une génération vieillie, je crains de penser à l'état général de la psyché de l'an 2010, lorsque la génération présente, nourrie de vidéos «sadomaso», mysogines et «diabolicailleux», aura à confronter les réactions de son propre inconscient. La graine psychédélique survivra-t-elle à ce désenchantement du monde qu'elle pourrait précisément régénérer, ne serait-ce qu'en inspirant à ceux qui l'habitent ce respect profond envers la création qui n'est plus, aujourd'hui, que le désuet vestige que nous ont laissé ces civilisations amérindiennes si allègrement génocidées par la bêtise combinée de la France, de l'Angleterre, du Portugal et de l'Espagne, tous pays chrétiens et bien-pensants.

Et lorsque l'on sait que les dénonciations les plus sévères et les plus hystériques ont eu pour cible les hallucinogènes (drogues sacrées des civilisations primitives et préhistoriques) plutôt que les tranquillisants et les stimulants, on ne peut relier cette mauvaise foi qu'au scandale ethnique et au blasphème anthropologique de notre époque. Je préfère un seul Indien d'Amazonie à toute la pourriture blanche qui hante nos villes. Mais je m'emporte certainement...

C'est quoi le problème?

Affirmons, quand même, qu'il n'y a pas de problème de drogues: il n'y a que son mystère, et c'est l'espoir de le résoudre qui fait du mystère un problème.

Il n'y a rien à comprendre dans la drogue et elle ne peut s'expliquer. Déjà sa multiple présence dans les inventaires botaniques de toutes les géographies nous pose une insurmontable difficulté. Soit que la Nature, dont la seule raison de douter de sa profonde sagesse serait qu'elle nous ait engendrés, a cru bon de l'insérer à intervalles réguliers et à doses étonnantes dans les flores univer-

---

3. Voir, à ce propos, l'autobiographie de Timothy Leary traduite en français sous le nom de: *Mémoires acides.*

selles, ce qui soulève alors de formidables problèmes de finalité; soit que Dieu, ou un quelconque ingénieur cosmique, l'ait créée, et alors on ne s'en sort plus.

Par quelque bout qu'on la prenne, et il lui pousse facilement des poignées dans la direction du regard qu'on pose sur elle, elle refuse de céder à la raison d'une description causale qui en déterminerait l'origine, lui assignerait sa place et en répertorierait validement les effets. Au croisement complexe et enchevêtré de la botanique, de la biochimie, de la neurologie, de la pharmacologie, de la psychologie, de la sociologie, de l'anthropologie, de l'ethnologie et de la religion, elle demeure irréductible. Cela ne lui confère certes aucune valeur en soi, mais ne fait que souligner le mystère de son existence.

S'il y a pourtant un «problème de drogues», c'est qu'il est défini tel par des instances qui en ont le pouvoir et dont on ferait bien d'examiner la méthode, les préjugés et les intérêts. Je ne m'attacherai qu'à la méthode, qui repose sur la primauté de la conscience rationnelle et de la causalité scientifique. Par définition, en sont exclus les états de conscience qu'on attribue aux enfants, aux fous, aux femmes, aux primitifs et aux artistes. Dans des marges pathologiques ainsi définies disparaît une quantité pour le moins considérable d'expériences humaines, et ce, au profit d'un monstre prodigieux qui menace de détruire la planète: le mâle génitalisé civilisé blanc occidental chrétien. Alors ça brasse de partout pour chercher à arracher cette plaie et tout le système psychique occidental en prend pour son argent (sous la table et «tax free», bien sûr).

Alors, la solution? Aucune. Il n'y a pas de solution. Nous allons poursuivre notre trajectoire jusqu'à ce que s'épuise l'énergie ou que viennent nous remplacer sur la scène d'autres acteurs. Comme le rapporte Pearce, le train sur lequel nous roulons va trop vite. En sortir, c'est aller au suicide. Y rester, c'est de la folie. Et il n'y a ni conducteur, ni volant, ni freins à ce train. Et du devant nous parvient une terrible rumeur qui pourtant est vraie: il n'y a pas de rails devant le train. La folle machine les dépose devant elle au fur et à mesure qu'elle se précipite dans sa course folle.

Mais il y a une ouverture: il reste toujours le SNC, le consensus et la magie d'une restructuration individuelle des perceptions qui, peut-être, est le plus grand cadeau que nous fait l'univers qui ne demande qu'à ce que nous le réenchantions.

Références

BATESON, G. (1970). *Vers une écologie de l'esprit, tome I*. Paris: Éditions du Seuil. (1980). *Vers une écologie de l'esprit, tome II*. Paris: Éditions du Seuil. (1984). *La nature de la pensée*. Paris: Éditions du Seuil.

BLAKE, W. (1958). *Selected Poetry and Prose*. New York: Random House.

BOHM, D. (1983). *Wholeness and the Implicated Order*. London: ARK Paperbacks.

BROWN, N.O. (1967). *Le corps d'amour*. Paris: Denoël. (1972). *Éros et Thanatos*. Paris: Denoël.

CASTANEDA, C. (1968). *The teachings of don Juan, A Yaqui way of knowledge*. Berkeley: University of California Press.

FOERSTER, H. von (1982). *Observing Systems*. Seaside: Intersystems Publications.

HUXLEY, A. (1954). *The Doors of Perception*. New York: Harper and Row.

LEARY, T. (1973). *La politique de l'extase*. Paris: Fayard.

LILLY, J. (1968). *Programming and metaprogramming in the human bio-computer*. New York: Bantam Books.

MARCUSE, (1970). *Éros et civilisation*. Paris: Éditions de Minuit.

PEARCE, J.C. (1971). *The Crack in the Cosmic Egg*. New York: Pocket Books. (1975). *Exploring the Crack in the Cosmic Egg*. New York: Pocket Books.

SPENGLER, O. (1967). *Le déclin de l'Occident*. Paris: Gallimard.

SZASZ, T. (1976). *Les rituels de la drogue*. Paris: Payot.

TART, C.T. (1975). *States of Consciousness*. New York: E.P. Dutton and Co.

WATTS, A. (1971). *Joyeuse cosmologie*. Paris: Fayard.

RÉSUMÉ

L'auteur effectue le bilan d'une réflexion menée depuis plusieurs années sur l'expérience psychotrope — tout particulièrement l'expérience hallucinogène — en rapport avec l'évolution de nos façons de concevoir l'univers. Partant d'expériences vécues avec certaines drogues hallucinogènes, il retrace sa propre quête intellectuelle et la découverte progressive d'une nouvelle épistémologie, radicale, qui permet de concevoir la coexistence de plusieurs états de conscience et de plusieurs niveaux d'interprétation de la réalité. L'auteur en conclut que ce que l'on qualifie aujourd'hui de «problème de la drogue» est partie intégrante d'une certaine définition de la réalité sociale qui s'est historiquement imposée au sein de nos sociétés.

Chapitre 2
Dimensions culturelle et historique de l'usage des psychotropes*

Nicole Cardinal

L'usage de substances psychotropes est une constante universelle. Les évidences archéologiques connues à ce jour permettent de faire remonter très loin dans le passé le recours, par les sociétés humaines, aux substances susceptibles de créer des modifications perceptuelles ou comportementales notoires. Des sépultures préhistoriques fournissent des témoignages intéressants à ce sujet. À titre d'exemple, des fouilles archéologiques effectuées au Pérou ont permis d'exhumer des restes humains ensevelis avec des statuettes présentant le renflement caractéristique à la joue du «*coquero*» ou mâcheur de coca andin; d'autres fouilles, effectuées en Asie du Sud-Ouest, ont révélé l'antique domestication des alcools fermentés, bière et vin, par les populations locales.

Dans le temps et dans l'espace, les individus ont élaboré des rapports tantôt privilégiés, tantôt banalisés, aux psychotropes. Le recours à de telles substances est un phénomène complexe, qui met en présence au moins deux entités distinctes: la substance psycho-active et le consommateur, occasionnel ou régulier.

Les recherches fondamentales et cliniques en toxicologie décrivent et permettent de mieux comprendre la toxicité intrinsèque et les effets sur l'organisme et sur le système nerveux central des psychotropes. L'approche psychologique dégage des profils de consommateurs et met en lumière certaines vulnérabilités individuelles. Un autre volet s'impose toutefois à l'analyse de l'expérience psychotrope: le contexte d'utilisation. Le rapport substance-individu s'inscrit toujours dans un contexte historiquement et culturellement déterminé.

---

* Texte inédit.

Dès lors, l'usage de substances psycho-actives est vu comme élément d'un ensemble plus vaste qui comprend, entre autres, les valeurs, les attitudes, les croyances, les conceptions de la réalité, les connaissances de l'individu consommateur et du groupe auquel il appartient, bref ce qu'il est convenu d'appeler la dimension culturelle. À ce vaste ensemble s'ajoute la dimension sociologique, avec des variables telles que le statut économique, le niveau d'éducation, le type de résidence (urbaine ou rurale), auxquelles il faut ajouter le contexte économique et politique propre à chaque époque et à chaque lieu.

L'adoption culturelle des substances psychotropes

On invoque souvent la grande disponibilité d'une substance psychotrope au sein d'une société comme une des causes majeures de surconsommation ou de problèmes liés à l'usage. Il est vrai qu'une plus grande accessibilité influence le taux de consommation, mais on connaît des exemples qui relativisent la prépondérance de ce facteur. L'étude classique de Carstairs[1] en Inde fournit un exemple d'une société qui disposait dans les années 1950 du cannabis et de l'alcool comme substances licites: bien que chacune de ces substances ait été librement et également accessible à la population, l'usage qu'en ont fait les diverses sous-cultures indiennes a été fort différent. Ainsi, alors qu'une caste supérieure encourageait la consommation du cannabis chez ses membres et décourageait toute consommation, même légère, d'alcool, une autre caste supérieure proposait des choix diamétralement inversés.

Cet exemple met en évidence le rôle d'un autre facteur important dans l'adoption d'une substance psychotrope: la substance doit satisfaire — même si cette satisfaction n'est qu'illusoire — un ou des besoins valorisés par le groupe. Ainsi, dans l'exemple cité plus haut, la caste qui proposait le cannabis à ses membres valorisait au plus haut point le détachement de soi et l'habilité à entrer en communication avec l'absolu; le cannabis était perçu comme un moyen de faciliter le retrait du monde et l'atteinte de l'extase mystique. La caste qui proposait l'alcool valorisait le courage, la domination et percevait l'alcool consommé avec modération comme un bon fortifiant.

Il ne suffit donc pas qu'une substance soit accessible pour qu'elle soit automatiquement adoptée et intégrée à la vie socioculturelle ou économique d'une société. Encore faut-il que cette substance, sur le plan symbolique ou dans ses effets psychopharmacologiques, s'accorde avec la vision de soi et la vision globale de l'univers proposées par une culture.

---

1. Voir CASTAIRS, G.M. (1954). Daru and bhang: cultural factors in the choice of an intoxicant. *Quarterly Journal of Studies on Alcohol*, 12: 220-237.

Dans le recherche de satisfaction des besoins valorisés par le groupe, ce sont très souvent les individus qui croient avoir le plus de difficultés à atteindre les objectifs et les idéaux proposés par leur groupe qui font le plus grand usage des substances en libre circulation. L'exemple indien illustre bien cette assertion. Dans chacune des castes supérieures, les principaux consommateurs des psychotropes proposés étaient les individus les moins importants dans la hiérarchie, ceux qui recherchaient un quelconque renforcement psychologique pour leur permettre d'atteindre les normes du groupe.

La société jamaïcaine contemporaine nous fournit un autre exemple de choix préférentiels de substances psychotropes, en accord avec des systèmes de valeurs particuliers à chaque groupe: les consommateurs de rhum d'une part, adhérant au système de valeurs protestantes, les consommateurs de cannabis d'autre part, membres du mouvement politico-religieux rastafari[2].

La grande accessibilité d'une substance influence sa consommation au sein d'une population. Toutefois, certaines sociétés ont adopté et fortement intégré une substance peu accessible: c'est le cas des adorateurs de peyolt mexicains. Les Huichols doivent se déplacer à pied, sur des centaines de kilomètres, pour s'approvisionner en peyolt, un petit cactus hallucinogène. Cette substance psycho-active est peu accessible, pourtant elle est intimement liée à la vie socioculturelle du groupe. La «plante qui fait les yeux émerveillés» — un des alcaloïdes du peyolt est la mescaline — constitue le signe central de leurs célébrations rituelles et de leur religion. La signification symbolique du peyolt est fondamentale pour eux: manger le cactus, c'est manger la chair des dieux, c'est communier symboliquement avec la divinité du peuple huichol.

La dimension symbolique est présente chaque fois qu'une société ou qu'une sous-culture adopte un psychotrope. Dans le questionnement actuel sur l'usage ou sur l'abus de telle substance, certaines interrogations méritent d'être formulées: quel symbole y a-t-il derrière une substance? Quelles craintes ces symboles masquent-ils? Qu'est-ce qui fait, dans une société, qu'une substance particulière soit si attrayante?

Code socioculturel et contrôle social

Dans l'insatiable recherche de satisfaction des besoins valorisés par la société, on doit bien se rappeler que ce que les individus disent rechercher par l'usage des psychotropes, c'est aussi ce qu'ils disent rechercher sans leur concours. Ce qui est recherché est toutefois rarement atteint au terme de l'expérience psychotrope.

L'usage de subtances psychotropes dépend en large partie de facteurs socioculturels et économiques, facteurs qui viennent tantôt limiter la consom-

---

2. Voir BEAUBRUN, M.H.M. (1982). Jamaïque: modes contrastés d'utilisation du cannabis. *Les problèmes de la drogue dans leur contexte socioculturel*, Genève.

mation, tantôt l'approuver, voire l'imposer, et tantôt l'interdire. Les facteurs économiques sont parfois tels qu'ils s'opposent au langage idéologique et au code socioculturel en place dans une société. Dans de telles conditions, des substances psychotropes inconnues d'une population sont introduites et plaquées de l'extérieur, en l'absence de toute norme de consommation préalable. C'est, le plus souvent, dans les pays en voie de développement qu'apparaissent de telles situations. Les populations sont déstabilisées par des changements socio-économiques importants et sont ignorantes des dangers potentiels des drogues occidentales; des substances psychotropes sont offertes, ou subtilement imposées, et des modèles de consommation littéralement aberrants sont proposés à des populations non préparées à intégrer ces substances potentiellement toxiques.

De façon générale, le code socioculturel, présent dans toutes sociétés et particulier à chacune d'elles, dresse les frontières entre ce qui est permis et défendu, entre ce qui est possible et dangereux. Ce code s'applique à la consommation de substances psychotropes, mais existe tout autant pour régir l'ensemble des comportements sociaux. Ce code est édifié et s'appuie sur la vision de soi et la vision du monde que partagent les individus d'un même groupe. Ce code socioculturel, appris, partagé et transmis de façon largement inconsciente aux individus qui partagent la même culture, réglemente le contrôle social.

C'est tout à la fois au niveau matériel et au niveau symbolique que s'effectue le contrôle social en matière de substances psychotropes. Législations, sanctions, contrôles au stade des approvisionnements sont autant de mécanismes matériels de régulation ou de résistance à une consommation jugée problématique.

Une autre série de mécanismes renforcent toutefois les mécanismes matériels. Il s'agit des mécanismes symboliques: l'éducation, l'élaboration de stéréotypes, la philosophie, la religion viennent moduler l'intégration du code socioculturel. Ces mécanismes symboliques s'avèrent d'une importance capitale dans l'émergence et le développement de contrôles individuels et collectifs et de normalisation de la consommation ou de la surconsommation de substances psycho-actives. Les agences internationales de contrôle en matière de stupéfiants s'accordent d'ailleurs à dire qu'un contrôle qui ne serait que matériel (par exemple, un contrôle sévère des approvisionnements) n'est pas suffisant pour stopper une consommation jugée nocive. Toute intervention doit s'appuyer sur les mécanismes de contrôle symboliques pour espérer avoir quelque chance de succès à moyen et à long terme.

Le code socioculturel n'est pas statique; la culture évolue, se transforme en intégrant les éléments nouveaux qui surgissent constamment. Le témoignage des sociétés passées et actuelles nous donne de sérieuses informations sur un puissant perturbateur du code socioculturel: le changement social.

Toutes les sociétés ont à faire face au changement, que ce changement soit positif ou négatif. Toutes n'arrivent toutefois pas à s'ajuster efficacement à des niveaux élevés de stress social, qu'ils résultent de phénomènes tels que l'industrialisation, l'urbanisation, l'accélération du changement, la désorganisation sociale. Toutes n'arrivent pas non plus à satisfaire les besoins nouveaux ou à rétablir l'équilibre nécessaire entre besoins et moyens. Or, les problèmes liés à la surconsommation de psychotropes ont une plus grande prévalence dans les sociétés qui sont aux prises avec des difficultés d'ajustement au changement social. De telles conditions entraînent un affaiblissement des normes, une confusion d'identité, qui se répercutent sur l'usage de substances psychotoniques.

L'évolution des usages

La lente et vacillante histoire des diverses substances psychotropes adoptées depuis des millénaires par les sociétés passées et présentes comme singuliers messagers des dieux, troublants poisons ou aimables passe-temps, nous permet de saisir, par-delà l'actualité, les puissants rapports que les hommes ont établis avec certains produits toxiques.

Depuis les premiers contacts avec les plantes «magiques» jusqu'aux contextes actuels de consommation et de surconsommation des drogues licites et illicites, nous pouvons constater la lente ascension, la longue transformation des usages. Contextes sacrés, médicinaux, guerriers, conviviaux, hédonistes se succèdent ou se côtoient depuis un lointain passé, nous permettant de mesurer l'évolution des attitudes à l'égard des psychotropes qui, souvent, nous sont devenus trop familiers.

Des ouvrages entiers dressent le profil historique des divers psychotropes bien connus de l'Occident. Le lecteur intéressé aux détails historiques, aux conséquences événementielles et aux contextes économiques et politiques qui entourent l'usage de telles substances aura tout intérêt à s'y référer. Dans les pages qui vont suivre, c'est davantage à la toile de fond culturelle, symbolique et matérielle que nous ferons référence, pour comprendre ces rapports tantôt privilégiés, tantôt banalisés, qui lient les hommes et les sociétés aux substances de l'esprit. Nous prendrons tour à tour comme modèle l'alcool, le cannabis et la cocaïne.

L'alcool

Voilà des millénaires que les hommes entretiennent avec les boissons alcooliques des rapports privilégiés. Les premières boissons éthyliques connues de l'humanité sont les boissons fermentées: elles sont obtenues à partir de la fermentation de sucres végétaux (le vin, le cidre), de sucres animaux (l'hydromel, le lait fermenté), ou de dérivés amylacés (la bière).

La distribution des boissons fermentées est quasi universelle. Seuls les Aborigènes australiens, les populations de plusieurs îles du Pacifique et celles de l'Amérique au nord du Mexique ont ignoré les boissons fermentées avant la colonisation de leurs territoires, à l'époque moderne.

Les premières évidences archéologiques d'utilisation par des populations humaines de produits éthyliques fermentés proviennent de l'Ancien Monde et concernent la vigne, utilisée à l'état sauvage en Asie du Sud-Est il y a neuf mille ans.

La découverte des propriétés de fermentation des substances riches en sucres ou en amidon s'est vraisemblablement produite de façon forfuite et indépendante dans différentes parties du monde. Alors que les populations issues de Mésopotamie constataient la présence de liquides éthyliques dotés de propriétés «magiques», les populations méso-américaines et sud-américaines découvraient à leur tour les troublantes propriétés de boissons produites à partir d'agaves ou de maïs.

Est-ce la curieuse «ébullition» des moûts durant la phase de transformation des sucres en éthanol (*fermentare* en latin signifie littéralement «bouillir») ou la modification du comportement provoquée par l'absorption du liquide fermenté, qui a entouré les premières boissons éthyliques d'une symbolique particulière? On peut imaginer que l'un et l'autre phénomènes observés par les populations anciennes soient responsables de l'idée d'une origine divine attribuée aux boissons fermentées.

Cette origine divine nous est rapportée dans les trois premiers documents écrits: les Veda, l'Ancien Testament, l'Iliade et l'Odyssée, de même que dans les chroniques des premiers voyageurs européens en terre d'Amérique.

Il existe entre les mythologies indo-européennes et méso-américaines une constante quant à l'origine divine des boissons fermentées. Ces boissons, aussi bien le vin des religions orientales que le pulque mexicain, apparaissent liés aux idées de vie, d'immortalité, de connaissance, d'alliance, d'amour, de sagesse, de vérité. Les mystères de Dionysos, divinité de la végétation avant d'être dieu du vin, nous renvoient à cette symbolique du vin, signe de renaissance. Plus tard, le vin, symbole de vie, d'immortalité, d'alliance, se trouvera associé, avec les premiers Chrétiens, aux mystères de leur religion.

C'est dans un contexte sacré que s'élaborent les premières consommations collectives de boissons fermentées. Consommé par l'officiant et les prêtres de la religion, ou par le peuple aux fêtes religieuses, l'alcool fermenté sert à ouvrir les âmes au monde sur-humain. L'intoxication éthylique ou ivresse, dans ce contexte sacré et religieux, est considérée comme une extase divine, ou du moins un état de possession par un esprit bienveillant.

Le caractère divin du psychotrope semble en réserver l'usage aux seuls initiés et aux seuls rassemblements religieux, du moins au début. Par la suite — si nous portons une attention particulière à la seule évolution de la consommation du vin —, les fêtes associeront peu à peu les rites religieux et les rites civils jusqu'à ce que le vin en vienne à souligner les événements importants de la vie profane. Un contexte convivial de consommation des boissons fermentées se dessine.

Il ne faut pas croire que le passage d'un contexte sacré à un contexte convivial banalise la consommation alcoolique au point qu'elle devienne un phénomène de masse. Il ne faut pas oublier que dans l'antiquité, la production des boissons fermentées est aléatoire. La conservation est loin d'être garantie. Les quantités font souvent défaut et les distributions sont mal assurées. Des différences socio-économiques et sociodémographiques dans la consommation se précisent. Ces différences relèvent du domaine symbolique et idéologique aussi bien que du domaine matériel: code du comportement, mais aussi plus ou moins grande accessibilité au produit.

Les grands vecteurs de diffusion du vin, colonisation et christianisme, témoignent à leur tour des forces combinées, à la fois matérielles et idéologiques, dans l'adoption, puis l'intégration du psychotrope au système de valeurs et aux habitudes de boire des populations nouvellement conquises. Les conquêtes de l'Empire romain illustrent bien les grands progrès des vignobles et de la consommation de vin dans les nouveaux territoires conquis. Le vin revêt le caractère de prestige du colonisateur romain et apparaît comme l'ornement nécessaire à tout vassal de haut rang. Le vin, symbole de prestige du colonisateur, rappelle l'attrait des boissons distillées en provenance des grands pays industrialisés auprès des populations africaines et asiatiques contemporaines.

Il faut attendre l'établissement des débits publics de boissons, à la fin du Moyen Âge européen, et surtout la mise au point et la diffusion de la technique de distillation alcoolique, pour voir apparaître dans la sphère publique des abus jusqu'alors sporadiques et réservés au seul domaine privé ou familial. En d'autres termes, abus et dépendance alcooliques ne font surface dans les consciences collectives et ne revêtent un caractère public qu'à partir du moment où des boissons alcooliques à fort titrage sont disponibles en dehors de la sphère domestique.

Non pas que l'abus et la dépendance alcooliques n'aient pas existé auparavant. Les observateurs romains de l'antiquité reconnaissent les effets pernicieux d'une surconsommation alcoolique. Ils notent des problèmes comportementaux et même des mortalités résultant d'intoxications éthyliques; les noms d'alcooliques célèbres de l'antiquité sont d'ailleurs parvenus jusqu'à nous. Ils condamnent les abus au nom de la morale romaine et ce, plus particulièrement au moment où les poussées impérialistes de Rome entraînent des modifications profondes, économiques, mais surtout spirituelles, dans la cité romaine.

Les risques d'abus, rappelons-le, semblent d'autant plus grands dans une société que des facteurs tels le changement social rapide, la désorganisation sociale, le non-ajustement aux tensions internes et externes sont importants.

Il faut attendre le XIII⁰ siècle européen pour voir apparaître dans les fioles des apothicaires une préparation médicamenteuse miracle, une véritable panacée, l'*aqua vitae*. Cette eau-de-vie est obtenue par le procédé de distillation appliqué à l'alcool fermenté. Alors que la fermentation alcoolique produit des liquides renfermant tout au plus 15 à 18 degrés d'éthanol, la distillation permet d'obtenir des solutions beaucoup plus concentrées.

Le procédé de distillation était déjà connu des Grecs au début de l'ère chrétienne, mais n'avait pas été appliqué aux liquides alcooliques. Ce sont les grands alchimistes arabes du IX⁰ siècle qui parviennent à dégager l'«esprit» du vin.

La diffusion de cette nouvelle boisson alcoolique s'est faite lentement à ses débuts. Les apothicaires et les médecins sont les premiers à faire connaître et à prescrire cette reine des potions médicinales. C'est donc dans un contexte médicinal qu'a pris naissance la consommation de «spiritueux».

Avec les Hollandais du XVIIᵉ siècle, nous assistons à l'exploitation industrielle et commerciale d'un produit qui n'était, au Moyen Âge, que le résultat du travail solitaire d'apothicaires. Ce qui était substance médicinale devient un produit de consommation courante, destiné d'abord aux équipages des navires hollandais et aux clients des pays fréquentés par la flotte marchande hollandaise.

Certaines populations ont été plus particulièrement sensibles aux risques qu'un tel produit présentait. Les classes laborieuses anglaises du XVIIIᵉ siècle représentent un cas souvent cité d'alcoolisme de masse à une époque qu'il est convenu d'appeler l'«ère du gin». Cette période sombre des rapports des hommes avec l'alcool permet de mettre en lumière les conditions socio-économiques sous-jacentes au développement d'abus sérieux.

Le gin, introduit en Angleterre par les soldats anglais au retour des guerres continentales, était accessible aux prolétaires anglais et vendu à meilleur prix que leur traditionnelle bière anglaise. Les nouvelles lois concernant la tenure foncière dans les campagnes, récemment adoptées par le parlement, avait forcé nombre de propriétaires terriens à s'orienter vers d'autres activités lucratives, parmi lesquelles figurait la distillation des grains. Le gin, produit de distillation souvent de mauvaise qualité, était une solution éthylique plus concentrée que la bière. La nouvelle substance présentait un profil comparable à celui de la bière, ce qui a favorisé sa popularité: sa consommation a symboliquement été associée à la virilité, et ses effets offraient une intoxication jugée satisfaisante, en ce qu'ils provoquaient une amnésie partielle des conditions de pauvreté prévalantes dans la classe prolétaire.

Les conditions générales de vie de cette classe étaient particulièrement éprouvantes: chômage accru en raison de l'immigration croissante vers les villes des ouvriers agricoles sans emploi, logements insalubres, promiscuité, hygiène déficiente, conditions pénibles de travail en usines, bouleversement des valeurs traditionnelles. Il faut attendre l'amélioration de ces conditions générales de vie, un meilleur équilibre entre besoins et moyens, de même que l'élaboration et la mise en application de lois visant à augmenter les taxes sur le gin — rendant cette boisson inaccessible à la masse laborieuse — pour qu'on assiste, non pas à l'abandon de toute consommation alcoolique, mais bien au rejet du gin et au retour à la bière, boisson traditionnelle des classes prolétaires anglaises.

Pendant ce temps, dans les salons des milieux aisés, l'habitude de boire des eaux-de-vie et autres brandy se développait, en s'appuyant — tout en le renforçant — sur le mythe de l'*aqua vitae* : médicament, digestif, remontant, agréable panacée à consommer après une longue journée.

Même si l'alcool est connu depuis des milliers d'années, l'ampleur de la dépendance physique et psychologique à l'éthanol est un phénomène récent. Le mouvement d'alcoolisation des sociétés a fait un nouveau bond en avant au XXe siècle. Des couches nouvelles des populations occidentales, les femmes et les jeunes, ont adopté et banalisé l'usage de boissons alcooliques. Les différentes formes d'alcool, particulièrement les boissons distillées, ont de nos jours une distribution universelle; des populations nouvelles sont confrontées à un usage de substances éthyliques sans qu'elles soient culturellement préparées, souvent à un moment où elles ont à faire face à un stress social important ou à une accélération du changement social. Encore de nos jours, les mécanismes de contrôle des sphères matérielles et symboliques devront se conjuguer pour que les populations puissent transiger de façon sécuritaire avec cette substance psychotrope licite.

Le cannabis

Plus de 350 noms servent à désigner le cannabis dans le monde, soit la plante elle-même, soit ses préparations. Ses lointaines origines, mais surtout sa grande souplesse écologique expliquent les multiples appellations qui lui sont données. On retrouve le cannabis dans différents environnements et sous diverses latitudes.

Il semble que le cannabis soit originaire d'Asie centrale. Sa culture et son usage se seraient diffusés à la faveur des religions chamanistiques. Inscrit dans la pharmacopée chinoise depuis le troisième millénaire avant Jésus-Christ, sa vocation de plante médicinale se dessine et s'élabore parallèlement à sa vocation sacrée et religieuse.

Introduit en Inde par des tribus iraniennes d'Asie centrale, le cannabis s'est intégré à la vie quotidienne et aux activités religieuses de sorte que la philosophie et la religion indiennes se sont rapidement liées aux effets de la plante. D'autre part, c'est aux recherches botaniques des moines hindous que l'on doit une amélioration de la variété *indica* que l'on nomme *sinsemilla*[3].

De l'Inde, l'usage du cannabis se répand au Moyen-Orient. Les Arabes, privés d'alcool par un puissant interdit religieux, adoptent la substance qui s'avère compatible avec le code moral et comportemental coranique. Ils consomment le cannabis en infusion ou en friandises très sucrées.

Les invasions arabes contribuent à diffuser la plante et son usage en Afrique du Nord et en Espagne. C'est par les marins portugais et espagnols que le cannabis gagne les côtes du continent américain. Il faut attendre le débarquement des esclaves noirs africains et l'arrivée plus tardive des travailleurs immigrants en provenance de l'Inde pour voir s'établir une consommation rituelle et sociale circonscrite à ces groupes ethniques. Au début de ce siècle,

---

3. Plant femelle non fécondé, très potent en THC.

l'usage social aux États-Unis ne s'était propagé qu'aux communautés de travailleurs immigrants mexicains.

Même si le cannabis était connu dans l'antiquité pour ses vertus médicinales et utilisé pour soulager plusieurs malaises, l'Occident très chrétien n'adopte pas cette substance comme psychotrope. Le cannabis *sativa* sera néanmoins cultivé en France et en Angleterre, surtout à partir du XVIe siècle; c'est à la qualité textile de ses fibres qu'on s'intéresse alors. Il faut bien reconnaître que, même fumée, la variété *ruberalis* utilisée dans la fabrication de toiles et de cordages n'aurait présenté que peu d'intérêt sur le plan psychopharmacologique, du moins pas plus qu'une simple cigarette de ficelle.

En Occident, la première attribution d'un comportement dangereux induit par le haschisch remonte aux croisades menées par le roi de France, le futur saint Louis, contre les soldats de l'ordre des Ismaéliens, les redoutables «hachischins». La terreur que les guerriers fedawis engendrait autour d'eux était telle que le haschisch qu'ils consommaient s'est vu attribuer les pires méfaits aux yeux des croisés.

De nouvelles inquiétudes, d'importants débats surgiront beaucoup plus tard, au milieu du XIXe siècle, au moment où l'intérêt croissant du monde scientifique et médical suscite une forte curiosité de la part de l'avant-garde littéraire et artistique pour cette substance qui donne aux sons «une couleur, (aux) couleurs (...) une musique»[4].

Des médecins coloniaux anglais de retour des Indes britanniques avaient introduit le haschisch en Angleterre et certains cherchaient à l'employer dans le traitement de troubles mentaux. Un psychiatre français de Tours, par ailleurs assidu des salons littéraires, voyait dans cette substance un parfait psychotomimétique dont l'emploi pourrait même servir comme modèle de la psychose. À la faveur d'échantillons offerts à Théophile Gautier, le Club des Hachichins voyait le jour et une nouvelle substance psychotrope venait prendre place dans les salons de l'élite littéraire et médicale de l'époque.

Aux États-Unis, l'extrait de *cannabis sativa* de Tilden était prescrit par les médecins. Quelques abus avaient été rapportés. Mais l'usage en dehors du contrôle médical, à des fins hédonistes, n'a pas pris d'ampleur. Il s'est cantonné à quelques groupes isolés, particulièrement aux musiciens de jazz noirs du Sud, jusqu'à ce qu'il éclose dans les rituels des communautés de jeunes Américains des années soixante.

Les débats qui suivirent la consommation de haschisch par l'avant-garde scientifique et artistique du XIXe siècle ne sont pas sans rappeler, dans leur fond comme dans leur forme, ceux qu'a provoqués la vague de consommation de marihuana par les «enfants-fleurs» des années soixante.

5. CARDINAL, N., PARADIS, J. et LACASSE, Y. (1983). Cocaïsme et cocaïne. *Le médecin du Québec*. Mars.

Licite dans certaines sociétés, illicite en Europe et en Amérique, les attitudes se rapportant au cannabis s'appuient sur des considérations médicales et scientifiques, mais surtout sur des réflexions idéologiques. Avant que les chercheurs n'aient isolé les molécules responsables de l'action psycho-pharmacologique du cannabis, les études versées au dossier de cette substance étaient contradictoires, et le discours scientifique sur ses effets ne pouvait être fondé sur une argumentation irréfutable. Il faut attendre 1969 pour que soit produit l'isomère de la substance responsable des principaux effets psychotropes du cannabis, à la suite de quoi des expérimentations parfaitement reproductibles purent être entreprises. Avant cette date, les arguments des partisans et détracteurs de la légalisation du cannabis avaient un poids plus idéologique que scientifique.

Les inquiétudes concernant le cannabis se sont davantage situées au niveau des valeurs. L'éthique occidentale, qui impose le contrôle de soi et une orientation de l'action vers le futur, ainsi que le pragmatisme qui désapprouve l'extase ou le retrait du monde matériel, s'opposent au cannabis et ont contribué à exacerber l'inquiétude de l'Occident à propos d'une substance psychotrope encore de nos jours défendue dans nos sociétés.

La cocaïne

La cocaïne, extraite des feuilles de l'*Erythroxylum coca* depuis des millénaires par les mâcheurs de coca andins à des fins rituelles, médicinales et conviviales, a mis longtemps avant d'atteindre l'Europe et l'Amérique du Nord.

Les rapports des populations andines avec la plante suivent une séquence souvent observée avec les autres substances psychotropes: origine divine, usage sacré, usage religieux, puis usage médicinal et convivial. Après la destruction de l'empire inca par les conquérants espagnols, la mastication des feuilles de coca devient banalisé et cet usage normalisé se poursuit de nos jours chez les autochtones les moins enculturés[5]. Toutefois, les bouleversements survenus dans l'exploitation des *cocales* suite à la production sur place de la pâte de coca, étape intermédiaire dans l'extraction de la cocaïne, ont sensiblement modifié les habitudes des *coqueros*. Les populations locales chiquent moins, mais plutôt fument des *bazucos*, cigarettes faites d'un mélange de pâte de coca et de tabac. Les risques, tant pour la santé individuelle que collective, en sont considérablement accrus en raison de modifications quant au dosage et à la voie d'absorption, mais aussi en raison de l'état de désorganisation sociale de ces populations.

Avant l'importation vers l'Europe des feuilles de coca, ce sont les légendes et récits fabuleux de messagers incas capables de franchir de longues distances sans ressentir la moindre fatigue qui ont frappé l'imagination populaire des conquérants. Il faudra attendre trois cents ans après la conquête espa-

---

5. CARDINAL, N., PARADIS, J. et LACASSE, Y. (1983). Cocaïsme et cocaïne. *Le médecin du Québec*. Mars.

gnole pour que la feuille de coca atteigne l'Europe et les États-Unis et qu'on constate qu'il pouvait y avoir du vrai dans les légendes. En 1859, Albert Niemann isole un des alcaloïdes de la feuille de coca: la cocaïne. C'est comme médicament que cette substance est d'abord utilisée, acquérant une solide réputation comme anesthésique et comme tonique; citons son emploi comme anesthésique local en chirurgie oculaire à partir de 1884, et sa consommation comme potion médicinale dans de nombreuses préparations à base d'extrait de feuilles de coca, dont le fameux vin Mariani et le non moins célèbre coca-cola. L'utilisation à des fins médicales de poudres catarrhales en a propagé l'usage. L'inhalation de la cocaïne s'est répandue au début du siècle lorsqu'on a su, hors des milieux médicaux, que cette substance produisait un sentiment de bien-être et donnait de l'énergie: une nouvelle drogue de la rue était née.

L'innocuité de la cocaïne fut rapidement mise en doute par des médecins, dont Freud, après qu'ils eurent observé la forte dépendance psychologique qui se développait chez les consommateurs. Ce qui n'a pas empêché la première vague de cocaïnomanie de déferler sur les milieux bougeois, intellectuels et médicaux, avant d'atteindre la classe moyenne.

Deux générations plus tard et c'est le retour en force de la poudre blanche au sein de la société nord-américaine qui semble manifester un intérêt particulier pour la cocaïne. On observe en effet au sein de notre société un déplacement des valeurs. De nouvelles valeurs, axées sur le culte du moi narcissique sont apparues. La discontinuité temporelle, l'insécurité, le vide spirituel de notre culture nord-américaine génèrent de l'anxiété, l'affaiblissement de l'équilibre psychique et un ébranlement de l'identité. Ce malaise général entraîne une recherche individuelle de thérapies offrant des résultats immédiats[6]. Certains peuvent trouver dans la cocaïne un remède qui répond à leur soif d'immédiat alors que d'autres, pour qui la formule «trop d'argent, pas assez de temps» s'applique, peuvent être particulièrement tentés par la «neige des Andes».

Un long chemin a été parcouru depuis l'usage sacré et religieux de la feuille de coca par les Indiens d'Amérique du Sud. Le contexte traditionnel d'usage des *coqueros* , de même que le contexte médical d'utilisation par les Occidentaux, traçaient les limites normatives entre le permis et le défendu, entre le possible et le dangereux. Ces contextes ont aujourd'hui été balayés et avec eux, les limites qu'ils arrivaient à imposer aux utilisateurs.

Conclusion

L'usage de substances psychotropes est une constante universelle. Ces substances familières accompagnent depuis la préhistoire la longue recherche de l'humanité d'une explication du monde et de la place qu'elle y occupe. Ces substances apparaissent, tantôt comme moyen de calmer les angoisses et la douleur ou de fuir les démons, tantôt comme moyen de dépassement de soi.

---

6. LARSH, C. (1979). *Le complexe de Narcisse*. Paris: Lafond.

Elles ont des fonctions diverses, profondément influencées par la représentation du monde qu'élaborent depuis des millénaires les cultures humaines. Un rapide survol historique présente un monde régi par les divinités, puis les démons; dans le monde occidental du XXe siècle, c'est à la suprématie de l'homme qu'on veut croire.

Les cultures humaines ont élaboré d'autres moyens, parallèlement à l'usage de psychotropes, pour calmer les grandes angoisses existentielles ou la douleur physique et faciliter les rapports sociaux. Lorsque les sociétés n'offrent pas à leurs membres des moyens plus efficaces d'atteindre un mieux-être, ou simplement le bien-être auquel ils aspirent et qui leur est promis, c'est vers les substances psychotropes qu'ils se tournent et continueront de se tourner.

Les substances psychotropes offertes au monde occidental contemporain sont de plus en plus concentrées. Les réseaux clandestins de distribution, de plus en plus puissants et organisés, accroissent de façon sensible la disponibilité des produits illicites. Par ailleurs, les compagnies pharmaceutiques synthétisent et mettent sur le marché licite des médicaments psychotropes pour calmer les douleurs physiques, les tensions psychiques et le «mal de vivre».

Toute société, pour survivre, doit maintenir un équilibre entre besoins et moyens. Les moyens, offerts par les psychotropes, sont-ils trop puissants pour les usagers? L'usage qui en est fait actuellement est-il débilitant, ou les besoins à satisfaire sont-ils démesurés? Les sociétés, jusqu'à ce jour, ont exercé des contrôles, matériels et symboliques, sur la consommation de substances psycho-actives. La culture, dans sa dimension symbolique, doit continuer à créer ou à recréer un monde à la mesure de l'homme, qui satisfasse ses besoins de quiétude, de bien-être physique et mental, de même que ses plus exaltantes aspirations. Un contrôle qui ne serait que matériel risque d'être un retentissant échec.

Références

BLUM et coll. (1970). *Society and drugs*. San Francisco: Jossey-Bass Inc.

EVERETT et coll. (1976). *Cross-cultural approaches to the study of alcohol*. La Haye: Mouton.

GASTINEAU, DARBY et TURNER (eds.) (1979). *Fermented food beverages in nutrition*. New York: Academic Press.

INGLIS, B. (1975). *The forbiden game*. London: Hogger and Stoughton.

MARTIN, R.T. (1971). The role of coca in the history, religion and medicine of South American indians. *Economic Botany*, 24: 422-437.

MORTIMER, W.G. (1974). *History of Coca*. San Francisco: Fitz Hugh Ludlow Memorial Library ed. (1901).

ORGANISATION MONDIALE DE LA SANTÉ (1980). *Drugs problem in the socio-cultural context; a basis for policies and program planning*. Genève: Public Health Papers, W.H.O.

PELT, J.M. (1983). *Drogues et plantes magiques*. Paris: Fayard.

RUBIN, V. (ed.) (1975). *Cannabis and Culture*. La Haye: Mouton.

RÉSUMÉ

L'usage des substances psychotropes se présente comme une constante universelle. En effet, dans le temps et dans l'espace, les individus et les sociétés ont élaboré des rapports tantôt privilégiés, tantôt banalisés aux produits psychotropes et ces rapports ont toujours été inscrits dans un contexte historiquement et culturellement déterminé. Partant de cette perspective, l'auteure décrit d'abord la place qu'occupe la dimension culturelle dans l'adoption, le rejet et le contrôle des substances psycho-actives, puis, en guise d'illustration, présente l'évolution des divers usages auxquels ont donné lieu l'alcool, le cannabis et la cocaïne au plan historique.

Chapitre 3

Les substances psycho-actives: repères pharmacologiques et physiologiques*

Claude Giroux

L'erreur fréquente chez le néophyte consiste à feuilleter des volumes de référence à la recherche de la description exacte des effets d'une drogue: il se retrouve alors devant un chapelet impressionnant d'effets secondaires, de mises en garde et de références à des études parfois contradictoires, qui lui procurent, à tort, l'impression gratifiante d'avoir conquis l'univers complexe du savoir médical.

Il n'est pas ici notre intention de reprendre ou corriger l'information véhiculée par les centaines de volumes de référence consacrés à la pharmacologie et à la physiologie; nous aborderons la question des drogues et de leurs relations avec l'organisme humain en tentant de rendre accessible à l'étudiant ou au chercheur d'autre formation une vue d'ensemble pertinente à l'objet du présent manuel. En ce sens, nous sommes conscients des omissions et des simplifications inévitables qu'entraîne une telle entreprise de vulgarisation.

Quelle est l'utilité d'aborder les notions de pharmacologie et de physiologie dans le cadre d'une approche de base du phénomène drogue? Nous croyons, pour notre part, que les substances ne peuvent être exclues des facteurs à considérer lorsque l'on tente de comprendre pourquoi des êtres vivants font usage de produits potentiellement toxiques et d'expliquer pourquoi certains développent des problèmes de toxicomanie.

---

* Texte inédit. L'auteur tient à souligner l'apport précieux des quatre réviseurs qui, par leurs observations et critiques, ont contribué à l'amélioration de ce texte.

L'action pharmacologique des psychotropes

La substance psychotrope produit dans l'organisme différents effets. On nomme *effet principal* l'effet attendu et qui motive habituellement la consommation du produit; les autres effets susceptibles de se manifester sont qualifiés d'*effets secondaires*. Il convient de distinguer les effets directement attribuables au produit, de ceux relatifs aux attentes de la personne qui le consomme (*effets placebo*). L'effet placebo est présent dans toute thérapeutique et peut être ressenti, à des degrés divers, chez les individus quels que soient leurs capacités mentales ou leur degré d'instruction.

La mesure objective des effets produits repose sur des études systématiques effectuées auprès d'échantillons de population selon une stricte méthodologie scientifique, de façon à obtenir des indices d'ordre statistique.

La *dose efficace 50* (DE^{50}) est la dose nécessaire pour provoquer chez 50 % des individus observés un effet spécifique. Il s'agit d'une dose moyenne, les effets d'un produit pouvant pour certains apparaître avec l'ingestion de quantités moindres ou supérieures. Le plus souvent, on utilise l'expression *dose efficace* comme synonyme.

Les risques associés à l'utilisation d'une drogue peuvent également être évalués statistiquement dès que l'on en connaît les effets. La *dose létale 50* (DL^{50}) est, comme la dose efficace 50, une mesure statistique permettant d'établir la dose moyenne à laquelle 50 % de la population utilisant le produit décède. Les mêmes écarts par rapport à la moyenne peuvent être constatés chez certains sujets, plus vulnérables ou plus résistants, en relation à la DL^{50} d'un produit donné.

Il devient ainsi possible de comparer deux produits sur une base objective en évaluant leurs risques relatifs, à l'aide des mesures de dose efficace et de dose létale. La mesure de la sécurité relative d'un produit repose sur ce que l'on nomme l'*index thérapeutique* ou rapport mathématique existant entre la dose efficace et la dose mortelle d'un même produit. Un produit dont l'index thérapeutique est dix fois plus élevé qu'un autre possède face à ce dernier une sécurité relative beaucoup plus grande;ainsi les barbituriques possèdent-ils un index thérapeutique relativement faible, ce qui explique qu'on leur préfère de nos jours, pour usage thérapeutique, les benzodiazépines, dont l'index thérapeutique est très élevé.

L'usage répété d'une drogue ou son utilisation pendant une période prolongée peut provoquer l'apparition d'effets différents des effets suscités par une simple dose du produit, étant donné le potentiel du corps humain de s'adapter aux effets d'une drogue. On distingue alors la tolérance *innée* à un produit, susceptible de se manifester chez tout individu, de la tolérance *acquise*, exigeant l'absorption de doses plus importantes pour obtenir un effet minimal.

On distingue deux types de tolérance acquise: la tolérance *métabolique*, consécutive aux modifications survenues dans les voies d'élimination de la drogue chez l'usager[1] et la tolérance *pharmacodynamique*, lorsque la réaction des tissus à la substance est atténuée, après modifications aux sites d'action des drogues[2].

Notons enfin que pour une même substance, un même individu peut développer une tolérance à certains effets et pas à d'autres, auxquels il demeure toujours aussi sensible.

La variabilité de l'effet des psychotropes

Les effets d'une drogue peuvent subir de légères modifications d'un individu à l'autre: un tel sera plus sensible aux effets sédatifs, un autre ressentira davantage d'euphorie. Outre les considérations d'ordre psycho-social, liées à l'environnement et aux attentes des utilisateurs et dont il n'y a pas lieu de discuter ici, deux groupes de variables peuvent directement moduler les effets des psychotropes: les variables humaines et les variables liées à la substance utilisée.

Les variables humaines

Il y a d'abord le *poids* et la *taille*, c'est à dire que le volume liquidien (la quantité de liquide contenu dans le corps) et le pourcentage des masses lipidiques (le volume de graisses) peuvent modifier les effets de certaines drogues.

Facteur de moindre importance, le *sexe* du sujet peut néanmoins avoir un effet sur la réaction au psychotrope: les variations de poids moyen, les variations hormonales et les proportions différentes de la masse totale de tissus lipidiques peuvent susciter de légères modifications de l'effet du produit, selon qu'il est administré à l'un ou l'autre sexe.

D'autre part, les effets d'un même psychotrope sur le jeune enfant, l'adolescent ou le vieillard peuvent présenter d'importantes variations. L'immaturité enzymatique du nouveau-né et la détérioration des processus d'assimilation et

---

1. Phénomène que l'on rencontre surtout au niveau hépatique.

2. Le Dr J. Jaffe utilise les termes «dispositional tolerance» et «pharmacodynamic tolerance» (Jerome Jaffe, «Drug addiction and drug abuse» dans *The Pharmacological basis of therapeutics*, 7e éd. Macmillan Publishing Company, 1985). Certaines variations dans les termes utilisés pour décrire le phénomène peuvent être rencontrées.

d'élimination de l'adulte âgé expliquent de nombreuses différences attribuables à l'*âge* du sujet utilisateur.

Des *facteurs génétiques* peuvent également influer sur l'effet bien qu'un infime pourcentage d'individus, dans un groupe donné, présentent des réactions anormales à certaines substances. Des anomalies quant au processus de biotransformation des drogues, la perturbation des mécanismes d'absorption et des modifications enzymatiques, liées à des variations génétiques, permettent d'expliquer ces cas.

Finalement, l'*état de santé* général de l'usager est une variable importante: les modifications de température, la déshydratation, l'oedème, des perturbations de l'équilibre ionique, une diminution des fonctions rénales ou hépatiques, etc. constituent autant de facteurs qui affecteront la réponse de l'organisme au psychotrope.

Les variables liées à la substance

Pour agir, une drogue doit être absorbée et atteindre les régions du corps humain où se situe son action. Les facteurs suivants sont à considérer concernant l'*absorption*: d'abord la *biodisponibilité*, c'est à dire la proportion du psychotrope administrée qui sera réellement utilisé par l'organisme. S'il s'agit d'un comprimé, quelle quantité du principe actif sera par exemple assimilée par le corps, via le système digestif? L'existence de procédés multiples de fabrication et de conditionnement de même que l'adultération des produits vendus illégalement, produisent des modifications importantes dans la quantité du principe actif qui atteindra effectivement les régions du système nerveux où il devra agir.

D'autre part, les *voies d'administration* (orale, topique, intraveineuse, rectale, ou par inhalation) d'une drogue affectent l'absorption d'un produit en modifiant les quantités absorbées et la vitesse avec laquelle se manifestent les effets. Les drogues injectées agissent le plus rapidement, les autres voies d'administration montrant des variations de rapidité liées au nombre de barrières rencontrées par la substance avant qu'elle ne puisse se dissoudre dans le sang.

Un troisième facteur lié à la substance est l'*élimination*. Les drogues doivent être éliminées afin que s'interrompent leurs effets[3]. Deux mécanismes sont alors possibles qui se présenteront, seuls ou combinés, selon la substance impliquée. Dans l'*excrétion,* la substance, intacte, est expulsée du corps humain; on la retrouve dans l'urine, la sueur, les selles, l'air expiré, selon sa nature et dans des proportions variables pour chaque drogue. Dans le cas de la *bio-*

---

3. À cet égard, la notion de *demi-vie* (constante propre à chaque substance) permet de déterminer quantitativement la vitesse d'élimination d'une dose donnée pour n'importe quel psychotrope consommé.

transformation, la substance est transformée par le corps humain (surtout par le foie) qui en modifie la nature chimique, affectant du même coup ses propriétés psychotropes; les produits résultant de ce mécanisme — aussi nommé *métabolisme* — portent le nom de *métabolites*. Les métabolites peuvent, en certains cas, posséder des propriétés psychotropes, et/ou subir eux aussi une ou des biotransformations. Plusieurs drogues peuvent produire des métabolites identiques, et il n'est pas toujours possible, à partir d'un métabolite retrouvé dans l'urine, d'identifier avec certitude la substance initialement consommée.

La plupart des consommateurs de drogue font un usage simultané de plusieurs substances psychotropes. L'effet global résultant de ce type d'utilisation ne sera pas nécessairement le résultat de l'addition des effets des divers psychotropes ingérés. L'*interaction entre substances* modifiera donc parfois considérablement l'action des drogues. Des phénomènes tels l'interférence aux sites récepteurs, les modifications du processus d'absorption, les réactions chimiques entre substances, les perturbations du métabolisme et des mécanismes d'élimination, et le déplacement aux sites de liaison sont tous susceptibles de résulter d'une combinaison de produits.

Parmi les scénarios possibles, notons la *sommation des effets*: simple addition des effets individuels de chacune des drogues qui agissent pourtant par des mécanismes différents (ex.: l'effet de l'alcool et des antihistaminiques); l'*additivité des effets*: addition des effets individuels de drogues qui agissent sur les mêmes récepteurs, via des mécanismes identiques (ex.: l'effet combiné de l'héroïne et de la codéine); le *synergisme*: lorsque l'effet combiné de deux drogues dépasse celui attendu de la somme algébrique de leurs effets. On retrouve habituellement dans cette catégorie d'interaction deux produits, dont un décuple l'action de l'autre (ex.: l'effet combiné de l'alcool et des barbituriques); l'*antagonisme*: se manifeste lorsque l'interaction de deux produits résulte en un effet inférieur à la somme algébrique des effets de chaque substance, considérée individuellement. Il existe plusieurs types d'antagonisme, selon les mécanismes impliqués (ex.: l'effet combiné de l'héroïne et de la naloxone, antagoniste spécifique)

En dernier lieu au chapitre des variables liées à la substance, l'*usage répété* d'une drogue pourra se traduire par une accumulation de la substance, si l'intervalle de temps ou les mécanismes physiologiques d'élimination ne permettent pas la destruction totale du produit entre les doses. On assistera alors à une lente augmentation des concentrations sanguines, parfois accompagnée d'un stockage dans certains tissus de l'organisme. Il est évident qu'en de telles circonstances, les effets du psychotrope seront ressentis, après arrêt, plus longtemps qu'ils ne l'auraient été chez un sujet après une utilisation ponctuelle.

Les substances psychotropes et leurs effets

Les tentatives pour mieux comprendre les substances psychotropes ont donné naissance, au cours des ans, à diverses entreprises de classification. En

1927, le précurseur Lewis Lewin proposa une classification des psychotropes en cinq grands groupes, partant de leur action générale sur le psychisme humain: il distingua ainsi les groupes *euphorica, phantastica, inebriantia, hypnotica* et *excitantia*.

Les développements de la pharmacologie et l'introduction d'une foule de composés synthétiques rendirent bientôt nécessaire une classification nouvelle. En 1966, Pierre Deniker proposa une classification exhaustive, rangeant les substances psychotropes sous trois grandes familles: les *psycholeptiques* (ou dépresseurs), les *psycho-analeptiques* (ou stimulants) et les *psychodysleptiques* (ou perturbateurs de l'humeur).

Ces deux exemples de classification sont basés sur les propriétés pharmacologiques des substances. En 1966, Deniker écrivait:

> Lorsqu'on définit et classifie les substances psychotropes, il faut garder à l'esprit le caractère artificiel d'un tel travail qui a surtout un intérêt didactique et pour la communication entre chercheurs. (Deniker, 1966: 48)

La classification adoptée ici emprunte la structure de base en trois familles proposée par Deniker, à l'intérieur desquelles sont réparties onze catégories de produits psychotropes parmi les plus couramment utilisées de nos jours[4]. Le lecteur est invité à consulter le *tableau 3.1*, en fin de chapitre, pour connaître les dénominations — chimique, commerciale, populaire — des principales catégories abordées.

Les dépresseurs

L'alcool

L'éthanol est une molécule psychotrope, rangée dans le groupe des alcools, et qui se trouve présente dans la bière (teneur éthylique de 2 % à 10 %), dans le vin (8 % à 14 %) et dans les spiritueux (40 % à 60 %). L'éthanol est produit par la fermentation de certains sucres. Il est possible de l'obtenir synthétiquement. Le méthanol, lui aussi un alcool, est souvent désigné comme «alcool de bois»: il s'agit d'un produit différent, toxique, voire mortel.

Pharmacologie

L'éthanol est rapidement et complètement absorbé dans la partie supérieure du tractus gastro-intestinal. La présence de nourriture en retarde l'assi-

---

4. Les catégories «tranquillisants majeurs» et «antidépresseurs» n'ont pas été traitées étant donné la spécialisation de leur usage et la rareté des problèmes de toxicomanie qui leur sont reliés; la catégorie des «hallucinogènes» a été également escamotée attendu le chapitre complet qui lui est consacré dans le présent ouvrage (voir le chapitre 4).

milation. Cinq à 15 % de l'alcool, inchangé, est éliminé via les poumons, la sueur et l'urine; l'éthanol restant est métabolisé par le foie au rythme moyen de 7 g par heure.

La biotransformation de l'éthanol produit l'acétaldéhyde, substance toxique rapidement transformée en produits inactifs qui sont ensuite éliminés.

Effets à court terme

À une apparente stimulation[5] succède très rapidement une dépression progressive du système nerveux central (SNC). L'éthanol lève les inhibitions, possède une action apéritive probable, modifie les lipoprotéines de haute densité (HDL) et pourrait ce faisant diminuer les risques d'accidents cardiovasculaires chez l'individu sain, à faible dose.

Lors de l'intoxication aiguë, les manifestations suivantes se succèdent: incoordination, euphorie, ataxie, perte du jugement, modifications de l'humeur, nausées et vomissements. À des concentrations sanguines de plus de 300 mg/100 ml de sang, apparaît une phase anesthésique. De fortes concentrations (généralement supérieures à 400 mg/l00 ml de sang) peuvent entraîner un arrêt respiratoire, une défaillance cardiaque et la mort.

Effets à long terme

L'usage chronique d'éthanol peut provoquer d'importants désordres organiques tels que:

- cancer des voies digestives supérieures, ulcères d'estomac, gastrite, pancréatite, hépatite, stéatose hépatique, cirrhose;
- détérioration du tissu nerveux, névrite périphérique et atteinte possible du nerf optique, syndrome de Wernicke- Korsakoff;
- maladies cardiovasculaires;
- destruction de tissus musculaires;
- problèmes sexuels (atrophie testiculaire, diminution du volume spermatique, impuissance secondaire, irrégularité menstruelle);
- perturbation du sommeil (éveils multiples pendant la nuit);
- déficience alimentaire.

Effets tératogènes

La consommation fréquente ou excessive d'alcool pendant la grossesse est associée à de fréquents avortements spontanés et au syndrome alcoolo-

---

5. Il s'agit d'une stimulation illusoire résultant de la diminution des inhibitions secondaire à la prise d'éthanol.

foetal (SAF) qui affecte le nouveau-né par, entre autres, un retard de croissance, des malformations faciales et/ou cardiaques. La quantité d'alcool pouvant être consommé sans danger pendant la grossesse est l'objet de controverses.

Utilisation médicale

L'alcool est un solvant utilisé dans plusieurs préparations liquides. On l'utilise topiquement pour ses propriétés désinfectantes et astringentes. Pris *per os* (par voie orale), c'est un stomachique. On y recourt parfois pour traiter des douleurs vives, intraitables autrement, et il est utilisé dans les cas d'intoxication au méthanol.

Les barbituriques et autres hypnotiques-sédatifs[6]

Pharmacologie

La voie orale est davantage utilisée, les voies rectales ou parentérales étant réservées pour des cas spéciaux. Le produit est absorbé au niveau de l'intestin, après avoir traversé l'estomac où la présence de nourriture peut retarder le début de son action. Une petite fraction de certains barbituriques se retrouve inchangée dans l'urine. Les barbituriques sont métabolisés, principalement par le foie. Leur durée d'action varie, affectée par plusieurs facteurs: elle est par exemple plus longue chez les personnes âgées et les femmes enceintes.

Effets à court terme

On note une diminution de l'anxiété, de la somnolence, de l'euphorie, une incoordination motrice, de la confusion, une hypnose et une dépression respiratoire à fortes doses. L'index thérapeutique de cette catégorie de psychotropes est très faible, ce qui explique la baisse de popularité constante de ce groupe de médicaments depuis l'introduction sur le marché de produits moins dangereux.

Certains barbituriques possèdent à petites doses des propriétés hyperalgésiques, et peuvent accroître la réaction aux stimuli douloureux. Le phénobarbital possède des propriétés anticonvulsives et est utilisé dans le traitement de l'épilepsie.

Effets à long terme

La tolérance aux effets hypnotiques et sédatifs se développe rapidement. Puisqu'il n'y a pas de tolérance à l'action dépressive sur le système respiratoire,

---

6. La littérature anglo-saxonne utilise le terme «barbiturique-like» pour décrire plus spécifiquement ces substances qui, bien que chimiquement différentes des barbituriques, partagent avec ces derniers des traits communs.

le sujet risque, en augmentant la dose afin de maintenir la dose efficace, d'atteindre du même coup une dose létale.

Des modifications enzymatiques se produisent au foie, accélérant le rythme de biotransformation des barbituriques en même temps que celui de plusieurs autres médicaments, d'hormones stéroïdiennes, du cholestérol, des sels biliaires, de la vitamine K et probablement de la vitamine D. Les barbituriques modifient le sommeil normal, diminuant la durée et la fréquence des phases REM.

Effets tératogènes

Les barbituriques se retrouvent à l'intérieur de la circulation foetale, chez la femme enceinte, et sont associés à des malformations chez le nouveau-né qui présentera, dans les jours suivants la naissance, des symptômes de sevrage.

Utilisation médicale

L'usage des barbituriques est de nos jours en régression. On les prescrit comme hypnotiques, pour de courtes périodes, comme sédatifs, à l'intérieur de formules plus ou moins efficaces utilisées contre les problèmes gastro-intestinaux, l'asthme, l'hypertension. Leur utilisation à l'intérieur de médicaments analgésiques est hautement discutable si l'on considère leur potentiel hyperalgésique.

En salle d'urgence, sous forme intraveineuse, certains hypnotiques-sédatifs permettent de traiter des convulsions de diverses origines (épilepsie, tétanos, hémorragies cérébrales). Ils servent également comme inducteurs de l'anesthésie, en préparation des interventions chirurgicales.

Les autres hypnotiques-sédatifs, quoique n'appartenant pas à la famille chimique des barbituriques, partagent leur redoudable potentiel de dépression respiratoire et certaines autres caractéristiques, responsables de leur baisse de popularité. Parmi ceux-ci, Placidyl et Doriden, qui ne présentent aucun avantage réel sur les autres produits, entraînent lors d'intoxication une situation d'urgence particulièrement difficile à résoudre: leur utilisation médicale n'est donc pas justifiée.

L'ensemble des hypnotiques perdent rapidement leur efficacité, suivant deux à quatre semaines d'usage quotidien.

Les benzodiazépines

Introduites comme des substances inoffensives en réponse aux nombreux accidents associés à la prise de barbituriques, les benzodiazépines ont rapidement conquis les faveurs du public et des praticiens, marquant une étape dans l'histoire de la pharmacologie. Si leur index thérapeutique milite en faveur de leur utilisation en remplacement des barbituriques, les benzodiazépines ne sont pas pour autant des médicaments dénués de risques comme en témoigne leur présence dans un nombre considérable de cas de toxicomanie.

Toutes les molécules de cette catégorie diminuent l'anxiété et réduisent l'activité de certains centres nerveux associés aux émotions (hippocampe, hypothalamus, région du septum). Les benzodiazépines possèdent en outre des propriétés anticonvulsives.

Pharmacologie

Les recherches actuelles sur les benzodiazépines ont démontré l'existence de sites récepteurs dans certaines régions du corps humain associées au neurotransmetteur GABA (Greenblatt et coll., 1983: 354).

L'utilisation orale est la plus fréquente et l'absorption est plus rapide si le produit est ingéré à jeun. La biotransformation hépatique en desméthyldiazépam touche nombre de produits. L'activité des métabolites explique l'action anxiolytique prolongée de produits comme le *Valium*® et le *Librium*®, dont la demi-vie peut varier entre 30 à 100 heures (Greenblatt et coll., 1983: 179).

Effets à court terme

Une sédation progressant vers l'hypnose apparaît avec l'augmentation des doses, accompagnée, pour certains produits, de relaxation musculaire; à haute dose, on note également de l'amnésie antérograde à l'éveil. La plupart de ces produits diminuent le sommeil REM (à l'exception du flurazépam, du témazépam et du triazolam).

Effets à long terme

L'action des benzodiazépines peut favoriser, après une certaine période, l'apparition de symptômes dépressifs chez l'individu. La tolérance s'installe rapidement après quelques mois d'usage régulier.

Depuis quelques années, le milieu médical reconnaît l'existence de symptômes de sevrage aux benzodiazépines, même chez les personnes dont les doses quotidiennes n'excédaient pas les doses médicalement justifiables; on parle même de la possibilité d'un sevrage chez tous les utilisateurs réguliers de benzodiazépines privés subitement de ces substances (Csernansky et Holister, 1983: 902). Les symptômes en sont: insomnie, fatigue, céphalées, vertiges, vision brouillée. Dans les cas les plus graves, on a rapporté de l'hypotension, de l'hyperthermie, des perturbations neuromusculaires, des psychoses et des convulsions.

Notons que l'anxiété manifestée pendant le sevrage peut être la réapparition de conditions antérieures à l'introduction du produit: il s'agit, dans ce cas, de manifestations moins soudaines que celles propres au sevrage.

Effets tératogènes

Il existe un potentiel tératogène pendant les premiers mois de la grossesse et le diazépam est associé à des malformations palatales. Une hypotonie musculaire peut survenir chez le nouveau-né dont la mère utilisait des benzodiazépines vers la fin de sa grossesse. Il y a risque de sevrage si la mère utilisait ces produits pendant les derniers deux à quatre mois de la grossesse: les symptômes rapportés ont pu durer jusqu'à huit mois post-partum (Bassuk et coll., 1984: 363).

Utilisation médicale

Les benzodiazépines peuvent être utilisées comme adjuvant lors d'interventions psychothérapeutiques sur une courte période, dans le traitement de l'anxiété et/ou de l'insomnie. Leur usage constant et régulier, sur des périodes de plus de six mois, est difficilement justifiable. Le diazépam peut aussi être utilisé comme relaxant musculaire. L'usage des benzodiazépines lors du sevrage alcoolique en réduit la mortalité et la morbidité (Greenblatt et coll., 1983a: 412). Enfin, les benzodiazépines sont également fréquemment utilisées en médication préanesthésique.

Solvants et produits volatils

Cette catégorie variée renferme des produits psychotropes utilisés par inhalation, tous dépresseurs du SNC. Ces produits, dont les plus courants sont le toluène, le tétrachlorure de carbone, la gasoline, le méthanol, le benzène, l'oxyde nitreux, l'acétone, sont utilisés comme solvants ou propulseurs dans la formulation de produits d'usage domestique ou industriel tels: colles, solutions nettoyantes, décapants, solvants de vernis à ongles, liquide correcteur pour papier, bombes aérosol alimentaires, etc.

Pharmacologie

Il s'agit de produits liposolubles dont l'action rappelle l'anesthésie des stades I et II, avec confusion, désorganisation, agitation et hallucinose. La biotransformation s'effectue dans le foie et les reins.

Effets à court terme

Ils apparaissent rapidement et disparaissent de même. Le sujet éprouve une perte d'inhibitions, un sentiment de «flottement» et des difficultés de concentration. Une irritation des voies respiratoires supérieures, de l'intolérance à la lumière, de la toux, des nausées, des vomissements et de la diarrhée peuvent accompagner l'intoxication aiguë. Des modifications du tracé des ondes cérébrales sont signalées. Une défaillance respiratoire et de l'arythmie cardiaque peuvent survenir, créant une situation d'urgence médicale. Il y a peu de séquelles sauf la «gueule de bois».

Effets à long terme

Il s'agit d'un sujet controversé. Les ralentissements mentaux remarqués chez certains utilisateurs tendent à supporter l'hypothèse d'une action de ces produits sur les tissus nerveux, après un usage prolongé. Des difficultés de la pensée, des tremblements, des problèmes d'élocution ont pu être observés chez des sujets ayant cessé depuis cinq mois au moins l'usage de ces drogues, ce qui pourrait suggérer la présence de lésions physiques réelles. La prudence suggère cependant d'étudier chez les utilisateurs une variation du fonctionnement cérébral en établissant la comparaison avec le fonctionnement de l'individu *avant* le début de son recours aux solvants.

Une tolérance aux hautes doses apparaît rapidement. Aucun sevrage n'est signalé.

Effets tératogènes

Cette catégorie de substance est d'utilisation dangereuse, probablement tératogène, et à éviter.

Utilisation médicale

Il n'y a à ce jour aucune utilisation médicale connue pour ces produits.

Les narcotiques opiacés et synthétiques

Les analgésiques narcotiques regroupent des substances de diverses origines. D'abord les opiacés ou dérivés de l'opium, disponibles sous forme naturelle ou semi-synthétique (opium, morphine, codéine, héroïne, hydromorphone, oxycodone), puis, apparus au XXe siècle, les narcotiques de synthèse (mépéridine, méthadone, propoxyphène, etc.).

Pharmacologie

Malgré qu'ils soient bien absorbés par la muqueuse gastrique, nasale ou pulmonaire, les narcotiques sont fréquemment utilisés par voie intraveineuse, méthode procurant les effets les plus rapides. L'héroïne est transformé immédiatement après injection en morphine, par le foie, là où cette dernière sera principalement biotransformée: 90 % de la dose administrée se retrouve dans l'urine en moins de 24 heures, les quantités résiduelles étant excrétées via la bile et les selles.

On présume à ce jour que les narcotiques agissent sur des sites récepteurs opiacés, là où interviennent les enképhalines et les endorphines (Cormier, 1984: 29-38).

Effets à court terme

On note l'analgésie, l'euphorie, de l'apathie et de la sédation, un ralentissement de la pensée et un ralentissement moteur, une dépression respiratoire (par action sur le centre cérébral), des nausées et des vomissements (par action sur le centre cérébral de l'émèse).

Chez certaines personnes survient une hypotension orthostatique, consécutive à une vasodilatation périphérique. Les opiacés provoquent de la constipation. Au niveau oculaire, le myosis (contraction pupillaire) est caractéristique de l'intoxication aux narcotiques (la mépéridine seule fait exception à cette règle).

Effets à long terme

Les pathologies rencontrées chez les usagers chroniques de ces substances (infections, hépatite, SIDA, malnutrition, problèmes dentaires, etc.) sont presque toujours attribuables aux conditions d'administration de la drogue, ou au style de vie des sujets. La conséquence la plus évidente d'un usage prolongé est l'apparition rapide d'une forte dépendance physique.

Les nausées rencontrées lors de la première ingestion disparaissent très rapidement et une tolérance aux effets psychiques s'installe progressivement. Seuls les effets dépressifs au plan respiratoire et le myosis subsisteront à chaque utilisation du psychotrope.

Le sevrage aux narcotiques peut être effectué hors du cadre hospitalier, sauf s'il y a présence de pathologies majeures (épilepsie, problèmes cardiaques); ce sevrage comporte les symptômes suivants: sueurs, baillements, rhinorrhée, mydriase, pilo-érection, perte d'appétit, crampes, bouffées de chaleurs et frissons en alternance, insomnie. Ces symptômes s'enchaînent tout au long d'un processus qui s'étend de six heures après la dernière dose jusqu'à dix jours plus tard dans certains cas. La méthadone, à la demi-vie plus longue, provoque un sevrage débutant 24 à 48 heures après la dernière dose et pouvant durer jusqu'à sept semaines (Bassuk, Schoonover et Gelenberg, 1984: 226).

Effets tératogènes

Soixante-quinze pour cent des nouveau-nés issus de mères narcomanes sont dépendants et vont présenter, dès les premières 24 heures de leur vie, des symptômes de sevrage pouvant persister jusqu'à dix jours plus tard. Certains produits parmi cette catégorie possèdent des effets tératogènes.

Utilisation médicale

Les narcotiques opiacés et synthétiques, disponibles sous diverses formes, s'avèrent les analgésiques les plus efficaces que nous possédions; ils sont également utilisés comme antidiarrhéiques et antitussifs de même que pour une foule d'indications médicales. Depuis peu, l'utilisation de l'héroïne comme adjuvant analgésique dans le traitement des patients cancéreux est autorisé au Canada.

Les stimulants

Les amphétamines et les anorexigènes

Ces stimulants d'origine synthétique, susceptibles de jouer un rôle dans le traitement de certaines pathologies, étaient largement disponibles sur prescription médicale, il y a quelques années; aujourd'hui, la plupart ne le sont plus. On distingue les amphétamines véritables, telle la dextroamphétamine, la méthamphétamine et l'amphétamine, produits dont l'utilisation médicale est à présent rarissime, des dérivés de type amphétaminiques, tel le méthylphénidate, le diéthylpropion, la fenfluramine, etc.

Pharmacologie

Ces substances possèdent une action sympathomimétique: elles provoquent une stimulation des centres respiratoires médullaires, une stimulation du SNC probablement via une excitation directe du cortex et de la formation réticulée. Les molécules amphétaminiques sont métabolisées au foie, mais 50 % du produit se retrouve inchangé dans l'urine.

Effets à court terme

Ces effets comprennent l'éveil, la vivacité d'esprit, la disparition de la fatigue, des modifications de l'humeur, un sentiment de confiance et d'euphorie, de l'insomnie; il y a augmentation de la force physique et de la résistance, ainsi qu'une perte de l'appétit consécutive à une action sur les centres hypothalamiques correspondants. Hypertension, tachycardie, possibilité d'arythmie, tremblements, agitation motrice et hyperthermie peuvent également survenir lors de l'usage. À hautes doses, on note l'apparition de dysphorie et de confusion.

Effets à long terme

Il y a probabilité de psychose amphétaminique, comportant des hallucinations visuelles et auditives, parfois tactiles, avec idées paranoïdes et brusques sautes d'humeur. Physiquement, on rapporte des dommages vasculaires, un chromatolyse neuronal et une diminution prolongée (ou permanente) des stocks de dopamine dans certaines régions cérébrales.

La tolérance est rapide aux effets cardiovasculaires, euphorigènes, anorexigènes et hyperthermiants. Il n'y a pas de tolérance permettant de diminuer les risques de psychose amphétaminique. Il existerait une possibilité de sevrage physique léger (Goodman et Gilman, 1985: 554), se manifestant par une fatigue intense, de l'hyperphagie, une dépression et un phénomène de rebond du sommeil MOR (mouvements oculaires rapides ou REM en anglais): il s'agit toutefois là d'un objet de controverse.

Effets tératogènes

Il y a existence de données contradictoires quant à la possibilité d'une augmentation des malformations cardiaques et palatales, ainsi que des problèmes hépatiques chez le nouveau-né.

Utilisation médicale

Les risques associés aux effets à long terme ont entraîné le retrait des amphétamines de l'arsenal pharmacologique nord-américain. Les dérivés de type amphétaminique sont toutefois utilisés comme adjuvants dans le traitement de l'obésité exogène: leur utilisation à cette fin doit être brève et n'a de sens qu'à l'intérieur d'un programme global visant à modifier les habitudes physiques et alimentaires du patient. On utilise par ailleurs le méthylphénidate (*Ritalin*®) pour traiter les déficits attentionnels chez l'enfant; cette pathologie pourrait cependant répondre à d'autres types de médicaments.

L'utilisation de cette catégorie de produits dans le traitement de la dépression, de la dysménhorrhée et de la fatigue est injustifiée (Schuckit, 1984: 87). Une maladie rare, associée à de soudains épisodes de sommeil incontrôlables, la narcolepsie, est parfois traitée avec ces médicaments.

La cocaïne

La cocaïne est un composé présent dans la feuille de l'*Erythroxylum coca*, un arbuste robuste des Andes sud-américaines. En 1859, l'alcaloïde responsable de l'activité psychotrope de la plante fut identifié par Albert Nieman.

La cocaïne vendue ordinairement sur le marché noir (cocaïne-sel) ne peut être fumée, ses principes actifs ne résistant pas à de hautes températures. Les usagers ont donc recours à un procédé spécial pour transformer la cocaïne en «freebase» ou cocaïne-base: une fois dissoute, on ajoute à la cocaïne un catalyseur (soda à pâte, éther ou hydroxyde de sodium) qui provoque la séparation de la cocaïne de son sel; le précipité ainsi obtenu — approximativement 1/2 gramme par gramme de cocaïne-sel traitée — est filtré, ou décanté et séché. Ce nouveau dérivé que l'on nomme «crack», dont l'apparence approche celle de petits cailloux, possède un point de fusion inférieur à celui de la cocaïne régulière (1/2 fois moins élevé), rendant possible son utilisation dans des pipes ou des cigarettes[7].

Pharmacologie

L'absorption est rapide par les muqueuses. L'administration peut être orale, par inhalation, topique ou par injection intraveineuse, les différentes présentations de la substance possédant chacune leurs caractéristiques d'absorption: on peut, par exemple, atteindre avec la cocaïne traitée en milieu alcalin («freebase») et fumée ensuite, une rapidité d'action supérieure à celle de l'absorption intranasale ou orale de la cocaïne-sel.

L'activité psychotrope de la molécule découle principalement de son aptitude à renforcer l'activité de la noradrénaline dans le cortex cérébral.

Effets à court terme

Bien qu'anesthésique local, la cocaïne produit au niveau systémique une excitation, avec euphorie, agitation et sentiment d'omnipotence. À fortes doses, ces symptômes peuvent dégénérer en paranoïa, anxiété et hallucinations. On note également une augmentation du rythme cardiaque et de l'hypertension.

On remarque une absence de corrélation entre les doses plasmatiques et les effets subjectifs, ce qui suggère un lien entre les effets et le taux de variations des concentrations sanguines, plus qu'avec les quantités elles-mêmes (Van Dyke et Byck, 1982: 88). En outre, le fait que peuvent survenir de l'hyperthermie, une dépression respiratoire, des convulsions et des problèmes cardiaques rend possible une intoxication mortelle (*La lettre médicale*, 1984: 9-10).

---

7. «Crashing on cocaine». *Times*, 11 avril 1983, vol. 121, n⁰ 15: 21.

Effets à long terme

L'atrophie des muqueuses nasales avec perte de l'olfaction peut mener à une perforation du septum lors d'usage intranasal alors qu'on note une diminution de la fonction respiratoire chez les fumeurs de «freebase». La tolérance est très brève, à des doses successives, et disparaît à l'arrêt. S'il existe une forte dépendance psychologique, la dépendance physique s'avère nulle ou modérée (hypersomnie, hyperphagie et lassitude). La cocaïne entraîne par ailleurs des psychoses de type paranoïde de même que des dépressions graves (*La lettre médicale*, 1984: 9-10).

Effets tératogènes

Ils sont à ce jour inconnus.

Utilisation médicale

La cocaïne est utilisée comme anesthésique local en chirurgie des muqueuses où ses propriétés vasoconstrictrices sont mises à profit.

Les xanthines

Les xanthines sont des molécules psychotropes responsables des effets stimulants du café, du cacao, du thé et d'autres produits domestiques. Il s'agit principalement de trois substances: la caféine (café, thé, cola, cacao), la théobromine (chocolat) et la théophylline (présente dans ces liquides, mais aussi présente dans certains médicaments bronchodilatateurs, comme *Elixophyllin*®, *Theo-Dur*®, etc.).

Pharmacologie

Les alcaloïdes, présents à diverses concentrations dans les produits mentionnés, agissent par des mécanismes complexes impliquant probablement les récepteurs bêta-adrénergiques et les sites récepteurs des benzodiazépines (Schuckit, 1984: 184). Ils sont absorbés par voie orale et sont presque entièrement métabolisés au foie. La caféine possède une demi-vie plasmatique de trois heures à trois heures et demie.

Effets à court terme

Il se produit au niveau du coeur une augmentation de la contractilité et une diminution de la résistance vasculaire alors que sur le système respiratoire, on note une dilatation des bronches de même qu'une stimulation médullaire du rythme respiratoire. Ces produits entraînent une diurèse. Au niveau du système gastro-intestinal, on constate de l'irritation gastrique, combinée à une augmentation de la sécrétion, des diarrhées et des douleurs abdominales. Il y a également augmentation de la tension (et de la force) musculaire. Le SNC est également affecté par une stimulation corticale, une augmentation de la vigilance, de l'anxiété, de l'insomnie et des modifications du rythme de sommeil.

De très fortes doses peuvent entraîner des modifications perceptuelles, de la confusion, une tachycardie et des accidents cardio-vasculaires.

Effets à long terme

L'usage chronique des xanthines peut provoquer les symptômes suivants: hypertension, ulcères peptiques, spasmes moteurs ou tremblements, insomnie, anxiété. On étudie encore le lien possible entre la caféine et certains types de cancer. Plusieurs observations signalent par ailleurs une détérioration des pathologies de type schizophrénique suivant l'ingestion de caféine; les xanthines semblent d'ailleurs provoquer une détérioration dans le cas de nombreuses maladies psychiatriques — psychoses, dépressions et autres (Schuckit, 1984: 188).

La tolérance existe et des doses dépassant 600 mg de caféine par jour créent une dépendance connue sous le nom de caféinisme; le sevrage provoque des malaises telles céphalées, irritabilité, anxiété, fatigue et tension musculaire. Il existe également une dépendance de type psychologique.

Effets tératogènes

La fréquence d'avortements spontanés est significativement plus grande chez les patientes faisant un grand usage de caféine pendant leur grossesse.

Utilisation médicale

L'utilisation médicale des xanthines est négligeable à l'exception de la théophylline, utilisée dans le traitement de l'asthme (produit ne nécessitant pas d'ordonnance médicale au Québec) et de la caféine, qui se retrouve en association avec d'autres produits dans certains médicaments antimigraineux.

La nicotine

La nicotine est l'ingrédient psychotrope actif présent dans les feuilles de tabac.

Pharmacologie

L'inhalation de tabac (qui peut aussi être mâché ou prisé), fait pénétrer dans l'organisme 4000 produits chimiques différents. Malgré l'importance des substances associées, c'est à la nicotine qu'on doit les principaux effets psychotropes de la plante.

On retrouve en moyenne 1,5 à 2,5 mg de nicotine par cigarette. Les gommes de nicotine en contiennent 2 ou 4 mg. La demi-vie de la nicotine est de 30 à 60 minutes.

Effets à court terme

Au plan cardiaque, on note une augmentation du rythme, de la pression de la force de contraction et de l'adhérence plaquettaire; au niveau du système gastro-intestinal, on constate une augmentation des contractions de l'estomac, avec possibilité de nausées et de vomissements. Il y a irritation du système respiratoire et stimulation du SNC. Une baisse du tonus et un ralentissement des réflexes tendineux apparaissent au niveau musculaire.

Effets à long terme

Ce sont les hydrocarbures cancérigènes contenus dans le tabac qui entraînent le cancer des voies respiratoires (bouche, pharynx, larynx, poumons) et de l'oesophage. La nicotine provoque une augmentation des risques d'accidents cardio et cérébrovasculaires. L'usage chronique de ce produit génère une tolérance métabolique et pharmacodynamique, principalement aux effets nauséeux; on note une dépendance psychologique et physique, comportant un sevrage caractérisé par de l'inconfort, une diminution du débit cardiaque, un ralentissement et une baisse de la vigilance, de l'irritabilité et une augmentation de l'agressivité, des céphalées et des modifications du sommeil. On a rapporté chez certains sujets la persistance de tels symptômes jusqu'à trente jours après le début du sevrage (Schuckit, 1984: 194). Il semble que le besoin psychologique, quant à lui, persiste durant plusieurs mois.

Effets tératogènes

La nicotine est associée à des avortements spontanés, en plus d'anomalies congénitales et de retards de croissance. Les mères réputées consommer d'importantes quantités de tabac pendant la grossesse donneraient naissance à des nouveau-nés dont la taille et le poids sont inférieurs à ceux des autres enfants et qui sembleraient plus sujets à développer un comportement hyperactif pendant leur jeune âge (Schuckit, 1984: 196).

Utilisation médicale

Aucune ne peut être relevée à ce jour.

Les perturbateurs

Le cannabis et ses dérivés

Du plant de cannabis (*cannabis sativa*), on tire différents produits psychotropes dont le principe actif est le D-9 THC, delta-9 tétrahydrocannabinol, un alcaloïde qui se retrouve à diverses concentrations dans la marijuana (fleurs, feuilles ou tiges séchées), le haschish (bloc de résine variant du beige au noir) et l'huile de cannabis (liquide présentant les mêmes teintes que le haschish).

Le D-9 THC n'est qu'un des 60 cannabinols présents dans le plant, les autres ne possédant que peu d'activité psychotrope, bien qu'ils puissent influencer l'action du THC et, ce faisant, jouer un rôle dans l'intoxication (Goodman et Gilman, 1985: 559). Il existe plusieurs variétés de cannabis et plusieurs procédés de culture et de récolte ont vu le jour dans le but de modifier les concentrations de THC du produit fini. À cet effet, le plant femelle de cannabis, plus concentré en THC, est presque exclusivement utilisé. Les plants sont d'ailleurs connus des usagers selon leur provenance (colombien, jamaïcain..) ou leurs caractéristiques (*sinsemilla* : qui est fabriqué à partir de plants femelles non fécondés — sans graines — de cannabis)

Pharmacologie

Cette substance peut être absorbée par inhalation, voie orale et (rarement) par injection intraveineuse. L'intoxication produite par une cigarette débute et se termine plus rapidement qu'une intoxication orale. Les tissus gras absorbent très rapidement le THC sanguin. Malgré une demi-vie approximative de sept jours, les effets du THC ne subsistent que quelques heures. On peut cependant retrouver dans l'urine les métabolites du THC jusqu'à un mois après la consommation de cannabis (Bassuk et coll., 1984: 276).

Le THC est biotransformé, et ses métabolites se retrouvent principalement dans les selles (80 %), une portion moindre (20 %) étant présente dans l'urine (Najhas, 1984: 599). Les mécanismes d'action sont encore à l'étude mais on sait que les cannabinoïdes interfèrent avec la synthèse de protéines, incluant l'ADN et l'ARN (Schuckit, 1984: 125).

Effets à court terme

La majorité des usagers n'expérimentent qu'une euphorie accompagnée d'un sentiment de modification de la conscience (temps, espace), et de détente. Plusieurs effets somatiques sont rapportés: diminution de la salivation, oedème oculaire et rougissement de la conjonctive (d'origine vasculaire), tachycardie, bronchodilatation, légère hypothermie, baisse de la force musculaire, incoordination motrice, tremblements fins. Certaines personnes peuvent ressentir de l'anxiété et éprouver de la nausée; le THC peut en outre provoquer chez l'épileptique une crise convulsive.

Effets à long terme

On note des dommages pulmonaires dans les cas d'inhalation, associés à une augmentation des risques de cancer des voies respiratoires. Possibilité de sinusite et de pharyngite. Plusieurs études contradictoires discutent des risques pour le système immunitaire, reproducteur, hormonal, ou pour le cerveau.

Une tolérance à certains effets se développe graduellement. La tolérance croisée entre le cannabis et l'alcool a été démontrée chez le rat (Goodman et Gilman, 1985: 561). Le sevrage physique est l'objet de controverses bien qu'on en suppose l'existence chez l'habitué de fortes doses, et son intensité serait proportionnelle à la durée d'utilisation du produit. Des symptômes telles l'irritabilité, la nervosité, l'insomnie, la perte d'appétit et de poids sont dans ce cas signalés (Goodman et Gilman, 1985: 561).

Le cannabis favoriserait chez les individus susceptibles l'apparition de manifestations schizophréniques (Najhas, 1984: 601).

Effets tératogènes

Les études sont contradictoires sur ce sujet.

Utilisation médicale

L'utilisation médicale du THC (agent actif produit en synthèse) n'existe pas au Canada, mais la substance fait l'objet d'études visant à déterminer son éventuelle utilité comme adjuvant antiémétique dans la chimiothérapie anticancéreuse.

La phencyclidine (PCP)

La phencyclidine ou PCP est un produit dont la consommation et les propriétés justifient qu'il soit traité séparément dans cette section consacrée aux perturbateurs. Initialement breveté comme anesthésique en 1958, son utilisation chez l'humain fut abandonnée en 1965 et ne se retouve plus, depuis 1967, qu'en médecine vétérinaire. Puissant hallucinogène, son utilisation sur le marché noir fut rapportée à San Francisco vers la fin des années 1960. Il se retrouve depuis dans nombre de produits illicites de synthèse, rarement identifié comme tel, et présenté sous une multitude de formes (gélules, capsules, poudre, etc.).

Pharmacologie

En agissant probablement au niveau de la transmission synaptique, la PCP possède une action sur les principaux centres cérébraux. On l'absorbe oralement ou encore par le nez (en poudre) ou par les poumons (fumé). La PCP est principalement métabolisée au foie, bien que de petites quantités du produit inchangé puissent être retrouvées dans les urines.

De tous les perturbateurs, la PCP est le produit possédant la demi-vie la plus longue, les effets d'une dose unique de PCP pouvant persister de 2 à 15 jours selon la quantité utilisée; certains usagers présenteront même des perturbations plusieurs semaines après l'administration (Richards et coll., 1979: 336-339).

Effets à court terme

De petites doses (moins de 5 mg) produisent de l'euphorie, une augmentation de l'émotivité associée à un accroissement du rythme cardiaque, du nystagmus, des difficultés d'élocution et une production accrue de sueur et de larmes.

Des doses supérieures causent un engourdissement des extrémités et une anesthésie accompagnée d'illusions. On retrouve à des doses de plus de 10 mg un tableau inquiétant: rigidité musculaire, mutisme, catalepsie, coma (pendant lequel les yeux peuvent demeurer ouverts) et convulsions. Des défaillances cardiaques et respiratoires peuvent causer la mort. L'ingestion de PCP est liée à des manifestations soudaines de violence physique et verbale. L'individu étant insensible à toute suggestion, le «talking down» classique n'est d'aucune utilité pour calmer une crise subite.

L'intoxication aiguë à la PCP peut produire des symptômes psychotiques persistant plusieurs semaines après la prise d'une seule dose (Richards et coll., 1979: 336-339): il pourra s'agir de comportements maniaques ou paranoïaques, de décharges agressives soudaines, de délires à caractère religieux ou mégalomane, d'hyperactivité, etc.

Effets à long terme

Des épisodes inexplicables de violence sont caractéristiques de la consommation chronique du produit. On rapporte que 75 % des usagers chroniques ont, un jour ou l'autre, eu de tels comportements (Schuckit, 1984: 185; Richards et coll., 1979: 336-339). Les effets à long terme comportent des difficultés d'élocution, de pensée et de mémorisation; des modifications du comportement, de l'anxiété, une attitude de retrait et des dépressions sont aussi rapportées.

Une tolérance existe. Le sevrage à la PCP est théoriquement possible, bien qu'il semble plus résulter d'une dépendance psychologique que physique. On y retrouvera terreur, tremblements, tics faciaux.

Effets tératogènes

Une étude fait le lien entre l'usage de PCP et des malformations faciales chez le nouveau-né (Bassuk et coll., 1984: 368).

Utilisation médicale

Aucune en dehors du domaine vétérinaire.

Conclusion

La complexité croissante des données pharmacologiques et physiologiques rendent certes difficile un survol des substances sans que ne se glissent quelque imprécision et oubli. Le lecteur intéressé pourra toutefois, s'il le désire, approfondir le domaine ouvert par ce bref tour d'horizon en consultant des ouvrages de références ou en plongeant au coeur des questions qui alimentent aujourd'hui chercheurs et théoriciens travaillant à une meilleure compréhension des psychotropes et de leur action sur l'organisme humain.

Il demeure essentiel de prendre en compte, au travers des recherches et des pratiques qui animent le champ de la toxicomanie, la part de l'action même des substances psycho-actives sur la dynamique de l'usage de même que sur ses conséquences; de cette façon, les intervenants ne risquent pas de passer outre une des données fondamentales du phénomène que l'on tente ici d'aborder.

Tableau 3.I

Dénominations chimiques, commerciales et populaires des principales substances psychotropes

Groupe	Nom chimique	Nom commercial	Nom populaire
Benzodiazépines	Alprazolam Chlordiazépoxyde Clorazépate Diazépam Flurazépam Lorazépam Témazépam Triazolam	*Xanax®* *Librium.®..* *Tranxène®* *Valium, Vivol.®..* *Dalmane®...* *Ativan®...* *Restoril®* *Halcion®*	*Downers, pilules pour les nerfs*
Barbituriques	Amobarbital Butalbital Pentobarbital Phénobarbital Secobarbital	*Amytal®* *Fiorinal®* *Nembutal®* *Gardenal®* *Seconal®*	*Downers, goof balls, barbs*
Autres hypnotiques et sédatifs	Chloral (hydrate...) Ethchlorvynol Méprobamate Méthaqualone Méthyprylone	*Noctec®* *Placidyl®* *Equanil, Miltown®...* *Mandrax®* *Noludar®*	*Downers, pilules pour dormir*
Narcotiques	Codéine Héroïne Hydromorphone **Mépéridine** **Morphine** Opium Oxycodone Pentazocine Propoxyphène	*Paveral®* *Héroïne®* *Dilaudid®* *Demerol®* *M.O.S®* *Opium, camphre®...* *Percodan®* *Talwin®* *Darvon®,...*	*Smack, héro, junk, horse, H, brown sugar, came*
Cocaïne	Cocaïne	*Cocaïne®*	*Coke, crack, freebase, coco*
Xanthines	Caféine Théophylline	*Wake-up®* *Théo-dur®,...*	*Pep pills*
Anorexigènes et autres stimulants	Chlorphentermine Diéthylpropion Fenfluramine Méthylphénidate Phentermine	*Pre-Sate®* *Tenuate®,...* *Pondimin®* *Ritalin®* *Ionamin®*	*Speed, pilules pour maigrir*

Note: On peut retrouver sous plusieurs noms commerciaux certains produits pour lesquels le nom le plus connu est ici utilisé.

Références

BASSUK, E., SCHOONOVER, S. et GELENBERG, A. J. (1984). *The Practionner's Guide to Psychoactive Drugs*. 2 e édition, New York: Plenum.

CSERNANSKY, J. Q. et HOLISTER, L. (1983). Withdrawal reaction following therapeutic doses of benzodiazepines. *Hospital Formulary*. Sept.

DICTIONNAIRE CLINIQUE DES MÉDICAMENTS (1987). Canada: Centre éducatif et culturel.

Cormier, D. (1984). *Toxicomanies: styles de vie*. Chicoutimi: Gaëtan Morin éditeur.

ENJALBERT A. et EPELBAUM J. (1986). *Le cerveau hormonal*. Éd. Le Rocher, coll. Science et découvertes.

GOODMAN et GILMAN (1985). *The pharmacological basis of therapeutics*. 7 éd., New York: Macmillan.

GREENBLATT, D.J., SHADER, R. et ABERNETHY, D.A. (1983). Current status of Benzodiazepines, part 1. *New England Journal of Medicine*. Vol. 309, n° 6, Août.

(1983a). Current status of Benzodiazepines, part II. *New England Journal of Medecine*. Vol. 309, n° 7, Août.

LA LETTRE MÉDICALE (1984). Effets indésirables de l'abus de cocaïne. Vol. 8, n° 3, 31 Mai.

NAJHAS, G.G. (1984). Pharmacologic and epidemiologic aspects of alcohol and cannabis. *N.Y. State Journal of Medecine*. Déc.

RICHARDS, M., PERRY, P.L. et LISKOW, B.I. (1979). Phencyclidine psychosis. *Drug Intelligence and Clinical Pharmacy*. Vol. 13, Juin.

SCHUCKIT, M. A. (1984). Drug and Alcohol Abuse. *Critical issues in Psychiatry*. New York: Plenum.

SNYDER, S. (1987). *Les drogues et le cerveau*. Belgique: éd. Pour la science.

VAN DYKE, C. et BYCK, R. (1982). La cocaïne. *Pour la science*. Mai.

RÉSUMÉ

L'auteur présente dans ce texte un aperçu des principaux aspects pharmacologiques relatifs à l'utilisation des psychotropes; il s'attache ensuite à la description des principales catégories de substances disponibles: alcool, barbituriques, benzodiazépines, solvants, narcotiques, amphétamines et anorexigènes, cocaïne, xanthines, nicotine, cannabis et phencyclidine. Pour chacune de ces catégories, l'auteur présente les paramètres suivants: pharmacologie, effets à court et à long terme, effets tératogènes et utilisation médicale.

Chapitre 4
Aperçu descriptif de l'effet des hallucinogènes*

Jean-Pierre Valla

Les hallucinogènes ont des effets particuliers qui font d'eux une catégorie de drogues à part (voir Lewin, 1924). Il est cependant difficile de formuler une définition des hallucinogènes. Selon Hoffer et Osmond (1967):

> Les hallucinogènes sont des substances qui, à des doses non toxiques, entraînent des modifications perceptives, des troubles de la pensée et de l'humeur, mais qui produisent rarement une confusion mentale, des pertes de mémoire ou une désorientation dans le temps ou dans l'espace (p. V).

Cette définition établit que les drogues dites hallucinogènes ne produisent généralement pas de véritables hallucinations.

Aperçu historique

Les drogues hallucinogènes sont connues depuis les origines de l'humanité. Certains pensent (La Barre, 1972) qu'elles sont à l'origine du chamanisme primitif, tandis que d'autres (Eliade, 1968) soutiennent que ces drogues n'ont été utilisées par les chamanes que lors de la décadence de leur art. Quoiqu'il en soit, les hallucinogènes auraient été consommés jusqu'à une époque récente par les chamanes sibériens (Wasson, 1958). Leur usage était très important dans les cultures précolombiennes d'Amérique centrale et s'est perpétué secrètement au Mexique jusqu'à nos jours, malgré les persécutions catholiques. En Amérique du Sud, les hallucinogènes sont toujours utilisés par les chamanes. De l'autre côté de l'océan Pacifique, aux Indes, l'une des plus vieilles religions que l'on connaisse, le vedantisme, reposait également sur la consommation de drogues hallucinogènes. Le plus ancien texte sacré indien, le

---

* Texte inédit.

Rigveda, en témoigne: c'est un hymne à la gloire d'une drogue hallucinogène. En Europe, les mystères d'Eleusis qui, pendant plusieurs millénaires, ont représenté le centre de la spiritualité de la Grèce antique étaient, eux aussi, basés sur la consommation de drogues hallucinogènes (Wasson, Hofmann et Ruck, 1978).

L'histoire récente des hallucinogènes en Occident est houleuse. Les hallucinogènes ont connu un regain d'intérêt à partir de 1949, date de l'arrivée du LSD aux États-Unis. Pendant les années 1950, le LSD se répandit surtout dans le monde scientifique. La CIA aurait subventionné indirectement les principaux travaux (Marks, 1979), à la recherche d'informations sur les techniques de lavage de cerveau utilisées de l'autre côté du rideau de fer. À la fin des années 1950, le LSD se répandit de plus en plus parmi les jeunes, à partir des campus où les chercheurs recrutaient des étudiants pour étudier ses effets. Les hallucinogènes, une fois tombés dans le domaine public, servirent de catalyseur à la contre-culture: ils devinrent alors un problème politique et leur interdiction était inéluctable. À partir de 1968, même les recherches sur les drogues hallucinogènes devinrent très difficiles. Depuis 1970, ces substances ont perdu beaucoup de leur popularité.

Les différents produits hallucinogènes

Il existe plusieurs centaines de substances hallucinogènes, d'origine naturelle ou synthétique. La plupart des plantes qui contiennent des agents hallucinogènes poussent en Amérique centrale et en Amérique du Sud. Du point de vue chimique, les hallucinogènes appartiennent à deux grandes familles: les phényléthylamines à noyau benzénique, et les hallucinogènes à noyau indolique. Les phényléthylamines ont une structure proche des amphétamines et comprennent notamment la mescaline, retrouvée à l'état naturel dans plusieurs sortes de cactus, de même que plusieurs substances clandestines fabriquées synthétiquement (MDA, MMDM). Les hallucinogènes à noyau indolique comprennent, entre autres, la psilocybine, que l'on retrouve dans plusieurs espèces de champignons, le LSD et de nombreuses autres substances d'origine naturelle.

Les différents produits hallucinogènes ont des effets assez semblables sur les perceptions, la vigilance et la mémoire. Ces effets sont assez spécifiques et différencient les drogues dites hallucinogènes d'autres substances comme les esters glycoliques (belladonne, datura) ou la phencyclidine (PCP ou «angel dust»). Ces derniers produits entraînent des troubles de la mémoire ayant pour conséquence une perte du contact avec la réalité, car l'imagerie intérieure est prise pour réelle; il s'agit alors de véritables hallucinations. Ceci ne se produit que pendant de très brefs instants avec les drogues dites hallucinogènes.

Description des effets: le cas type du LSD 25

C'est en Suisse qu'Hofmann et Stoll, en 1938, mirent au point le LSD au cours de recherches sur les emplois thérapeutiques des composés de l'ergot de seigle. Comme ce produit ne semblait avoir que peu d'effets sur les animaux, on ne s'y est guère intéressé jusqu'au jour où Hofmann, par inadvertance, en ingéra une très faible quantité. Voici un extrait de la description de son expérience:

> Je perdis toute notion du temps. Je remarquai avec épouvante que tout ce qui m'entourait subissait des changements progressifs. Tout semblait étrange et j'avais les plus grandes difficultés à m'exprimer. Mon champ visuel vacillait et toutes les choses semblaient déformées comme dans un mauvais miroir. Je fus envahi par la peur de devenir fou. Ce qui était le plus pénible, c'est que je me rendais parfaitement compte de mon état. Ma capacité d'observation demeurait complète. (Hofmann, 1959: 245; Hofmann, 1961; également cité dans Sankar, 1957: 111-115).

La description princeps de Hofmann contient pêle-mêle les principaux éléments de l'expérience provoquée par les hallucinogènes. Cette expérience a été divisée en stades, dont le nombre varie selon les auteurs (Chwelos et coll., 1959; Masters et Houston, 1966; Sherwood et coll., 1962). Ils soulignent tous la même progression. L'expérience débute par des perturbations sensorielles majeures contre lesquelles les sujets résistent plus ou moins. Apparaît ensuite une phase de stabilisation perceptive: les objets cessent de bouger. Des modifications sensorielles demeurent cependant, comme la brillance des couleurs, des sons, etc.

La plupart des individus qui prennent une drogue hallucinogène ne progressent pas nécessairement d'un stade à l'autre. Aussi, les hallucinogènes sont-ils surtout connus pour les modifications sensorielles qu'ils provoquent, ce que dénotent d'ailleurs la majeure partie des descriptions cliniques concernant les effets.

Une description clinique de base peut être dégagée des multiples études. L'ingestion d'une dose de 150 à 200 microgrammes de LSD 25 en fournit une bonne approximation. Le mode d'introduction du produit ne modifie pas le tableau clinique et n'affecte que la rapidité de l'apparition des premiers symptômes. L'ingestion *per os*[1] est suivie d'une période de latence d'une demi-heure à une heure. Un pic est atteint au bout de deux ou trois heures. Les effets de la drogue décroissent et disparaissent en six à douze heures, bien que des sensations particulières puissent durer quelques jours. L'obnubilation varie en fonction de la dose.

---

1. Oralement, suivant la voie gastro-intestinale.

Les modifications perceptives

Elles peuvent être divisées en six catégories.

La perception du corps

- le corps tout entier ou un membre paraît étrange et drôle;
- le corps paraît plus léger ou plus lourd que d'habitude ou flottant dans l'espace;
- le corps paraît modifié dans sa forme ou sa taille;
- le corps semble capable d'élasticité ou d'étirement.

La sensibilité cutanée est modifiée: le corps peut paraître se fondre dans le monde extérieur ou disparaître, être fluide ou pulsatile. Les objets paraissent d'une dureté ou d'une mollesse anormale.

La vision

- les couleurs apparaissent plus brillantes, plus intenses, plus vives qu'à l'ordinaire;
- des images résiduelles colorées persistent devant les yeux;
- un halo nimbe le bord des objets ou apparaît sur les murs;
- l'évaluation de la profondeur est modifiée: des objets plats peuvent paraître avoir trois dimensions;
- la forme et la taille des objets sont mouvantes;
- les surfaces: murs, planchers, plafonds, présentent des mouvements d'ondulation, ou paraissent respirer, se rapprochant puis s'éloignant;
- la figure humaine prend une morphologie indienne ou orientale, soit très jeune, soit très vieille; les visages sont transformés en caricatures ou en monstres; lorsque les yeux sont fermés, des étoiles, des diamants, des structures architecturales ou de véritables hallucinations peuvent apparaître. De telles images peuvent se superposer au panorama lorsque les yeux sont ouverts, s'imprimant par exemple sur les murs (Siegel et Jarvik, 1975).

Les modifications auditives

Ils consistent en une augmentation de l'acuité auditive et un changement qualitatif des sons qui apparaissent, comme les couleurs, plus brillants, plus intenses et plus vifs, donnant à la musique une beauté et un relief particuliers. Rarement peut-il se produire de véritables hallucinations auditives comprenant des voix, des musiques, des sons, des rires, etc.

Les synesthésies

Il s'agit d'un phénomène normal, mais présent uniquement chez une minorité d'individus de façon permanente. La synesthésie la plus répandue mélange les domaines visuel et auditif. Typiquement, la musique déclenchera des mouvements, des lignes et des changements de couleurs.

L'olfaction et le goût

La nourriture devient délicieuse.

La perception du temps

Le présent est surévalué. Le temps est le plus souvent ralenti et quelques fois accéléré.

Au fur et à mesure que les troubles perceptifs s'accentuent, les perceptions internes prennent de plus en plus d'importance. Les sujets deviennent de plus en plus autocentrés et ont de plus en plus tendance à mélanger leur perceptions internes et celles qu'ils ont du monde extérieur.

L'humeur

Les modifications de l'humeur sont en relation avec des variables extérieures à la drogue elle-même:

- l'influence de l'expérience antérieure, la première expérience étant généralement plus angoissante que les suivantes;
- l'humeur immédiatement avant la prise de la drogue;
- l'environnement immédiat dans lequel se déroule l'expérience;
- la façon dont sont interprétés les effets de la drogue (Barber, 1970; Schachter, 1966). L'humeur varie pendant le cours de l'expérience.

Chez certains, l'expérience hallucinogène déclenche peu de changements d'humeur, mais nombreux sont ceux que le LSD rend gais, heureux et communicatifs. Nombreux également sont ceux qui prennent peur. Certains réagissent par le retrait, tandis que d'autres deviennent soupçonneux et paranoïdes. Une réaction de panique peut apparaître lorsque l'angoisse est trop intense. Le plus souvent, l'humeur sous LSD est variable et passe de l'euphorie à l'angoisse et à la peur pour redevenir détendue et gaie. L'humeur varie davantage en fonction des conditions de l'expérience que de la drogue elle-même et, dans tous les cas, les réactions peuvent être extrêmes.

La pensée

Diverses perturbations peuvent survenir, qui s'avèrent plus manifestes chez les sujets sans expérience.

Le cours de la pensée

Les troubles se traduisent par une fuite des idées, des vagues associatives, une incapacité de contrôler le cours de la pensée et de repousser les idées parasites.

Les fonctions cognitives

Des troubles de l'attention et de la concentration se manifestent surtout. La pensée abstraite, conceptuelle disparaît. Aussi, les réponses aux tests de compréhension générale sont-elles inappropriées: questionné sur la découverte d'une enveloppe timbrée portant une adresse, un sujet décrira par exemple ce qu'il a fait d'une autre lettre qu'il a reçue. La résolution des problèmes et les performances aux tests diminuent également du fait de la mauvaise volonté des sujets en raison de leur manque d'intérêt.

Par contre, les habitués des hallucinogènes ont des performances si bonnes qu'il est difficile de démontrer la présence d'un quelconque déficit (Hoffer et Osmond, 1967). Les performances sont également susceptibles de varier de façon sinusoïdale pendant une expérience: en quelques minutes, les sujets passent de l'incapacité totale à des performances normales.

Le contenu de la pensée

Des idées d'influence peuvent surgir, de même que des idées bizarres reliées aux modifications perceptives. Une signification est attribuée à des événements sans importance. L'impression de rêve, de dédoublement, de déjà vu est fréquente et la conscience est souvent envahie par une imagerie visuelle qui s'impose avec une grande force lorsque les yeux sont fermés.

La vigilance

Les sujets tendent à se sentir détachés, passifs ou indifférents, mais ils se rendent parfaitement compte de ce qu'ils font et sont parfaitement orientés. Sauf avec des doses de LSD très importantes, ils sont pleinement conscients de ce qui se passe autour d'eux et sont à même d'en faire un compte rendu oral ou écrit; ils s'en souviennent parfaitement par la suite.

Le LSD semble même accroître la vigilance et entraîner une excitation qui empêche de dormir ou de se reposer pendant l'expérience.

En conclusion, notons que la description clinique qui précède est surtout centrée sur la première phase de l'expérience provoquée par les drogues hallucinogènes; pour beaucoup cependant, l'expérience hallucinogène s'arrête là.

Les caractéristiques de l'expérience hallucinogène

Il est possible de dégager trois caractéristiques principales de l'expérience hallucinogène. D'abord *l'importance des modifications sensorielles*, qui sont toujours présentes et qui se manifestent par une augmentation et une distorsion des perceptions; elles portent à la fois sur le corps du sujet et sur le monde extérieur.

En second lieu, on note *la variété des types d'expériences*, laquelle est en relation à la fois avec le maintien de la vigilance — qui permet à l'environnement (*setting*) dans lequel l'expérience se déroule de jouer un rôle important — et avec la conservation de la mémoire — qui permet à la personnalité (*set*) d'avoir également un impact important sur l'expérience hallucinogène. La personnalité et l'environnement peuvent ainsi être considérés comme responsables de la variété des expériences induites par les hallucinogènes, qu'il est possible de classer en cinq catégories:

- l'expérience de type schizophrénique, caractérisée par une peur intense qui laisse la place au délire et à la paranoïa;
- l'expérience intellectuelle;
- l'expérience esthétique;
- l'expérience psychodynamique, au cours de laquelle sont revécues des situations anciennes;
- l'expérience que les auteurs appellent «pic psychédélique» et qui se rapprocherait de l'expérience mystique (Pahnke et Richards, 1966).

La Commission LeDain (1973) ajoute à cette classification un sixième type d'expérience: la réaction désagréable mais non schizophrénique.

La troisième caractéristique réfère aux *stades du déroulement de l'expérience*. L'expérience hallucinogène n'est en effet pas limitée aux perturbations sensorielles. À la suite des bouleversements apparents de leur environnement, les sujets, dans une progression logique, se tournent vers leur monde intérieur et leurs souvenirs. Ayant perdu leurs points de référence extérieurs, ils en cherchent de nouveaux dans leur histoire personnelle. Une stabilisation perceptive survient lorsqu'ils les trouvent.

Outre ces trois caractéristiques, notons *le dédoublement accompagné d'autoscopie ou «self-vision»* qui survient fréquemment au cours de l'expérience hallucinogène: il consiste en un phénomène étrange au cours duquel une personne se regarde elle-même comme si elle en était une autre, tout en étant pleinement consciente que c'est d'elle-même qu'il s'agit. Ce dédoublement peut parfois être à l'origine d'«insights», qui supposent la possibilité d'avoir une certaine distance par rapport à soi-même. Le dédoublement accompagné d'autoscopie pourrait être un mécanisme compensatoire visant à fournir aux personnes qui ne peuvent plus se fier à leurs organes des sens, une vision globale de leur position. Il est parfois rapporté après un coma.

Évolution de l'expérience hallucinogène

À *court terme*, chez la plupart des individus, l'expérience hallucinogène entraîne une satiété psychologique.

À *moyen terme*, une étude (McGlothlin et coll., 1967) cherchant à mettre en évidence les éventuelles modifications de la personnalité persistant au bout de six mois après consommation de LSD à trois reprises, n'a montré qu'une diminution de la réponse au stress.

À *long terme*, il faut différencier la consommation occasionnelle de LSD de son usage intensif. McGlothlin et Arnold (1971) ont revu au bout de 10 ans 247 personnes ayant reçu du LSD dans un cadre expérimental ou en psychothérapie, et les ont comparées à des personnes n'en ayant jamais pris. Les auteurs n'ont retrouvé aucune différence entre les deux groupes sauf pour les personnes qui avaient continué à consommer du LSD. Les auteurs concluent que le LSD ne crée par lui-même aucune modification de la personnalité, mais attire un certain type d'individus. Le LSD n'a en effet provoqué aucun changement d'attitude, de performance ou de personnalité chez les personnes qui ne se sont pas montrées particulièrement attirées par lui.

L'usage intensif de LSD entraîne par contre certaines conséquences (Blacker et coll., 1968), en particulier une grande passivité et des croyances magiques ou mystiques naïves basées sur la toute-puissance de la pensée.

Les complications inhérentes à l'expérience

Les complications de l'intoxication par les drogues hallucinogènes sont rares: 0,8 pour 1000 à 9 pour 1000 pour les complications durant plus de 48 heures. Le premier chiffre porte sur 25 000 administrations de LSD à près de

5 000 personnes (Cohen, 1960). Le second porte sur 49 500 administrations de LSD à 4 300 personnes (Malleson, 1971).

Lorsqu'il y a complications, elles sont de trois types: les réactions aiguës, les réactions psychotiques prolongées et les «flashbacks».

Les *réactions aiguës* peuvent être des réactions de panique ou revêtir une allure schizophrénique. Si les réactions antisociales et agressives sont très rares, les réactions de panique simple s'avèrent assez fréquentes. La plupart du temps, les sujets ont peur de devenir fous et de ne pas pouvoir revenir à leur réalité quotidienne. Ce type de réaction disparaît rapidement.

Les réactions aiguës d'allure schizophrénique débutent pendant l'expérience. Elles représentent 63 % des complications (Smart et Bateman, 1967). Elles sont caractérisées par des idées délirantes de type paranoïaque — persécution et mégalomanie —, des hallucinations surtout visuelles et un sentiment de terreur généralement lié à une impression de perte de contrôle. La plupart de ces réactions se dissipent en 48 heures ou moins et lorsqu'elles persistent, c'est rarement plus d'une semaine. Une des modalités les plus utiles au traitement est le «talk-down» (réassurance verbale).

Les *complications chroniques* sont surtout de nature schizophréniques. Elles peuvent survenir comme la continuation d'un épisode aigu, soit se constituer progressivement. Il peut s'agir de schizophrénie simple, de délire paranoïaque, interprétatif, mystique, ou mégalomaniaque, ou de psychose hallucinatoire. Le tableau le plus fréquent est un mélange d'éléments appartenant à ces différents syndromes. Ces états schizophréniques peuvent survenir après une seule prise de drogue aussi bien qu'après 300 expériences.

Ces complications posent le problème de la personnalité préexistante des usagers chez qui elles surviennent. Dans le cas de personnalités pathologiques, les hallucinogènes joueraient un rôle de révélateur. Certains ont prétendu que des psychoses chroniques peuvent apparaître chez des sujets n'ayant jamais présenté antérieurement de comportements déviants. Cette opinion est fondée sur un article écrit à partir de quatre cas par Glass et Bowers (1970). Le diagnostic de bonne santé mentale des quatre patients exposé dans l'article est rétrospectif et basé sur le discours familial, ce qui relève d'une méthodologie discutable.

Les états dépressifs prolongés provoqués par l'expérience hallucinogène sont rares alors que l'assuétude et la dépendance aux hallucinogènes sont inconnues; en effet, la tolérance physique au LSD étant très rapide, au-delà de deux prises par semaine la drogue ne produit plus aucun effet.

Finalement, les *flashbacks* se définissent comme le retour involontaire des effets d'une drogue, longtemps après la disparition du produit dans l'organisme. Ce phénomène est imprévisible. Les «flashbacks» ont surtout été décrits en relation avec les drogues hallucinogènes, mais ils peuvent apparaître à la suite de la consommation de n'importe quelle drogue.

Il s'agira souvent d'effets visuels:

- des images effrayantes qui se superposent à la réalité;
- le retour inopiné de distorsions sensorielles majeures ou mineures (halo, brouillard, chatoiement, duplication d'objets, modification des couleurs, ondulation du champ visuel, etc.);
- une augmentation de la susceptibilité à l'imagerie intérieure qui acquiert une intensité et une présence particulières;
- il peut enfin s'agir d'un phénomène peu marqué ou plutôt agréable, comme une brillance dans la nature, ou bien vaguement désagréable comme une angoisse vague, ou encore de l'impression d'avoir pris du LSD en se réveillant. La fréquence des «flashbacks» est à peu près constante: ils surviennent dans 15 à 30 % des cas.

En conclusion, les complications de l'intoxication par les drogues hallucinogènes sont extrêmement rares, mais potentiellement graves.

Le rôle de la personnalité

À une certaine époque, on a tenté de dégager une personnalité typique des usagers de drogues hallucinogènes, ou «personnalité psychédélique». La littérature est pleine de contradictions à ce sujet. Les utilisateurs de drogues hallucinogènes correspondent davantage à un profil psychosociologique qu'à un type de personnalité défini. Les drogues attirent une portion marginale de la population et, parmi ces marginaux, ceux qui sont attirés par les hallucinogènes sont généralement des jeunes venant de familles aisées, désabusés quant aux valeurs sociales suivant l'observation de leur propre milieu.

Quant au rôle de la personnalité sur l'expérience hallucinogène, il a surtout été étudié par deux équipes, celle de Barr, Langs et leurs collaborateurs (1972) et celle de Naditch et ses collaborateurs (1975). Ces études montrent que les effets des hallucinogènes ne peuvent être prédits ou compris uniquement en termes pharmacologiques. En effet, ces drogues, même à dose massive, ne modifient pas les processus cognitifs chez de nombreux sujets; cependant, les réactions provoquées par les hallucinogènes sont très différentes de celles induites par un placebo.

Les individus très rigides ne sont pas ou très peu affectés par les hallucinogènes. Les individus ouverts et bien dans leur peau sont affectés par les mêmes drogues, mais montrent peu de changement au niveau de leur fonctionnement psychologique. En somme, plus la personnalité est souple et plus les hallucinogènes affecteront le fonctionnement de l'individu, sans toutefois que soient modifiés les traits de personnalité.

Le rôle de l'environnement

L'environnement joue également un rôle important dans la qualité de l'expérience produite par les hallucinogènes (Naditch, 1975; Unger, 1963; Faillace et Szara, 1968). Un environnement dans lequel le sujet est obligé de cacher qu'il a pris de la drogue ou se trouve avec d'autres consommateurs qui présentent une réaction de panique, induira beaucoup plus d'expériences désagréables qu'un environnement constitué par des amis sûrs qui ont l'habitude des hallucinogènes.

Les attentes des sujets sont également importantes. Les motivations à l'origine de la consommation d'hallucinogènes peuvent être la recherche du plaisir, qui correspond au stade des modifications sensorielles, soit une recherche de développement personnel, qui correspond plutôt au second stade de l'expérience. Les tentatives d'utilisation des hallucinogènes pour le développement personnel surviennent en général pendant des périodes de crises d'identité. Elles conduisent donc à davantage de réactions de panique que la recherche du plaisir.

Les hallucinogènes et la conscience

La conscience est considérée par la plupart des auteurs (Ey, 1983) comme une structure à deux éléments:

- le champ de conscience correspond à l'expérience présente et à la sensation d'être conscient de quelque chose. Cette partie de la conscience est basée sur la vigilance. La perte de la vigilance entraîne l'inconscience, c'est-à-dire le sommeil ou le coma;
- la seconde dimension de la conscience est la conscience de soi. Cette conscience de soi repose sur la mémoire qui enregistre les expériences antérieures de l'individu. Ces expériences façonnent la personnalité.

Au cours de la première phase de l'expérience hallucinogène, les modifications perceptives entraînent une perte des repères somatiques et environnementaux. Ces repères, qui d'ordinaire sont fournis par le champ de conscience, ne disparaissent pas car la vigilance est maintenue; ils deviennent cependant douteux et ne peuvent donc plus jouer le rôle de points de repère. Au cours de la seconde phase de l'expérience hallucinogène, le cerveau utilise les instruments qui lui restent, la mémoire et la vigilance, pour compenser ce déficit et c'est la conscience de soi qui devient le point de repère central des individus. Les personnes dont la conscience de soi est peu développée et qui ont l'habitude de trouver leurs points de repère dans l'environnement (champ de conscience) plutôt que dans leurs valeurs personnelles (conscience de soi), sont les plus perturbés par les drogues hallucinogènes, car la seconde phase, de stabilisation perceptive, ne se produit pas.

L'expérience hallucinogène a été comparée à l'expérience schizophrénique à cause d'une ressemblance phénoménologique entre ces deux états de conscience. Cependant, au cours de l'expérience schizophrénique, le sujet est comme pris au piège dans un état de conscience qui ressemble à la première phase de l'expérience hallucinogène. Il n'y a pas de stabilisation perceptive: tout se passe comme si le schizophrène était incapable d'utiliser sa conscience de lui-même comme point de repère. L'expérience schizophrénique prend donc davantage racines au niveau de la conscience de soi-même, tandis que l'expérience hallucinogène repose sur les modifications sensorielles qui conduisent à utiliser secondairement cette conscience de soi.

Conclusion

Les textes qui traitent des substances hallucinogènes véhiculent en général le témoignage de la variété et de la richesse des expériences qu'elles ont induites. Ici, le parti pris inverse a été adopté: un tour d'horizon et une synthèse des connaissances actuelles ont été proposés au lecteur pour qu'il puisse se faire une idée d'ensemble des multiples facettes que revêt ce type d'expérience. Le processus vécu suivant l'ingestion d'hallucinogènes a été expliqué à partir des effets physiologiques: ainsi peut-on observer la présence de perturbations perceptives, sans troubles de la vigilance ni de la mémoire; cet état particulier fait des hallucinogènes une catégorie de substances psycho-actives à part et leur confère des effets spécifiques sur la conscience. L'évolution temporelle de ces effets nous a par la suite permis de distinguer les stades de l'expérience hallucinogène. Il est à cet égard intéressant de mentionner que la controverse prévalant au sujet des hallucinogènes durant les années 1960 vient, entre autres, de ce que les uns ont donné une place prépondérante au premier stade de l'expérience, pendant lequel les perturbations sensorielles dominent, tandis que les autres ont mis l'accent sur le second stade, celui où la conscience de soi devient le point de repère central.

Références

BARBER, T.X. (1970). Emotional Reactions to LSD, dans T.X. Barber & al (eds.), *Biofeedback and Self-Control*. Chicago: Adline: 269-280.

BARBER, T.X. (1970). *LSD, Marihuana, Yoga and Hypnosis*. Chicago: Adline.

BARR, H.L., LANGS, R.J. et coll. (1972). *LSD: Personality and Experience*. New York: J. Wiley and Sons.

BLACKER, K.H., JONES, R.T., STONE, G.C. et PFEFFERBAUM, D. (1968). Chronic Users of LSD: The «Acidheads». *Amer. J. Psychiat*.: 341-351.

CHWELOS, N., BLEWETT, D.B., SMITH, C.M. et HOFFER, A. (1959). Use of d-Lysergic Acid Diethylamide in the Treatment of Alcoholism. *Quart. J. Stud. Alcohol, 20*: 577-590.

COHEN, S. (1960). Lysergic Acid Diethylamide, Side Effects and Complications. *J. Nerv. Ment. Dis., 130*: 30-40.

ELIADE, M. (1968). *Le chamanisme et les techniques archaïques de l'extase*. Paris: Payot (1re éd. 1951).

EY, H. (1983) (orig. 1963). *La Conscience*. Paris: Desclée de Brouwer.

FAILLACE, L.A. et SZARA, S. (1968). Hallucinogenic drugs, Influence of Mental Set and Setting. *Dis. Nerv. Syst., 29*: 124-126.

GLASS, G.S. et BOWERS, M.B. (1970). Chronic Psychosis Associated with Long-term Psychotomimetic Drug Abuse. *Arch.Gen. Psychiat., 23*: 97-103.

HOFFER, A. et OSMOND, H. (1967). *The Hallucinogens*. New York: Academic Press.

HOFMANN, A. (1959). Psychotomimetic Drugs, Chemical and Pharmacological Aspects. *Acta Physiol. Pharmacol. Neerl., 8*: 240-258.

HOFMANN, A. (1961). Chemical Pharmacological and Medical Aspects of Psychotomimetics. *J. Exp. Med. Sci., 5*: 31-51.

LA BARRE, W. (1972). Hallucinogens and the shamanic origins of religion, in P. Furst ed., *Flesh of the Gods, the Ritual Use of Hallucinogens*. New York: Praeger: 261-278.

LEDAIN, G. et coll. (1973). *Rapport final de la commission d'enquête sur l'usage non médical des drogues*. Ottawa: Information Canada.

LEWIN, L. (1924). Unterschungen uber Banisteria caapi Spr. *Arch. Exp. Path. Pharmacol., 129*: 133-149.

MALLESON, N. (1971). Acute Adverse Reactions to LSD in Clinical and Experimental Use in the United Kingdom. *Brit. J. Psychiat., 118*: 229-230.

MARKS, J. (1979). *The search for the «Manchurian Candidate»*, New York: Times Books.

MASTERS, R.E.L. et HOUSTON, J. (1966). *The Varieties of Psychedelic Experience*. New York: Holt.

MCGLOTHLIN, W.H. COHEN, S. et MCGLOTHLIN, M.S. (1967). Long Lasting Effects of LSD on Normals. *Arch. Gen. Psychiat.*: 521-532.

MCGLOTHLIN, W.H. et ARNOLD, D.O. (1971). LSD Revised: A Ten-Year Follow-up of Medical LSD Use. *Arch. Gen. Psychiat.*, *24*: 35-49.

NADITCH, M.P., ALKER, P.C. et JOFFE, P. (1975). Individual Differences and Setting as Determinants of Acute Adverse Reactions to Psychoactive Drugs. *J. Nerv. Ment. Dis.*, *161*: 326-335.

NADITCH, M.P. (1975). Relation of Motives for Druge Use and Psychopathology in the Development of Acute Adverse Reactions to Psychoactive Drugs. *J. Abnorm . Psychol.*, *84*: 374-385.

NADITCH, M.P. (1975). Ego Functioning and Acute Adverse Reactions to Psycho-active Drugs. *J. Personality*, *43*: 305-320.

PAHNKE, W.N. et RICHARDS, W.A. (1966).Implications of LSD and Experimental Mysticism. *J. Religion and Health*, *5*: 175-208.

SCHACHTER, S. (1966). The Interaction of cognitive and Physiological Determinants of Emotional State, dans C.D. Spielberger (ed.), *Anxiety and Behavior*. New York: Academic Press: 193-224.

SHERWOOD, J.N., STOLAROFF, M.J. et HARMAN, W.W. (1962). The Psychedelic Experience-A New Concept in Psychotherapy. *J. neuropsychiat.*, *4*: 69-80.

SIEGEL, R.K. et JARVIK, M.E. (1975). Drug-induced Hallucinations in Animals and Man, dans R.K. Siegel et L. West, (eds.), *Hallucinations Behavior, Experience and Theory*. New York: J. Wiley.

SMART, R.G. et BATEMAN, K. (1967). Unfavourable Reactions to LSD, A Review and Analysis of the Available Case Reports. *Canad. Med. Ass. J.*, *97*: 1214-1221.

UNGER, S.M. (1963). Mescaline, Psilocybin and Personality change, A Review. *Psychiatry*, *26*: 111-125.

WASSON, R.G. (1958). Les premières sources, dans Heim et Wasson (eds.), *Les champignons hallucinogènes du Mexique*. Paris: Muséum National d'Histoire Naturelle: 15-44.

WASSON, R.G., HOFMANN, A. et RUCK, C.A.P. (1978). *Road to Eleusis, Unveiling the Secret of the Mysteries*. New York: Harcourt.

RÉSUMÉ

L'auteur présente une synthèse des connaissances descriptives actuelles de l'effet des hallucinogènes. Ce groupe de psychotropes, d'utilisation aussi ancienne que l'histoire de l'humanité, a été redécouvert après la seconde Grande Guerre suite à la synthèse accidentelle du LSD. Prenant le cas type de cette substance, l'auteur entreprend de décrire le processus et les caractéristiques de l'expérience induite par les hallucinogènes. Il appert que ces produits génèrent des modifications perceptives sans troubles de la vigilance ni de la mémoire, ce qui les distingue de toutes les autres substances psychotropes. Le maintien de la vigilance donne ainsi une grande importance à l'environnement et celui de la mémoire à la personnalité, ce qui permet d'expliquer la variété des expériences vécues avec les hallucinogènes. L'article se termine par l'exploration des rapports entre hallucinogènes et conscience à partir notamment d'une discussion sur l'expérience schizoprénique qui, souvent, a été comparée à l'expérience hallucinogène.

Chapitre 5

Aspects sociologiques contemporains liés à l'usage et à l'abus des psychotropes*

Pierre Brisson

Les problèmes de drogue ne relèvent pas d'abord de discussions sur les substances, mais d'interrogations sur les usages: le questionnement de la toxicomanie ne peut ainsi être réduit au seul terrain de la biologie ou de la pharmacologie, attendu la variété des expériences individuelles en cause, elles-mêmes ancrées au coeur d'environnements qui souventes fois ont force de déclencheurs (Cormier, 1984). Qui pourrait nier l'influence du milieu de vie et de l'organisation sociale sur la définition de pratiques quotidiennes comme le travail, les loisirs, la santé, etc.? L'usage des drogues ne fait pas exception, qui est tributaire de la nature des institutions en place comme de la stratégie des grands acteurs, des lois et des règlementations en vigueur, des normes de socialisation autant que des modèles de consommation véhiculés au travers d'une culture.

La vision sociologique d'un phénomène comme celui de l'usage des drogues peut être présentée par les deux bouts d'une même lorgnette: d'un côté, la logique des grands acteurs sociaux — l'État et l'Entreprise —, fondée sur des *besoins de contrôle et de développement* et qui exerce des *contraintes* sur l'évolution sociale; de l'autre, le *potentiel* d'adaptation déployé par les individus et les groupes au creuset de la culture, à travers les *tentatives d'appropriation* des moyens disponibles — outils, techniques, institutions. Entre la détermination exercée par les méga-structures et le bouillon de la quotidienneté sociale existe une tension permanente. Tension entre la *reproduction* de l'ordre social et la *production* d'un nouvel ordre, ou à tout le moins, de brèches innovatrices, porteuses de changement. Les drogues, dans cette

* Version remaniée d'un texte paru dans: *La toxicomanie, l'affaire de tout le monde!*, Québec: FOBAST, 1986: 77-90.

perspective, ont pu (et pourront encore dans l'avenir) tout aussi bien servir des fins d'*émancipation* que d'*enfermement* au plan social.

Cela dit, les psychotropes ne sont pas des moyens «neutres» qui se sont retrouvés dans nos sociétés par l'effet du hasard: les produits tout comme les techniques disponibles sont le résultat d'une sélection historique significative ou d'une élaboration scientifique parmi d'autres possibles: ces choix orientent et conditionnent en retour la nature des contraintes et des potentialités en jeu au plan de l'appropriation individuelle et collective. Le présent texte tentera de mettre en relief les contraintes actuelles s'exerçant sur la définition et l'utilisation des produits psychotropes dans nos sociétés. Pour ce faire, nous analyserons les contextes où prennent racines et se déploient les pratiques collectives contemporaines en matière de drogues, lesquelles mettent en jeu des dimensions économiques, politiques et culturelles qu'il est désormais impossible de dissocier d'une compréhension globale des phénomènes de toxicomanie.

Le contexte médical de l'usage des psychotropes

Le contexte médical nous met en présence d'une utilisation sociale particulière de certaines catégories de psychotropes[1]. L'arsenal des produits pharmaceutiques est aujourd'hui utilisé dans le cadre d'une conception techniciste et instrumentale de la santé qui produit, au meilleur des cas, une médecine basée sur le traitement spécialisé des symptômes ou la réparation de dysfonctionnements organiques, au pire, une entreprise manipulatoire et mystificatrice qui récupère le besoin de prise en charge exprimé par les individus (Dupuy, 1974).

C'est dire que face à des problèmes découlant des conditions de vie contemporaines — stress, dépression, insomnie, troubles nerveux, mésadaptations de toutes sortes y compris certains comportements toxicomanes — , l'institution médico-thérapeutique occidentale, soutenue et pressée en cela par l'industrie pharmaceutique multinationale, préconise une intervention correctrice au niveau de la bio-chimie du cerveau plutôt que des formes d'actions, individuelles et collectives, visant la transformation des conditions d'existence souvent à la source de nos actuels «malaises de civilisation» (Bosquet, 1978). La pratique médicale et les modèles de consommation dominants établissent de fait la marchandise-médicament, et plus spécifiquement les produits psychothérapeutiques, comme des agents d'adaptation face aux bouleversements de la vie moderne, comme en témoigne cette réclame de la compagnie Hoffman-Laroche diffusée en Angleterre au début des années 1970:

> Cela fait maintenant dix ans que le Librium est disponible. Dix années anxieuses d'escalades et de manifestations: Cuba et le Viêt-nam, les assassinats et la dévaluation, le Biafra et la Tchécoslovaquie. Dix années turbulentes au cours desquelles le climat mondial d'anxiété et

---

1. Il s'agit, pour l'essentiel, des tranquillisants mineurs, des sédatifs hypnotiques et des antidépresseurs.

> d'agressivité a conféré au Librium — dont l'action calmante spécifique possède une grande marge de sécurité — un rôle unique et sans cesse grandissant comme aide à l'humanité aux prises avec le défi d'un monde en pleine transformation. (Cité dans Stimson, 1975: 76) (Traduction libre de l'auteur.)

Les problèmes de pharmacodépendance qui font surface depuis quelques années dans nos sociétés, découlent pour une part de l'institutionnalisation de telles pratiques normatives. Le cas des femmes et des personnes âgées est à cet égard patent: nous sommes ici en présence de deux groupes sociaux à qui ont été fréquemment prescrits des médicaments psychotropes afin de pallier les états de crises originant le plus souvent de conflits familiaux ou culturels, de situations de déséquilibre ou d'injustice sociale, dès lors traitées par la profession médicale comme simples manifestations d'une inadaptation individuelle. Il est clair que de telles pratiques, où les intérêts de l'État, de l'industrie et des professionnels de la santé semblent trouver une compatibilité, créent les conditions au développement de formes nouvelles de toxicomanie chez certains sous-groupes plus exposés de la population; ce qui apparaît toutefois plus lourd de conséquences, c'est que le lieu du changement, individuel et collectif, se déplace peu à peu du terrain social au «terreau» bio-chimique.

L'avènement de nouvelles générations de produits psychotropes risque d'accroître considérablement cette tendance. En effet, depuis déjà une bonne décennie, des chercheurs sont à mettre au point les «drogues de l'avenir», molécules diverses issues du clonage de nos propres substances endogènes et qui pourront, théoriquement, permettre de choisir ses humeurs et ses facultés à la carte: drogues contre la peur ou la dépendance, produits pour stimuler la curiosité ou l'empathie, pilule de mémoire et d'intelligence, etc., tout semble désormais possible (Bylinski, 1978; Parrati, 1980). Ces nouveaux produits, conçus sous prétexte d'aider certains individus à surmonter leur handicap (personnes âgées, malades mentaux, etc.), risquent fort de déborder le cadre strict de l'usage médical pour gagner un usage social beaucoup plus large, à l'instar de ce qui s'est produit avec les nouvelles technologies de la fécondation. Chacun pourra en effet prétendre qu'il lui manque un peu de mémoire ou qu'il est moins favorisé que son voisin en imagination, ou qu'il requiert momentanément une certaine dose de gentillesse... L'usage social de ces nouveaux psychotropes s'annonce un peu comme l'avènement «d'engrais du cerveau» qui contribueront à abolir le seuil distinctif traditionnel entre usage médical et non médical: cela préfigure le règne de l'autocorrection individuelle permanente par chimiothérapie, remède privilégié s'il en est pour une culture de l'égocentrisme. Cela suggère également la «chimiocratie» comme forme accomplie du contrôle social, ce contre quoi Aldous Huxley nous avait pourtant déjà clairement mis en garde:

> Il existe maintenant, physiologiquement parlant, des tranquillisants, des hallucinogènes et des stimulants à bon marché. Il est évident qu'un dictateur pourrait, s'il le voulait, faire usage de ces produits dans un but politique. Il pourrait se garantir contre l'agitation subversive en modifiant la chimie du cerveau de ses sujets, les rendant ainsi parfaitement satisfaits de leur sort. Il pourrait utiliser les tranquillisants pour calmer les excités, les stimulants pour raviver l'enthousiasme chez les indifférents, les hallucinogènes pour distraire les malheureux de leur misère. Mais, demandera-t-on, comment le dictateur obtiendra-t-il de ses sujets qu'ils prennent les pilules? Il est possible qu'il suffise de mettre ces pilules à leur disposition. (Huxley, 1956: 91) (Traduction libre de l'auteur.)

La compréhension du contexte médical ne saurait être complète sans mentionner les rapports existants entre le Nord et le Sud en ce qui concerne la circulation internationale des produits pharmaceutiques. D'importants dossiers de recherches ont mis à jour ces dernières années la teneur de l'impérialisme occidental dans le domaine des drogues licites[2]: il appert en effet qu'en Afrique, en Asie, en Amérique centrale et en Amérique du Sud, sont régulièrement expédiés (souvent avec la complicité tacite des responsables gouvernementaux au commerce extérieur ou pire, d'agences de développement international!) les médicaments impropres à la consommation en Occident: produits toxiques, cancérigènes, périmés, ou pour lesquels on n'arrive pas à obtenir une license d'exploitation dans nos pays; dans la même veine, des psychotropes maintenant contrôlés au Nord — amphétamines et barbituriques — sont délibérément écoulés dans certaines grandes capitales du Tiers-Monde où ils deviennent source de trafic et de toxicomanie pour les populations locales.

Aussi le médicament en général, et plus particulièrement celui qui agit sur la conscience et les comportements, fonctionne-t-il comme instrument de domination politique au niveau international, alors même qu'il permet en Occident, au lieu précis de la relation patient/médecin, la résolution des crises, conflits et déséquilibres psychoculturels générés par l'accélération du changement et la poursuite du progrès social. En ce sens, le «meilleur des mondes» est déjà en voie d'avènement...

Le contexte domestique de l'usage des psychotropes

Dans l'univers des produits licites, certaines drogues jouissent du statut particulier de «drogues sociales» ou «domestiques», ce qui leur assure une relative impunité par rapport aux autres substances psycho-actives. Il s'agit principalement de l'alcool et du tabac, auxquels il est également possible d'ajouter la caféine sous ses diverses formes. Ces psychotropes sont, dans le contexte de nos sociétés, produits et commercialisés comme objets de consommation, au même titre que l'automobile ou la barre de savon: leur accès s'en trouve ainsi fortement banalisé en même temps qu'ils ont le pouvoir de devenir, au plan culturel, les symboles d'un mode de vie. Prenons pour analyse le cas exemplaire de l'alcool.

---

2. Voir entre autres sur ce sujet:

«Médicaments et Tiers-Monde: la grande invasion», dans *Témoignages et Dossiers*, Paris: juin 1983, n° 3.

Mark Dowie et coll., «The Corporate Crime of the Century», dans *Mother Jones*, San Francisco: novembre 1979: 22-49.

Andrew McNicoll, «Le commerce international des stupéfiants. Affaire de répression ou de développement?», dans *Psychotropes*, Montréal: vol. 1, n° 3, 1984: 75-80.

En Amérique du Nord, l'ère post-prohibitionniste se caractérise par un double mouvement d'intégration, économique et culturel, qui aura contribué à structurer l'identité sociale de l'alcool. Au plan économique et politique d'abord, on assiste à un processus de libéralisation continu depuis les années 1930, qui s'est traduit par un effort de production et de commercialisation accru des produits de l'alcool, soutenu dans la plupart des pays occidentaux par un relâchement progressif des contrôles publics: abaissement de l'âge de consommation, extension des heures d'ouverture, multiplication des permis de vente, laxisme en ce qui concerne la réglementation publicitaire, etc. Conséquence: une très grande accessibilité des produits alcoolisés en même temps qu'une intégration profonde de ce secteur industriel qui, de nos jours, assure des centaines de milliers d'emplois dans l'agriculture, la production, le transport, la vente au détail, sans compter les liens étroits entretenus avec l'univers du sport et celui des communications (promotion sportive, contrats publicitaires, commandites des médias, etc.). Un tel libéralisme ne va pas sans hypothéquer la marge de manoeuvre de l'État en matière de politiques sociales, nos gouvernements se retrouvant de plus en plus fréquemment déchirés entre ce que leur rapporte l'alcool (en taxes mais également en profits directs, lorsqu'il y a implication commerciale dans le domaine, à l'exemple de la SAQ) et ce que sa large diffusion coûte socialement à divers chapitres: perte de productivité, soins de santé, accidents de la route, criminalité, etc.[3]

À l'intégration économique s'est greffée l'indispensable entreprise de déculpabilisation sociale. En effet, à travers l'évolution des discours sur la santé publique et la teneur des réglementations en vigueur, peu à peu le concept de «drogue» s'est déplacé et finalement restreint aux seules drogues illicites, consacrant une réhabilitation de l'alcool comme aliment, produit de consommation, petit plaisir de la vie, etc.; le glissement fut bien évidemment renforcé par la large diffusion d'un discours publicitaire sur l'alcool, en l'absence de tout programme d'information et d'éducation populaire sur le sujet. Cette déculpabilisation s'est également réalisée à travers la médicalisation des problèmes liés à l'alcool: en choisissant d'investir dans des programmes de traitement antialcooliques, la société s'assurait un alibi moral face à l'augmentation de la consommation générale, comme l'explique bien une analyse récente de l'OMS:

> ...l'expansion du système curatif peut être considéré comme une sorte d'excuse culturelle à la banalisation de la consommation d'alcool et au relâchement des contrôles. La marginalisation des alcooliques a réussi à déculpabiliser les autres buveurs. Tous les freins à la consommation ont ainsi progressivement disparu. (Cité dans Roy, 1985: 83)

L'établissement progressif de nouvelles normes culturelles en rapport avec l'alcool, à l'intérieur desquelles s'instituait un clivage entre buveurs normaux et buveurs anormaux, a certes contribué à légitimer le processus de libéralisation économique et de déréglementation politique en ce domaine.

---

3. Selon l'évaluation du ministère des Affaires sociales, s'inspirant en cela d'une étude en profondeur réalisée dans le Tennessee aux États-Unis, pour chaque dollar rapporté par l'alcool en taxes, il en coûterait quatre pour réparer les pots cassés. Voir: Ministère des Affaires sociales, *Politique de prévention des problèmes reliés à la consommation d'alcool*, Gouvernement du Québec, Québec: 1982.

Aujourd'hui, l'alcool est une drogue jouissant d'une acceptation sociale très large, les conséquences associées au produit s'en trouvant banalisées ou simplement ignorées: au contraire, à travers les images de la publicité, beaucoup de qualités sont arbitrairement associées à l'alcool — amitié, séduction, virilité, succès, pouvoir, etc. — au point où ce produit en devient le symbole, et éventuellement le substitut privilégié. L'intégration culturelle de l'alcool est d'ailleurs si réussie que la majorité des rituels de la vie courante appellent ou découlent de la consommation de cette drogue, abstinents et buveurs occasionnels se retrouvant souvent marginalisés ou stigmatisés.

La place économique qu'occupe l'alcool dans nos sociétés et le type de socialisation au produit que l'on cautionne encore largement de nos jours, constituent les principaux obstacles à une éducation sociale préventive touchant la principale de nos drogues domestiques. La situation en ce domaine, pour ne pas être aussi alarmante que dans certains pays européens, n'en demeure pas moins préoccupante: n'oublions pas qu'en dépit d'une stabilisation et même d'une diminution légère de la consommation générale d'alcool depuis dix ans au Québec, notre consommation per capita a presque triplé depuis le début des années 1940 (Roy, 1985: 20). Et contrairement à ce que l'on aurait voulu croire, la hausse de la consommation générale a eu des répercussions sensibles sur l'incidence de la consommation abusive d'alcool dans notre société, de même que sur l'augmentation des coûts sociaux et l'abaissement progressif de l'âge de l'initiation à l'alcool: comme quoi on ne peut séparer l'évolution des pratiques excessives de la trajectoire qu'empruntent les comportements majoritaires, pas plus qu'on ne pourrait isoler les expériences vécues par les jeunes générations des modèles véhiculés à l'intérieur de la culture adulte.

Le contexte illicite de l'usage des psychotropes

Le contexte illicite se définit d'abord et avant tout par la présence de législations antidrogues dont il est possible d'évaluer la pertinence en ce qui a trait à leurs fondements aussi bien qu'à leurs conséquences. Il est à noter que les psychotropes visés par ces lois ont tous connu — et connaissent souvent encore — une forme ou une autre d'utilisation thérapeutique, de sorte que ce ne sont pas tant les substances elles-mêmes qui sont en cause, malgré ce que laissent croire les discours de propagande, mais bien un type d'usage, qualifié de non médical, et axé sur la recherche du plaisir et de l'évasion.

Les fondements des législations actuelles sont de trois ordres: philosophique, social et historique; les deux premiers constituent de fait l'entreprise de justification sociale des lois, alors que les circonstances historiques réelles de leur promulgation paraissent souvent relever de motivations moins nobles. Au plan philosophique d'abord, l'existence de lois en matière de drogues repose sur une reconnaissance de la primauté d'une moralité publique sur la liberté individuelle, dans certaines circonstances où les valeurs sociales dominantes sont menacées: dans ces cas, le droit pénal vient sanctionner des crimes sans victime, des gestes privés dont la propagation indue aurait le pouvoir d'affecter le «tonus» moral de la société, ce que le juriste anglais Lord Devlin expliquait en ces termes, au siècle dernier:

> Les sociétés se désintègrent de l'intérieur plus souvent qu'elles ne sont détruites par des pressions extérieures. Il y a désintégration quand disparaît la morale commune et l'histoire montre que le relâchement des liens moraux est souvent le premier stade de la désintégration; la société est donc fondée à prendre les mêmes mesures pour préserver son code moral que pour préserver son gouvernement et ses autres institutions essentielles. (Cité dans Ledain, 1973: 927)

L'usage de drogues — mais également le suicide, l'euthanasie, l'avortement, la prostitution — sont au nombre de ces pratiques individuelles susceptibles de menacer le maintien d'un certain ordre moral, lui-même enjeu de discussions, de réévaluations, ou encore de renversements.

Une fois la légitimité du droit pénal établie en matière de drogues, il a fallu justifier socialement l'interdiction de certaines substances plutôt que d'autres: pourquoi le cannabis et non le tabac?; pourquoi la cocaïne et non l'alcool?; etc. C'est ici que sont apparus les arguments, encore abondamment utilisés, de dangerosité et de criminalité qui malheureusement ne résistent pas à l'analyse. D'une part, lorsque les autorités publiques affirment que les produits actuellement prohibés le sont parce qu'ils comportent des dangers pour la santé psychologique et physique des usagers, on passe sous silence le fait que ces dangers résultent, pour les produits illicites comme pour ceux qui sont légaux, de mauvais usages (abus quant aux quantités, à la fréquence d'utilisation, à la combinaison de substances, etc.) et non de l'utilisation de substances particulières (sauf rares exceptions): pour éviter l'incidence de quelques dangers, ce sont tous les psychotropes qu'il faudrait à ce compte interdire par mesure préventive; les seuls véritables dangers inhérents à l'utilisation des substances prohibées sont relatifs à la qualité des produits disponibles sur le marché noir et s'avèrent donc la conséquence des lois plutôt qu'un élément de leur justification. L'argument de la criminalité est encore plus fallacieux: les produits illlicites seraient plus fréquemment associés à la criminalité que les autres. Ce que l'on oublie de préciser, c'est que cette criminalité découle elle aussi majoritairement de l'existence des lois et non l'inverse, qu'il s'agisse de la comptabilisation des délits de drogues (arrestations et condamnations en vertu des lois antidrogues) ou des délits pour s'approvisonner en drogues (criminalité générée par le coût prohibitif d'accès à certaines susbtances illlicites). Le seul produit psychotrope pour lequel les nombreuses études sur le sujet ont pu établir qu'il agissait comme facteur contributif dans la genèse d'actes criminels est... l'alcool !! (Fattah, 1969).

Après ce tour d'horizon des fondements justificatifs des lois actuelles, il est pour le moins surprenant de relever les véritables motifs historiques ayant présidé à la promulgation de législations antidrogues. Il serait trop long dans le cadre de cet article d'en retracer l'évolution complexe, le lecteur intéressé pouvant se référer à certaines analyses pertinentes sur le sujet (Helmer, 1975; Inglis, 1977; Rico, 1986)[4]. Qu'il suffise de mentionner qu'au-delà des intentions nobles de protéger le bien-être de la collectivité, parmi les raisons historiques les plus fréquemment invoquées se retrouvent l'expression d'un sentiment ra-

---

4. Les lecteurs pourront également à ce sujet consulter le chapitre 8 du présent ouvrage sur l'origine des lois canadiennes sur les drogues.

ciste ou discriminatoire, la protection d'intérêts économiques et l'opportunisme politique.

Mais peu importe d'où elles viennent et comment on les justifie, les lois existent et nous devons vivre avec, ce qui nous amène à en évaluer les conséquences. La question qui se pose est essentiellement la suivante: les conséquences sociales des lois (ce que certains auteurs qualifient de coûts secondaires) sont-elles plus ou moins néfastes que les conséquences sociales de l'usage des drogues visées (les coûts primaires)? S'il est difficile de répondre quantitativement à une telle question, nombre d'analyses sérieuses endossent et reconduisent le bilan négatif, tiré de l'expérience prohibitionniste de l'alcool, à l'effet que les lois antidrogues font plus de torts que les drogues elles-mêmes (Hulsman et coll., 1983). Pour maintenir une force de dissuasion collective face à certaines drogues et sauvegarder un semblant de moralité publique, les lois actuelles génèrent dans les faits les conséquences suivantes: à un premier niveau, la criminalisation des usagers (arrestations, casier judiciaire et quelquefois prison) entraîne une stigmatisation et une marginalisation de certains individus ou groupes sociaux (par exemple, les «junkies») et peut, dans les pires cas, aboutir à la construction sociale d'une véritable déviance (initiation et adoption d'un mode de vie criminel en réponse à l'étiquetage social); à un second niveau, la création d'un marché noir pour surseoir à la demande génère un contrôle criminel de l'offre (augmentation des prix et de la concentration des produits en circulation, baisse dramatique de la qualité, dosages incontrôlés) qui aboutit fréquemment à des intoxications, des empoisonnements quand ce n'est à l'introduction de nouvelles formes de toxicomanie (ce qui se produit à l'heure actuelle avec l'arrivée du «crack»); finalement, l'investissement en effectifs et en ressources de répression (corps policiers, technologies de surveillance, appareil judiciaire) ouvre la porte à des possibilités accrues d'abus de pouvoir, d'autant plus suspects que le taux de réussite effectif des forces de l'ordre est, d'année en année, lamentablement bas (rarement plus de 10 % des produits illicites en circulation sont interceptés).

Étant donné l'incapacité d'appliquer réellement les lois et l'ensemble des résultats négatifs découlant de leur maintien, pourquoi persiste-on à défendre et à investir dans ce cul-de-sac préventif? Il n'y a pas de réponse simple à cette question, attendu la complexité des facteurs en cause, notamment la définition des rapports Nord-Sud autour des enjeux économiques et politiques nouveaux dégagés par le commerce illicite de la drogue. Nous sommes pourtant en droit de nous demander si cette situation, que l'on cherche régulièrement à légitimer à travers la résurgence de campagnes antidrogues dans les médias, ne sert pas ultimement certains intérêts bien réels: le maintien d'une instance de normalisation qui permet de discriminer, à travers la désignation des drogues bénies et des drogues impies, les bons consommateurs des pauvres drogués, en fournissant de surcroît un alibi inégalé à la surveillance et au contrôle de la vie privée...

Conclusion

L'analyse des différents contextes sociaux nous révèle l'existence d'intérêts économiques et politiques, ainsi que de normes culturelles ayant un grand pouvoir de définition sur les situations sociales dans lesquelles nous utilisons les psychotropes. Nous nous retrouvons en effet en présence d'un système qui d'une main stigmatise des formes déviantes de toxicomanie, et de l'autre, absout pour ne pas dire encense des formes institutionnalisées ou banalisées d'intoxication, ce qui ne peut entraîner au total qu'irrationnalité et obscurantisme en matière de drogues: foi aveugle dans la magie du médicament, inconscience ou consensus du silence face aux dangers de l'alcool, peur panique devant le fléau des drogues de rue. D'un côté on banalise, de l'autre on dramatise, au total on mystifie: qu'il s'agisse d'usage médical, domestique ou illicite, notre société n'a pas encore su créer de lieux de sensibilisation, d'éducation et d'apprentissage quant à la signification des drogues et les conséquences, bonnes ou mauvaises, de leur utilisation.

Références

BRECHER, E. et coll. (1970). *Licit and Illicit Drugs.* Mount Vernon: Consumers Union.

BOSQUET, M. (1978). Médecine, santé et société. *Écologie et Politique.* Paris: Seuil: 169-225.

BOZZINI, L. et coll. (1981). *Médecine et société: les années '80.* Montréal: Albert St-Martin.

BYLINSKI, G. (1978). Future Drugs. *Omni.* Novembre: 131-170.

CONSEIL DES AFFAIRES SOCIALES ET DE LA FAMILLE (1982). *Médicaments ou potions magiques?* Québec: Gouvernement du Québec.

CORMIER, D. (1984). *Toxicomanies: styles de vie.* Chicoutimi: Gaëtan Morin éditeur.

DUPUY, J. P. et KARSENTY, S. (1974). *L'invasion pharmaceutique.* Paris: Seuil.

DE CLOSETS, F. (1977). Le débat sur l'alcool. *L'Express.* Paris: semaine du 14 novembre: 88-98.

EVANS, W., KLINE, N. (1971). *Psychotropic Drugs in the Year 2000.* Springfield: Charles C. Thomas Publisher.

FARIS, D. (1979). Coûts sociaux et économiques. *Connaissance de base en matière de drogues, 4,* Ottawa: 9-24.

FATTAH, E. (1969). Pour de nouvelles mesures législatives sur les drogues et la toxicomanie. *Toxicomanies,* vol. 2: 85-107.

HELMER, J. (1975). *Drugs and Minority Oppression.* New York: Seabury Press.

HULSMAN, L. et coll. (1983). Débat: la politique des drogues. *Déviance et Société,* Genève, vol. 7 n° 3: 269-292.

HUXLEY, A. (1956). *Brave New World Revisited.* New York: Random House.

INGLIS, B. (1977). *The Forbidden Game: a Social History of Drugs.* London: Coronet Books.

LEDAIN, G. et coll. (1973). *Rapport final de la commission d'enquête sur l'usage des drogues à des fins non médicales.* Ottawa.

MINISTÈRE DES AFFAIRES SOCIALES (1982). *Politique de prévention des problèmes reliés à la consommation d'alcool.* Québec: Gouvernement du Québec.

NOVEMBER, A. (1981). *Les médicaments et le tiers-monde.* Genève: Éditions Pierre-Marcel Favre.

PARRATI, C. (1980). Brain Breakthroughs: Your Body's Own Drugs for Pleasure and Pain, *Futurist.* vol 15, n° 1, février: 21-26.

RICO, J. M. (1986). Les législations sur les drogues. Origine et évolution. *Psychotropes.* Montréal, vol. 3, n° 1: 69-83.

ROBILLARD, G. (1980). La potion magique du sport québécois. *L'Actualité,* avril: 72-78.

ROCK, P. E. et coll. (1977). *Drugs and Politics*. New Jersey: Transaction Books.

ROY, L. (1985). *Le point sur les habitudes de vie: l'alcool*. Québec: Conseil des affaires sociales et de la famille, Gouvernement du Québec.

SANTÉ ET BIEN-ÊTRE SOCIAL CANADA (1984). *L'alcool au Canada: une perspective nationale*. Ottawa: ministère des Approvisonnements et Services.

STIMSON, G. (1975). The message of psychotropic drug ads. *Journal of Communication*. Philadelphie: été: 72-79.

SZASZ, T. (1976). *Les rituels de la drogue*. Paris: Payot.

■■■■■■ RÉSUMÉ

L'auteur présente dans cet article une perspective sociologique sur l'usage contemporain des produits psychotropes en dégageant les contraintes qui s'exercent sur les utilisateurs à travers l'analyse des principaux contextes sociaux d'utilisation. Le contexte médical de l'usage des psychotropes renvoit à une perspective techniciste où les drogues jouent le rôle d'agents d'adaptation aux conditions de vie moderne, le système nerveux central devenant de plus en plus le terrain du changement individuel. Le contexte domestique de l'usage met principalement en scène l'alcool qui, depuis la fin de la prohibition, est devenu un produit de consommation à la fois fortement intégré au plan économique et profondément enraciné au plan symbolique: la déculpabilisation à l'endroit de cette drogue «domestiquée» semble aller de pair avec la stigmatisation des drogues de rue et la médicalisation des cas problème. Le contexte illicite de l'usage, finalement, nous confronte à des législations particulières dont aussi bien les fondements que les conséquences n'apparaissent garantir une meilleure santé publique: l'intérêt de maintenir de telles lois ne serait-il pas alors d'un autre ordre, celui de créer une diversion face aux drogues licites en même temps qu'un alibi au besoin de surveillance et de contrôle de la vie privée des citoyens?

Chapitre 6

La consommation de psychotropes au Québec et au Canada: profil statistique*

Louise Lapierre

Les habitudes de vie comptent parmi les facteurs déterminants de l'état de santé. Si certains comportements ont des effets bénéfiques sur la santé physique et mentale des individus, d'autres peuvent engendrer des problèmes physiques, mentaux ou sociaux.

L'usage du tabac est ainsi lié à plusieurs types de cancer (poumons, larynx, oesophage, vessie, etc.) en plus de comporter certains risques pour la croissance du foetus (Ableson et coll., 1983). On l'associe également aux maladies cardio-vasculaires (U.S. Department of Health and Human Services, 1980).

La consommation d'alcool peut aussi engendrer des problèmes. Elle était associée à un décès sur dix en 1980, au Canada (Le groupe de travail de la statistique sur l'alcool, 1984). Par ailleurs, la conduite automobile avec facultés affaiblies demeure l'un des principaux facteurs de décès attribuable aux accidents de la route, dans plusieurs pays dont le nôtre. Les buveurs s'exposent à d'autres risques aux plans de la mortalité et de la morbidité, comme la cirrhose du foie, sans compter les problèmes liés à la famille, au travail, à l'école ou avec la justice.

L'usage prolongé de benzodiazépines est susceptible d'avoir des conséquences physiologiques et psychosociales importantes. Mentionnons

* Texte inédit. L'auteure tient à remercier M. Pierre Lamarche, de Domrémy-Montréal, et le Dr Irving Rootman, de la direction de la promotion de la santé à Santé et Bien-être social Canada, pour leur précieuse collaboration. Les opinions émises dans ce texte n'engagent nullement Statistique Canada, et l'auteure assume l'entière responsabilité de toute erreur ayant pu se glisser en cours de rédaction.

entre autres la dépendance, une déficience psychomotrice et des troubles d'apprentissage et de mémoire (Cooperstock et Hill, 1982).

Enfin, l'usage du cannabis, drogue illicite réputée la plus consommée au pays, endommage la gorge et les poumons et peut, à l'instar de la cigarette, contribuer aux cancers des régions broncho-respiratoires.

Voilà autant de risques auxquels s'exposent les consommateurs réguliers ou abusifs de ces substances, ce qui entraîne des coûts individuels et sociaux élevés. C'est pour mieux diriger les efforts en prévention et en promotion de la santé qu'il est donc important de connaître le profil des utilisateurs de psychotropes au Canada.

Sources et limites des données

La majorité des données proviennent de l'*Enquête Promotion Santé Canada* qui a été menée en juin 1985 par Statistique Canada pour le compte de Santé et Bien-être social Canada. Plus de 11 000 personnes agées de 15 ans et plus ont été jointes par téléphone, soit près de 1000 individus par province et au Yukon. Les données sur les habitants des Territoires du Nord-Ouest ont été recueillies par entrevues personnelles. Le questionnaire comprenait 109 questions touchant quelques 250 éléments d'information où l'on retrouvait, outre des données concernant les attitudes, les croyances, la famille, etc., des résultats quant aux habitudes de vie des Canadiens se rapportant à leur consommation de tabac, d'alcool, de médicaments et de produits illicites[1]. Le choix de cette source tient d'une part à la multiplicité des informations que l'on peut en tirer, d'autre part à son échantillonnage, représentatif au plan national de même qu'à l'échelle provinciale dans le cas de certaines variables. Les données étaient préliminaires au moment de la rédaction de cet article.

La principale difficulté rencontrée lors de l'élaboration des profils statistiques était l'inexistence de données détaillées sur la consommation de psychotropes au Québec. Même si plusieurs études pertinentes ont porté sur le sujet, l'information disponible ne couvrait que certaines régions québécoises. L'Enquête Promotion Santé aura donc, dans une certaine mesure, permis de pallier cette carence. Certaines des études locales ont toutefois été utilisées pour une meilleure compréhension du phénomène.

Les statistiques concernant l'usage du tabac proviennent d'un supplément de l'enquête sur la population active (Statistique Canada) et ont été analysées par Santé et Bien-être social Canada; elles permettent d'évaluer l'évolution de l'usage du tabac de 1965 à 1983.

---

1. Pour plus de renseignements, le lecteur peut consulter: Santé et Bien-être social Canada, *Le rapport Action santé, nos conceptions et nos actions.* #39-106/1987F au catalogue, Ottawa, 1987.

L'usage du tabac

C'est au Québec que l'on retrouve la plus grande proportion de fumeurs au Canada. Plus du tiers (36,3 %) des Québécois âgés de plus de 19 ans fumaient régulièrement la cigarette en 1983, tandis que 32,4 % des Canadiens du même âge avaient cette même habitude.

L'usage de la cigarette a perdu de sa popularité depuis 1966 en raison principalement de la baisse de consommation chez les hommes. En effet, le taux de fumeurs masculins âgés de 20 ans et plus est passé de 66,7 % en 1966 à 40,7 % en 1983, alors que chez les femmes, ces taux ont peu changé: 35,1 % d'entre elles fumaient en 1966, et la proportion demeurait à 32,2 % en 1983. Les efforts pour cesser de fumer sont donc plus importants chez les hommes que chez les femmes.

Par ailleurs, chez les fumeuses, c'est dans le groupe d'âge des 25-44 ans que l'on retrouve la diminution la plus importante tandis que l'augmentation la plus significative est notée chez les plus jeunes, âgées de 15 à 19 ans et de 20 à 24 ans. Dans le groupe des 20-24 ans, les hommes et les femmes fument dans des proportions similaires; chez leurs cadets en comparaison, c'est le tiers des filles contre le quart des garçons qui usent régulièrement de la cigarette.

Si le pourcentage des fumeuses diminue moins rapidement que celui des fumeurs, les femmes ont par contre tendance à consommer moins de cigarettes quotidiennement que les hommes: 15 % des Québécois âgés de 15 ans et plus et près de 9 % des Québécoises du même âge consomment au-delà de 25 cigarettes par jour, ce qui dénote par ailleurs une augmentation des «gros fumeurs» par rapport à 1970. La majorité des consommateurs (67,5 % des hommes et 71,3 % des femmes) grillent toutefois de 11 à 25 cigarettes quotidiennement.

Les femmes, de même que les gens jouissant de hauts niveaux d'instruction, ont tendance à opter plus largement pour des cigarettes à faible teneur en goudron; chez les gens instruits, on note cependant une consommation quotidienne plus élevée que celle des autres fumeurs (Santé et Bien-être social Canada, 1985).

En résumé, il y a moins de fumeurs au Québec et au Canada en 1983 qu'en 1966. Cette diminution provient surtout des efforts qu'ont déployés les hommes pour cesser cette habitude puisque les taux de fumeuses n'ont pas beaucoup diminué et ont même augmenté chez les jeunes filles. D'autre part, les «gros fumeurs» se retrouvent davantage chez les hommes et parmi les gens plus instruits. Voyons maintenant comment se comporte la population face à l'alcool.

La consommation d'alcool

L'*Enquête Promotion Santé* (1985) révèle que 81 % de la population canadienne avait consommé de l'alcool l'année précédant l'enquête tandis que 8 % n'en avaient jamais consommé et que 10 % étaient d'anciens buveurs[2].

Ces résultats sont similaires à ceux obtenus lors de l'*Enquête Santé-Canada* (1978-1979) à l'exception du fait que l'on retrouve, en 1985, moins d'individus dans les catégories «n'ayant jamais bu» et «ne buvant plus» qu'en 1978-1979. Le taux des buveurs a également diminué quelque peu[3]. Ces différences minimes peuvent être en partie attribuées à l'erreur d'échantillonnage.

Les données sur la consommation des répondants durant la semaine précédant l'enquête (tableau 6.1) révèlent les résultats suivants: deux tiers des Canadiens ont pris entre 0 et 7 consommations hebdomadaires; 8 % entre 8 et 14; 4 % en avaient bu entre 15 et 21; 2 % avaient consommé entre 22 et 28 verres alors que 2 % avaient pris plus de 28 consommations alcoolisées. La majorité des répondants boivent donc de façon modérée bien que 8 % consomment des quantités considérées dangereuses pour la santé (15 verres et plus par semaine selon le *Rapport Action-Santé*, 1987).

Les données québécoises montrent une plus grande proportion de non-buveurs et d'anciens buveurs qu'à l'échelle nationale. La consommation hebdomadaire d'alcool est également moins importante chez les Québécois qu'au niveau national. L'*Enquête Promotion Santé* a confirmé une fois de plus que la consommation d'alcool augmente d'est en ouest au Canada, exception faite de l'Ontario qui obtient le second rang sur le plan de la proportion de buveurs, et le troisième rang pour ce qui est des individus qui prennent plus de 15 consommations par semaine (Andrews, 1987).

Dans l'ensemble du pays, on retrouve une plus grande proportion d'hommes (86 %) que de femmes (77 %) qui consomment de l'alcool chez les personnes âgées de 15 ans et plus. Il faut toutefois se rappeler la possibilité d'une sous-estimation chez les femmes puisqu'elles auraient tendance à ne pas déclarer leur consommation d'alcool (Guyon, Simard et Nadeau, 1981).

Toutefois, les jeunes femmes (15-24 ans) semblent être plus enclines à le faire puisqu'on les retrouve dans des proportions similaires aux hommes dans la catégorie des «buveurs». Au Québec, la consommation hebdomadaire moyenne est de 6,8 verres chez les hommes et de 2,2 chez les femmes, ce qui une fois de plus est inférieur à la moyenne canadienne.

---

2. Le calcul de pourcentages comportant des fractions aboutit quelquefois à des totaux sous le cent.

3. Dans l'Enquête Promotion Santé, les buveurs sont ceux qui ont consommé de l'alcool durant l'année précédant l'enquête tandis que l'Enquête Santé-Canada les définissait comme ceux qui avaient bu au moins une fois durant le mois précédant l'enquête.

Tableau 6.1

Répartition de la population âgée de 15 ans et plus selon le genre de buveurs et le volume hebdomadaire d'alcool consommé, Canada et Québec, 1985

	Genre de buveurs			Volume hebdomadaire consommé (nombre de consommations)					
	Non-buveurs	Anciens buveurs	Total buveurs	0	1-7	8-14	15-21	22-28	28 +
CANADA									
Pourcentage	7,7	10,4	81,4	31,5	33,5	7,9	4,4	1,6	2,4
Nombre (en milliers)	1512	2040	15 962	6175	6574	1557	857	320	479
QUÉBEC									
Pourcentage	11,6	11,1	77,0	31,2	33,7	6,0	2,9	1,0	2,3
Nombre (en milliers)	594	570	3963	1603	1733	308	161	51	117

Source: Enquête Promotion Santé Canada 1985, données préliminaires.

En ce qui concerne l'état matrimonial, les célibataires constituent la proportion la plus importante des consommateurs d'alcool, les veufs et veuves étant les moins nombreux dans ce groupe. Les hommes célibataires, séparés ou divorcés, se retrouvent plus nombreux dans la catégorie dite des «gros buveurs»; un homme séparé sur dix a bu plus de 28 verres pendant la semaine précédant l'enquête (Santé et Bien-être social Canada, 1987).

Les données ventilées selon la taille du ménage révèlent une proportion moins grande de consommatrices chez les femmes qui vivent seules alors que leur volume hebdomadaire d'alcool consommé est semblable à celui des autres femmes. Le portrait est différent chez les hommes: même si la proportion des buveurs est similaire quelque soit la taille du ménage, les hommes vivant seuls enregistrent les plus grandes quantités d'alcool bues au cours de la semaine précédant l'enquête (un homme sur cinq vivant seul avait consommé au moins 15 verres). Soulignons, en contrepartie, que 7,8 % des hommes vivant dans un ménage à trois personnes ont déclaré prendre 28 verres et plus, ce qui équivaut à la proportion observée chez les hommes seuls (Andrews, 1987).

Le pourcentage des buveurs est étroitement lié au revenu ainsi que les enquêtes canadiennes précédentes nous l'avaient appris: plus le revenu augmente, plus le pourcentage de buveurs est important. Il n'est donc pas étonnant de constater que les employés de direction et les professionnels affichent le plus haut taux de buveurs; d'ailleurs, l'écart existant entre les hommes et les femmes qui boivent diminue avec le revenu pour n'atteindre que 1 % chez les personnes disposant du revenu le plus élevé (Santé et Bien-être social Canada, 1987). Les hommes à la recherche d'un emploi sont cependant les plus nombreux à prendre 15 consommations ou plus (20 %) si l'on considère l'activité principale des répondants. Les personnes retraitées sont de loin les personnes buvant le moins, autant quant à la proportion de buveurs qu'au volume hebdomadaire de consommation .

Le questionnaire de l'*Enquête Promotion Santé* comprenait quelques questions sur les relations sociales des répondants, leur famille, leurs attitudes et leurs connaissances. Il en résulte que plus de la moitié (53 %) des répondants fréquentent des amis ou des parents qui boivent à l'excès; les personnes qui boivent le plus sont d'ailleurs les plus susceptibles de déclarer qu'il y a dans leur entourage quelques-uns ou plusieurs de leurs amis qui consomment à l'excès. Seulement 1 % de la population canadienne considère sa consommation d'alcool comme étant un problème cependant que 4 % des répondants estimaient que leur conjoint buvait trop (Santé et Bien-être social Canada, 1987).

Signalons en terminant que 1 % des répondants déclaraient avoir réduit leur consommation d'alcool l'année précédant l'enquête ou avoir l'intention de le faire l'année suivante, ou encore pensaient devoir le faire pour améliorer leur santé ou mieux supporter le stress (Santé et Bien-être social Canada, 1987).

La consommation de médicaments

L'*Enquête Promotion Santé* nous renseigne également sur l'usage de quelques médicaments psychotropes, notamment les somnifères et les tranquillisants. Peu de données sont cependant spécifiques au Québec en raison de la taille des échantillons.

Les résultats démontrent néanmoins que plus d'un Québécois sur dix (11 %) avait consommé des somnifères et qu'environ la même proportion (9 %) avait fait usage de tranquillisants l'année précédant l'enquête (tableau 6.2). Ces chiffres sont ici plus élevés que la moyenne nationale. Les francophones ont d'ailleurs une plus forte tendance à consommer de ces substances que les anglophones dans l'ensemble du Canada (Lamarche et Rootman, 1987).

Les résultats confirment ce que d'autres enquêtes avaient mis en lumière: les femmes consomment de ces médicaments en plus grande proportion que les hommes, au Québec ou ailleurs au Canada; la proportion des consommatrices de somnifères et de tranquillisants représente presque le double de celle des hommes. Les Québécoises sont en outre les plus fortes consommatrices de médicaments psychotropes au niveau national. Parmi les catégories sociales, ce sont les chômeuses, les femmes à la maison et les retraitées qui s'avèrent les plus grandes utilisatrices de ces substances.

Tableau 6.2

Répartition de la population âgée de 15 ans et plus selon la consommation de certaines substances psychotropes et le sexe, Canada et Québec, 1985.

	Nombre (en milliers)	Somnifères	Tranquillisants (en pourcentage)	Marijuana Haschisch	Cocaïne
CANADA					
TOTAL	**19 612**	**8,2**	**6,4**	**5,6**	**0,9**
hommes	9623	6,1	4,7	6,9	1,3
femmes	9989	10,1	8,1	4,3	0,6
QUÉBEC					
TOTAL	**5148**	**10,9**	**9,4**	**3,3**	—
hommes	2506	7,2	6,6	3,3 (1)	—
femmes	2642	14,4	11,9	3,3 (1)	—

(1) Erreur d'échantillonnage élevée.
Source: Enquête Promotion Santé, Canada 1985, données préliminaires.

Une étude publiée en 1982 (Marinier, 1982) rapporte que 28 % des femmes francophones âgées de 18 à 65 ans et habitant la région de Montréal, avaient consommé des médicaments psychotropes l'année précédant l'enquête. L'auteure notait une consommation régulière dans 8,9 % des cas, c'est-à-dire «quotidienne et d'une durée supérieure à deux mois»[4]. Un autre fait ressortait de cette étude: les fortes consommatrices de psychotropes ne boivent pas d'alcool.

S'il est impossible de comparer ces chiffres à ceux provenant de l'*Enquête Promotion Santé* étant donné les différences nombreuses en ce qui a trait à la période d'enquête et au questionnaire, il est intéressant d'observer certaines similarités entre les conclusions des deux enquêtes. Mentionnons entre autres que les consommatrices de psychotropes sont moins scolarisées que les autres, que leur activité principale les garde au foyer, qu'elles ont des enfants mais expriment le désir de travailler à l'extérieur. En bref, le portrait des femmes consommatrices de psychotropes au niveau national apparaît globalement semblable à celui dressé dans la région de Montréal.

Les résultats de l'enquête nationale indiquent que l'usage croît avec l'âge. Dans le groupe des Canadiens âgés de plus de 64 ans, une personne

---

4. MARINIER, R. L. (1982), *Rapport d'études sur la consommation de psychotropes chez les femmes*. Université de Montréal: VI.

sur cinq prend des somnifères tandis qu'au-delà d'une sur dix consomme des tranquillisants. Comme chez leurs cadettes, les femmes âgées font usage de ces substances en plus grand nombre que leurs vis-à-vis masculins.

Ces données récentes montrent également que les personnes défavorisées sont plus susceptibles de consommer des somnifères que les plus fortunées. Il n'en va pas de même pour l'usage de tranquillisants: les taux sont aussi élevés, quel que soit le revenu (Santé et Bien-être social Canada, 1987).

Enfin, les données ventilées selon l'état matrimonial révèlent de plus fortes proportions d'usagers de somnifères et de tranquillisants chez les veufs et les veuves, les célibataires enregistrant pour leur part les plus faibles proportions. Signalons toutefois des taux de consommation assez importants chez les personnes séparées ou divorcées.

L'usage des drogues illicites

Les données que l'on possède sur les drogues illicites sont possiblement sous-estimées car la population hésite vraisemblablement à déclarer sa consommation de ces produits.

La taille de l'échantillon de l'*Enquête Promotion Santé* n'a pas permis de connaître de façon fiable les habitudes des Québécois en ce domaine. Les données à l'échelle nationale seront donc présentées dans un premier temps.

Les résultats indiqueraient que 12 % des jeunes adultes (15-24 ans) consomment de la marijuana ou du haschisch dans des proportions identiques chez les hommes et les femmes. Dans le groupe âgé de 25 à 34 ans, 13 % des hommes et 4 % des femmes en font usage, puis ces proportions diminuent considérablement chez les personnes âgées de 35 à 44 ans où seulement 4 % des hommes et 2 % des femmes déclarent prendre de ces drogues. L'incidence du phénomène tend à s'estomper chez les gens plus âgés.

Si l'on considère le niveau d'instruction et le revenu, il appert que les personnes ayant quelques années d'instruction de même que celles se situant dans le second quintile de revenu — les plus pauvres se retrouvent dans le premier —, viennent en tête de liste des consommateurs de marijuana et de haschisch.

Notons enfin que d'après le *Rapport Action-Santé* (1987), «un individu dont le conjoint consomme de la marijuana a quarante-deux fois plus de chances d'en consommer qu'une personne dont le conjoint n'en consomme pas»[5].

---

5. Santé et Bien-être social Canada (1987), *Le rapport Action-Santé, nos conceptions et nos actions.* H39-106/1987F au catalogue, Ottawa: 35.

D'après les données de l'*Enquête Promotion Santé*, l'usage de la cocaïne est beaucoup moins populaire bien qu'ayant touché quelques 200 000 adeptes au Canada l'année précédant l'enquête, soit 0,9 % de l'ensemble de la population âgée de 15 ans et plus. Ce sont les hommes qui sont les principaux usagers ainsi que les jeunes (2,7 % des hommes âgés de 15 à 24 ans seraient utilisateurs).

On retrouve les plus fortes proportions d'usagers de cannabis et de cocaïne parmi les célibataires, les personnes à la recherche d'emploi et les cols bleus. Les anglophones ont par ailleurs tendance à faire usage de marijuana et de haschisch dans une plus grande proportion que les francophones.

Le groupe d'évaluation des programmes sociaux de l'Université Queen's de Kingston ainsi qu'un groupe consultatif formé de spécialistes canadiens en éducation sanitaire a mené une étude sur les attitudes et comportements des Canadiens en matière de santé auprès d'élèves âgés de 9, 12 et 15 ans, en 1984-1985. Le rapport québécois indique que moins de 4 % des étudiants de 7e année (âgés d'environ 12 ans) faisaient usage de cannabis. Ce taux grimpait cependant à 20 % chez les étudiants de 10e année (âgés d'environ 15 ans). Près de 8 % des étudiants de cet âge en consommaient environ une fois par mois, près de 7 % en faisaient usage de deux à quatre fois par mois, tandis que 5 % en consommaient au moins deux à trois fois par semaine.

D'autres études ont été réalisées au Québec sur le phénomène des «drogues de rue». Les enquêtes ont rejoint les étudiants du secondaire de différentes régions. Les périodes d'enquête diffèrent, les définitions et les questionnaires également. Il est donc difficile de comparer ces chiffres, ce qui ne diminue en rien la pertinence de leur apport à la compréhension du phénomène.

Il semble en résumé que l'usage de produits illicites touche surtout une population jeune, la consommation de cannabis s'avérant aussi populaire chez les garçons que les filles âgés de 15 à 24 ans; les jeunes hommes seraient par ailleurs plus enclins à utiliser la cocaïne que leur contrepartie féminine.

Conclusion

Les résultats présentés confirment certains phénomènes qui avaient déjà été identifiés dans le passé: la stabilité du taux de consommation de tabac chez les femmes en raison de la croissance des jeunes fumeuses; l'augmentation de la consommation d'alcool chez les femmes alors qu'elle ne semble pas diminuer chez les hommes; l'usage privilégié du cannabis par les jeunes et celui des médicaments psychotropes par les femmes et les personnes âgées.

S'il apparaît que les groupes qui s'exposent à certaines drogues ne changent pas, les renseignements nouveaux obtenus lors de ces enquêtes constituent cependant un apport considérable et permettent une connaissance plus raffinée des différentes populations à risque. Il faut toutefois garder à l'esprit la sous-estimation possible des chiffres obtenus.

L'*Enquête Santé-Québec*, dont les résultats ne nous étaient malheureusement pas disponibles au moment de la rédaction, viendra pallier le manque d'information sur le plan provincial. L'éventail de renseignements recueillis à partir de larges échantillons pourra sans doute fournir un éclairage meilleur de la consommation de psychotropes au sein de la population québécoise.

Références

ABLESON, J., PADDON, P., et STROHMENGER, C. (1983). *Perspectives sur la santé.* Ottawa: Statistique Canada, n° 82-540 au catalogue, hors-série.

ALLAIRE, B.G. (1985). *Étude sur la toxicomanie chez les jeunes dans la région de l'Outaouais (07).* Hull: Département de santé communautaire.

ANDREWS, F.(à paraître.). *Alcool Use.* Document de travail.

COOPERSTOCK, R. et HILL, J. (1982). *Les effets de l'usage des tranquillisants: l'usage des benzodiazépines au Canada.* Ottawa: Santé et Bien-être social Canada.

GROUPE D'ÉVALUATION DES PROGRAMMES SOCIAUX (1984-1985). *Étude sur les attitudes et comportements des Canadiens en matière de santé.* (Résultats pour le Québec.) Kingston, Ontario: Université Queen's.

GROUPE DE TRAVAIL DE LA STATISTIQUE SUR L'ALCOOL (1984). *L'alcool au Canada: une perspective nationale.* Ottawa: Santé et Bien-être social Canada.

GUYON, L., SIMARD, R. et NADEAU, L. (1981). *Va te faire soigner, t'es malade!* Paris-Montréal: Éditions Stanké.

LAMARCHE, P. et ROOTMAN, I., (À paraître.) *Drug Use.* Document de travail.

MARINIER, R. L. (1982). *Rapport d'études sur la consommation de psychotropes chez les femmes.* Montréal: Université de Montréal.

SANTÉ ET BIEN-ÊTRE SOCIAL CANADA (1987). *Le rapport Action-Santé, nos conceptions et nos actions.* Ottawa, H39-106/1987F au catalogue.

SANTÉ ET BIEN-ÊTRE SOCIAL CANADA et STATISTIQUE CANADA (1981). *La santé des Canadiens: Rapport de l'enquête Santé-Canada.* Ottawa: n° 82-538F au catalogue.

SANTÉ ET BIEN-ÊTRE SOCIAL CANADA (1985). *L'usage du tabac au Canada en 1983.* Ottawa: H39-66/1985 au catalogue.

SANTÉ ET BIEN-ÊTRE SOCIAL CANADA (1983). *L'usage du tabac au Canada en 1981.* Ottawa: H39-66/1983F au catalogue.

SANTÉ ET BIEN-ÊTRE SOCIAL CANADA (1987). *L'usage de l'alcool et des psychotropes au Canada.* Quelques résultats préliminaires de l'Enquête Promotion Santé Canada, Ottawa: Direction générale des services et de la promotion de la santé.

U.S. DEPARTMENT OF HEALTH AND HUMAN SERVICES (1980). *The Health Consequences of Smoking for women: A Report of the Surgeon General.* Washington, D.C: 98-101.

■ RÉSUMÉ

L'auteure présente un profil statistique de la consommation canadienne et québécoise des principaux psychotropes, telle que les résultats préliminaires de l'Enquête Promotion Santé Canada (1985) nous la révèle. S'appuyant sur cette importante source de données nouvelles ainsi que sur d'autres études récentes, l'auteure brosse le portrait de la situation actuelle et des tendances en ce qui a trait à l'usage du tabac et de l'alcool, de même qu'à la consommation de certains médicaments et produits illicites.

Section 2

LA QUESTION DES CONTRÔLES LÉGISLATIFS

Chapitre 7

Politiques internationales et législation canadienne en matière de drogues*

Michael Bryan et Patrick Crawshaw

Au Canada, la législation en matière de drogues se base sur l'autorité fédérale en droit pénal. Comme la législation sur les drogues vise principalement la protection de la santé, il revient d'abord au ministère de la Santé et du Bien-être social de formuler les politiques relatives à cette législation. Cependant, l'élaboration d'une législation en matière de drogues requiert également la collaboration d'instances qui jouent un rôle de premier plan dans l'administration et la mise en application des contrôles, soit le ministère de la Justice et le Solliciteur général.

Les politiques en matière de drogues ne sont pas toujours exprimées sous forme de loi. Outre l'application de sanctions légales pour décourager l'usage et la distribution de substances illicites, il existe bon nombre d'autres moyens de prévenir les dommages causés par l'alcool, le tabac et les autres drogues.

Ceux-ci comprennent diverses formes de réglementation telles que le prix et la diffusion d'information précise favorisant des choix judicieux face à l'usage

---

* Version abrégée et mise à jour par l'éditeur. Texte originellement publié dans *Connaissance de base en matière de drogue, n° 3*, Ottawa: ministère de la Santé nationale et du Bien-être social, 1979, sous le titre «Législation et politique sociale». Les ajouts apportés sont en grande partie inspirés du document de SOLOMON, R., HAMMOND, T. et LANGDON, S. (1986) *Drug and Alcohol Law for Canadians*, 2e ed., Toronto: Addiction Research Foundation, 1986.

de drogues. Ces politiques peuvent aussi se manifester dans l'appui gouvernemental face au traitement de réactions aiguës et chroniques à la drogue.

Politiques internationales relatives au contrôle des drogues

La première convention internationale visant à contrôler la production, la distribution et l'usage des drogues a été rédigée par les représentants de douze pays, y compris le Canada, et signée à La Haye en 1912. La Convention de La Haye recommandait à toutes les nations participantes de supprimer progressivement l'usage de l'opium, de restreindre l'usage des stupéfiants et de la cocaïne à des fins exclusivement médicales et de soumettre la fabrication, le commerce et l'usage de ces drogues à un système de licences et d'enregistrement. La surveillance générale de cette entente et des ententes multinationales subséquentes a été confiée à la Société des Nations. La responsabilité des politiques internationales de contrôle assumée par la Société des Nations a depuis été transmise à l'Organisation des Nations Unies (ONU), qui l'assume toujours.

La Commission des stupéfiants du Conseil économique et social de l'ONU est chargée d'élaborer la politique internationale de contrôle des drogues. La Commission surveille l'application des ententes internationales et elle formule des recommandations au Conseil et aux gouvernements.

Les lois canadiennes en matière de drogues doivent être étudiées en fonction des ententes internationales et des obligations que le Canada a contractées à cet égard. En ce moment, le Canada est partie de la *Convention unique sur les stupéfiants de 1961,* qui exige un contrôle sévère de la distribution et de l'usage des stupéfiants opiacés, du cannabis et de la cocaïne. Le paragraphe 1 de l'article 36 de la Convention stipule que:

> Sous réserve de ses dispositions constitutionnelles, chaque Partie adoptera les mesures nécessaires pour que la culture, la production, la fabrication, l'extraction, la préparation, la détention, l'offre, la mise en vente, la distribution, l'achat, la vente, la livraison sous toutes ses formes, le courtage, l'expédition, l'expédition en transit, le transport, l'importation et l'exportation de stupéfiants non conformes aux dispositions de la présente Convention, ou tout autre acte qui, de l'avis de ladite Partie, serait contraire aux dispositions de la présente Convention, constituent des infractions punissables lorsqu'elles sont commises internationalement, et que les infractions soient passibles d'un châtiment adéquat, notamment de peine de prison ou d'autres peines privatives de liberté.

La *Convention unique* a été adoptée en 1961 lors d'une conférence de plénipotentiaires à laquelle 73 États participaient. La Convention entra en vigueur le 13 décembre 1964 et remplaça tous les traités multilatéraux alors en vigueur dans ce domaine. En décembre 1976, 107 pays avaient donné leur accord à cette Convention.

En septembre 1976, le Canada devint partie à un protocole modifiant la *Convention unique sur les stupéfiants* . Des modifications destinées à donner plus de force à certaines dispositions de la Convention ont été adoptées à Genève, en mars 1972, lors d'une conférence de plénipotentiaires à laquelle 97 États étaient représentés. Les amendements sont entrés en vigueur le 8 août 1975, après que 40 États eurent ratifié le protocole. Un des principaux amendements stipule que, nonobstant les obligations imposées en vertu du paragraphe 1 de l'article 36 (ci-dessus):

...si des personnes faisant abus (de stupéfiants opiacés, cannabis et cocaïne) commettent de telles infractions, les Parties pourront adopter au lieu de l'inculpation ou du châtiment ou concurremment, que ces personnes se soumettent à des mesures de traitement, d'éducation, de post-cure, de réadaptation et de réintégration sociale...

Jusqu'à ce jour, le Canada a rempli ses obligations envers la *Convention unique* grâce au contrôle qu'il exerce en vertu de la *Loi sur les stupéfiants* .

Une *Convention sur les substances psychotropes* a été adoptée en tant que base d'une entente internationale lors d'une conférence réunissant les plénipotentiaires de plus de 70 pays, à Vienne, en février 1971. Cette Convention invite les États participants à contrôler l'offre et l'usage des hallucinogènes (tableau I), des amphétamines et de certaines substances à effets analogues (tableau II), des barbituriques à action de courte durée (tableau III), des barbituriques à action durable, des sédatifs hypnotiques non barbituriques, des tranquillisants mineurs et des anorexiques stimulants (tableau IV). Notons que le tableau IV ne comprend ni le *Librium*®(chlordiazépoxyde), ni le *Valium*® (diazépam), les deux tranquillisants mineurs les plus en usage; ils avaient été d'abord inscrits dans le projet de protocole, mais en ont été rayés par suite de vives protestations de plusieurs États[1].

La *Convention de 1971 sur les substances psychotropes* ne spécifie pas quels actes doivent être décrétés infractions punissables, à l'opposé de l'article 36 de la *Convention unique* . Elle vise plutôt, en termes généraux, tout acte contraire aux lois et règlements que les parties jugent à propos d'adopter en exécution des obligations découlant de la Convention (article 22). Cependant en ce qui concerne les hallucinogènes plus puissants du tableau I, on oblige explicitement les parties à en interdire tout usage sauf à des fins scientifiques ou à des fins médicales très restreintes. Il semble y avoir obligation de faire une infraction punissable de l'usage ou de la simple possession à des fins non médicales de ces drogues.

Tout comme le protocole modifiant la *Convention unique*, la *Convention sur les substances psychotropes* stipule que si des personnes faisant abus de substances psychotropes commettent de telles infractions, les parties pourront

---

1. Il appert que ce sont les pressions de l'industrie pharmaceutique et de la profession médicale en place dans certains pays qui ont pu faire obstacle aux recommandations de la Convention de Vienne. Voir Hulsman, L. et van Ransbeek, H. (1983). «Évaluation critique de la politique des drogues». *Déviance et Société*, vol. 7, n° 3: 271-280. (Note de l'éditeur.)

imposer, au lieu de l'inculpation ou du châtiment, ou concurremment, des mesures de traitement ou de réhabilitation.

La *Convention sur les substances psychotropes* est entrée en vigueur après que 40 États l'eurent signée le 16 août 1976. Au moment de publier cet ouvrage, le Canada n'était toujours pas partie de cette Convention[2].

La législation canadienne sur les drogues: remarques générales

La législation fédérale sur la drogue, que comprend principalement la *Loi sur les stupéfiants*, la *Loi sur les aliments et drogues*, et leurs *Règlements* respectifs, relève, selon la constitution canadienne, de la compétence législative du gouvernement en matière pénale. Les gouvernements provinciaux peuvent interdire certaines conduites en appliquant des sanctions (amende ou emprisonnement) pour appuyer la législation dans les domaines qui relèvent de leur juridiction, comme la santé, l'éducation et les questions purement régionales ou privées. Cependant, puisque la juridiction en matière pénale relève exclusivement du gouvernement fédéral, les interdictions des provinces sont d'ordre civil et non pénal. On n'établit aucun casier judiciaire, pas plus qu'on aurait recours à la clémence dans le cas d'une personne reconnue coupable d'avoir violé une loi provinciale. Il existe donc une différence fondamentale entre les types de comportement généralement reconnus délictueux en vertu de la législation fédérale et les infractions à la propriété et aux droits civils prévues dans la loi provinciale.

Les infractions relatives aux drogues sont des délits de droit pénal. Quand le Parlement fédéral établit un délit criminel, il stipule que l'infraction soit jugée:

- par voie d'accusation;
- sur déclaration sommaire de culpabilité;
- par voie d'accusation ou déclaration sommaire de culpabilité, au choix du procureur de la Couronne (double procédure de poursuite).

Selon la tradition, les sanctions pour délits jugés par voie d'accusation ont été plus sévères que celles imposées sur déclaration sommaire de culpabilité. Quand la Couronne a le choix de procéder de l'une ou l'autre façon, elle peut en réalité décider du degré de gravité à accorder au délit en question.

---

2. Il faut toutefois noter que, jusqu'à ce jour, le Canada remplit une bonne part des obligations stipulées à la *Convention des substances psychotropes* par les contrôles qu'il exerce en vertu des différentes annexes de la *Loi sur les aliments et drogues* . (Note de l'éditeur.)

Il existe pourtant une fausse impression répandue au sujet de la nature des infractions aux lois fédérales sur les drogues. De nombreuses personnes croient qu'une condamnation pour une infraction à la *Loi sur les aliments et drogues* est moins grave qu'une condamnation pour une infraction à la *Loi sur les stupéfiants*. Bien que la *Loi sur les stupéfiants* prévoit des peines maximales plus sévères et que la *Loi sur les aliments et drogues* autorise plus facilement la poursuite sur déclaration sommaire de culpabilité, l'effet d'une arrestation ou d'une condamnation est le même dans les deux cas, c'est-à-dire que toute infraction à ces lois est un délit de droit pénal; les personnes accusées ou condamnées en vertu de ces lois auront donc un casier judiciaire.

Cette conception erronée de la nature des infractions à la *Loi sur les aliments et drogues* tient vraisemblablement au fait que cette loi vise non seulement certaines drogues dont l'usage non médical est interdit (substances hallucinogènes tels LSD et MDA), mais aussi une grande variété de drogues à effets stimulants et sédatifs, largement utilisées à des fins médicales (les barbituriques, les amphétamines mais surtout les sédatifs hypnotiques et les tranquillisants), ainsi que les vitamines, les aliments (y compris les boissons alcooliques), les cosmétiques et les instruments médicaux.

Une infraction créée par une loi du Parlement du Canada est un acte criminel et cette promulgation fait appel à toutes les dispositions de mise en vigueur, d'application, de mesures judiciaires et pénales applicables en vertu du *Code criminel*, dont voici une liste partielle:

- l'arrestation, avec ou sans mandat;
- la libération ou la détention préalable au procès d'un accusé, par un agent de la paix;
- la sommation de comparution aux personnes accusées d'acte criminel en vertu de la *Loi sur l'identification des criminels* (ce qui implique la prise des empreintes digitales et autres mesures relatives à l'identification);
- la mise en liberté provisoire par voie judiciaire ou la détention préalable au procès;
- les méthodes de poursuite sur déclaration sommaire de culpabilité ou par voie d'accusation;
- l'étendue de la peine, y compris le degré de la peine, les amendes, les libérations, la probation et l'emprisonnement.

Mentionnons en terminant qu'aucune limite n'est imposée au gouvernement fédéral quant aux raisons qui l'autorisent à exercer sa compétence en matière pénale, sauf qu'elle ne doit pas servir de prétexte à l'usurpation d'un pouvoir provincial. On suppose généralement que le Parlement est limité quant à la façon dont il peut exercer sa compétence en matière pénale pour:

- instituer de nouvelles infractions pénales;
- renforcer ou réduire la peine imposée antérieurement dans le cas d'infractions pénales;
- annuler certaines infractions pénales (ou la «législation» d'un comportement préalablement reconnu délictueux).

La Loi sur les stupéfiants

La *Loi sur les stupéfiants* a été adoptée en 1961. Elle unifiait et renforçait les premiers amendements antérieurs à la *Loi sur l'opium et les substances psychotropes de 1929* qui avait établi le cadre de base des lois canadiennes actuelles sur les drogues.

Le terme «stupéfiant», tel que défini dans la *Loi sur les stupéfiants*, désigne toute substance mentionnée à l'annexe, soit:

- les narcotiques opiacés, naturels ou dérivés (tels l'opium, la morphine, la codéine, l'héroïne, l'hydromorphone, l'oxycodone);
- les narcotiques de synthèse (tels la méthadone, la péthidine, l'aniléridine, la pentazocine);
- la cocaïne (y compris un dérivé comme le «crack»);
- le cannabis (y compris la marijuana, le haschich, l'huile de haschich, et le tétrahydrocannabinol — THC — principal composant actif des préparations de cannabis);
- la phencyclidine (PCP) qui a d'abord servi d'anesthésique et qui n'est utilisée légalement aujourd'hui qu'en médecine vétérinaire, comme tranquillisant.

L'opium a été la première substance à tomber sous le contrôle sévère sur les stupéfiants en vertu de la *Loi sur l'opium*, en 1908. La cocaïne et la morphine ont suivi en 1911 par leur inclusion dans la nouvelle *Loi sur l'opium et les drogues*. La codéine, l'héroïne et le cannabis ont été ajoutés en 1923. Parmi les plus récentes additions au tableau des stupéfiants, on trouve la PCP qui a été transférée de l'annexe F des *Règlements sur les aliments et drogues* par un arrêté du Gouverneur en conseil en juin 1973.

Les interdictions en vertu de la *Loi sur les stupéfiants* portent sur la possession simple, le trafic, la possession en vue de trafic, l'importation et l'exportation, la culture ainsi que sur le délit d'ordonnance (obtention de drogues de plus d'un médecin au cours d'une période de trente jours)[3].

La simple possession

L'article 3 de la *Loi sur les stupéfiants* est ainsi conçu:

> 3. (1) Sauf ainsi que l'autorisent la présente Loi ou les Règlements, nul ne peut avoir un stupéfiant en sa possession.

---

3. L'amendement du 4 décembre 1985 au *Code criminel* faisait passer ce délit des *Règlements de la Loi sur les stupéfiants* à la Loi elle-même, assortie de peines plus sévères et de la possibilité des deux modes de poursuite. (Note de l'éditeur.)

(2) Quiconque enfreint le paragraphe (1) est coupable d'une infraction et passible,
a) sur déclaration sommaire de culpabilité, pour une première infraction, d'une amende de mille dollars ou d'un emprisonnement de six mois ou à la fois de l'amende et de l'emprisonnement, et pour une infraction subséquente, d'une amende de deux mille dollars ou d'un emprisonnement d'un an ou à la fois de l'amende et de l'emprisonnement (telle qu'amendée en 1969); ou
b) sur déclaration de culpabilité sur acte d'accusation, d'un emprisonnement de sept ans.

La définition de «possession» au sens de la loi implique que la personne accusée ait *connaissance* de la nature de la substance en cause ainsi qu'une certaine forme de *contrôle* sur celle-ci. Dans les faits, des accusations de simple possession pourront être portées dans trois situations précises:

- si l'usager est appréhendé en possession physique de la substance (qu'il est en train de consommer ou qui se trouve dissimulée sur lui);
- si l'usager exerce un contrôle sur une substance qui n'est pas en sa possession «physique», parce qu'elle se trouve par exemple dans un autre endroit ou chez quelqu'un qui en a la possession de connivence (la drogue pourra ainsi être cachée ou confiée à un ami qui, le cas échéant, sera lui aussi incriminé de simple possession);
- si l'usager a la connaissance de la présence ou de la consommation d'une substance illicite et qu'il y consent dans une situation où il a le pouvoir d'exercer un certain contrôle pour empêcher la chose (par exemple, permettre ou tolérer la consommation de drogues à l'intérieur de sa propre voiture ou maison).

La possession de n'importe quelle quantité de substance identifiée comme un stupéfiant (au sens de la loi) peut entraîner une inculpation, même s'il ne s'agit que de traces de la drogue (le résidu d'une pipe ou les fonds de cendrier, par exemple).

Trafic et possession en vue de trafic

L'article 4 de la *Loi sur les stupéfiants* est ainsi conçu:

4. (1) Nul ne peut faire le trafic d'un stupéfiant ou d'une substance quelconque qu'il prétend être ou estime être un stupéfiant.
(2) Nul ne peut avoir en sa possession un stupéfiant pour en faire le trafic.
(3) Quiconque enfreint le paragraphe (1) ou (2) est coupable d'un acte criminel et encourt l'emprisonnement à perpétuité.

Au sens de la loi, «trafiquer» ou «faire le trafic» signifie «fabriquer, vendre, donner, administrer, transporter, expédier, livrer ou distribuer» ou «offrir de faire» l'une ou l'autre de ces opérations sans y être légalement autorisé (article 2). Au sens strict donc, «offrir» une cigarette de marijuana à un ami et vendre plusieurs kilos de cocaïne à un inconnu possèdent la même définition légale de «trafic», bien que les circonstances et les quantités impliquées soient d'ordinaire prises en considération au moment du prononcé de la sentence.

L'accusation de possession en vue de trafic sera portée au regard du contexte de l'arrestation: si la quantité saisie est suffisamment importante pour qu'on présume qu'il y avait intention de trafic ou encore si les circonstances de la saisie révèlent des preuves de cette intention, peu importe la quantité (par exemple des accessoires incriminants, des listes d'adresses, des montants d'argent suspects, etc.). Il faut ajouter que l'infraction de possession en vue de trafic comptait, jusqu'à tout récemment, parmi les rares exceptions à la tradition pénale britannique en vigueur au Canada en ce qu'elle commandait un renversement du fardeau de la preuve lors de la deuxième phase du jugement: la Couronne avait d'abord l'obligation de prouver hors de tout doute raisonnable qu'il y avait possession de «stupéfiants» et il incombait par la suite à l'accusé de prouver hors de tout doute son innocence quant à l'intention de trafiquer la substance saisie[4].

Importation et exportation

L'article 5 de la *Loi sur les stupéfiants* est ainsi conçu:

> 5. (1) Sauf ainsi que l'autorisent la présente Loi ou les Règlements, nul ne peut importer au Canada ni exporter hors de ce pays un stupéfiant quelconque.
> (2) Quiconque enfreint le paragraphe (1) est coupable d'un acte criminel et peut être condamné à l'emprisonnement à perpétuité, mais encourt un emprisonnement d'au moins sept ans.

Au sens de la loi, une personne peut être inculpée d'importation ou d'exportation à partir du moment où elle franchit la frontière canadienne, peu importe son intention ou les quantités qui étaient impliquées. La prescription d'une sentence minimale de sept ans d'emprisonnement fait de ce délit un des plus sévèrement puni au Canada avec le meurtre prémédité et la haute trahison.

La culture

L'article 6 de la *Loi sur les stupéfiants* est ainsi conçu:

> 6. (1) Nul ne peut cultiver le pavot somnifère ou le chanvre indien sauf avec l'autorisation et en conformité d'un permis à lui être délivré aux termes des Règlements.
> (2) Quiconque enfreint le paragraphe (1) est coupable d'un acte criminel et encourt un emprisonnement de sept ans.
> (3) Le Ministère peut faire détruire toute plante de pavot somnifère ou le chanvre indien sur pied, cultivé autrement qu'avec l'autorisation et en conformité d'un permis délivré aux termes des Règlements.

---

4. Plusieurs jugements en Cour d'appel [voir, entre autres, *Oakes, 1983-2-CCC 3d (339)*] de même qu'un jugement récent de la Cour Suprême du Canada (*Gazette, 01-03-86*) a rejeté la validité de cette procédure en invoquant la *Charte canadienne des droits et libertés*. (Note de l'éditeur.)

Tableau 7.1
Délits, définitions et peines relatifs à la *Loi sur les stupéfiants*

Délits	Définitions	Peines (maximales)
Possession	- détenir sciemment un «stupéfiant» en sa possession physique; - sciemment contrôler un «stupéfiant» dans un autre endroit ou en la possession de quelqu'un d'autre; - consentir sciemment, en dépit de la possibilité de contrôle, à la possession par quelqu'un d'autre.	**Déclaration sommaire** - première infraction: 6 mois d'emprisonnement et/ou 1000$ d'amende; - infractions subséquentes: 1 an d'emprisonnement et/ou 2000$ d'amende; **Voie d'accusation** - 7 ans d'emprisonnement.
Trafic	- fabriquer, vendre, donner, administrer, transporter, expédier, livrer ou distribuer une substance prétendue être un «stupéfiant»; - offrir d'effectuer l'une ou l'autre des opérations précédentes.	**Voie d'accusation** - prison à perpétuité.
Possession en vue de trafic	- avoir en sa possession des «stupéfiants» dans un contexte supposant l'intention de trafic.	**Voie d'accusation** - prison à perpétuité.
Importation et exportation	- sciemment traverser ou faire traverser n'importe quelle quantité de «stupéfiants» aux frontières canadiennes.	**Voie d'accusation** - prison à perpétuité assortie d'une peine minimale statutaire de 7 ans d'emprisonnement.
Culture	- sciemment s'occuper de la culture de pavot ou de cannabis.	**Voie d'accusation** - 7 ans d'emprisonnement.
Délit d'ordonnance	- obtenir ou tenter d'obtenir un «stupéfiant» de la part d'un médecin sans déclarer l'obtention de produits similaires auprès d'un autre praticien à l'intérieur des trente jours précédents.	**Déclaration sommaire** - première infraction: 6 mois d'emprisonnement ou 1000$ d'amende; - infractions subséquentes: 1 an d'emprisonnement ou 2000$ d'amende; **Voie d'accusation** - 7 ans d'emprisonnement.

Source: Traduit et adapté par l'éditeur de SOLOMON, R., HAMMOND, T. et LANGDON, S. (1986). *Drug and Alcohol Law for Canadians, 2e ed.* Toronto: Addiction Research Foundation, 1986, p.18.

Selon les termes de la loi, il y a délit de culture qu'il y ait un seul plant ou un champ de plusieurs hectares des stupéfiants visés, à la condition que l'on soit conscient de la nature de la drogue et que l'on ait contribué à sa croissance — attendu que le cannabis peut pousser à l'état sauvage dans certaines régions du Canada. La détention de graines tombe par ailleurs sous le chef d'accusation de possession ou de possession en vue de trafic.

Le délit d'ordonnance

S'il est possible d'obtenir certaines des substances visées par la *Loi sur les stupéfiants* sous ordonnance médicale (principalement les produits narcotiques), cette pratique est par ailleurs étroitement contrôlée. Nul ne peut donc obtenir de «stupéfiants» d'un médecin sans déclarer qu'il en a déjà obtenu d'un autre médecin dans les trente jours précédents, sous peine d'être poursuivi pour délit d'ordonnance. Les prescriptions de la loi concernant ce délit sont les mêmes que celles en vigueur pour le chef d'accusation de possession simple, les peines prévues ne pouvant cependant être cumulées.

La *Loi sur les aliments et drogues*

La *Loi sur les aliments et drogues* s'applique à une grande variété de substances psychotropes. Certaines sont largement utilisées à des fins médicales et d'autres, dont l'effet thérapeutique est controversé, sont utilisées pour des raisons non médicales ou personnelles.

Les drogues contrôlées

La partie III de la *Loi sur les aliments et drogues* porte sur les drogues «contrôlées» mentionnées à l'annexe G de cette loi. L'annexe G inclut les produits amphétaminiques et barbituriques ainsi que quelques autres sédatifs et stimulants utilisés à des fins non médicales. On y retrouve les drogues suivantes: les amphétamines, l'acide barbiturique et ses dérivés, la benzphétamine, la méthamphétamine, la méthaqualone, la pentazocine, la phendimétrazine, la phenmétrazine, la phentermine, le diéthylproprion, le méthylphénidate et leurs sels respectifs.

Le trafic et la possession en vue de trafic de drogues contrôlées sont punissables:

- sur déclaration sommaire de culpabilité, d'un emprisonnement pouvant atteindre dix-huit mois; ou
- par voie de mise en accusation, d'un emprisonnement pouvant atteindre dix ans. (Article 34)

Bien que les drogues contrôlées ne soient disponibles à des fins médicales que sur ordonnance, leur simple possession non autorisée ne constitue pas une infraction: une personne trouvée en possession d'une quantité importante de drogues contrôlées sera toutefois poursuivie pour possession en vue de trafic, inculpation qui entraînera, en cours de procès, le même processus de renversement du fardeau de la preuve que celui mentionné à propos de la *Loi sur les stupéfiants*.

«Trafiquer» ou «faire le trafic» signifie «fabriquer, vendre, exporter du Canada ou importer au Canada, transporter ou livrer», autrement que sous l'autorité de la présente loi ou de ses Règlements. Il n'existe donc aucune infraction différente en ce qui concerne l'importation et l'exportation d'une drogue contrôlée, contrairement aux produits visés par la *Loi sur les stupéfiants* ; de plus, la définition de trafic n'inclut pas ici le fait de «donner» ou «d'administrer» les produits en question.

Enfin, un amendement récent à la *Loi sur les aliments et drogues* a permis l'inclusion du délit d'ordonnance, selon les mêmes termes que l'infraction similaire que l'on retrouve à l'intérieur de la *Loi sur les stupéfiants* : il est interdit de solliciter des drogues contrôlées auprès d'un médecin sans l'avertir qu'une démarche similaire a été menée au cours des trente jours précédents. Sur déclaration sommaire, une première infraction est punissable d'une amende de mille dollars ou d'un emprisonnement de six mois alors que les infractions subséquentes encourent une amende de deux mille dollars ou un emprisonnement d'un an; par voie de mise en accusation, la peine maximale est une amende de cinq mille dollars ou un emprisonnement de trois ans.

Les drogues d'usage restreint

La partie IV de la *Loi sur les aliments et drogues* s'applique aux drogues d'usage restreint mentionnées à l'annexe H de la loi. Il s'agit de façon générale des substances hallucinogènes, comprennant le LSD, le DET, le DMT, le STP (DOM), le MDA, le MMDA, le LBJ, l'harmalol et l'harmaline, le PMA, le PME, la psilocine et la psilocybine ainsi que les différents composés de diméthoxyamphétamine et de triméthoxyamphétamine.

La simple possession d'une drogue d'usage resteint est une infraction punissable,

> a) sur déclaration sommaire de culpabilité, s'il s'agit d'une première infraction, d'une amende de mille dollars ou d'un emprisonnement de six mois ou à la fois l'amende et l'emprisonnement et, en cas de récidive, d'une amende de deux mille dollars ou d'un emprisonnement d'un an ou à la fois l'amende et l'emprisonnement; ou

> b) sur déclaration de culpabilité par voie de mise en accusation, d'une amende de cinq mille dollars ou d'un emprisonnement de trois ans ou à la fois de l'amende ou de l'emprisonnement. (Article 40)

Tableau 7.2

Loi sur les aliments et drogues: catégories, délits, définitions et peines

Catégories	Délit et définitions	Peines (maximales)
Partie III (annexe G) Drogues contrôlées: - amphétamines; - barbituriques; - quelques autres sédatifs et stimulants.	**Trafic** - fabriquer, vendre, exporter, importer, transporter, livrer n'importe quelle substance prétendue être une «drogue contrôlée». **Possession en vue de trafic** - avoir en sa possession des «drogues contrôlées» dans un contexte supposant l'intention de trafic.	**Déclaration sommaire** - 18 mois d'emprisonnement. **Voie d'accusation** - 10 ans d'emprisonnement.
	Délit d'ordonnance - obtenir ou tenter d'obtenir une «drogue contrôlée» de la part d'un médecin sans déclarer l'obtention de produits similaires auprès d'un autre praticien à l'intérieur des trente jours précédents.	**Déclaration sommaire** - première infraction: 6 mois d'emprisonnement ou 1000$ d'amende; - infractions subséquentes: 1 an d'emprisonnement ou 2000$ d'amende. **Voie d'accusation** - 3 ans d'emprisonnement ou 5000$ d'amende.
Partie IV (annexe H) Drogues d'usage restreint: - produits hallucinogènes.	**Possession** - avoir sciemment une «drogue d'usage restreint» en sa possession physique; - sciemment contrôler une «drogue d'usage restreint» dans un autre endroit ou en la possession de quelqu'un; - consentir sciemment, en dépit de possibilité de contrôle, à la possession par quelqu'un d'autre.	**Déclaration sommaire** - première infraction: 6 mois d'emprisonnement et/ou 1000$ d'amende; - infractions subséquentes: 1 an d'emprisonnement et/ou 2000$ d'amende. **Voie d'accusation** - 3 ans d'emprisonnement et/ou 5000$ d'amende.
	Trafic et possession en vue de trafic - mêmes définitions que pour les drogues contrôlées.	**Déclaration sommaire** - 18 mois d'emprisonnement. **Voie d'accusation** - 10 ans d'emprisonnement.
(annexe F des Règlements) Drogues prescrites: - tranquillisants mineurs; - hypnotiques non barbituriques; - produits d'ordonnance divers.	**Vente illicite** - vente non autorisée de drogues d'ordonnance sans prescription verbale ou écrite des professionnels habilités.	**Déclaration sommaire** - première infraction: 500$ d'amende et/ou 3 mois d'emprisonnement; - infractions subséquentes: 1000$ d'amende et/ou 6 mois d'emprisonnement. **Voie d'accusation** - 5000$ d'amende et/ou 3 ans d'emprisonnement.

Source: Traduit et adapté par l'éditeur de SOLOMON, R., HAMMOND, T. et LANGDON, S. (1986). *Drug and Alcohol Law for Canadians*, 2e éd., Toronto: Addiction Research Foundation, 1986, p. 21.

La définition du délit de possession a ici la même portée que dans le cas de la *Loi sur les stupéfiants*. Le trafic et la possession d'une drogue d'usage restreint aux fins d'en faire le trafic sont des infractions (article 41) assujetties à la même double procédure et aux mêmes peines que les infractions similaires mettant en cause des drogues contrôlées. «Trafiquer» ou «faire le trafic» d'une drogue d'usage restreint a également la même portée que dans le cas des drogues contrôlées.

Les drogues prescrites

Finalement, l'annexe F des *Règlements sur les aliments et drogues* comprend une grande variété de drogues à effets stimulants et sédatifs utilisées à des fins médicales, notamment les sédatifs hypnotiques non barbituriques (tels le glutéthimide, la méthyprylone, l'ethchlorvynol) et les tranquillisants mineurs (tels le diazépam, le chlordiazépoxyde, l'oxazépam) ainsi qu'une foule d'autres produits d'ordonnance, pilules anticonceptionnelles, antibiotiques, agents anti-douleurs, etc.

Les drogues de l'annexe F peuvent être vendues au public sur ordonnance seulement. La vente illicite de drogues est une infraction punissable:

a) sur déclaration sommaire de culpabilité, pour une première infraction, d'une amende ne dépassant pas cinq cents dollars, ou d'un emprisonnement de trois mois au maximum, ou des deux peines à la fois et, en cas de récidive, d'une amende n'excédant pas mille dollars ou d'un emprisonnement de six mois au maximum, ou à la fois de l'amende et de l'emprisonnement; et,

b) sur déclaration de culpabilité par voie de mise en accusation, d'une amende ne dépassant pas cinq mille dollars ou d'un emprisonnement de trois ans au maximum, ou à la fois de l'amende et de l'emprisonnement. (Article 26, Loi sur les aliments et drogues)

La possession illicite des drogues de l'annexe F ne constitue toutefois pas une infraction.

Dispositions du Projet de loi S-19 relatif au cannabis

Le gouvernement canadien a présenté au Sénat, le 26 novembre 1974, un texte législatif concernant le cannabis. Ce projet de loi avait pour but de soustraire le cannabis à la *Loi sur les stupéfiants* et d'en obtenir la réglementation dans une nouvelle partie V de la *Loi sur les aliments et drogues* (article 7 du *Projet de loi S-19*, intitulé «*Loi modifiant la Loi sur les aliments et drogues, la Loi sur les stupéfiants ainsi que le Code criminel*»).

En vertu de la *Loi sur les stupéfiants*, la possession illicite de cannabis constitue une infraction punissable par voie d'accusation ou sur déclaration sommaire de culpabilité, les peines maximales ayant été précédemment exposées (voir le tableau 7.1).

Aux termes du *Projet de loi S-19*, la Couronne n'aurait plus eu le choix de procéder par acte d'accusation dans les cas de simple possession. Sur déclaration sommaire de culpabilité, les peines maximales auraient été atténuées de la façon suivante:

> Pour une première infraction: une amende de cinq cents dollars ou, à défaut de paiement de cette amende, un emprisonnement maximal de trois mois;
>
> Dans le cas de récidive: une amende de mille dollars ou, à défaut de paiement de cette amende, un emprisonnement maximal de six mois. (Article 7, paragraphe 48 du *Projet de loi S-19*)

Le projet de loi a été modifié par le Sénat de telle sorte que les personnes ayant fait l'objet d'une libération inconditionnelle ou d'une libération sous condition pour un premier délit de possession «soient réputées avoir fait l'objet d'un pardon en vertu de la *Loi sur le casier judiciaire*» (paragraphes 48 (4) et 48 (5) du projet de loi). Un «pardon d'office» serait intervenu dès l'octroi d'une libération inconditionnelle et, dans le cas d'une libération sous condition, à la date d'expiration de la période de probation.

En vertu de la *Loi sur les stupéfiants*, le trafic d'un stupéfiant et sa possession en vue d'en faire le trafic sont des actes criminels punissables de l'emprisonnement à perpétuité. Le *Projet de loi S-19* aurait réduit cette peine maximale à un emprisonnement de quatorze ans moins un jour; en atténuant ainsi la sanction, le Sénat aurait permis aux tribunaux d'accorder la libération inconditionnelle ou la libération sous condition, dans les cas opportuns. De même, le *Projet de loi S-19* aurait prévu en pareils cas l'option de la procédure sur déclaration sommaire de culpabilité. En l'occurrence, la peine maximale aurait été une amende de mille dollars, un emprisonnement de dix-huit mois, ou l'amende et l'emprisonnement à la fois (article 49).

La *Loi sur les stupéfiants* fait de l'importation un acte criminel punissable de l'emprisonnement à perpétuité, mais le coupable encourt un emprisonnement d'au moins sept ans. En vertu du *Projet de loi S-19*, la peine maximale, sur déclaration de culpabilité à la suite d'une mise en accusation, aurait été un emprisonnement de quatorze ans moins un jour. La peine minimale aurait été abolie. De la même façon, le projet de loi aurait donné à la Couronne le choix de procéder par déclaration sommaire de culpabilité dans les cas d'importation. La peine maximale, sur déclaration sommaire de culpabilité, aurait été un emprisonnement de deux ans (article 50).

D'après la *Loi sur les stupéfiants*, le fait de cultiver sans autorisation du chanvre indien (marijuana) constitue un acte criminel punissable d'un emprisonnement de sept ans. Le *Projet de loi S-19* aurait majoré la peine maximale pour la culture à un emprisonnement de dix ans. L'option de procéder sur déclaration sommaire de culpabilité, pour les infractions relatives à la culture du chanvre indien, était prévue dans le *Projet de loi S-19*; la pénalité pour une infraction punissable sur déclaration sommaire de culpabilité aurait été une amende de mille dollars, un emprisonnement de dix-huit mois, ou les deux peines à la fois (article 51).

En vertu du *Projet de loi S-19*, les personnes accusées ou déclarées coupables du délit de simple possession et les personnes accusées ou déclarées coupables sur déclaration sommaire d'une infraction relative au trafic, à la possession pour fins de trafic, à l'importation ou à la culture, seraient restées assujetties aux mensurations autorisées par la *Loi sur l'identification des criminels* et ce en vertu de l'article 52 du projet de loi, qui proposait ce qui suit:

> Aux seules fins de la Loi sur l'identification des criminels, une personne accusée ou déclarée coupable d'une infraction à l'article 48, ou d'une infraction aux articles 49, 50 ou 51 punissable sur déclaration sommaire du culpabilité, est présumée avoir été accusée ou déclarée coupable d'un acte criminel.

Le *Projet de loi S-19* a été adopté par le Sénat le 18 juin 1975 et a reçu sa première lecture à la Chambre des communes le 19 juin 1975. Mais, à cause d'un certain nombre d'affaires urgentes, les députés ont été incapables de lui consacrer une attention plus poussée avant la fin de la session 1974-1976 de la 30e Législature. Par la suite, le projet de loi ne passera jamais l'étape de la deuxième lecture et sera abandonné au feuilleton de la Chambre.

En avril 1980, lors du discours du trône, le ministre de la Justice d'alors, M. Jean Chrétien, promet à nouveau des amendements à la loi concernant le cannabis: ces derniers resteront pourtant lettre morte, éclipsés par le début des débats sur la réforme constitutionnelle.

Conclusion

Les lois et les politiques actuelles en matière de drogues se fondent sur le tort relatif que peut causer l'usage de certaines substances à l'individu et à la société. Si le concept de «tort relatif possible» est accepté, les lois et les politiques en matière de drogues doivent considérer l'alcool et le tabac au même titre que les autres substances licites et illicites et les présenter au public comme des drogues.

Si la politique gouvernementale doit s'appuyer sur le degré de danger que constituent les drogues pour la santé de l'individu et sur la possibilité d'un certain bouleversement social, il faut accepter l'alcool et le tabac pour ce qu'ils sont: des drogues dangereuses.

Nous ne prétendons pas que la politique en matière de drogues devrait viser à faire un crime de l'usage de l'alcool et du tabac. Il s'agit plutôt d'inviter le législateur à aborder de façon logique et globale le problème de la drogue ainsi que l'éducation et la prévention dans ce domaine.

On a par ailleurs fréquemment discuté, dans le débat sur la politique et les lois canadiennes en matière de drogues, de la question des limites de la liberté individuelle. Cette discussion n'est pas sans précédent et certains personnages de marque y ont contribué.

John Stuart Mill, dans un passage célèbre, traite du même principe:

> Le présent essai pose un principe très simple qui devrait régir absolument toutes les formes de contrainte physique et morale exercées par la société sur l'individu...Ce principe se veut le suivant: la seule fin qui puisse justifier une entrave collective ou individuelle à la liberté est l'autoprotection. Le seul exercice légitime du pouvoir par une société civilisée à l'égard de l'un de ses membres doit être pour l'empêcher de nuire à autrui. Son bien propre, physique ou moral, ne constitue pas une justification. (Mill, 1975)

Peu de personnes contesteront ce principe de limite adéquate à l'usage de sanctions criminelles de l'État, mais bien des gens ont de la difficulté à l'expliquer et à l'appliquer dans le domaine de la politique et de la législation. Dans le présent contexte, la question qui se pose est la suivante: est-ce que l'usage d'une substance (drogue) à des fins non médicales justifie l'imposition de sanctions criminelles par l'État?

Il faut ici comprendre que toute «entrave à la liberté d'action» engendre un coût énorme associé à l'application du droit pénal, ainsi que des répercussions pour le contrevenant, particulièrement en ce qui concerne le casier judiciaire.

Quoiqu'il en soit, on ne peut aborder cette question à la légère puisqu'elle est au coeur même de la politique sociale et des lois qui régissent l'usage non médical des drogues, licites ou illicites, et qu'elle constitue un important sujet de discussion pour tout groupe préoccupé par la problématique des contrôles législatifs.

Références

AUCOIN, P. et DOERN, G. B. (1971). *Les structures de l'élaboration des politiques au Canada.* Toronto: Macmillan & Co.

BEAN, P. (1974). *The Social Control of Drugs.* New-York: John Wiley & Sons.

COMITÉ CANADIEN DE LA RÉFORME PÉNALE ET CORRECTIONNELLE (1969). *Justice pénale et correction: lien à forger.* Ottawa: Imprimeur de la reine.

COMMISSION D'ENQUÊTE SUR L'USAGE DES DROGUES À DES FINS NON MÉDI-CALES (1973). *Rapport final.* Ottawa: Information Canada. (Commission Le Dain.)

COMMISSION DE RÉFORME DU DROIT DU CANADA (1974). *Droit pénal: la responsabilité stricte.* (Document de travail n° 2.) Ottawa: Information Canada.

COMMISSION DE RÉFORME DU DROIT DU CANADA (1974). *Etudes sur le sentencing.* Ottawa: Information Canada.

COMMISSION DE RÉFORME DU DROIT DU CANADA (1974). *Les principes de détermination de la peine et du prononcé de la sentence.* (Document de travail n° 3.) Ottawa: Information Canada.

COMMISSION DE RÉFORME DU DROIT DU CANADA (1974). *La déjudiciarisation.* (Document de travail n° 7.) Ottawa: Information Canada.

COMMISSION DE RÉFORME DU DROIT DU CANADA (1975). *Les confins du droit pénal - leur détermination à partir de l'obscénité.* (Document de travail n° 10.) Ottawa: Information Canada.

COMMISSION DE RÉFORME DU DROIT DU CANADA (1977). *Notre droit pénal.* Ottawa: Approvisionnements et Services Canada.

COMMISSION DE RÉFORME DU DROIT DU CANADA (1977). *Principes directeurs des sentences et mesures non sentencielles dans le processus pénal.* Ottawa: Approvisionnements et Services Canada.

LE SÉNAT DU CANADA. Séances du comité sénatorial permanent des affaires juridiques et constitutionnelles sur le Projet de loi S-19, intitulé: *Loi modifiant la Loi des aliments et drogues, la Loi sur les stupéfiants ainsi que le Code criminel.* Première session - Trentième Parlement, fascicules, 4, 5, 6, 7, 9, 11, 12, 13, 14, 15, 17, 19, 20, et 21.

ERICKSON, P. (1976). *Decrinimalization of drug offences: Social effects.* Allocution prononcée lors de l'assemblée annuelle de l'American Society of Criminology, Tucson, Arizona.

ERICKSON, P. (1976). Deterrence and deviance: The example of cannabis prohibition. *The Journal of Criminal Law and Criminology,* 67: 222.

ERICKSON, P. et SINGLE, E.W. (1977). *Marijuana use and disrespect for the law: Cause or consequence?* Étude 842, Toronto: Addiction Research Foundation.

HELLMAN, A. D. (1975). *Laws against marijuana: The price we pay.* Chicago: University of Illinois Press.

LEON, J. S. (1977). Drug offences and discharges in Canada: The need for reform. *University of Toronto Law Review* : 35-38.

MILL, J. S. (1975). *Essai sur la liberté*. Spitz, David, (ed.), W.W. Norton.

NATIONAL COMMISSION ON MARIJUANA AND DRUG ABUSE (1972). *Marijuana: A signal of misunderstanding*. Washington, D.C., U.S: Government Printing Office.

NATIONAL COMMISSION ON MARIJUANA AND DRUG ABUSE (1973). *Drug use in America: Problem in perspective*. Washington, D.C., U.S: Government Printing Office.

NATIONAL GOVERNOR'S CONFERENCE (1977). *Marijuana: A study of state policies and penalties*. Trois volumes. Washington.

NATIONAL INSTITUTE ON DRUG ABUSE (1977). *Marihuana and health: Sixt annual report to U.S. Congress, 1976*. Washington, D.C., U.S: Government Printing Office.

NUSSBAUM, A. (1974). *A second chance: Amnesty for first offenders*. New York: Hawthorn Books Inc.

PACKER, H.L. (1968). *The limits of the criminal sanction*. Stanford, California: Stanford University Press.

SINGLE, E. et ERICKSON, P. G. (à paraître), *At the crossroads: Alternative policies regarding marijuana control in Canada*. Manuscrit inédit, Toronto: Addiction Research Foundation.

WACKO, W.J. (1973). *Observations and Recommendations Respecting Alcohol and Drugs in the Northwest Territories*. Rapport rédigé par le ministère du Développement social, Gouvernement des Territoires du Nord-Ouest.

■ RÉSUMÉ

Les auteurs présentent le cadre international des politiques de contrôle en matière de drogues, ainsi que les deux lois canadiennes régissant le domaine de l'usage et de la circulation de certains produits psychotropes: la *Loi sur les stupéfiants* et la *Loi sur les aliments et drogues*. Après quelques remarques générales, chacune de ces lois est présentée en rapport aux différents chefs d'accusation et aux peines encourues par les contrevenants. Le texte résume ensuite les grandes lignes du *Projet de loi S-19* qui devait modifier les dispositions de la loi concernant le cannabis, au cours des années 1970. Les auteurs concluent par une réflexion sur les enjeux soulevés par l'application du droit pénal en matière d'usage de drogue.

Chapitre 8

L'origine des lois canadiennes sur les drogues *

Line Beauchesne

Si l'usage des drogues à des fins non médicales est une histoire très ancienne, la criminalisation de la vente et de la consommation de ces drogues est une histoire du XXᵉ siècle. En fait, pour les pays occidentaux, cette histoire fut inaugurée au Canada en 1908.

Cet article retrace les origines des lois canadiennes sur les drogues, afin que l'on puisse mieux saisir la situation actuelle du débat sur ces lois, et la nécessité de s'interroger sur les enjeux sociaux, politiques et économiques qui les maintiennent en place.

Nous examinerons, dans une premier temps, la situation canadienne en matière d'importation, de vente et de consommation de drogues avant la mise en place de la première loi, en 1908, et plus précisément la place qu'occupaient les immigrants chinois dans ce contexte puisque qu'ils furent les premiers visés par la promulgation de cette loi.

Une fois tracé le portrait de la situation canadienne de l'époque, nous présenterons les groupes moraux en place et leurs arguments dans la croisade antidrogue qui sévissait au tournant du siècle.

Ces éléments campés, il nous sera possible d'aborder les enjeux économiques et politiques qui se sont manifestés en réponse à ces groupes moraux à travers la mise en place des premières lois sur les drogues, en 1908 et en 1911.

L'élaboration de cette structure législative demeure la base de la législation canadienne actuelle en matière de drogues; les modifications qui viendront par la suite ne toucheront que le processus d'application des lois et le

---

* Texte inédit.

nombre croissant de drogues impliquées. Nous traiterons en dernier lieu de ces modifications aux pouvoirs d'application des lois et de l'élargissement progressif des possibilités de contrôle social, en l'absence de véritables soucis de prévenir les toxicomanies.

Il faudra en fait attendre le début des années 1970 pour qu'émerge un questionnement au sein de certains groupes sociaux et gouvernementaux sur la pertinence d'une sévérité aussi grande des peines, et sur la pertinence même des lois au regard de la prévention des toxicomanies et de l'aide aux toxicomanes. Nous concluerons en abordant ce sujet de réflexion.

L'usage non médical des opiacés avant 1908

Avant 1908, aucune restriction légale n'existait au Canada quant à l'usage et à la vente de drogues à des fins non médicales: il n'y avait que les tarifs douaniers usuels sur les marchandises importées qui étaient réglementés. Ainsi, chaque année, plusieurs tonnes d'opium brut entraient au Canada, telles que l'indiquent les statistiques gouvernementales sur les importations (Solomon et Madison, 1980: 27).

Qui étaient les destinataires de ces marchandises? Certaines manufactures chinoises de Colombie britannique qui transformaient l'opium brut en opium à fumer et les industries pharmaceutiques caucasiennes qui fabriquaient des analgésiques et divers autres médicaments à partir de l'opium brut.

On pouvait ainsi aisément faire usage d'opiacés, soit dans les fumeries chinoises, soit par l'ingestion de divers médicaments-élixirs-sirops que médecins et pharmaciens vendaient, avec ou sans prescription. Le prix des produits opiacés était minime, conséquence des défaites chinoises contre les Anglais suite aux guerres de l'opium, ce qui asssurait d'énormes marchés aux commerçants anglais et à quelques marchands américains qui monopolisaient alors la distribution (Glorie, 1983). La dépendance aux opiacés, que manifestaient certains consommateurs, n'était pas perçue comme un crime: il s'agissait plutôt d'une malchance, d'un malheur attribué aux conséquences de traitements médicaux.

Les immigrants chinois, de leur côté, préféraient fumer de l'opium plutôt que boire de l'alcool. Ce mode d'utilisation — fumer plutôt que d'absorber l'opium en sirop, pilules ou piqûres — se répandit en dehors du milieu chinois lorsque la première fumerie ouvrit ses portes dans les années 1870, fumerie reliée à une manufacture de transformation de l'opium brut à Victoria. En 1883, il y avait trois manufactures à Victoria et en 1891, dix fumeries d'opium avaient ouvert leurs portes dans les quartiers chinois des villes de l'Ouest du Canada, et on retrouvait leur publicité dans les journaux régionaux. Les intérêts gouvernementaux dans la fabrication, la vente et la consommation d'opiacés étaient des intérêts économiques qui ne différaient pas de ceux liés à l'installation de n'importe quelle autre industrie en sol canadien; la Colombie britannique imposait un tarif douanier de 20 à 25 % sur l'opium brut, ce qui signifiait une énorme ressource financière.

Jusqu'aux années 1880, si les Chinois consommateurs d'opium n'étaient pas mal perçus socialement ni considérés comme toxicomanes, les Blancs qui en fumaient apparaissaient suspects et menaçants. La raison n'était pas vraiment liée avec le produit et ses dangers mais plutôt au racisme: le mélange de races n'était pas bien vu et, pour un Blanc, fréquenter le quartier chinois et ses fumeries témoignait souvent d'une préférence pour l'étranger, d'une volonté de déroger aux valeurs blanches anglo-saxonnes (Brecher et coll., 1972: 42-46).

Mais l'opium fumé ne représentait qu'une petite partie de la consommation d'opiacés. L'industrie pharmaceutique, principalement caucasienne, vendait cinq fois plus d'opium et de dérivés que les Chinois et rapportait d'autant en revenus au gouvernement par ses importations.

Cette situation quant à l'usage non médical des opiacés au Canada reproduit, à quelques variables près, le tableau américain. Les différences entre les deux pays apparaissent surtout avec le débat sur l'usage des drogues. Le pouvoir mieux organisé des médecins et des compagnies pharmaceutiques américaines leur permit de mettre de l'avant, dès le début des années 1870, un débat aux contours scientifiques sur la nécessité de législations restrictives pour contrôler l'usage de certaines drogues (Glorie, 1984). Au Canada, les principaux acteurs à amorcer ce débat furent moraux et se manifestèrent surtout à partir des années 1880.

La croisade antidrogue du tournant du siècle

Jusqu'aux années 1880, il existait une assez grande liberté relativement à l'ouverture de fumeries d'opium, mais également à celle des bars et des bordels. À la fin du XIXe siècle cependant, dans l'Ouest canadien, des groupes moraux puritains, dont certains assez fanatiques, réclament des restrictions majeures dans ces domaines. Des évangélistes méthodistes, surtout, clamaient bien haut que les valeurs autres que protestantes ou encore l'athéisme ne devaient pas être tolérés car cela amènerait la destruction de la puissance anglo-saxonne. L'alcool, le sexe et l'opium étaient alors considérés comme trois sources majeures de vice et de péché qui menaçaient la famille et le mode de vie anglo-saxon protestant...et blanc.

La question de la race, au début des croisades, n'était pas affirmée fortement même si elle était sous-jacente aux discours. Mais au fur et à mesure que l'immigration chinoise, japonaise et en provenance des pays d'Europe du Sud croissait, les méthodistes, refusant les différences ethniques et culturelles des nouveaux arrivants, n'eurent bientôt plus d'hésitation à faire une équivalence entre la pratique des vertus et la préservation de la supériorité mentale et physique du Canadien blanc anglo-saxon (Chapman, 1979: 89-90). Pour renforcer ceci, on soulignait les vices des races étrangères — l'alcool étant le vice des Européens du Sud et l'opium, celui des Asiatiques. Les journaux ouvrirent de plus en plus leurs pages à ces campagnes raciales.

Les mouvements de tempérance se joignirent à ces groupes religieux. Pour ces mouvements, tous les vices découlaient de l'alcool, dont l'usage, selon les croyances, engendrait la prostitution et une croissance de l'usage des drogues. Mais les mouvements de tempérance n'eurent pas de discours anti-drogue spécifique avant la fin des années 1870 alors que certains journaux soutinrent, à l'encontre des mouvements de tempérance, que des gens privés d'alcool s'étaient mis à utiliser les drogues. Alors ces mouvements rallièrent les groupes religieux dans leur croisade antidrogue raciste. L'ampleur de leur dis-cours fut tel qu'en 1885, le rapport d'une Commission royale sur l'immigration chinoise expliquait que l'usage de l'opium était une habitude païenne incompa-tible avec le mode de vie d'une nation chrétienne.

Cette campagne antidrogue entraîna peu à peu le rejet de l'usager d'opium et la dépendance aux opiacés fut considérée comme une tare similaire à l'alcoolisme. De plus, le mouvement généra de vives critiques à l'égard des médecins qui donnaient trop facilement des injections d'opiacés et des pres-criptions de ces produits.

Ces discours trouvèrent d'autant plus facilement échos dans les journaux qu'aux États-Unis, dans certains États, la vente d'opium à des fins non médi-cales avait été interdite en raison des préférences du corps médical pour des médecines locales «plus douces», fabriquées par les compagnies pharmaceu-tiques. Les importations d'opium aux États-Unis diminuèrent, jusqu'à créer des pénuries au Canada. Cette situation, jointe à la campagne antidrogue, entraîna la fermeture de certaines fumeries d'opium à Victoria; la même année, l'Alberta imposait une amende pour l'importation illégale d'opium. La contrebande d'opium commença (Chapman, 1979: 92). Les compagnies pharmaceutiques caucasiennes se réjouissaient de cette réduction de la concurrence, l'industrie encourageant financièrement les mouvements de tempérance qui militaient pour une main-d'oeuvre en bonne santé.

La campagne antidrogue américaine eut des répercussions plus visibles au Canada à partir de 1903 alors que parurent les résultats d'une énorme enquête de l'Association pharmaceutique américaine sur l'usage des drogues. On pouvait y lire, entre autres, que la consommation de drogues se répandait dans toutes les classes de la société américaine et que deux groupes sociaux s'avéraient particulièrement problématiques: les immigrés chinois et les Noirs.

Ces preuves mises de l'avant, les groupes moraux n'eurent plus aucune hésitation: ils demandèrent au gouvernement de légiférer sur la moralité pu-blique afin de protéger les valeurs blanches anglo-saxonnes. Des ligues anti-opium furent créées pour lutter contre ce «fléau», auxquelles même des Chinois de Colombie britannique participèrent afin de réduire l'agressivité qui pesait sur eux.

Le gouvernement donna une réponse politique à cette croisade anti-drogue en la personne du ministre du Travail, Mackenzie King.

La réponse politique à la croisade antidrogue

Le gouvernement n'a véritablement réagi à cette croisade antidrogue qu'au début des années 1900, pour trois raisons majeures: une bonne partie des personnes ayant développé des dépendances à l'opium étaient de classe moyenne ou aisée et dans la quarantaine; la dépendance à l'opium était plutôt perçue comme une conséquence médicale et n'attirait pas encore la vindicte populaire; le surplus de main-d'oeuvre n'avait pas encore suscité les campagnes raciales à venir à l'égard des Chinois, considérés jusqu'alors comme d'excellents travailleurs à bon marché.

Au tournant du siècle, si la première des raisons était toujours valable, les deux autres s'étaient modifiées. La dépendance à l'opium était de plus en plus considérée par plusieurs groupes moraux comme un vice et une menace, principalement chez les Chinois; de plus, ces derniers n'avaient plus la sympathie ouvrière en raison d'une baisse des possibilités d'emploi (fin de la ruée vers l'or et de la construction du chemin de fer), et étaient prêts à travailler pour moins d'argent que les Blancs afin de survivre. Il y eut de nombreuses escarmouches entre travailleurs blancs et asiatiques, de plus en plus de gens demandant à ce que des restrictions soient faites sur l'immigration chinoise: cela devait entraîner la Commission royale d'enquête sur l'immigration chinoise en 1885. Cette Commission, si elle dénigre l'usage de l'opium chez les Chinois, ne fait toutefois aucune recommandation à cet égard. En 1902, suite aux tensions toujours existantes dans le milieu ouvrier entre Blancs et Asiatiques, une nouvelle Commission royale est créée afin d'étudier l'immigration chinoise et japonaise: elle recommande l'arrêt de l'immigration chinoise et, comme la précédente, ne fait aucune recommandation concernant l'habitude de l'opium chez les Chinois, pourtant dénoncé. Sans aller jusqu'à interdire l'immigration chinoise, le gouvernement augmente la taxe par immigré à un point tel que cela diminue effectivement le nombre de Chinois capables d'entrer au pays; l'immigration japonaise est cependant à la hausse.

En septembre 1907, à Vancouver, une énorme manifestation anti-asiatique a lieu chez les résidents voisins des quartiers asiatiques qui se disent profondément inquiets. La manifestation se terminera en soulèvements violents contre les résidences et les commerces asiatiques. En réponse à ces événements, Mackenzie King, alors ministre du Travail, sera désigné par le gouvernement pour enquêter sur la situation et donner réparation aux asiatiques qui ont subi des pertes.

C'est lors de cette enquête que King fut confronté à deux marchands chinois d'opium qui présentaient des réclamations: il décide de mener une enquête personnelle sur cette question. Déjà favorable à une interdiction totale de la vente d'opium, il rencontre des Chinois de la Ligue anti-opium, visite des fumeries, des manufactures de transformation de l'opium brut, etc. À la fin de sa petite enquête, il demande l'interdiction de l'importation, de la transformation et de la vente d'opium à des fins non médicales, dans un rapport remis au gouvernement le 1er juillet 1908. Il explique avoir découvert que la consommation d'opium se répand, non seulement ches les hommes et les garçons blancs, mais également chez les femmes et les jeunes filles, ce qui menace sérieusement les moeurs. De plus, ce marché entraîne des habitudes qui vont à l'encontre des valeurs chrétiennes. Selon King, de toute façon, c'est suivre la «tendance mondiale» que d'interdire ce produit. Trois semaines plus tard, le Canada adoptait sa première loi sur les drogues, sans discussion en Chambre, ni opposition au Sénat: la *Loi sur l'opium* interdisait l'importation, la transformation et la vente de cette substance à des fins non médicales. Cette loi punissait celui qui pratiquait ces activités d'une peine d'emprisonnement pouvant aller jusqu'à trois ans ou d'une amende pouvant atteindre 1000 $, ou les deux. La possession simple ou l'usage n'étaient toutefois pas considérés comme un délit. Un délai de six mois était donné, suivant l'entrée en vigueur de la loi, pour permettre aux manufacturiers d'opium d'investir ailleurs.

La rapidité avec laquelle cette loi avait été passée aurait été impossible aux États-Unis où le Code criminel variait d'un État à l'autre et où il y avait de nombreuses ententes préalables à la création d'une loi fédérale. Mais de ce côté de la frontière, un ministre du Travail, après une enquête en solitaire et profitant d'une conjoncture politique favorable, avait pu, en trois semaines, faire du Canada le premier pays à criminaliser les pratiques en matière de drogues.

Cette conjoncture politique reposait cependant sur un terrain douteux, empreint de racisme et d'intolérance morale. King cherchait de la popularité comme ministre du Travail: réparer les torts faits aux Asiatiques n'était pas la meilleure chose. L'interdiction de l'opium avait à cet égard le mérite de répondre au racisme asiatique en s'appuyant sur la légitimité des groupes moraux: cela devait lui attirer à la fois la sympathie des ouvriers et des moralistes. Deux autres projets de loi adoptés à la même époque — l'un sur le tabac, l'autre sur les médicaments — tendent à confirmer le scénario ayant abouti à la loi de 1908.

La même année, la Chambre, après des discussions houleuses sur l'interdiction du tabac demandée par un projet de loi, ne consent qu'à émettre une interdiction aux moins de seize ans; le gouvernement libéral préférera aider, par des amendements aux lois des douanes, les compagnies de tabac à compétitionner avec l'étranger. Deux ans auparavant, le gouvernement avait été incapable de passer un projet de loi régissant la distribution des médicaments, pourtant cause de nombreuses toxicomanies et intoxications:

> Des manufacturiers et des vendeurs irresponsables et sans scrupule ont exploité la souffrance humaine en annonçant par tous les moyens de prétendues panacées à tous les maux, même ceux que la science médicale se disait incapable de guérir. C'est pourquoi on considère que, pour la protection du public, il est impérieux que la fabrication et la vente de médicaments pré-emballés soient réglementées, surtout que ces produits sont présentés et publicisés comme pouvant être utilisés au besoin par la population. (Curran, 1952, cité par Green, 1986: 27) (Traduction libre de l'auteure.)

Une refonte du projet de loi fut réintroduite en 1908, entraînant de nombreuses discussions avec les industries pharmaceutiques et les associations de pharmaciens. Le ministre du Revenu commenta la loi édulcorée qui fut finalement promulguée — la *Loi sur les brevets médicaux* — en affirmant qu'elle permettait de protéger les intérêts du public sans causer préjudice à l'industrie pharmaceutique...

Tout cet épisode législatif fut mené au nom de la morale chrétienne, des valeurs blanches anglo-saxonnes à protéger et s'harmonise avec les intérêts politiques de Mackenzie King qui sut mobiliser le Parlement pour passer la *Loi sur l'opium*.

En fait, les origines canadiennes des lois sur les drogues sont étroitement liées à la biographie de King. À la suite de la loi de 1908, il sera nommé sur la délégation britannique à la Commission de Shanghai sur l'opium, en 1909, Commission sous le patronage des Américains qui constituait le premier pas vers l'interdiction internationale du trafic de l'opium. Le Canada fut maintes fois cité comme exemple d'un contrôle national sur ce trafic et King contribua à plusieurs recommandations de cette Commission: il était reconnu «expert» canadien en matière de drogues. Les Américains avaient délégué des médecins à cette Commission, le Canada, son ministre du Travail...

L'autorité en la matière que l'on conférait à King, surtout à la suite de sa prestance à la Commission internationale, lui a permis de jouer une rôle important dans l'adoption de la *Loi sur l'opium et autres drogues de 1911*, ancêtre de l'actuelle *Loi sur les stupéfiants*. Mais l'arrière-plan de cette loi est ailleurs: des membres du parti libéral et des douanes étaient impliqués dans le trafic de l'opium avec des immigrants chinois. La raison? Depuis la loi de 1908, les prix de l'opium avaient tellement grimpé sous le coup de l'interdiction que les profits valaient amplement les risques de sanction. De plus, on se mit à «couper» le produit pour accroître les gains (situation qui préfigure l'adultération actuelle des drogues de rue résultant du contexte prohibitionniste). Les solutions proposées? Criminaliser l'usage et la possession simple d'opium, élargir les pouvoirs d'enquête et d'arrestation de la police, augmenter les peines. La loi de 1911 n'intégra que la première de ces recommandations, mais les autres furent adoptées quelques années plus tard. De plus, cette loi inclut la cocaïne pour répondre à la préoccupation manifestée par des policiers, certains groupes moraux et des travailleurs sociaux de Montréal à l'égard des jeunes: l'inquiétude de ces intervenants était en fait alimentée par les journaux locaux qui avaient repris la propagande américaine à propos du «drame des Noirs et de la cocaïne» — version nouvelle du racisme chinois avec l'opium (Glorie, 1984). Bien qu'il y eût cette fois débat à la Chambre, il fut caractérisé par l'information vague, les arguments moraux et la panique (Green, 1986: 29).

Dans les années qui suivirent, des modifications furent apportées à cette loi pour élargir sa portée jusqu'à en faire la *Loi sur les Stupéfiants*, telle que nous la connaissons aujourd'hui. Les principaux éléments qui ont contribué à ces modifications sont:

- les obligations créées par l'adhésion du Canada aux traités internationaux sur le trafic des drogues;

- les pressions des États-Unis, pays le plus sévère en matière de contrôle des stupéfiants en raison de l'influence marquée des compagnies pharmaceutiques;
- des poussées racistes subséquentes à 1908 et qui furent exploitées de la même manière;
- la pression de groupes moraux et/ou religieux;
- des scandales mettant en cause les drogues et auxquels il fallait donner une réponse politique pour éviter qu'ils ne se répètent;
- les demandes continuelles de la police pour un élargissement de leur pouvoir;
- la création d'un organisme fédéral de contrôle qui cherchait à justifier son existence et son expansion;
- les déclarations de certains juges qui voulaient des peines plus sévères.

Il serait trop long d'aborder le contexte précis de chacune de ces modifications: c'est, à toutes les fois, une conjoncture d'un certain nombre des éléments ci-haut énoncés qui les ont amenées. Il est toutefois important de mentionner certaines étapes marquantes dans la structuration et l'application des lois actuelles sur les drogues.

L'élargissement des contrôles

En 1920, le Bureau des drogues dangereuses est créé pour administrer la loi de 1911 et ses amendements ultérieurs. La même année, la juge Emily Murphy, dans une série de cinq articles dans la revue Macleans, décrit avec force détails l'enfer du monde des trafiquants et les horreurs qui découlent de l'usage des drogues: cette série d'articles deviendra quelques mois plus tard, dans une version quatre fois plus longue, un livre ayant pour titre *The Black Candle*. Quoi de plus facile pour le Bureau des drogues et autres groupes de pression que de s'alimenter à ce livre, fort populaire, pour faire pression auprès du gouvernement afin qu'il soit plus sévère en matière de stupéfiants (le terme stupéfiant signifie dorénavant: drogue interdite internationalement, sous la pression américaine). Pourtant ce livre est loin d'être une source empirique d'informations. En fait, il s'agit bien davantage de rumeurs, voire de pièces de fiction fortement empreintes de démagogie, de racisme, de puritanisme et d'intolérance. En bref, la juge Murphy, directrice d'un mouvement de tempérance, y explique que l'usage des drogues conduit à l'immoralité, au crime, à la détérioration physique et mentale, à une perte de spiritualité ainsi qu'à la ruine matérielle. Elle se montrait particulièrement scandalisée par ces jeunes filles et femmes blanches qui, prétendait-elle, devenaient prostituées sous la tutelle de proxénètes chinois ou noirs. Son racisme frôlait la paranoïa:

> «Jusqu'à quel point c'est vrai, je ne sais pas, mais on dit qu'il y a une propagande bien orchestrée chez les gens de couleur pour qu'ils cherchent à dégénérer la race blanche... Il est difficile de croire que les petits trafiquants chinois possèdent ce but

de manière bien claire, leur motivation première étant de s'enrichir, mais aux mains de leurs supérieurs, ils peuvent constituer une arme redoutable à cette fin.» (cité par Green, 1986: 32) (Traduction libre de l'auteure.)

La paranoïa de Murphy en matière de drogues sera reprise dans les années 1950 sous les termes d'un complot communisme international contre le monde libre. Les médecins fournissant des prescriptions à des fins non médicales furent également dénoncés par la juge avec le résultat qu'entre 1921 et 1923, plusieurs amendements à la loi de 1911 furent adoptés, dont l'inclusion d'une clause qui spécifiait qu'un médecin pouvait avoir à prouver que des narcotiques avaient bien été prescrits à des fins médicales.

Signalons par la suite le vote important de l'*Acte d'assistance*, en 1929, qui complète le tableau actuel: avec cet acte, les policiers acquièrent le droit de pénétrer n'importe quand, dans n'importe quel lieu, sans mandat, «s'ils ont un doute raisonnable» qu'ils vont découvrir des drogues illégales. En 1954, le gouvernement permit une autre transgression grave aux droits et libertés, en rapport à la procédure pénale: une fois démontrée par la Couronne la possession de stupéfiants, la charge incombait à l'accusé de prouver qu'il ne les détenait pas à des fins de trafic: s'il n'y parvenait pas, il pouvait, sans preuve supplémentaire, être accusé de trafic. Cette procédure d'exception quant à la présomption d'innocence fut récemment contestée par la Cour suprême du Canada.

La Canada, avec les États-Unis, possède aujourd'hui une des législations les plus sévères en matière de drogues. Cela contribue-t-il au développement d'une politique de santé mieux structurée? Pas nécessairement. Par contre, sur fond de panique et de désinformation, le Canada n'a cessé d'élargir ses moyens légaux de contrôle social; si les Chinois furent les premiers à en faire les frais au début du siècle, environ 26 000 jeunes en subissent encore annuellement les conséquences. L'alcool, le tabac et les médicaments, qui constituent la majorité des produits impliqués dans les toxicomanies, sont à peine touchés, comme nous avons pu le constater précédemment.

La pertinence des lois sur les drogues

Il est clair que la mise en place des lois sur les drogues n'avait pas pour but premier d'aider les toxicomanes. Ce n'est en fait qu'en 1955 qu'un comité spécial d'enquête du Sénat recommande d'aider les toxicomanes (Cook, 1970: 25). Qui plus est, il appert que les lois n'ont jusqu'à présent aucunement prévenu l'incidence de la toxicomanie (Beauchesne, 1985).

Pourquoi alors arrête-t-on quelque 26 000 jeunes par année, au Canada, sous l'accusation de possession simple de cannabis? Ce n'est pas tant une question de drogue que de normalisation et de contrôle social au niveau de cette classe de la population.

Les groupes qui remettent en question la pertinence des lois sur les drogues ne font toutefois pas le poids auprès du gouvernement, face aux intérêts de groupes bien organisés comme les corps policiers, les grands laboratoires de produits pharmaceutiques, les distilleries et les brasseries, les compagnies de tabac, de même que certaines associations de médecins et de pharmaciens qui se sont manifestées clairement en faveur des lois actuelles lors de la *Commission d'enquête sur l'usage des drogues à des fins non médicales*, tenue en 1972 (Bertrand, 1986). Ces groupes cherchent d'abord à maintenir le pouvoir que leur confère leur statut actuel au sein de la société; lorsqu'on regarde de près les lois sur les drogues, elles ne possèdent de signification que pour ces groupes de pouvoir et d'intérêts, fort peu au regard de la prévention ou de l'assistance aux toxicomanes.

Mais il est difficile pour le grand public d'adopter un tel point de vue sur les lois attendu la présence, depuis près de soixante-dix ans, d'une propagande émanant du Bureau des drogues dangereuses qui, dès l'origine, a favorisé la diffusion d'une information antidrogue auprès du public afin de renforcer la légitimité des lois, et assurer en conséquence la survie de cet organisme de contrôle. Depuis 1920, le gouvernement canadien et le public ont très peu discuté la nécessité de cette croissance des contrôles, étant pratiquement dépendants de l'information produite par le Bureau des drogues auquel la police faisait écho (Boyd, 1983).

Ce bref tour d'horizon de l'origine des lois canadiennes nous montre que les lois ne traduisent pas toujours la morale populaire mais contribuent au contraire à la forger. Tant que l'usage des drogues était associé à la classe moyenne ou aisée blanche, cela ne scandalisait personne. Quand l'usage des drogues fut associé à la population chinoise, cela permit de légitimer le racisme, fit scandale et précipita la promulgation de la *Loi sur les stupéfiants*, cependant que l'on ouvrait grande les portes au marché des médicaments dont les victimes étaient beaucoup plus nombreuses que chez les utilisateurs de l'opium fumé.

La population a bien digéré ce discours légal. Les stupéfiants, produits interdits au plan international pour des raisons politiques et économiques, sont depuis associés à toutes les images d'horreur, dans la lignée de *The Black Candle*. Les Chinois ont été remplacés par les Noirs et les Mexicains, puis par les pauvres, les hippies, les motards et les jeunes sans travail, tous des groupes qui dérangeaient les normes. Les journaux alimentent ces mythes populaires pour augmenter leur tirage, alimentés en informations fraîches par la police (Parent, 1987). Pendant ce temps, les médicaments, sous la distribution contrôlée stipulée par la *Loi sur les aliments et drogues*, ont encore des emballages mal étiquetés, des effets secondaires imprévus ou cachés au public, et demeurent souvent abusivement prescrits (Sheskin, 1978). Sans parler des problèmes liés à l'alcool et au tabac...

L'origine des lois canadiennes sur les drogues, c'est la genèse d'un contrôle social issu d'enjeux économiques et politiques qui, par le biais d'entrepreneurs moraux, aura défini nos représentations sociales de ce qui est permis et de ce qui ne l'est pas en matière d'usage de drogues. Il y a ainsi des trafics de drogues moins scandaleux que d'autres: il vaut mieux posséder une pharmacie, on ne risque pas la prison. Il y a même des morts plus respectables que d'autres: il vaut mieux mourir d'une surdose de médicaments dans un hôpital, ou même d'un abus d'alcool au volant de sa voiture, que suite à l'ingestion d'un stupéfiant de mauvaise qualité, seul dans son appartement.

Malheur à ceux par qui le scandale arrive...

Références

BEAUCHESNE, L. (1985). Prévenir l'abus des drogues chez les jeunes. Les lois sont-elles efficaces? *Psychotropes*, II(2): 7-13.

BERTRAND, M.-A.(1986). Permanence des effets pervers et résistance au changement des lois sur les drogues. *Déviance et Société*, 10(2): 177-191.

BOYD, N. (1983). Canadian punishment of illegal drug use: theroy and practice. *Journal of Drug issues*, 4: 445-459.

BRECHER, E. et coll. (1972). *Licit and Illicit drugs*. Boston: Little, Brown and company.

CHAPMAN, T.L.(1979). The anti-drug crusade in western Canada, 1885-1925. *Law and Society in Canada in Historical Perspective*. Calgary: the University of Calgary: 89-115.

COOK, S.J. (1970). The Social background of narcotics legislation. *Addiction*. 17(2): 14-29.

GLORIE, J. (1984). L'internationalisation des lois en matière de stupéfiants. *Psychotropes*. Vol. 1, n° 3: 65-74.

GLORIE, J. (1983). Usage, commerce et contrôle de l'opium dans la Chine du 19e siècle. *Psychotropes*. Vol. 1, n° 2: 79-86.

GREEN, M. (1986). A History of canadian narcotics control: the formative years. *The Social Dimensions of Law*. Neil Boyd (ed.), Ontario: Prentice-Hall: 24-40.

PARENT, G.-A. (1987). Presse et corps policiers: complicité et conflit. *Criminologie*. XX(1): 99-120.

SHESKIN, A. (1978). Dangerous and unhealty alliances: the pharmaceutical industry and the food and drug administration. *The Evolution of Criminal Justice*. John P. Conrad (ed.), Beverly Hills: Sage Publications: 28-57.

SOLOMON, R. et T. MADISON (1980). The Evolution of non-medical opiate use in Canada, 1870-1908. *Crime in Canadian Society*. Toronto: Butterworth, (2e édition): 22-30.

■■■■■■■■ ■ **RÉSUMÉ**

Si l'usage des drogues à des fins non médicales est une histoire très ancienne, la criminalisation de la vente et de la consommation de ces drogues est une histoire du XXe siècle. En fait, pour les pays occidentaux, cette histoire fut inaugurée au Canada en 1908. L'auteure retrace dans ce texte les origines des lois canadiennes sur les drogues, afin que l'on puisse mieux saisir la situation actuelle du débat sur ces lois, et la nécessité de s'interroger sur les enjeux sociaux, politiques et économiques qui les maintiennent en place.

Chapitre 9
Permanence des effets pervers et résistance au changement des lois sur les drogues*

Marie-Andrée Bertrand

Comment expliquer la résistance de la très grande majorité des états modernes à modifier leurs lois sur les drogues alors que des comités, commissions et groupes d'experts mandatés par les gouvernements mêmes de ces états leur recommandent, au terme de longues et coûteuses études, des changements importants à la législation sur ces substances?

Qu'est-ce qui s'interpose entre les conclusions auxquelles arrivent de façon convergente de larges portions de la population et souvent même les responsables des ministères de la justice et de la santé touchant les effets néfastes des législations actuelles en matière de drogues et la capacité législative de modifier ces lois?

Nous voudrions ici poursuivre le débat commencé sur la politique des drogues par Hulsman et Van Ransbeek, de Jong et Toussaint (1983), d'abord parce qu'il nous paraît d'une grande actualité; ensuite parce que la politique des drogues illustre bien à quel niveau d'incohérence en arrivent les États quand ils prétendent poursuivre à l'interne une politique de moralité publique et de protection de la santé en même temps qu'ils ménagent à l'externe leurs rapports économiques et politiques avec les pays producteurs; enfin, parce qu'il nous apparaît que les effets pervers du débordement du pouvoir de punir sont particulièrement saisissants lorsqu'ils s'appliquent à l'usage ou à la possession de substances psychotropes.

---

* Texte publié dans la revue *Déviance et Société* (1986). Vol. 10, n° 2: 177-191. Reproduit avec la permission de l'éditeur.

Puisant dans l'expérience canadienne, nous voudrions illustrer les effets pervers des lois sur les drogues et formuler quelques hypothèses quant aux sources de résistances s'opposant à leur changement.

Trois mesures de l'actualité de la question des drogues

Nous limitant à ce coté-ci de l'Atlantique, nous évoquerons brièvement le cas du Canada et celui des États-Unis.

1. Au Canada, l'industrie souterraine des drogues illicites a occasionné aux consommateurs des dépenses de 9,4 milliards de dollars: 2,6 milliards pour l'héroïne; 550 millions pour la cocaïne; 925 millions pour les drogues chimiques; 5,3 milliards pour le cannabis (Kaplan, 1984). Il s'agit là, dans les termes mêmes du Solliciteur général de l'époque, d'un commerce supérieur du tiers à l'industrie des spiritueux et d'un chiffre d'affaires venant tout juste derrière celui de General Motors. Aux États-Unis, plusieurs analystes s'accordent à reconnaître que le commerce des drogues illicites représente plus de 30 % de tous les revenus du crime organisé, cette industrie privant le fisc américain de 125 milliards de dollars, une somme supérieure au budget total du fameux ministère de la Santé, de l'Éducation et du Bien-être social (HEW) (Masse, 1984).

2. Le nombre des usagers est un autre indice et son évolution révélatrice de l'actualité du phénomène. Au Canada, récemment, on estime à 4,75 millions le nombre de personnes ayant consommé des dérivés du cannabis; on compte vingt mille héroïnomanes bien identifiés et quelques 250 000 personnes s'adonnant à la cocaïne (GRC, 1982). Comparés aux chiffres fournis par les sondages effectués en 1970 (LeDain, 1973), ces estimés indiqueraient que le nombre des consommateurs a doublé ou triplé depuis quinze ans.

3. Le nombre des arrestations, accusations et condamnations, et surtout l'évolution de la répression, constituent d'autres indices de l'actualité de la question des drogues. Bien sûr, ce sont là des mesures de l'activité de la police et des tribunaux bien plus que des paramètres du phénomène mais en l'occurrence ces chiffres illustrent l'importance des effets pervers de l'application des lois sur les drogues.

Au Canada, les condamnations pour affaires de stupéfiants avaient presque quadruplé en dix ans, passant de 12 811 à 45 223 de 1972 à 1981. On observe une baisse importante en 1982 et en 1983, comme l'indique le tableau 9.1.

On voit dans ce tableau que les condamnations pour possession simple de stupéfiants sont à la baisse ces dernières années tandis que les condamnations pour trafic et possession en vue de faire le trafic sont en augmentation, ce dont on ne peut que se réjouir si on estime que la police et les tribunaux ont avantage à consacrer leurs énergies à des affaires relativement importantes.

Mais on aura remarqué que les condamnations pour simple possession représentent près de 80 % de toutes les affaires de stupéfiants.

Tableau 9.1
Condamnations en vertu de la Loi sur les stupéfiants, Canada, 1972-1983 incl.

	Posses-sion	Trafic	Posses-sion pour trafic	Im-porta-tion	Cul-ture	Infrac-tions aux règle-ments	Total
1972	11 431	475	757	35	75	38	12 811
1973	19 531	602	1 201	32	86	17	21 469
1974	28 053	695	1 572	29	131	5	30 485
1975	25 880	889	1 811	42	105	6	28 733
1976	36 542	1 599	2 574	58	149	20	40 942
1977	38 298	2 131	3 315	58	160	10	43 972
1978	31 898	2 655	3 124	53	170	163	38 063
1979	31 745	2 902	3 048	70	141	130	38 036
1980	36 110	2 857	3 399	51	154	165	42 736
1981	38 019	3 397	4 137	27	164	251	45 995
1982	28 958	3 472	3 928	27	138	248	36 771
1983	22 731	2 934	2 901	51	158	217	28 992

Source: Tableau préparé par M.A. Bertrand à partir des statistiques conçernant les usagers de drogues et les condamnations, Bureau des drogues dangereuses, Direction générale de la protection de la santé, ministère de la Santé et du Bien-être social, Canada, années 1972 à 1983 incl.

Et quelles sont les drogues en cause? À propos de quelles substances la police, les procureurs, les juges dépensent-ils leur temps dans les affaires de drogue? Le tableau 9.2 nous renseigne à ce sujet.

Ainsi, dans plus de 90 % des cas, la drogue incriminée est encore la marijuana ou le hashisch, comme c'était le cas en 1972. Les affaires d'héroïne sont en chute libre, proportionnellement, tandis que les condamnations pour cocaïne sont douze fois plus importantes en 1983 qu'elles ne l'étaient en 1972. Poussons l'analyse un cran plus loin: une étude attentive des statistiques du Bureau des drogues dangereuses nous permet de voir quelle proportion de toutes les condamnations pour stupéfiants porte sur des affaires de simple possession de la drogue la moins dangereuse, le cannabis: en 1983, 74 % de toutes les condamnations, pour tout stupéfiant, étaient des affaires de *simple possession de cannabis* (ministère de la Santé et du Bien-être social, 1983, tableau 5: 23-24).

L'évolution de la répression est fort semblable aux États-Unis: les arrestations pour affaires de cannabis, possession et vente, sont passées du simple au triple de 1970 à 1980 (157 000 à 450 000). Cependant, dans l'ensemble, les infractions de possession sont en décroissance. Les arrestations pour l'héroïne et la cocaïne représentent, aux Etats-Unis comme au Canada, des quantités tout à fait négligeables, comparées aux affaires de cannabis (Department of Justice, US, 1982).

Tableau 9.2
Condamnations en vertu de la Loi sur les stupéfiants selon la drogue, Canada, 1972-1983 incl.[1]

	Cannabis	Héroïne	Cocaïne	Autres	Total
1972	91,43	7,20	0,34	1,03	100
1973	92,83	6,01	0,57	0,59	100
1974	95,35	2.62	0,77	1,26	100
1975	95,24	1,78	1,00	1,98	100
1976	95,88	1,73	0,89	1,50	100
1977	95,47	1,45	0,95	2,13	100
1978	94,78	1,52	1,33	2,37	100
1979	94,94	1,32	1,55	2,19	100
1980	94,87	0,70	1,96	2,47	100
1981	92,96	0,50	2,58	3,96	100
1982	92,98	0,68	3,37	2,98	100
1983	91,83	0,68	4,81	2,69	100

1. Autres: Codéine, méthadone, opium et dérivés, et surtout la phencyclidine (PCP).

Source: Tableau préparé par M.A. Bertrand à partir des sources indiquées au tableau 9.1

L'accroissement des effets pervers des lois sur les drogues

L'accroissement de l'usage et du trafic des substances psychotropes ayant été établi pour le Canada et les lois n'ayant pas changé, il faut bien admettre que les effets de la prohibition qui touche les stupéfiants vont s'accroissant. Nous illustrons ici quelques-unes des conséquences néfastes des lois sur les drogues, relevées par Hulsman et Van Ransbeek (1983: 274-275) et nous y ajouterons les suivantes.

1. La répression revêt un caractère extraordinairement arbitraire lorsqu'elle frappe un infracteur sur cent ou sur deux cents. Alors que la Gendarmerie canadienne fait état de statistiques qui établissent le nombre des consommateurs de cannabis à 4,75 milliions de personnes et qu'elle dit avoir

identifié 20 000 héroïnomanes et 250 000 cocaïnomanes, ses activités en ont fait condamner respectivement 21 084 et 800 en 1983 (*ibid.*, 1983, tableau 5). C'est à la fois beaucoup trop et beaucoup trop peu. Beaucoup trop, parce qu'il s'agit d'affaires de simple possession et que les moyens mis en oeuvre pour procéder à ces arrestations sont immoraux et beaucoup trop peu parce que, c'est le cas de le dire, on tire au hasard. Ces condamnations ne sont par ailleurs pas sans effet. Le casier judiciaire a des conséquences, par exemple, lorsqu'on cherche un emploi ou qu'on veut le conserver. Comme le remarque Erickson (1980), le coût social de la prohibition est bien élevé:

> La prohibition du cannabis place alors les usagers dans une situation où ils encourent un double risque: ils sont sujets, à la fois aux dangers d'effets nocifs découlant de l'usage et aux conséquences néfastes résultant de la criminalisation de leur geste. Pour plus de 200 000 Canadiens qui ont déjà fait les frais de casiers judiciaires ou d'arrestations pour possession simple de cannabis, cette étiquette est devenue une réalité avec laquelle ils doivent composer. (Erickson, 1980: 147)[1]. (Traduction libre de l'éditeur.)

Le caractère discrétionnaire et arbitraire de la répression s'appliquant à un délinquant sur cent ou sur deux cents prend parfois des consonnances politiques et des aspects de vengeance ou de «character assassination», témoin la récente arrestation du premier ministre du Nouveau-Brunswick, au Canada, trouvé coupable d'avoir dans sa mallette moins d'une once de marijuana (lors de la visite de la Reine...) et la condamnation du chef de l'escouade des stupéfiants de la police de la communauté urbaine de Montréal qu'une caméra invisible a filmé au moment où il retirait des drogues du coffre-fort de la police.

2. Des pouvoirs extraordinaires de fouille sur les personnes, de perquisition sans mandat et de saisie, on le voit par ces exemples, ont été accordés aux corps policiers de plusieurs pays en rapport avec les lois sur les drogues. Ces pouvoirs font des brèches plus sérieuses encore lorsque, comme en France, on impose des examens et des traitements à l'usager. On peut imaginer à la rigueur que de semblables mesures d'exception soient justifiées en temps de guerre, d'épidémie ou de catastrophe nationale mais comment les invoquer quand leur objet est si peu proportionné aux moyens utilisés?

3. Les condamnations pour simple possession ne se soldent pas toutes par des peines d'amende et des libérations inconditionnelles: pas plus tard qu'en 1982, au Canada, des peines de prison ont été prononcées contre 7 % des infracteurs coupables de simple possession de drogues. L'extraordinaire disparité des sentences imposées (Perron, 1984) contribue au discrédit des procureurs et des juges dans les affaires de drogue. Les lois sur les drogues et la façon dont elles sont appliquées ont miné la confiance dans la rationalité de la loi et sa valeur pédagogique. Une loi qui s'emploie si fort à réprimer sans succès des comportements peu nuisibles à la société (nous parlons ici de l'usage et de la possession) alors qu'elle laisse impunis, par exemple, les auteurs de crimes de pollution est risible et scandaleuse. D'autre part et avec une certaine logique, les policiers expriment à son endroit leur nostalgie d'une

---

1. Les lecteurs sont invités à consulter la version de l'article parue dans *Déviance et Société*, pour le texte original des citations traduites.

époque où ils pouvaient, bien appuyés par les tribunaux, exercer une répression sévère:

> «Nous posons un geste futile chaque fois que nous arrêtons quelqu'un pour possession simple de marijuana...»
>
> «On n'y porte même plus attention en raison de l'apathie des tribunaux. Nous serions aussi bien de jeter la marchandise au vent...»
>
> «Je me rappelle de l'époque où nous mettions quelqu'un sous verrous juste parce qu'il s'était fait prendre avec les résidus d'une pipe à haschish. Aujourd'hui, nous ne pouvons même plus rêver agir de la sorte...». (Humber, 1984) (Traduction libre de l'éditeur.)

4. Le délit de possession pour trafic déjà, par définition, propice au jugement discrétionnaire, est de plus l'occasion d'entailles aux règles habituelles de la procédure: les droits de l'accusé sont modifiés, au Canada notamment et en Grande-Bretagne, puisque le fardeau de la preuve est renversé: il appartient à l'accusé de prouver qu'il n'entendait pas faire le trafic.

5. Le trafic de stupéfiants, crime mal défini dans plusieurs lois nationales, fait l'objet de peines de prison qui sont allées en augmentant et dont la sévérité étonne. Les peines maximales sont les suivantes: quatre ans, en Belgique; cinq ans en Suisse; six ans au Danemark et en Grande-Bretagne; huit ans aux Pays-Bas, au Vénézuela et à Panama; dix ans en Autriche, en Italie, en Norvège, en République fédérale d'Allemagne et en Suède; douze ans en Argentine, en Colombie et au Costa-Rica; quatorze ans en Angleterre; quinze ans au Mexique; vingt ans en France; trente ans aux Etats-Unis; à perpétuité au Canada; la peine de mort en Turquie et dans divers pays arabes (Rico, 1984). En France, une enquête récente faite par Gortais et Perez-Diaz (1981) et rapportée par Rico (1984) établit que les peines de prison imposées pour trafic de stupéfiants sont bien plus élevées que celles prononcées à la suite d'autres infractions, et que d'ailleurs la disparité des sentences est grande selon les juridictions (*ibid*: 52). De leur côté, Hulsman et van Ransbeek (1983: 273) remarquent que la sévérité de ces peines influence à la hausse les sentences imposées pour d'autres crimes aux Pays-Bas.

Enfin, c'est la définition même du trafic qui fonde le travail des agents provocateurs.

6. La prohibition empêche tout contrôle de la qualité des substances, rend l'approvisionnement irrégulier et hasardeux (de Jong, 1983), fait vivre les revendeurs dans une atmosphère de crainte, suscite la délation.

7. Les policiers et le personnel des prisons soustraient la drogue aux inculpés pour l'utiliser ou la revendre à leur compte de façon courante.

8. C'est la prohibition surtout qui enrichit le crime organisé et crée les narcodollars qu'il est maintenant facile de blanchir en les affectant à des commerces tout à fait légitimes (GRC, 1982; Masse, 1984).

9. La prohibition pratiquée par les pays importateurs non seulement entraîne une exploitation parfois criminelle des cultivateurs des pays producteurs et de plusieurs intermédiaires dans la chaîne de transmission mais une hausse des prix qui est fonction des menaces de démantèlement des réseaux de production et de distribution dès que la surveillance se resserre.

10. Dans les relations entre pays producteurs et pays importateurs prohibitionnistes, les menaces que profèrent régulièrement ceux-ci de bloquer la marchandise aux frontières, ou d'exiger des pays producteurs qu'ils détruisent leurs récoltes, constituent un effet constant de déstabilisation économique et politique pour les pays exportateurs (Masse, 1984).

La résistance des États à modifier leurs lois sur les drogues

Depuis la fin du XIXe siècle, en fait, mais surtout au cours des années 1960 à 1970, un grand nombre d'États modernes ont éprouvé le besoin de faire le point sur la nature, les effets et l'étendue de l'usage de substances psychotropes jusque-là peu connues. C'est ainsi que tour à tour la Grande-Bretagne, les États-Unis, les Pays-Bas, le Canada, l'Australie, la Nouvelle-Zélande, la France, etc., ont commandé, par leur gouvernement, des enquêtes ou des études destinées à éclairer le législateur sur les meilleurs moyens de faire face à ce que plusieurs percevaient comme des épidémies réelles ou appréhendées.

Aucun de ces comités, missions ou groupes d'études, sauf peut-être la mission Pelletier en France, *n'a recommandé, au terme de son mandat, le statu quo.* Pourtant, rares sont les gouvernements qui ont modifié leurs lois sur les drogues ou leur pratique médicale à la suite des recommandations de leurs propres groupes d'études.

Ces commissions et comités ne sont d'ailleurs pas les seules sources de pression exercées sur les pays signataires de la *Convention unique* en vue d'entamer l'action criminalisante des gouvernements en matière de drogues: des partis politiques, des groupes de médecins engagés dans l'action communautaire, des organisations nationales et internationales (par exemple, NORML, National Organization for the Repeal of Marihuana Laws) ont réclamé tour à tour l'abrogation de la prohibition touchant l'une ou l'autre drogue, la dépénalisation ou la décriminalisation de la possession ou de l'usage, la redéfinition de l'offense de trafic, etc.

La «terra firma» de la Convention unique de 1961

Pour mieux comprendre à quel bloc de granit s'attaquaient les pressions visant à modifier la politique des drogues, il n'est pas inutile de rappeler ici quelques faits touchant la *Convention unique* sur les stupéfiants de 1961 et ses antécédents: *1)* Ce ne sont plus seulement les douze pays ayant ratifié les traités de Shanghai (1909) et de La Haye (1912) qui se retrouvent à New York, le 30 mars 1961, mais *soixante-douze* pays signataires auxquels se joindront une trentaine d'autres avant 1970. *2)* L'OMS et la Commission sur les stupéfiants de l'Organisation des Nations Unies ne se contentent plus de proposer des contrôles sur la production et le commerce de l'opium, de l'héroïne, de la morphine et de la cocaïne mais y ajoutent leurs dérivés et le cannabis à l'endroit desquels on n'en finit plus d'énumérer les actes prohibés:

> Sous réserve des dispositions constitutionnelles, chaque partie adoptera les mesures néces-
> saires pour que la *culture* et la production, la *fabrication*, l'*extraction*, la *préparation*, la *déten-*
> *tion*, l'*offre*, la *mise en vente*, la *distribution*, l'*expédition* en transit, le *transport*, l'*importation*
> et l'*exportation* de stupéfiants non conformes aux dispositions de la présente Convention, ou
> tout autre acte qui, de l'avis de ladite Partie serait contraire aux dispositions de la présente
> Convention, constituent des infractions punissables lorsqu'elles sont commises intentionnel-
> lement et pour que les infractions graves soient passibles d'un châtiment adéquat, notamment
> de peines de prison ou d'autres peines privatives de liberté. (Convention unique sur les stu-
> péfiants, 1961: article 36, par. 1.) *(Notre souligné.)*

3) Non seulement le cannabis et l'héroïne se retrouvent-ils avec la cocaïne au tableau 1 des drogues à l'endroit desquelles les parties à la Convention s'engagent à exercer les contrôles les plus sévères, mais on les retrouve au tableau 4 avec les substances à l'endroit desquelles les pays signataires s'engagent à renoncer à tout usage médical, confirmant en cela des ententes déjà acceptées par quelques pays en 1954.

Cet «overkilling» n'était justifié, en 1961, ni par l'étendue de l'usage des stupéfiants dans les pays «locomotives» de la Convention ni par ce que l'on savait ou aurait dû savoir, à l'époque, de la nature, des effets et de l'absence de caractère criminogène de ces substances.

Quelques études antécédentes à la Convention de 1961

On a tendance à oublier que soixante-dix ans avant la signature de la *Convention unique*, en 1893-1894, la Grande-Bretagne avait mené une remarquable étude sur les effets du chanvre indien dans les Indes orientales. Au terme de quelque trois mille pages de rapport, la commission en arrive à la conclusion que l'usage modéré du cannabis n'est pas nocif pour la santé physique, ne cause pas de dommages à «l'esprit», est sans conséquence d'ordre «moral». Touchant le caractère criminogène de la substance, la commission concluait:

> ...pour ce qui est de ses rapports avec la société, le consommateur de drogues, s'il fait des
> excès, demeure habituellement inoffensif. À toutes fins pratiques, on peut affirmer qu'il y a
> peu ou pas de relation entre l'usage de drogues cannabines et le crime. (Traduit et cité par
> LeDain, 1970: 110)

La Commission ne nie pas que l'usage excessif et prolongé entraîne des effets physiques et psychologiques, spécialement chez les sujets vulnérables, mais elle remarque que:

...l'usage modéré prévaut et que l'usage excessif demeure comparativement exceptionnel. L'usage modéré est pratiquement inoffensif. Dans tous les cas, sauf à de très rares exceptions près, les dommages causés par un usage habituel modéré sont quasi insensibles. (Traduit et cité par LeDain, 1970: 110)

Les Américains qui ont agi comme moteurs de la Convention de 1961 pour y servir des intérêts nationaux et leur prestige international, s'étaient pourtant donné, dès 1939, une commission d'enquête fort importante sur le cannabis. La Commission LaGuardia, au terme de cinq ans d'étude et avec le concours des scientifiques les plus réputés, en arrive à la conclusion que la marijuana n'entraîne pas de dépendance et qu'on ne progresse pas nécessairement des drogues douces aux drogues plus fortes.

On se demande quelle place ont tenue ces informations lors des débats «onusiens» de 1961...

Les études postérieures à 1961

Aux États-Unis

Non content, semble-t-il, des résultats de l'enquête de la Commission LaGuardia ou désireux de se munir d'une étude nationale et d'évaluer les proportions que prend à l'échelle du pays l'usage de certaines drogues, le président Johnson nomme une commission d'enquête en 1967 (The President's Commission) dans le cadre de sa fameuse «War on Crime». Il lui donne comme mandat de tout revoir: les effets des drogues et spécialement du cannabis sur la santé; l'hypothèse à l'effet que l'usage de la marijuana conduit au crime, celle de la progression des drogues douces aux drogues fortes, etc. La Commission remet son rapport et infirme toutes ces hypothèses. Mais voilà qu'en 1972, on crée une autre commission présidentielle, la Commission Schafer, qui remet un premier rapport assez peu concluant — on ne lui avait pas donné le mandat de présenter des recommandations devant influencer la législation —, intitulé: «Marihuana: A signal of Misunderstanding»; la Commission se fait donner un second mandat au terme duquel, dans un deuxième rapport, les commissaires recommandent de décriminaliser la simple possession de marijuana. Le gouvernement fédéral n'accède pas à cette recommandation. Plusieurs États le feront, cependant, au fil des ans, traitant la simple possession un peu comme on traite les contraventions au code de la route.

Au Canada

Ce pays, qui ne s'était intéressé à l'opium en 1908, 1909 et 1910 que pour contrer les fraudes dont les asiatiques se rendaient coupables en faisant entrer en contrebande cette drogue au Canada et qui s'était ensuite donné les lois les plus prohibitives dans ce domaine adoptant à la lettre la Convention de 1961, nomme, en 1969, à l'instigation du ministre de la Santé nationale et du Bien-être social, une Commission d'enquête sur l'usage des drogues à des fins non médicales (Commission LeDain) à laquelle il donne un mandat fort généreux:

> a. obtenir de toutes les sources disponibles tant au Canada qu'à l'étranger, les données et les renseignements constituant la somme actuelle des connaissances touchant l'usage, à des fins non médicales, des sédatifs, des stimulants, des tranquillisants, des hallucinogènes et autres drogues psychotropes ou substances de même nature;
> b. faire rapport de l'état actuel des connaissances médicales (...);
> c. enquêter et faire rapport sur les facteurs sociaux, économiques, éducationnels et philosophiques liés à l'usage à des fins non médicales (...), notamment au sujet de l'envergure de ce phénomène, des facteurs sociaux qui lui ont donné naissance, des groupes d'âge en cause et des problèmes de communication;
> d. enquêter sur les voies et moyens par lesquels le gouvernement peut intervenir (...) et présenter des recommandations à cet effet; (LeDain, 1970: 2).

Entre 1969 et 1973, la Commission remettra quatre rapports au gouvernement Trudeau, dont l'un spécifiquement sur le cannabis (1972) et un autre sur le traitement (1972). Dans le rapport final (1973) les commissaires recommandent, sur division, la décriminalisation de la possession de cannabis, la reclassification de cette drogue hors de la *Loi sur les stupéfiants* puisqu'elle n'est pas un opiacé, la redéfinition de l'offense de trafic, la conservation de l'offense de possession dans le cas de l'héroïne en vue de se saisir de l'héroïnomane pour lui imposer un traitement.

Un rapport minoritaire souhaitait le renforcement des contrôles pénaux et médicaux (Campbell, dans LeDain, 1973: 242-259). Un autre, au contraire, recommandait de retirer aux lois sur les drogues tout caractère prohibitif, de légaliser l'usage et la possession de toute drogue et d'organiser, dans le cas des opiacés, des régies d'états chargées de la vente sous contrôle des stupéfiants aux personnes dont l'état de dépendance serait établi et qui accepteraient d'être acheminées, si possible, vers les substances les moins assujettisantes et les plus susceptibles de leur permettre de mener une existence utile (Bertrand, dans LeDain, 1973: 236-241).

Le gouvernement canadien reçoit poliment le rapport final de la commission et n'y donne aucune suite malgré les questions de l'opposition néo-démocrate. Cependant, en 1975, le Sénat canadien adopte le *Projet de loi S-19* dont l'effet le plus clair aurait été de dépénaliser la possession de cannabis en rendant impossible le recours aux peines de prison. Ce projet de loi n'a pas été adopté ni même étudié par la Chambre des communes.

À propos du cannabis, le Comité Wooton (1969) se rallie aux conclusions de l'Indian Hemp Commission de 1893 et du New York Mayor's Committee on Marihuana (1944) selon lesquelles la consommation de doses modérées de cannabis ne produit, à la longue, aucun effet dommageable et propose une dépénalisation relative du cannabis (réduction des peines). Le Comité s'interrogeait sur la pertinence du délit de possession en vue de trafic et préconisait des définitions marquant mieux les différences. Le Misuse of Drugs Act de

1971 fit largement écho à ces recommandations établissant une distinction plus nette entre possession et trafic et reclassant les drogues en trois catégories selon leur nocivité relative, le cannabis passant dans la deuxième (moins dangereuse) avec les amphétamines. Mais les peines pour possession restent élevées (un maximum de cinq ans pour le cannabis et sept ans pour possession illégale d'héroïne).

Aux Pays-Bas

Le Groupe de travail sur les stupéfiants créé en 1968 par le gouvernement des Pays-Bas remit sont rapport quatre ans plus tard, en 1972. La législation de 1976 s'est inspiré des travaux de ce groupe en introduisant une distinction entre drogues douces et drogues dures, tant en ce qui concerne l'usage que le trafic. Les observateurs ont le sentiment que la réelle libéralisation souhaitée a plutôt abouti à une dépénalisation (sans doute à cause de la contrainte des ententes internationales), mais les usagers en possession de quantités minimes de drogues (moins de trente grammes) ne sont pas inquiétés. D'autre part, la mise en place d'une politique de prévention et de traitement prévue par la loi de 1976 constituait une réponse originale, souvent citée et parfois imitée.

En France

Le rapport Pelletier (1978) ne recommandait pas de changement à la loi de 1970,

> La Mission n'a pas pensé utile d'envisager une modification au système juridique actuel tant qu'un véritable débat public n'aura pas permis de définir les orientations souhaitées par le corps social français. (Mission d'étude sur l'ensemble des problèmes de la drogue, 1978: 253)

mais débouchait sur des recommandations amenant des prises en charge sociothérapeutiques et même pénales plus importantes. Les orientations générales du rapport ont été perçues par certains observateurs comme médicalisantes, par d'autres comme aggravant la répression en allongeant l'emprisonnement, la garde à vue, etc.

Ces études, réalisées dans des sociétés nationales dont les seuils de tolérance à la question des drogues différaient considérablement, ont cependant quelque chose en commun: elles affirment toutes que les effets néfastes des lois sur les drogues et spécialement les effets de la prohibition à l'endroit des stupéfiants dépassent largement les méfaits des substances elles-mêmes. Dans les rapports tant britannique que français, américain, canadien, australien, etc. , on retrouve exprimée avec force la même conviction: *les lois sur les drogues font plus de tort que la drogue.*

Qu'est-ce donc qui a empêché les auteurs de ces rapports de tirer les conclusions qui s'imposaient suite à leur enquête? Qu'est-ce qui les a empêchés de réclamer l'abolition de la prohibition?

Tous les commissaires qu'il nous a été donné de connaître (les membres de la mission Pelletier ont rencontré les commissaires canadiens et ceux-ci avaient travaillé de concert avec les membres du groupe Schafer, aux États-Unis, à la préparation de leur enquête) ont considéré sérieusement qu'il fallait recommander d'en finir, une bonne fois, avec la prohibition. Touchant l'héroïne, si la majorité des commissaires de tout pays hésitaient à aller aussi loin que les Britanniques, un grand nombre ont de fait recommandé (chez les Américains et les Canadiens) que des cliniques d'entretien à la méthadone soient organisées si elles ne l'étaient déjà sous le contrôle de l'État.

Les sources de résistance à tout changement réel dans les lois sur les drogues

Chez la majorité des commissaires canadiens, américains et français que nous avons connus, une vision consensuelle de leur mandat et de leur reponsabilité, le sentiment que leur rapport et leurs recommandations devaient refléter l'état de l'opinion publique plutôt que d'éclairer et guider le législateur sont venus freiner les élans que l'information, l'intelligence et souvent un réel courage moral soutenaient et portaient vers des solutions radicales. Les commissaires de différents pays ont donc considéré la solution abolitionniste (l'abolition de la prohibition) mais ne l'ont pas recommandée.

Au Canada comme ailleurs, des groupes de pouvoir et d'intérêt se sont exprimés avec une grande force devant les commissions, opposant une résistance farouche à la légalisation ou souvent même à la décriminalisation.

Puisqu'il nous a été donné de les observer de près, d'entendre et d'analyser leurs mémoires, voici, dans l'ordre, la liste de ces groupes hostiles au changement dans les lois sur les drogues et favorisant donc la prohibition:

- les corps policiers;
- les grands laboratoires de produits pharmaceutiques;
- les brasseries et les distilleries;
- les compagnies de tabac (jusqu'à ce que certains comprennent, par exemple, qu'elles pouvaient tirer parti de la législation et fabriquer des cigarettes de marijuana, ce qui fut, en 1970 et pour un bref moment, le cas de Virginia Tobacco, aux États-Unis);
- certaines associations de médecins;
- les pharmaciens;
- les alcooliques anonymes;
- les narcomanes anonymes;

et, à un degré moindre;

- les associations de parents-maîtres, de psychologues, de magistrats de la jeunesse.

À la lecture de l'énumération qui précède, il n'est pas difficile d'imaginer les jeux de pouvoir et d'intérêts qui ont animé la grande foire d'empoigne que sont devenus les débats sur la drogue, débats, d'ailleurs, qui se sont poursuivis pendant et après la Convention de Vienne sur les substances psychotropes, en 1971. Ces débats ont fait apparaître bien des passions jusque-là voilées: volonté hégémonique des *médecins* d'être les seuls définisseurs de la santé physique — et les psychiatres, seuls juges de la santé mentale — et des instruments de cure, donc des drogues; intérêts financiers énormes des grandes *firmes productrices de drogues légales* (le témoignage de la compagnie Hoffmann-La Roche devant la commission canadienne, mémoire de quelque deux mille pages, est édifiant à ce sujet); puissance du lobby politique entretenu par *les brasseries et les distilleries*, grandes pourvoyeuses des caisses électorales qui n'entendaient pas voir remplacer la bière et le vin comme drogues récréatives de premier choix par les nouvelles drogues; ruse des *compagnies de tabac* se défendant d'endommager la santé comme le faisaient les vendeurs de drogues de rue; facilité des *corps policiers* à recourir à des moyens immoraux pour protéger un «ordre social» dont ils se croient et se disent les définisseurs les plus autorisés (voir à ce sujet les mémoires de la Gendarmerie royale du Canada à la Commission LeDain, 1969 et 1972).

Les *médecins* ont été envahis par la colère à la vue de ces usagers de drogues étranges qui ne leur demandaient pas conseil pour consommer des substances appartenant à la pharmacopée; ils ont été pris de panique en constatant qu'ils perdaient, eux, le contrôle des drogues par exemple quand les jeunes s'auto-administraient les tranquillisants prescrits à leurs parents, pour revenir d'un mauvais voyage; les *pharmaciens* ont partagé cette panique en constatant que «la rue» était envahie de substances s'apparentant à celles qu'ils vendaient à grand profit, eux qui croyaient être seuls à posséder le secret et à avoir la garde de toutes drogues...; les *policiers* ont été obligés de se défendre devant des auditoires de jeunes qui les accusaient de s'être transformés en agents provocateurs dans des groupes de mineurs.

En fait, la lutte de pouvoir était engagée entre deux classes d'âge, d'une part les vieux, souvent, trop souvent, regroupés dans des clubs d'intérêt et, d'autre part, des groupes de jeunes (jeunes par l'âge ou par la capacité d'autocritique et de changement) ayant trouvé dans la drogue le talon d'Achille de leur société. Les commissaires, finalement, se sont le plus souvent rangés dans le clan des vieux, dans les clubs d'intérêt auxquels, de fait, ils appartenaient.

Si les missions d'étude n'ont pas réussi à proposer aux gouvernements les changements radicaux qui s'imposaient dans la politique des drogues, on ne peut guère reprocher aux hommes politiques de ne pas avoir pris les risques qu'auraient entraînés les modifications des lois sur les drogues...

Conclusion

La question des drogues est d'une grande actualité; les effets néfastes de l'application des lois sur les drogues s'accumulent; les missions d'enquête n'ont pas amené de grands changements aux lois sur les drogues mais elles n'allaient pas vraiment au coeur de la question.

Nous pensons qu'il faut reprendre le débat et aller au coeur de la question, nous concerter pour préconiser la seule solution logique: l'abolition de la prohibition. Non pas la décriminalisation ou la dépénalisation, mais la légalisation des substances psychotropes et leur contrôle par des régies d'État semblables à celles qui s'occupent de la distribution de l'alcool au Canada par exemple. C'est la conclusion à laquelle j'en arrivais en 1972 (LeDain, *Le cannabis*) et en 1973 (LeDain, *Rapport final*). C'est celle sur laquelle débouchent Hulsman, Van Ransbeek et de Jong (1983). C'est celle à laquelle en arrive Rico (1983 : 58):

> Si on prend en considération l'origine, l'évolution, la signification et l'application concrète des législations sur les drogues, cette position (de légalisation) constitue, cependant, la seule réponse rationnelle qu'il est possible de donner à ce problème. (Traduction libre de l'éditeur.)

Références

BÉGIN, M., (1983). *Communiqué de presse 1983-102.* Ministre de la Santé nationale et du Bien-être social, Canada, Presse canadienne, 20 octobre.

BERTRAND, M.A. (1973). Conclusions et recommandations supplémentaires. *Rapport final de la Commission d'enquête sur l'usage des drogues à des fins non médicales (LeDain).* Ottawa: Information Canada: 229-241.

BERTRAND, M.A. (1984). Le contrôle de la drogue au Canada dix ans après LeDain. *Le Devoir.* Montréal, 26 mars: 13-14.

CARLSON, R C. (1982). *Business Week.* 5 avril: 66.

COMMISSION D'ENQUÊTE SUR L'USAGE DES DROGUES À DES FINS NON MÉDI-CALES, (LeDain) (1970). *Rapport provisoire.* Ottawa: Information Canada.

COMMISSION D'ENQUÊTE SUR L'USAGE DES DROGUES À DES FINS NON MÉDI-CALES, (LeDain) (1972). *Le Cannabis.* Ottawa: Information Canada.

COMMISSION D'ENQUÊTE SUR L'USAGE DES DROGUES À DES FINS NON MÉDI-CALES, (LeDain) (1972 a). *Le traitement.* Ottawa: Information Canada.

COMMISSION D'ENQUÊTE SUR L'USAGE DES DROGUES À DES FINS NON MÉDI-CALES, (LeDain) (1973). *Rapport final.* Ottawa: Information Canada.

DE JONG, W., (1983). Pour une véritable assistance aux consommateurs. *Déviance et Société.* 7, 3: 281-287.

DEPARTMENT OF JUSTICE, U.S. (1982). *Sourcebook of Criminal Statistics.* Washington, D.C.: Bureau of Justice Statistics.

ERICKSON, P.G. (1980). The social effects of punishment on drug users. *Cannabis Criminals.* Toronto: Addiction Research Foundation.

GENDARMERIE ROYALE DU CANADA (GRC) (1983). *Rapport annuel national sur les drogues, 1982, et indicateurs de tendances d'ici 1985.* Ottawa: GRC sous direction des drogues, ministère des Approvisionnements et Services, Canada.

GROUPE DE TRAVAIL SUR LES STUPÉFIANTS (1973). *Conditions des drogués et dangers de la drogue.* La Haye: gouvernement des Pays-Bas.

HULSMAN, L. et VAN RANSBEEK, H. (1983). Évaluation critique de la politique des drogues. *Déviance et Société.* 7,3: 271-280.

HUMBER, O. (1984). Hattfield marijuana charge jolts public back to realty. *The Citizen.* Ottawa, nov. 10: B 5.

KAPLAN, J. (1970). *Marijuana: The New Prohibition.* New York: Thomas Cromwell.

KAPLAN, R. (1984). (Solliciteur général du Canada) Communiqué de presse, Presse Canadienne, 7 janvier.

MASSE, G. (1984). *Le trafic de la drogue, marché du rêve et de la détente.* Travail présenté dans le cadre des études de doctorat en sociologie: U. de M. et UQAM, avril, non publié.

MINISTÈRE DE LA SANTÉ NATIONALE ET DU BIEN-ÊTRE SOCIAL (1972 à 1983). *Statistiques concernant les stupéfiants, les drogues contrôlées et les drogues dangereuses.* Ottawa: Direction générale de la protection de la santé.

MISSION D'ÉTUDE SUR L'ENSEMBLE DES PROBLÈMES DE LA DROGUE (Pelletier) (1978). *Rapport à M. le Président de la République.* Paris: La documentation française.

NATIONAL COMMISSION ON MARIHUANA AND DRUG ABUSE (Schafer Commission) (1972). *Marihuana, A Signal of Misunderstanding.* New York: Signet.

NATIONAL COMMISSION ON MARIHUANA AN DRUG ABUSE (Schafer Commission) (1973). *Drug use in America: problem in perspective.* (2e rapport), Washington, DC: US Government Printing.

PERRON, J. P. (1984). Aperçu des principes régissant l'imposition des sentences en matière de drogues et de stupéfiants. *Sentences drogues.* Service de la recherche de la Commission des services juridiques, Montréal: Wilson et Lafleur: XIII-XXIX.

PHILIPPSON, R. (1970). *Modern Trends in Drug Dependency and Alcoholism.* New York: Appleton-Century Crofts Medical.

RICO, J. (1984). Las legislaciones sobre drogas: origen, evolucion, significado y replanteamiento. Communication présentée au XXXVe *Cours international de criminologie: Alcool, drogues et criminalité.* Équateur: Quito, 13-18 août.

TEFF, H. (1975). *Drug, Society and the Law.* Westmead, Farnboroughs, England, Saxon House: D.C. Heath Ltd.

TOUSSAINT, Ph. (1983) L'utopie et la drogue. *Déviance et Société.* 7, 3: 287-292.

VAN NUFFELL, D. (1983). *L'écart entre les recommandations des commissions d'enquête sur l'usage des drogues et les lois pénales au Canada, aux États-Unis et en Grande-Bretagne.* Mémoire de maîtrise: Université de Montréal, Faculté des Arts et Sciences, École de criminologie, novembre.

RÉSUMÉ

S'interrogeant à savoir pourquoi la très grande majorité des États modernes refusent de modifier leurs lois sur les drogues, l'auteure entreprend dans ce texte de démontrer: l'importance actuelle des questions relatives au marché illicite; les effets pervers persistants qu'entraîne l'application des lois actuelles au plan social; le peu d'impact des nombreuses études sur la question au regard de l'application de ces lois dans divers pays. En conclusion, l'auteure tente d'expliquer d'où viennent les sources de résistance tout en réitérant la nécessité d'en venir à une solution abolitionniste en ce domaine.

Chapitre 10

Le trafic international des stupéfiants: une analyse politique*

Pierre Lamarche

Qu'y a-t-il de commun entre le paysan andin qui mastique des feuilles de coca, le vieillard marocain qui fume le kif, l'homme d'affaires américain qui sirote un martini et la québécoise qui croque des *Valium*®? Ils s'adonnent tous à un rituel admis par leur culture. Ils ont également en commun que chacun serait considéré par les autres comme s'adonnant à une drogue dangereuse sinon à une activité illégale. C'est qu'on s'entend bien peu d'une époque à l'autre et d'une culture à l'autre sur ce que sont les «bonnes» et les «mauvaises» drogues.

Pourtant les drogues illégales sont essentiellement les mêmes dans tous les États signataires de la *Convention unique sur les stupéfiants* et de la *Convention sur les produits psychotropes*. Comment peut-on expliquer alors que les produits frappés d'illégalité continuent d'être si facilement accessibles? C'est que le droit international n'a pas de «dents». Il fait reposer sur chacun des États signataires la responsabilité de se doter de lois nationales conformes aux Conventions, ainsi que des mécanismes de répression adéquats. Malgré cela, les attitudes des États varient du laxisme à la répression violente. C'est dans l'histoire de chacune des nations concernées, dans le système des relations internationales, en interrogeant les caractéristiques de l'économie internationale et des économies nationales des États concernés que l'on trouve une explication satisfaisante de la situation mondiale, à première vue anarchique, du trafic des drogues. C'est l'angle sous lequel nous entendons aborder le «problème» de la toxicomanie dans le présent chapitre.

L'histoire des luttes antidrogues a été marquée par le leadership des États-Unis, où la fantasmagorie populaire a placé le phénomène de l'usage des drogues au rang de la psychose anticommuniste et de celle, plus récente, du SIDA. Convaincus de leur vocation universelle d'agent du Bien, de ce que Stanley Hoffman a qualifié de sentiment d'*exceptionnalism* (Hoffman, 1982: 37),

---

* Texte inédit.

les Américains ont entrepris de donner le ton aux conventions internationales en les teignant des valeurs de l'éthique protestante. Le postulat fondamental et organisateur de l'approche américaine — et, *in extenso*, de la plupart des pays occidentaux — en matière de lutte au trafic international des drogues, veut que le trafic des drogues pourrait être éliminé si tous les États concernés y consentaient des efforts politiques, répressifs, diplomatiques et techniques nécessaires. Il en découle également un second postulat selon lequel le trafic n'a pas été contenu jusqu'à maintenant parce que certains États encouragent délibérément le trafic des drogues. La revue trimestrielle *Drug Enforcement* (publiée par la *Drug Enforcement Administration*, DEA) fait, depuis plusieurs années, ouvertement étalage des théories des services de renseignements selon lesquelles les États-Unis seraient victimes d'une conspiration en vue d'empoisonner l'Amérique, conspiration à laquelle les services de renseignements américains associent exclusivement des mouvements et des États «communistes». La menace des valeurs fondamentales de l'Amérique est donc double, elle point sur le front politique de même que sur le front social.

Force nous est de constater, cependant, que ces postulats relèvent de la mythologie. Nous verrons, d'abord, que la production et le trafic des drogues ne peuvent être éliminés tant et aussi longtemps que les rapports internationaux resteront tels qu'ils sont, et nous démontrerons comment la notion d'acte délibéré, de conspiration politique, est une construction théorique des services de renseignements américains, conçue à des fins de propagande.

Mais avant d'aborder ce phénomène dans sa contemporanéité, il est essentiel de faire la démonstration de la principale leçon que nous enseigne l'histoire du trafic des drogues: ce phénomène est de notre propre fabrication.

Les effets du colonialisme et du néo-colonialisme sur l'internationalisation du commerce de l'opium

L'opium est connu et utilisé depuis des millénaires mais son commerce ne s'est internationalisé qu'à l'époque coloniale (du XVIIIe siècle au début du XXe siècle surtout). La commercialisation de l'opium entre colonies est la réponse qu'ont trouvé les empires — anglais et français surtout mais non exclusivement — pour réduire le déficit de leurs balances commerciales avec les colonies, desquelles ils importaient de coûteuses matières premières. À ce problème, le commerce de l'opium est la solution parfaite, puisque tous les termes de l'échange sont contenus à l'intérieur même des colonies. L'importance de ce commerce, qui en est venu à représenter jusqu'à 40 % des revenus coloniaux de l'empire britannique et le tiers des revenus de l'empire français, ne pourra jamais être suffisamment souligné (McCoy, 1976: 74).

La caractéristique principale de ce premier effort d'internationalisation du commerce de l'opium est qu'il s'inscrit dans le rapport Nord-Sud propre à l'ère coloniale, c'est-à-dire fondamentalement administratif et marchand. Cette configuration géopolitique (Nord-Sud) restera toujours la principale variable du trafic des stupéfiants avec comme conséquence que les termes de l'échange sont déterminés par l'hémisphère nord, comme c'est le cas pour l'ensemble des rapports Nord-Sud.

À ses origines, la commercialisation de l'opium et de ses dérivés a donc été le produit d'un marché voulu et dominé par l'Occident. Les cultures asiatiques et moyen-orientales en ont été les principales victimes. Sur le seul plan sociosanitaire, que l'on songe à l'usage d'opium et d'héroïne au Pakistan ou en Iran, que l'on songe à l'usage de l'héroïne injectable, introduite par les soldats américains au Viêt-nam, ou que l'on songe à l'usage de plus en plus répandu de «*basuco*» dans les pays andins, la plupart des États producteurs de stupéfiants connaissent une situation endémique de toxicomanie, d'autant plus grave qu'elle se place dans un contexte de pauvreté extrême et d'insalubrité générale. En Thaïlande par exemple, parmi les héritages du colonialisme on compte un demi-million d'héroïnomanes, soit autant qu'en comptent les États-Unis mais pour une population cinq fois plus petite (Gooberman, 1974).

La décolonisation, l'expansion de la puissance américaine sur le plan international et la suite de deux guerres mondiales ont entraîné, au milieu de ce siècle, une rareté des produits de l'opium sur le marché occidental. McCoy estime, par exemple, que le nombre d'héroïnomanes est passé de 200 000 à 20 000 entre 1914 et 1945 aux États-Unis (McCoy, 1976: 17). L'Occident a cependant laissé filer la chance qui lui était ainsi offerte de contenir son problème de toxicomanie en participant directement à l'émergence de nouveaux réseaux de production.

En 1947, le président Truman a tracé la voie que devait suivre l'Amérique pour contrer les visées expansionnistes du monde communiste. La «doctrine Truman» était basée sur la croyance que la stratégie communiste consistait à installer un ou des mouvements solides dans une région, à faire «tomber» un État pour ensuite entraîner une véritable chute de l'ensemble de la région sous le giron communiste, à créer, en quelque sorte, une «chute en cascade de dominos». Une telle conception de la stratégie communiste ne pouvait appeler qu'un seul type de réponse de la part du bloc occidental: toute velléité d'émergence d'un mouvement socialiste ou communiste dans quelque pays allié que ce soit ne pouvait être que sévèrement réprimé, sans égard à la valeur des revendications avancées.

Pour éviter cette chute en cascade de dominos en Asie du Sud-Est où le mouvement communiste déborde de la Chine, les services de renseignements français et américains s'associèrent au Kouo-min-tang (KMT), l'armée nationaliste chassée de Chine par la révolution maoïste, et, ce faisant, ils contribuèrent directement au développement de nouveaux réseaux de trafic de l'opium, en l'encourageant, en le finançant et en lui procurant les moyens techniques nécessaires. Il en découla un invraisemblable mariage entre les paysans des pays du Triangle d'or (Thaïlande, Birmanie, Laos) où s'était réfugié le KMT, les bandits locaux, les autorités militaires autochtones et les services secrets américains et français. Tous trouvaient leur compte dans cette association, le *Service de renseignement et de contre-espionnage* français (SDECE) et la *Central Intelligence Agency* (CIA) purent ainsi financer leurs activités paramilitaires. On peut conclure de cette période qu'elle est caractérisée par une forme de «narcoterrorisme d'État».

Ces réseaux de trafics, plus exactement leurs successeurs, opèrent encore aujourd'hui bien qu'il soit de plus en plus difficile, au fur et à mesure que l'on s'éloigne de la grande tourmente des décennies cinquante, soixante et soixante-dix, de faire la part entre les objectifs politiques ou purement financiers que poursuivent maintenant les trafiquants qui opèrent encore fréquemment sous le couvert d'«armées de libération».

L'Amérique a non seulement raté l'occasion qui lui était offerte de tarir cette source d'approvisionnement, elle a, en outre, elle-même contribué activement à en faire la plus grande région productrice d'opium au monde.

Peut-on contenir la production de stupéfiants?

L'histoire ne peut être changée. Une fois admise la responsabilité du monde occidental dans le développement des grands réseaux de trafics de stupéfiants, il demeure que ces drogues circulent quasi librement et le «problème» des toxicomanies reste entier.

Les nations occidentales y répondent par des politiques à deux volets: un volet de réduction de la demande de drogues que l'on cherche à atteindre par des efforts de prévention et de réadaptation des personnes toxicomanes, et un volet de réduction de l'offre de drogues pour lequel chaque État établit un ensemble de mesures répressives. C'est ce deuxième volet qui nous intéressera particulièrement dans les pages qui suivent.

Le marché illicite des drogues est généralement décrit que dans ses rapports bilatéraux (Colombie-USA, Thaïlande-USA, etc.), ce qui a pour conséquence de cibler une «victime» et un «coupable», vision trop simpliste d'une synergie offre-demande, qui se situe dans un complexe système production-distribution-consommation, dont il est imposssible de dire quel volet — offre ou demande — détermine l'autre. Vu sous cet angle, le «problème» mondial de toxicomanie ne pourra pas être contenu que par des efforts visant la réduction de l'offre.

L'inflation de la valeur marchande des drogues, qui est le résultat direct de leur statut d'illégalité, en fera toujours une production attrayante. Conséquemment, le pôle production du système s'adaptera toujours aux conditions de la répression et de la demande. Le bannissement de la production d'opium en Turquie a favorisé le développement de cette production au Mexique. Dans la même veine, *Operation Intercept* dont l'objectif était de bloquer aux frontières américano-mexicaines toute contrebande de stupéfiants n'a eu, selon l'étude de Gooberman (Gooberman, 1974) que peu d'impact sur la disponibilité du cannabis aux États-Unis. Les consommateurs se sont simplement tournés vers des produits de substitution, comme le cannabis colombien, par exemple, qui connut alors son heure de gloire. Le pôle consommation du système de trafic présente donc également une très grande capacité d'adaptation aux produits disponibles sur le marché et aux conditions de répression.

Le système a donc toujours démontré une remarquable capacité d'adaptation tant sur le pôle de l'offre que sur celui de la demande. Presque tous les pays du monde produisent des drogues pour la consommation locale ou en exportent. Conséquemment, les efforts répressifs auxquels devrait consentir un État pour éliminer l'offre et enrayer l'importation illégale de stupéfiants devraient être d'une telle ampleur, nationalement et internationalement, qu'il est économiquement et politiquement irréaliste de les envisager comme solution au problème de l'offre. L'histoire nous démontre d'ailleurs que les efforts répressifs, même les plus impressionnants, n'ont entraîné que des résultats médiocres. Les spectaculaires saisies ne sont en fait que des coups d'épée dans la mer qui permettent sans doute d'attraper quelques poissons mais qui n'affectent en rien l'écologie du système.

Reste la voie du développement économique pour convaincre les pays producteurs de substituer aux cultures de stupéfiants des cultures licites. Cette voie est également peu porteuse d'espoir. Les principaux pays exportateurs de stupéfiants se classent parmi les plus pauvres du monde. Leurs économies sont monocentrées sur une seule matière première d'exportation, généralement des produits agricoles, dont les prix sur les marchés internationaux sont instables, ou décroissent, depuis plus d'une décennie. La culture des drogues est source de revenus comptants, et aucune autre ne rivalise en valeur. Le projet, toujours caressé par les organismes internationaux comme le *Fonds des Nations Unies pour la lutte contre l'abus des drogues* (FNULAD), de substituer des cultures licites aux cultures illicites se heurte constamment à cette dure réalité de l'économie de marché que le statut d'illégalité confère aux drogues une valeur hors de toute mesure avec les autres productions agricoles. Les grands trafiquants jouissent ainsi de marges de profit si confortables qu'ils sont en mesure d'augmenter le prix de la production dès qu'un développement nouveau vient mettre en péril leur monopole. Enfin, soulignons que les politiques monétaristes appliquées dans nombre de ces pays, sous l'instigation du *Fonds monétaire international* (FMI), favorisent l'existence de marchés noirs.

L'Occident ne dispose donc d'aucun outil vraiment efficace pour réduire ou éliminer la production de stupéfiants à la source. La valeur du produit, la perméabilité des frontières, la très grande adaptabilité du système en font un ennemi fuyant. Les efforts répressifs et les projets de développement relèvent plus du domaine de la propagande que de la répression. Il nous apparaît que ces efforts sont maintenus pour être exposés aux yeux du monde.

L'hypothèse du «narcoterrorisme»: les excès du renseignement

L'Amérique utilise l'arme de la propagande antidrogue à des fins politiques depuis la fin de la deuxième guerre mondiale. Depuis 1945, en effet, les

Américains ont accusé les Japonais d'avoir distribué des stupéfiants durant la guerre, ils ont ensuite accusé les nationalistes iraniens qui désiraient la nationalisation des concessions américaines de pétrole, ils ont accusé les Cubains après la victoire castriste, ils ont également accusé l'Union soviétique et le Nord Viêt-nam. Il n'y a qu'à suivre l'actualité pour deviner quels seront les prochains accusés. Aussi ne faut-il pas s'étonner de la tendance actuelle des services de renseignements, supportés en cela par les médias, à accuser les mouvements communistes d'Amérique latine et certains États latino-américains (Cuba et le Nicaragua surtout) de contrôler le trafic de la cocaïne.

Or, les mouvements visés par ces accusations, le *Sendero Luminoso* au Pérou, les *Forces armées révolutionnaires colombiennes* (FARC) et le *Mouvement du 19 avril* (M-19) en Colombie sont tous de petits mouvements, mal armés, si ce n'est sur le plan des principes. Quels avantages les grands trafiquants — Lehder, Suarez, Escobar et autres — auraient-ils à s'affilier à ces petits mouvements? Les richissimes trafiquants disposent d'une armada que leurs gouvernements mêmes leur envient, et de toute la protection politique que peut souhaiter un maffioso. Politiquement, rien ne rapproche les trafiquants qui ne se cachent pas de leurs tendances ultranationalistes et les mouvements de gauche si ce n'est un farouche antiaméricanisme commun. Il n'est donc pas impossible qu'occasionnellement, trafiquants et insurgés aient pu se rendre mutuellement service, mais l'hypothèse d'une conspiration délibérée est improbable pour ne pas dire farfelue.

Quels intérêts poursuivent alors les services de renseignements américains en cherchant à faire accréditer une telle théorie? Notre hypothèse est que l'administration américaine a besoin d'associer ces mouvements et ces États à des actes universellement répréhensibles — comme le trafic des drogues — si elle veut obtenir l'appui de la population pour ses projets politico-militaires en Amérique latine. La thèse du «narcoterrorisme», d'une association diabolique entre les *narcotrafficante* et les mouvements de gauche, remplit donc une fonction de propagande. Les politiques répressives du trafic des drogues sont assujetties aux impératifs stratégiques de l'État américain, en sont partie intégrante.

De fait, la chronique des scandales liés au trafic de la cocaïne en Amérique latine met en cause surtout des policiers, des généraux et des hommes politiques sympathiques aux États-Unis. Pour ne mentionner que les plus célèbres, nous nous en tiendrons à Hugo Banzer, ex-président de la Bolivie, au général Stroessner, ex-président du Paraguay, de l'ex-premier ministre du Pérou Luis Percovitch et, plus récemment, du général Noriega du Panama, tous des alliés de l'Occident.

Conclusion: sur le «raisonnement en boucle»

Il ne fait aucun doute que le trafic des stupéfiants ne peut être contenu par les mesures actuellement employées. Ces mesures sont maintenues aux fins de contribuer aux objectifs stratégiques des États-Unis. La vision bilatérale du trafic des stupéfiants que nous imposent les services de renseignements et les médias, obnubile la réalité d'un système complexe, d'une constante synergie entre les volets «offre» et «demande». Nous risquons, en dehors de cette vision systémique, de nous emprisonner dans une logique sans issue, qui ne peut qu'aboutir sur la nécessité de maintenir les efforts répressifs actuellement appliqués.

Le coeur de cette logique en «boucle», point de départ et point d'arrivée, est le statut d'illégalité dont sont frappées les drogues. Il serait trop simple de conclure que la clé de l'énigme est la légalisation des drogues. Cela serait sans compter les risques réels de voir augmenter la consommation des drogues et les problèmes qui y sont associés, et ce serait sans compter également le contexte politique conservateur qui prévaut actuellement en Occident. Mais maintenant que les organismes internationaux s'apprêtent à rouvrir les conventions internationales, ne serait-il pas temps que les États signataires se voient reconnaître la possibilité d'expérimenter des voies nouvelles de solution?

Références

CÉLESTE, M.C. (1985). L'inquiétante progression du trafic de la drogue. Un marché sans frontiàres. Paris: *Le Monde Diplomatique.*

COMPILATION GROUP ON CHINESE HISTORY (1976). *The Opium Wars.* Peking.

COMPTROLLER GENERAL OF UNITED STATES (1978). *Report to the Congress. Dru g Control in South America. Having Limited Success - Some Progress. But the Problems Are Formidable.* US, Washington DC: General Accounting Services.

DUMONT, R.et MOTTIN, M.-F. (1981). *Le mal-développement en Amérique Latine* Paris: Seuil.

GOOBERMAN, L.A. (1974). *Operation Intercept. The Multiple Consequences of Public Policy.* New York: Pergamon.

GREENHAW, W. (1984). *Flying high. Inside Big-Time Drug Smuggling.* New York: Dodd, Mead and Co.

GRINSPOON, L.et BAKALAR, J.B. (1978). *Cocaïne, une drogue et son évolution sociale.* Paris: L'Étincelle.

HELMER, J. (1975). *Drugs and Minorities Oppression.* New York: Seabury Press.

HOFFMAN, S. (1982). *Le dilemme américain: suprématie ou ordre mondial.* Paris: Économica.

LABROUSSE, P. (1983). Coca et cocaïne dans les pays andins. Paris: *Le Monde Diplomatique.*

LAMARCHE, P. (1985). Le trafic international des stupéfiants: variations sur le thème de l'échange inégal. *Psychotropes.* Vol. 2 n° 2, Montréal: 96-102.

LAMOUR, C. et LAMBERTI, M.R. (1972). *Les grandes manoeuvres de l'opium.* Paris: Seuil.

McNICOLL, A.W. (1983). *Drug Trafficking. A North-South Perspective.* Ottawa: Institut Nord-Sud.

MILLS, J. (1986). *The Underground Empire.* New York: Dell.

RENSSELAER, W.A.K. (1985-86). The Latin America Drug Connection. *Foreign Policy.* N° 61. Washington DC: 142-159.

■■■■■■■ RÉSUMÉ

Dans cet article, l'auteur remet en question la possibilité de vaincre le trafic des stupéfiants par les moyens répressifs et par le développement socio-économique, actuellement utilisés. Après avoir démontré qu'à l'origine, le trafic des stupéfiants est un produit de l'Occident, il démontre que ce trafic est le fait d'une interaction complexe entre un pôle «demande» et un pôle «offre» extrêmement adaptables aux conditions du marché et de répression. Il remet également en question la théorie qui supporte l'existence d'un «narcoterrorisme» qui vise à empoisonner l'Amérique. Il démontre, au contraire, que les données accusent des alliés de l'Occident et propose en conclusion la réouverture des conventions internationales afin d'imaginer des solutions nouvelles à ce problème persistant.

Deuxième partie

L'USAGE DES DROGUES ET LA TOXICOMANIE:

des problématiques spécifiques

Section 3
THÉORIES ET MODÈLES EXPLICATIFS

Chapitre 11
Une perception de la toxicomanie comme problème multivarié*

Dollard Cormier

Que la toxicomanie soit un phénomène «bio-psycho-social» est devenu un postulat dont convient tout le monde. Il est même nécessaire, sinon absolument requis, d'y faire allusion à un moment ou l'autre dans nos études et dans nos exposés relatifs au domaine. Cependant, lorqu'il s'agit d'intervenir ou d'expliquer, nous en arrivons rapidement, tous autant que nous sommes, à oublier la *nature globale* du phénomène et à le fragmenter en ses diverses composantes, non seulement au plan de l'analyse et de la recherche qui souvent le requièrent, mais surtout au plan de l'action. Très rapidement, l'objet de sa propre discipline, scientifique ou professionnelle, devient plus important — quand il n'occupe pas toute la place — de sorte que l'énoncé initial ne demeure qu'un postulat non opérationnel. Nous agissons alors comme s'il n'y avait plus qu'un problème de physiologie, de psychologie ou de sociologie, retrouvant cette vision déterministe qui semble si bien soutenir notre action.

Il y a lieu de se demander s'il n'y aurait pas là une explication plausible à une partie des résultats peu encourageants observés en ce qui concerne l'intervention en toxicomanie. Discuter des résultats faibles ou mitigés n'est jamais agréable pour l'intervenant qui perçoit cela comme un reproche, une dépréciation de ses efforts et une menace à son édification professionnelle. C'est sans doute pour cette raison que les recherches évaluatives sur le traitement font si dramatiquement défaut.

Quand elles existent, ces études révèlent des résultats plutôt moyens et, quelquefois, insuffisants, quelle que soit l'approche. Dans le domaine de la modification de comportement, si populaire de nos jours, on note un taux de réussite de 20 à 30 % un an après l'intervention, selon les études citées par Marlatt et Nathan (1978), par Marlatt et Gordon (1985) et par Miller (1980); les

---

* Texte inédit. Conférence prononcée à l'occasion du Colloque international francophone sur l'alcoolisme et les toxicomanies organisé par l'AITQ en octobre 1987, à Montréal.

meilleurs résultats surviennent lorsqu'on fait appel à des techniques de natures diverses («broadbrush approach»). L'étude Rand (Armor et coll., 1978; Polich et coll., 1980), qui évalue un traitement de type médical et psychodynamique, révèle un taux d'abstinents de 24 %, dix-huit mois suivant le traitement, auquel il faut ajouter 17 % de consommateurs modérés, pour un taux de succès global d'environ 40 %. Certaines cliniques californiennes, qui attirent par leur publicité tapageuse les grands du monde politique, sportif et des affaires, se réclament de résultats mirobolants après un intervalle de deux mois; quand on y regarde de plus près, les résultats rejoignent ceux estimés chez nous, de l'ordre de 40 à 50 % de réussite. Même chez les AA, dont les slogans vantent le succès indéfectible déjà vécu par des millions d'alcooliques, les résultats ne sont plus de la même grandeur lorsqu'on apporte à leur étude la rigueur scientifique de la méthodologie contrôlée et du seul critère de réussite qui comptent pour eux, soit l'abstinence maintenue. Miller (1980), revoyant les études faites à ce propos jusqu'en 1980, conclut qu'une telle présomption n'est pas justifiée dans les faits. Gottheil et ses collaborateurs (1981) trouvent pour leur part un taux de 13 % de succès. Fry (1985), analysant l'étude Rand mentionnée précédemment en vue d'y départager la valeur propre aux diverses techniques utilisées, attribue à l'approche AA, intégrée au traitement clinique, une part de 5 % dans le 40 % de succès obtenu; ce chercheur juge toutefois qu'une telle contribution est importante et insiste sur le fait que le mouvement AA ne se valorise pas suffisamment de la chose.

Il suffit d'observer ceux qui travaillent selon les diverses méthodes utilisées dans les études mentionnées, et de les questionner sur ce qui leur sert d'appui dans la compréhension du phénomène et dans le choix des techniques qu'ils emploient, pour constater une fragmentation de la gestalt «bio-psycho-sociale». Cela n'expliquerait-il pas en grande partie les faibles succès que l'on déplore?

Einstein aurait affirmé que:

> ..le progrès scientifique ne consiste pas en une accumulation de connaissances considérées comme immuables une fois acquises, mais en une restructuration perpétuelle des principes directeurs de notre connaissance, liant le problème du sujet de la connaissance à celui de l'objet de son savoir. (Petit Robert 2, 1977: 588)

Faire de la toxicomanie un phénomène «bio-psycho-social», c'est, dans ce sens, voir à la restructuration du savoir accumulé dans chacun des champs d'activité concerné et leur donner une nouvelle orientation, afin de mieux comprendre le phénomène total et de mieux diriger son action à ce propos.

On préfère pourtant fragmenter cette gestalt et agir comme si les seules connaissances venant de sa propre discipline étaient véridiques et utilisables. Cela donne lieu à l'existence de trois points de vue, trois schèmes de référence bien définis, chacun exercé séparément et ne pouvant donner que des résultats insuffisants, car chacun procède comme s'il y avait un déterminisme inéluctable s'attachant à sa discipline et excluant les autres. Ce déterminisme est, pour certains, *génétique*; pour d'autres, il est *psychologique* ou encore *sociologique*. Une fois décrit brièvement en quoi consiste chacun de ces déterminismes et le type d'intervention qu'il appelle, nous esquisserons le principe intégrateur du «bio-psycho-social», afin de voir poindre une restructuration de nos savoirs dans le relativisme des diverses sciences s'occupant de la toxicomanie.

Le déterminisme génétique

Devant le peu de succès d'une intervention auprès d'un alcoolique ou d'un toxicomane, on cherchera quelque part dans son stock génétique des gènes spécifiques à cet effet, situés plus particulièrement dans le chromosome 21 — boîte de Pandore contemporaine des maux de l'humanité (déficience mentale trisomique, schizophrénie, Alzheimer, crise coronarienne, terrain propice au rétrovirus du sida...). La toxicomanie représente alors une *maladie* qui, une fois activée, devient irréversible. Bien plus, cette maladie est *héréditaire de père en fils*, c'est-à-dire liée au sexe masculin. Que dire des femmes alcooliques, alors?

La personne est alors considérée comme *victime* de ses gènes et dégagée de toute responsabilité personnelle par rapport à ce qui lui arrive: ne lui reste plus que la prise en charge au moyen de médicaments et d'exhortations à l'abstinence. L'observation à l'effet qu'il est difficile pour une personne de boire avec modération lorsqu'elle a déjà abusé de l'alcool va dans ce sens. Si par contre la personne parvient à boire avec modération, on arguera qu'elle n'était pas vraiment alcoolique, pas du type *gamma* identifié par Jellinek (1960).

Dans la même perspective, il faut citer les études de Goodwin (1979, 1984) sur l'hérédité et qui ont été effectuées au Danemark sur les dossiers de jumeaux homozygotes et hétérozygotes; par décret, les observations sur ces jumeaux devaient être compilées toute leur vie durant, dans leur famille ou dans des familles d'adoption. Goodwin infère de l'étude de ces dossiers l'existence de gènes spécifiques, sans se questionner sur la valeur des données compilées des années auparavant, alors que l'équipe de recherche ne pouvait intervenir sur la définition et les critères nécessaires pour qu'une observation devienne une donnée scientifiquement utilisable dans le contexte précis de cette recherche. Que valent les données compilées dans un autre contexte; quel est leur sens réel? Connaît-on toutes les circonstances entourant la vie de ces gens, les jumeaux, leur famille biologique et d'adoption? Les parents d'adoption savaient-ils que les vrais parents étaient alcooliques? Cela change passablement le contexte.

Lewontin et ses collaborateurs (1984), revoyant une série de facteurs à propos d'une étude parallèle sur les mêmes dossiers et portant sur l'hérédité de la schizophrénie, jugent les données concrètes inacceptables. Les études *e x post facto* sont toujours perçues avec réserve. Les trois auteurs y décèlent une série d'incongruités concernant la description des familles et les critères ayant servi au diagnostic de schizophrénie chez les parents biologiques et d'adoption: certains de ces derniers s'étaient avérés schizophrènes sans être placés dans cette catégorie. Il est fort possible, concluent les auteurs, qu'il en soit également ainsi en ce qui concerne l'étude de l'alcoolisme, de sorte qu'ils invitent à la prudence scientifique la plus élémentaire et se posent la question:

«Comme 90 % des Danois sont luthériens, faut-il inférer chez eux la présence du gène du luthéranisme?». Bien plus, Clifford et ses collaborateurs (1984 a,b) reproduisent dix ans plus tard, en Angleterre cette fois, la même étude avec un meilleur contrôle des facteurs en cause. Devant les résultats non significatifs qu'ils obtiennent, Gurling et ses collaborateurs (1985), des généticiens, concluent que si on obtient des résultats différents d'une culture à l'autre et d'une époque à l'autre (à un intervalle de 10 ans), on peut difficilement conclure à la présence d'un génotype et à la transmission héréditaire de l'alcoolisme.

Il y a bien d'autres mentors dans ce domaine, à commencer par Milam et Ketcham (1983) qui croient que si on affirme une chose avec force, on la rend véridique, et jusqu'à Vaillant (1983) qui, après avoir démontré dans diverses études le jeu de facteurs sociaux, comme la classe sociale et l'urbanisation, affirme qu'il est préférable de demeurer «on the safe side» et de continuer, pour des raisons stratégiques, à croire en un concept de maladie à prédisposition génétique et irréversible. De son côté, Peele (1986) fait la recension d'un certain nombre d'études du genre et conclut qu'elles n'ont pas démontré, pour le moment, quelque chose de valable. Il déplore par ailleurs qu'elles servent à justifier et à entretenir l'emploi d'un mode de penser et d'agir à l'égard du toxicomane qui n'aide pas la réadaptation de ce dernier.

Le déterminisme psychologique

Délaissant l'influence de la physiologie, la psychologie a introduit divers modèles explicatifs de la toxicomanie et de l'intervention auprès de ceux qui, encore une fois, sont considérés «victimes». A cet égard, la psychodynamique, tirant ses origines de la psychanalyse, représente sans aucun doute, chez nous comme dans les pays francophones d'Europe, le modèle prépondérant.

Pour les tenants de ce point de vue, le toxicomane présente une personnalité spéciale résultant de la nature de la relation entretenue dans la première enfance avec les parents, particulièrement la mère. La nature de cette relation est telle que l'enfant reste fixé au stade du narcissisme primaire, mais le plus souvent secondaire, attendant tout de l'extérieur en raison de la passivité, de la dépendance profonde qui le constitue alors et qui l'empêche d'accéder à une authentique relation objectale adulte. L'oedipe n'est jamais résolu. Les conflits d'identification et de rôle sont sérieux en raison de la répression et du déni nécessaires des tendances. La toxicomanie représente alors la recherche compulsive de la gratification immédiate des pulsions, dans laquelle l'alcool ou le psychotrope symbolise le lait maternel, l'évasion des tensions émotionnelles internes et le recours à l'autodestruction. La place de l'inconscient est prépondérante de sorte que la personne ne peut pas grand-chose pour s'en sortir.

Dans un tel contexte, la toxicomanie va de pair avec une maladie mentale en bonne et due forme, le plus souvent avec des difficultés d'ordre névrotique structurées, relevant de la catégorie des «états limites» (Adams, 1978; Bergeret, 1979; Bergeret et Leblanc, 1984; Marquis et Lambert, 1980). Là encore, puisque la personne a peu de pouvoir sur les forces qui l'animent et que sa responsabilité est limitée, elle doit être prise en charge par l'expert psychothérapeute et consentir à ce que son passé soit réinterprété.

Il est toujours difficile de voir d'où vient ce modèle de la personnalité, car on ne peut soumettre à la méthode scientifique habituelle le noeud de ces propositions: il ne peut être atteint, de fait, que dans une analyse individuelle de longue durée. Bien plus, quand on s'en prend aux dimensions résultant du jeu des forces centrales au moyen d'instruments objectifs, on ne retrouve habituellement pas ce qui est recherché. Il ne s'agit pas, dans ce cas, de mettre en cause l'explication originale, mais de considérer l'étude comme étant inappropriée. Ainsi, pour ne donner que quelques exemples, Cormier et Reid (1979) n'arrivent pas à discerner la dépendance foncière des héroïnomanes au moyen de quatre mesures différentes et valides de la dépendance psychologique. Stravynski[1].parvient à déceler des difficultés psychologiques chez 51 % de ses sujets alcooliques (quelques centaines) au moyen d'instruments employés régulièrement en psychodynamique et selon le DSM III: la principale difficulté observée est alors celle de la «personnalité évitante». Que faire dans ce cas des 49 % qui ne présentent pas de difficultés assez structurées pour faire l'objet d'un diagnostic spécifique? Pour identifier la toxicomanie à des difficultés psychologiques, il faudrait qu'au moins 68 % des toxicomanes présentent des troubles organisés de cette nature. Pourtant, il y a longtemps qu'a été formulée la loi de Keller (1972) relative à l'absence d'une personnalité spécifique chez le toxicomane: «Les alcooliques sont différents de tellement de façons que cela ne fait plus aucune différence».

Le déterminisme sociologique

D'autres préfèrent s'en tenir au troisième terme de l'entité globale: le «social». Le toxicomane est alors le produit du jeu de forces extérieures qui font pression sur sa personne. Si dans les deux déterminismes précédents, l'individu semble aux prises avec des forces centrales de sa physiologie ou de son appareil psychique, ces éléments n'ont que peu d'importance ici. Tout vient du dehors, de la régulation sociale qui modèle l'alcoolique et le toxicomane selon les besoins de la société. Ce phénomène constitue de fait une déviance dont la collectivité a besoin au plan économique et au plan de la distribution du pouvoir. C'est encore une fois, mais de façon différente, l'humain «victime» de forces sur lesquelles il a peu de prise et qui déterminent sa place dans la hiérarchie et, plus encore, son identité propre (Faugeron et coll., 1980; Goffman, 1963; Malherbe, 1977; Mckirnan, 1980).

Ces forces sont multiples: un ensemble de facteurs sociologiques indépendants — chômage, éclatement de la famille, désorganisation sociale, décélération économique, automatisation industrielle, déracinement des popula-

---

1. Tirés de divers rapports de recherche (INRS du Centre Louis-H. Lafontaine, 1985-1987).

tions, changement des valeurs sociales, redéfinition des rôles traditionnels, etc.
— qui entrent en corrélation avec le taux et la fréquence de consommation d'un
psychotrope, la nature de la substance utilisée, le statut économique et sexuel
du consommateur, la région qu'il habite, les troubles de santé et les méfaits liés
à l'abus, etc. Tout est nettement linéaire et, de l'association statistique, on
conclut à la causalité directe. Malgré l'ensemble des associations identifiées,
la société met beaucoup de temps à en tenir compte et à intervenir de façon efficace: changer la structure économique à la base du chômage, préserver la famille de l'éclatement par des mesures vigoureuses, etc., plutôt que d'investir si
fortement dans le traitement des victimes.

La principale objection à cette position vient de nos jours de la *sociobiologie*, formulée à Harvard, en 1975, par Wilson (1975; 1979) et ses nombreux
disciples, pour qui il n'y a qu'un élément dans la détermination de tout comportement et de tout fait social: la physiologie, voire la *biogénétique*; sans doute y
a t-il là une certaine interinfluence avec la position de Goodwin et de Milam et
Ketcham, citée auparavant. La société elle-même et, *a fortiori*, toute dimension
sociale ne sont plus que des manifestations de cette physiologie, des épiphénomènes, tout à fait ennuyeux lorsqu'ils ne sont pas dans la ligne du pouvoir
établi.

Aussi, et cela n'est plus de la science-fiction, serait-il possible de «guérir» toute déviance, toute délinquance, toute aliénation et toute toxicomanie par
l'ablation d'aires cérébrales appropriées de la région limbique et la transplanta-
tion en lieu et place d'une pièce chirurgicale plus saine. Tant pis s'il en résulte
un être végétatif; tant mieux s'il en résulte un robot obéissant. Les fascismes de
tous ordres en viendront à un meilleur contrôle sur les dissidents, selon
Lewontin et ses collaborateurs (1984), car dorénavant, si quelqu'un est mal pro-
grammé par un défaut de la nature (physiologie) lors de l'union des gamètes
originelles, il n'y a plus d'obstacle à la possibilité d'y remédier.

Une perception systémique

Les trois déterminismes précédemment décrits fragmentent la gestalt bio-
psycho-sociale en traitant chacun de ses éléments comme une entité discrète,
statique et linéaire propre à la causalité classique et à la conception cartésien-
ne du monde. Pour chaque déterminisme, les facteurs relatifs à d'autres disciplines sont peu importants ou encore sont littéralement absorbés, comme on
vient de le voir avec la sociobiologie.

Il doit pourtant y avoir moyen de respecter l'entité globale qu'on pose
comme assise au phénomène de la toxicomanie et à l'intervention que l'on sou-
haite holistique ou systémique. C'est à cela que référait Maslow (1954) lorsqu'il
a créé, dans les années 1940, le terme «holistique» par lequel il voulait indiquer
le respect de l'intégrité de l'humain, terme qui est devenu pour d'autres «l'inter-
actionisme dynamique» de la phénoménologie expérientielle (Rogers, 1966,
1980; Lewontin et coll., 1984; Cormier, 1984; Cormier et Trudel, 1986) et de la
médecine holistique (Dunn, 1973; Pelletier, 1979; Pender, 1982). C'est aussi ce

à quoi référait Bertalanffy (1968), un biologiste, dans sa théorie des systèmes remontant également aux années 1940.

Pour la causalité classique, disait Maslow, les éléments d'un phénomène sont disposés selon le modèle des boules sur une table de billard. Le choc de la boule blanche, par exemple, sur la boule 9, peut entraîner le déplacement des boules 12, 3, et 8, dans l'ordre, les unes après les autres. On ne tient pas compte de ce que le choc a sans doute mis en branle les molécules intérieures des boules dans un mouvement brownien: tout est perçu de façon linéaire, dans une causalité d'un à un, le *pattern* des boules étant la résultante de la multicausalité (les chocs) et ce qui, en définitive, intéresse le joueur. Si l'on transpose la situation avec les déterminismes décrits, la toxicomanie survient parce que des facteurs (boules) de diverses natures (numéros et couleurs devenant les gènes, le psychisme, la société) se sont déplacés pour créer un *pattern* (la toxicomanie).

Cependant il y a une autre causalité, celle du vivant, celle que Bertalanffy a su observer et décrire et dans laquelle, au contraire de ce qui se passe au plan de la connaissance, aucun élément ne saurait être neutre, aucun élément ne saurait en affecter un autre sans lui-même être affecté en retour, par rétroaction. Les éléments sont ainsi modifiés, transformés par interaction mutuelle comme si, dans l'exemple précédent, il était tenu compte du mouvement brownien affectant chacune des boules. Une telle conception de la causalité est beaucoup plus complexe en raison de l'infinité des déformations et reformations — non plus seulement des déplacements, dans le cas des boules — des *patterns* qui en résultent. Dans l'ordre de la physique et dans l'ordre de la connaissance ou de la logique pure, cela ne peut se produire, mais dans l'ordre du vivant, oui. Un auteur comme Stuart Mills, d'ailleurs, applique tout cela dans le monde économique. Ce n'est plus de la multicausalité linéaire, mais de l'interaction multivariée avec rétroaction.

Cela implique beaucoup de choses en toxicomanie. D'abord au plan de la conceptualisation et de l'explication, on n'a pas à postuler l'existence de gènes spécifiques, même si des gènes entrent en jeu. D'ailleurs, les études n'ont pas encore identifié de marqueurs génétiques suffisants pour postuler la spécificité du facteur physiologique. Autant s'en tenir, pour le moment, aux vues de Jacquard (1986), le grand théoricien actuel de la génétique qui, dans un contexte de relativisme et d'interactionnisme, démontre qu'il ne saurait y avoir de phénotype — ici la toxicomanie — dépendant d'un génotype spécifique *fixe*, car dans un tel système tout est soumis à un «processus aléatoire complexe» au regard des phénomènes personnels et sociaux.

Ainsi, peut-on concevoir l'organisme physique initial, c'est-à-dire le «bio» de la trilogie, comme le réservoir d'à peu près toutes les potentialités humaines, pouvant donner lieu à tous le phénotypes possibles, non comme déterminés, mais en puissance. Ils ne peuvent devenir spécifiques que selon la nature des appels adressés aux génotypes — ou l'organisme total — par l'environnement physique et sociologique à compter des premiers moments de la conception dans le milieu utérin et pour toute la vie.

L'environnement physique et l'environnement sociologique, de qui relèvent le «psycho» et le «social» de la trilogie originale, représentent eux-mêmes des potentialités indéterminées quant à leur existence, à leur action et à leur signification pour l'organisme. Bien entendu, la psychologie n'est pas définie comme correspondant à un appareil psychique en soi, sorte de système clos existant par lui-même. Elle représente plutôt l'émergence graduelle de capacités se développant dans l'interaction entre l'organisme physique et le milieu externe. Elle est constituée par l'ensemble des «ressentis» corporels aux significations potentielles multiples allant de l'émotion la plus proprement physiologique à la pensée la plus abstraite du processus de symbolisation; ces significations s'élaborent dans l'interaction mutuelle des états physiologiques et de l'environnement (Gendlin, 1975). Il n'y a alors plus aucun déterminisme, aucun structuralisme, mais fluidité.

C'est lorsque cette fluidité est diminuée ou arrêtée par des événements trop brutaux de l'environnement ou exerçant un impact démesuré sur l'organisme, qu'il se forme des structures de «ressentis» et des structures de pensées qui ne permettent plus à l'interaction de donner tout ce qu'elle pourrait donner: s'établit alors un état d'équilibre entre les systèmes, équilibre marqué par la constance et la persistance des mêmes façons de voir et de réagir, un renforcement en boucle qui fixe le tout toujours dans le même sens, ce que l'on surnomme communément un cercle vicieux. Cette stabilisation peut prendre diverses formes déviantes, anormales, ou encore perverses, dans le sens de Boudon (1977), c'est-à-dire non attendues, ni voulues comme telles par la personne, mais découlant de gestes posés de façon responsable pour d'autres motifs.

En ce sens, il est possible de percevoir la toxicomanie comme un *style de vie* intégré, dans lequel s'expriment les multiples facteurs présidant à l'interaction entre le «bio», le «psycho» et le «social» et résultant de la rétroaction ainsi produite. Le style de vie est donc adopté et constamment renforcé. Quand ce style de vie inclut l'alcool ou tout autre psychotrope licite ou illicite comme élément extérieur essentiel et puissant, venant lui-même influencer l'interaction en modifiant la physiologie, il constitue une toxicomanie. Hull (1987) apporte une justification expérimentale à cet égard.

Dans ce même schème de pensée, le concept de «responsabilité» est central. En effet, tout au long de l'établissement du style de vie toxicomane, le recours à chaque verre, à chaque cachet, à chaque injection est désiré jusqu'à ce que l'habitude ou la dépendance, sans doute non désirée pour elle-même, s'installe. Mais là encore, il faut peut-être croire, depuis l'étude de Nathan et O'Brien (1971) et certaines autres, que le toxicomane *veut*, à un moment du processus, en arriver à «la perte de contrôle» dont on fait tant état et à l'intoxication qu'on observe alors.

Dans un tel contexte, l'intervention consiste à générer suffisamment de remous dans l'interaction du «bio», du «psycho» et du «social» pour briser l'équilibre habituel en faisant appel au sens de responsabilité et en tablant sur ce dernier dans les échanges avec le toxicomane lui-même. Cela n'exclut pas, loin de là, la responsabilité de la société de veiller à modifier les structures du pouvoir et de régulation sociale pour favoriser l'établissement de conditions propices à l'apprentissage de styles de vie plus harmonieux que ce que représentent la toxicomanie et ces autres états malheureux, souvent qualifiés de «pathologie sociale»: violence, délinquance, maladie mentale, guerre, etc.

Devant la réalité d'un style de vie axé sur la toxicomanie, la personne qui en souffre n'a d'autres choix que de travailler activement à sa modification. Il s'agira d'un travail long et de tous les instants, mais pour lequel on s'appuiera davantage sur la responsabilité personnelle, sans culpabilité, plutôt que sur le recours à quelques manoeuvres extérieures. Un alcoolique me disait, il y a trois ou quatre ans: «pourquoi les Japonais, qui inventent tant de choses, n'arrivent-ils pas à mettre au point un gadget antialcool qu'on s'installerait quelque part et qui règlerait tout ?». Je n'ai pas osé lui dire que cela existait déjà, que des compagnies pharmaceutiques s'en chargeaient avec des implants et des pilules, ce qui entraînait d'ailleurs des résultats aléatoires, sinon néfastes, même à court et moyen termes.

Par une action unique sur les facteurs sociaux ou sur les facteurs physiologiques, on règle peu de chose, car ces facteurs se sont intégrés à l'organisme total de la personne. Cet organisme, dans le sens «organismique» du terme, constitue le laboratoire où s'effectueront les modifications du style de vie. L'intervention systémique globale cherche à affecter l'organisme total, intégré, au moyen de techniques d'observation de soi, de réflexion active sur soi, dans une action centrée, non plus sur la contemplation passive du passé, mais sur «l'expérienciation» intégrale du moment présent où le niveau viscéral alimente le niveau cérébral. Qu'est-ce que le sujet ressent? Qu'est-ce qu'il cherche à exprimer? Qu'est-ce que cela représente pour lui? Qu'est-ce qu'il cherche à éviter ou à supprimer en toutes circonstances et non seulement en présence d'un intervenant? C'est pourtant avec l'intervenant qu'il est peut-être possible d'apprendre comment répondre à de telles questions. Dans un livre écrit en collaboration (Cormier et Trudel, 1986), nous avions d'ailleurs décrit nombre de situations et de techniques où cette démarche pouvait s'appliquer, et il reste sans doute beaucoup à faire dans cette veine.

Une action intégrée s'exerce ainsi sur *la physiologie* pour la modifier selon les processsus naturels qui la constituent, sur *l'environnement social* que l'on parvient à percevoir autrement et même à modifier concrètement, sur *l a structure psychologique* que l'on parvient à mieux orienter vers l'autonomie que l'interaction elle-même permet. Non pas l'interaction que désire le voisin, la famille, l'employeur, la société ou même le thérapeute intervenant, mais celle rendue possible à cette personne particulière étant donné son organisation «bio-psycho-sociale» unique. Quelle nouvelle personne émergera du processus? Il n'y a pas lieu de s'inquiéter, car la société trouvera bien le moyen de la récupérer...

Références

ADAMS, J.W. (1978). *Psychoanalysis of drug dependence, the understanding and treatment of a particular form of pathological narcissism.* New York: Grune et Stratton.

ARMOR, D.J., POLICH, J.M. et STAMBUL, H.B. (1978). *Alcoholism and treatment.* New York: Wiley.

BERGERET, J. (1979). *Toxicomanie et réalité.* Paris: Masson.

BERGERET, J.et LEBLANC, J. (1984). *Précis des toxicomanies.* Paris: Masson. Coédition, Montréal: Les presses de l'Université de Montréal.

BERTALANFFY, L. VON (1968). *Organismic psychology and systems theory.* Barre, Mass.: Clark university press. (Traduction française: *Théorie générale des systèmes.* Paris: Dunod, 1973).

BOUDON, R. (1977). *Effets pervers et ordre social.* Paris: Presses universitaires de France.

CLIFFORD, C.A., FULKER, D.W. et MURRAY, R.M. (1984a). Genetic and environmental influences of drinking patterns in normal twins. In KRASNER et al., (ed.): *Alcohol related problems.* New York: Wiley, 115-126.

CLIFFORD, C.A., HOPPER, J.L., FULKER, D.W. et MURRAY, R.M. (1984b). A genetic and environmental analysis of a twin family study of alcohol use, anxiety and depression. *Genetic epidemiology,* 1, 63-79.

CORMIER, D. (1984). *Toxicomanies: styles de vie.* Chicoutimi: Gaëtan Morin éditeur.

CORMIER, D. (1985). Qui est responsable? L'intervention psychosociale dans le traitement de l'alcoolisme. *Carrefour des affaires sociales,* 7, n° 3: 39-43. Aussi dans: *Psychologie Québec,* 1985, 2, n° 4: 6-9.

CORMIER, D. (1987). *Évolution de la conception de la toxicomanie et de l'intervention au Québec.* Texte polycopié, Colloque du 30e anniversaire du Programme de toxicomanie, Éducation permanente, Université de Sherbrooke.

CORMIER, D. et REID, N. (1979). La dépendance de la personnalité dans la pharmaco-dépendance. *Drug and alcohol dependence,* 4, 475-487.

CORMIER, D. et TRUDEL, J. (1986). *Pilules mirages. Essai sur la qualité de vie des aînés.* Montréal: Les éditions de l'association des centres d'accueil du Québec.

DUNN, H.L. (1973). *High level wellness.* Thorofare. N.S.: Charles S. Black.

FAUGERON, C., MOREAU-CAPDEVILLE, G., TURMAINE, M. et VAN METER, K. (1980). *Réponses à la déviance et groupes sociaux.* Paris: Service d'études pénales et criminologiques, ministère de la Justice.

FRY, L.J. (1985). Social thought, social movements and alcoholism: some implications of A.A.'s linkages with other entities. *Journal of drug issues,* 15, 135-146.

GENDLIN, E.T. (1975). *Une théorie de changement de la personnalité.* Montrél: Les éditions du Centre interdisciplinaire de Montréal.

GOFFMAN, E. (1963). *Stigma: notes on the management of spoiled identity.* Englewood: Prentice Hall.

GOODWIN, D.W. (1979). Alcoholism and heredity: a review and hypothesis. *Archives of general psychiatry*, 36, 57-61.

GOODWIN, D.W. (1984). Studies of familial alcoholism: a growth industry. in D.-W..GOODWIN, K.T.VAN DUSEN, S.A. MEDNICK (ed.) *Longitudinal sudies in alcoholism.* Boston: Kluwer-Nijhoff, 97-105.

GOTTHEIL, E., McLELLAN, A.T. et DRULEY, K.A. (1981). *Matching patient needs and treatment methods in alcoholism and drug abuse.* Springfield Ill.: Charles C. Thomas.

GURLING, H.M.D., PHIL, M., GRANT, B. et DANGL, J. (1985). The genetic and cultural transmission of alcohol use, alcoholism, cigarette smoking and coffee drinking: a review and an example using a loglinear cultural transmission model. *British journal of addiction*, 80, 269-279.

HULL, J.G., (1987), Self-awareness model, in H.T. BLANE, K.E. LEONARD (ed.): *Psychological Theories of Drinking and Alcoholism*, New York: Guilford, 272-305.

JACQUARD, A. (1986). *L'héritage de la liberté. De l'animalité à l'humanitude.* Paris: Seuil.

JELLINEK, E.M. (1960). *The disease concept of alcoholism*, New Haven: Hillhouse press.

KELLER, M. (1972). The oddities of alcoholics, dans E.M. PATTISON, M.B. SOBELL, L.C. SOBELL (ed.): *Emerging concepts of alcohol dependence.* (1977,). New York: Springer, 63-65.

LEWONTIN, R.C., ROSE, S. et KAMIN, L. (1984). *Nous ne sommes pas programmés: génétique, hérédité et idéologie.* Paris: Éditions La découverte (traduction française de : *Not in our genes: biology, ideology and human nature*, 1984, New York: Pantheon books).

MALHERBE, N. (1977). Jeunesse, socialisation, contrôle social, déviance. *Fonctions des déviances. Annales de Vaucresson*, numéro spécial, juillet, 73-89.

MARLATT, G.A. et NATHAN, P.E. (1978). *Behavioral approaches to alcoholism.* New Brunswick, New Jersey: Center of alcohol studies.

MARLATT, G.A. et GORDON, J.R. (1985). *Relapse prevention: maintenance strategies in the treatment of addictive behaviors.* New York: Guilford press.

MARQUIS, P-A. et LAMBERT, J. (1980). Alcoolisme et toxicomanie, dans P. LALONDE, F. GRUNBERG, (ed.): *Psychiatrie clinique: approche contemporaine.* Chicoutimi: Gaëtan Morin éditeur, 175-217.

MASLOW, A. (1954). *Motivation and personnality.* New York: Harper.

MCKIRNAN, D.J. (1980). The identification of deviance: a conceptualization and initial test of a model of social norms. *European journal of social psychology*, 10, 75-93.

MILAM, J.R. et KETCHAM, K. (1983). *Under the influence: a guide to the myths and realities of alcoholism.* New York: Springer.

MILLER, W. R. (1980). *The addictive behaviors: treatment of alcoholism, drug abuse, smoking and obesity.* Oxford: Pergamon press.

NATHAN, P.E. et O'BRIEN, J.S. (1971). An experimental analysis of the behavior of alcoholics and non-alcoholics during prolonged experimental drinking: a necessary precursor of behavior therapy? *Behavior therapy*, 2, 455-476.

PEELE, S. (1986). The implication and limitation of genetic models of alcoholism and other addictions. *Journal of studies on alcohol,* 47, 63-74.

PELLETIER, K.C. (1979). *Holistic medecin: from stress to optimum health.* New York: Delta/Seymor Lawrence.

PENDER, N.J. (1982). *Health promotion in nursing practice.* Norwalk, Conn.: Appleton-Century Crofts.

POLICH, J.M., ARMOR, D.J. et BRAIKER, H.B. (1980). *The course of alcoholism: four years after treatment.* Santa Monica: The Rand Corporation.

ROGERS, C.R. (1966). *Le développement de la personne.* Paris: Dunod.

ROGERS, C.R. (1980). *A way of being.* Boston: Houghton Mifflin.

VAILLANT, G.E. (1983). *The natural history of alcoholism.* Cambridge: Harvard University Press.

WILSON, E.O. (1975). *Sociobiology: the new synthesis.* Cambridge, Mass.: Harvard University Press.

WILSON, E.O. (1979). *L'humaine nature.* Paris: Stock.

■ RÉSUMÉ

L'auteur critique le fait que les interventions actuelles en alcoolisme et en toxicomanie ne respectent pas l'intention souvente fois exprimée d'appréhender le problème de façon globale; au contraire, il semble que les tenants de chacune des disciplines impliquées s'en remettent à la vision déterministe qui leur est propre, parce que cela serait plus facile à opérationnaliser. Décrivant tour à tour les fondements et les travaux majeurs relatifs aux domaines du déterminisme génétique, psychologique et sociologique, l'auteur termine son texte en proposant un modèle conceptuel intégratif de même qu'une démarche nouvelle pour l'intervention, inspirés par une perception systémique.

Chapitre **12**

La crise paradigmatique dans le champ de l'alcoolisme*

Louise Nadeau

Le champ des théories sur l'alcoolisme est perclus d'idées qui se veulent toutes vraies, mais qui sont incompatibles. Ces dissonances proviennent de conceptions différentes, sinon antithétiques, de la manie d'abuser de l'alcool. Ce texte, consacré à la question des modèles en alcoolisme, poursuit trois objectifs: il veut tout d'abord décrire la crise paradigmatique déclenchée par la proposition du boire contrôlé, ensuite illustrer de quelle manière les alcooliques peuvent être victimes de ces conceptions rivales et, enfin, fournir une explication à la persistance de la crise paradigmatique. Le travail comprend deux parties. Une première, plus importante, est consacrée à la présentation des principales conceptions que l'on se fait de la toxicomanie alcoolique alors que la seconde décrit la crise paradigmatique en présence dans ce champ du savoir.

Les principales conceptions de l'alcoolisme

La révolution paradigmatique et les théories de l'alcoolisme

Pour Cot et Mounier (1974: 54), «une théorie est un système de propositions logiquement cohérentes autorisant la formulation de conséquences expé-

---

* Texte inédit. L'auteure a bénéficié des commentaires de Thérèse Desjardins, de Pierre Lamarche, de Michel Landry et de Louise Saint-Germain ainsi que de discussions avec Marc Valleur, qu'elle tient tous à remercier.

rimentalement vérifiables». La théorie permet donc de mettre en relation des faits dont les conséquences peuvent être mises en évidence empiriquement. Selon les mêmes auteurs, le modèle théorique, c'est une épure, «un système de relations entre les propriétés sélectionnées, abstraites et simplifiées construit consciemment à des fins de description, d'explication et de prévision» (Bourdieu et coll., dans Cot et Mounier, 1974: 55). Pour ces auteurs, et c'est le sens que le terme prend dans ce texte, le modèle est donc une organisation plus abstraite qui présente l'avantage certain «de fournir un substitut à une expérimentation souvent impossible» (p. 55).

La connaissance évolue par l'élaboration de théories et de modèles nouveaux. L'introduction d'idées inédites a pour conséquence le remplacement — entendre: le rejet — de concepts tenus jusque-là pour exacts. À la suite de Kant, l'historien des sciences et épistémologue Kuhn (1972) a énoncé certains principes de l'évolution de la démarche scientifique. Beaugrand (1982) résume ainsi sa pensée:

> Une science présente au cours de son histoire plusieurs cycles paradigmatiques. Chaque cycle comprend une phase préparatoire au cours de laquelle s'affrontent à l'intérieur de la même discipline plusieurs écoles de pensée, plusieurs théories opposées [...] Pendant le déroulement de cette activité scientifique normale s'accumulent des faits anormaux, c'est-à-dire irréconciliables avec les paradigmes en place. Au début, ces anomalies sont volontairement ignorées; cependant, elles attirent progressivement l'attention et un état de crise se développe. Il se produit alors une véritable révolution scientifique qui permet à un nouveau paradigme de supplanter l'ancien [...] Kuhn emploie le terme de révolution parce qu'il s'agit non seulement de la démolition des paradigmes en place par d'autres, incompatibles avec les anciens, mais aussi d'une réinterprétation et d'une correction des faits observés eux-mêmes. (p. 8)

Dans ce chapitre consacré aux théories sur l'alcoolisme, la crise paradigmatique qui retient notre attention est la remise en question de la réversibilité de l'alcoolisme; entendre: le fait que certains sujets qui présentent une dépendance à l'alcool peuvent boire de manière non pathologique[1]. L'énoncé de cette proposition dénonce des attitudes sanctifiées par une tradition médicale et populaire vieille de 200 ans et a provoqué une véritable révolution dans notre champ d'étude.

En 1962, un article de Davies publié dans le *Journal of Studies on Alcohol* rapporte que sept sujets qui avaient été admis en traitement pour des troubles liés à l'alcool consommaient à nouveau de l'alcool sans que cette consommation ne soit pathologique. Certains crient alors à l'hérésie, d'autres dénoncent le tort irréparable qu'une telle affirmation peut faire aux alcooliques stabilisés que seule l'abstinence protège «contre la folie ou la mort». À la suite de la publication de cet article, les réactions ont été telles que la rédaction de la revue a consacré un supplément aux commentaires des lecteurs et à la ré-

---

1. Les termes diagnostiques utilisés dans ce texte font référence à ceux utilisés dans la traduction française du *Manuel diagnostique et statistique des troubes mentaux* (DSM-III) (American Psychiatric Association, 1980) paru en 1983. Il faut donc leur donner l'acception que leur confère ce manuel. Autrement, les définitions des termes se réfèrent au *Dictionnaire d'alcoologie* du Haut comité d'étude et d'information sur l'alcoolisme (1987).

ponse de Davies. Vingt ans plus tard, une autre génération de professionnels de la santé constestera l'intégrité scientifique des travaux ayant pour objet le boire contrôlé (Maltby, 1983a, b, c; Pendery et coll., 1982; Sobell et Sobell, 1978). Bien que deux jurys aient déclaré l'étude de Linda et Mark Sobell conforme aux normes scientifiques et éthiques, l'incrédulité persiste pour certains tandis que ces travaux sont mis à l'index par d'autres; au mieux, on oppose une fin de non-recevoir (voir: *British Journal of Addiction*, 1987; Stockwell, 1986) Même si les données de Davies ont été réexaminées et pondérées (Edwards, 1985), de nombreuses études ont vérifié de façon répétée ses constatations initiales (Armor et coll., 1978; Dongier et coll., 1983; Heather et Robertson, 1981; Pattison et coll., 1977; Polich et coll., 1981; Sanchez-Craig, 1984; Vaillant, 1983), confirmant la discontinuité dans l'histoire des théories sur l'alcoolisme introduite par ce chercheur. Le boire contrôlé constitue en quelque sorte, à l'intérieur du champ de savoir qui nous occupe, l'équivalent de l'affirmation galiléenne.

Les modèles en alcoolisme

La plupart des disciplines proposent des modèles et théories en alcoolisme. Cependant, il est rare que ces conceptions débordent le champ disciplinaire dont elles sont issues de telle sorte qu'elle présentent toutes une conception parcellaire du phénomène qu'elles tentent de systématiser. Faisant la recension de ce qu'offre la littérature sur le sujet, Tarter et Schneider (1976) font état de quatre grandes catégories de modèles: le modèle moral, issu de concepts religieux; le modèle de maladie, qui comprend des théories génétiques, endocrinologiques, biochimiques et celle des dysfonctions cérébrales; le modèle psychologique, qui inclut les théories de la psychodynamique, de l'apprentissage social, de la personnalité et de l'analyse transactionnelle; enfin, le modèle sociologique qui regroupe les théories structurelle, culturelle et de la déviance.

Les travaux de recherche des dix dernières années ont permis soit de confirmer ou d'infirmer les postulats et propositions qui ont servi à l'élaboration des quatre catégories de modèles énumérés précédemment. Ce sont ces résultats nouveaux qui nous intéressent parce qu'ils ont été l'occasion de ruptures — ou de crise paradigmatique — dans notre champ du savoir. Pour situer ces résultats nouveaux dans le temps, nous ferons un bref rappel de l'histoire de l'alcoolisme en Amérique du Nord.

Le modèle moral

Le modèle moral de l'alcoolisme est lié aux mouvements de tempérance qui se sont organisés en Nouvelle-Angleterre au début du XIXe siècle. Ces mouvements présentent l'alcool comme un produit dangereux et destructeur, la cause des problèmes sociaux. La position des sociétés de tempérance est simple et elle a été sans cesse réitérée dans la littérature et dans les discours aux États-Unis, au Québec et dans le reste du Canada. Levine (1978) la résume ainsi:

- l'alcool affaiblit ou élimine le contrôle de l'usager sur ses comportements; cette substance libère ou augmente les appétits, les passions et les désirs, tout en réduisant la sensibilité morale;
- l'alcool entraîne l'assuétude. Le buveur est victime de l'action de l'alcool, qui a transformé ses besoins physiques de manière telle que son désir pour le produit est incontrôlable. De plus, le buveur risque de contracter de nombreuses maladies;
- l'alcool est la cause d'un grand pourcentage des problèmes sociaux, particulièrement le crime, la pauvreté et les foyers brisés. L'alcool enlève à l'usager sa discipline personnelle, sa force et la raison qui lui sont nécessaires pour prospérer économiquement;
- la solution qui s'impose est que chacun abandonne la consommation d'alcool. Deux stratégies sont proposées pour une société sobre: des stratégies éducatives dites de persuasion morale; des stratégies légales, tout particulièrement la prohibition[2].

Pour les tempérants, et plus tard les prohibitionnistes, la décision de boire constitue le péché d'un homme libre. Seuls le plaisir ou le vice peuvent motiver cette conduite inacceptable. On fait l'inférence d'une intention, c'est-à-dire d'une volonté consciente de commettre un acte prohibé par les règles morales. C'est le vice de l'ivrognerie.

Dans cette conception morale de la toxicomanie alcoolique, ce sont les officiers du culte et les représentants de la loi qui sont chargés de la réhabilitation des «ivrognes». Ceux-ci sont soignés dans des «missions» On traite — on converti, plus précisément — par la prière, le témoignage, l'exhortation à la pénitence[3]. D'autres buveurs excessifs, moins disposés à expier leurs fautes, sont incarcérés dans des prisons ou dans des asiles d'aliénés.

---

2. Le lecteur reconnaîtra dans ces quatre propositions les idées qui prévalent au sujet des drogues illicites telles l'héroïne, les amphétamines, le «crack». L'idéologie des ligues antialcooliques, reprise en changeant le mot «alcool» par le mot «drogue», se retrouve presque intégralement dans les campagnes dites de «prévention» inspirées du «Just say no». Ce jeu de chassé-croisé entre les idéologies et les produits d'une époque à l'autre a été abordé plus en détail dans un autre texte (Nadeau, 1985a).

3. Des exemples en seraient donnés par les récits de conversion racontés par William James (1902) dans *L'expérience religieuse: essai de psychologie descriptive*, dont la lecture a profondément marqué Bill W., le fondateur des Alcooliques anonymes. Ces alcooliques convertis se sont ensuite consacrés au «traitement» des alcooliques dans des «missions» ou des refuges. C'est bien dans un contexte religieux qu'on intervenait alors auprès des alcooliques (voir Blumberg, 1977). Aujourd'hui, l'Armée du salut poursuit cette tradition.

Le modèle de maladie

Le modèle de maladie s'est constitué au cours des derniers 150 ans et cette conception de l'alcoolisme prédomine dans notre champ d'étude. Nous en ferons une description chronologique: tout d'abord à travers l'oeuvre de Benjamin Rush; ensuite à travers l'élaboration de ce que plusieurs conviennent d'appeler «le modèle traditionnel» et qui est le fruit d'une mise en commun de l'idéologie des Alcooliques anonymes (AA) et des écrits de Jellinek; et, enfin, à travers les travaux consacrés à la transmission héréditaire de l'alcoolisme.

L'oeuvre de Rush

L'identification et la description de l'alcoolisme comme syndrome complexe et caractérisé, c'est-à-dire comme maladie, se réalise à la fin du XVIIIe siècle grâce à l'oeuvre de Benjamin Rush (1790).

Boire, soutenait Rush, commençait comme un acte de la volonté, se transformait en habitude et, finalement, dégénérait en nécessité (Rush, 1790: voir Porter, 1985). Le nouveau paradigme comprenait quatre volets:

- un agent causal: les spiritueux;
- une activité compulsive: la perte de contrôle;
- une maladie: la manie de l'ébriété;
- un traitement unique: l'abstinence (Levine, 1978).

À l'appui de sa thèse, Rush présente un thermomètre de l'intempérance, graphique illustrant la progression de l'alcoolisme. Au début, la consommation est normale mais, avec le temps, l'usage de spiritueux entraîne un état de maladie; le buveur perd alors la maîtrise de sa consommation. C'est là que s'instaure le processus pathologique. Si l'usage initial est sous contrôle de la volonté et constitue une conduite dont le sujet demeure responsable, tel n'est plus le cas lorsque s'est developpé le processus assujettissant. La notion, encore actuelle, de la courbe prodomique de l'alcoolisme (Jellinek, 1946; 1947) venait d'être formulée. L'idée de progression de l'alcoolisme prend donc sa source dans des écrits qui datent de 1790.

Pour Rush, tous ceux qui prennent le risque de consommer de l'alcool sont susceptibles d'être atteints d'une alcoolodépendance (Levine, 1978). Parce que la dépendance est perçue comme inhérente au produit, l'alcool sera dénoncé comme une substance puissante et destructrice. Il faut donc en bannir l'usage et cette idée constitue l'embryon de la tendance prohibitionniste qui allait émerger, vers 1850, des mouvements de tempérance.

Ainsi, Rush affirme en même temps que l'ébriété est une dégénérescence morale et un syndrome clinique qui échappe au contrôle de la volonté. Paradoxalement, ses écrits ont servi à l'élaboration du modèle de maladie en Amérique du Nord et ses idées ont alimenté les ligues antialcooliques d'inspiration morale. Cette double coloration médicale et morale constitue l'héritage spécifique de ses travaux et cette théorisation bicéphale allait laisser son empreinte au développement des modèles et des pratiques en alcoologie en Amérique du Nord[4]. Aujourd'hui encore, l'opinion populaire oscille entre une conception des alcooliques comme vicieux ou comme malades (Linsky, 1972; Saint-Germain, 1983).

Le modèle traditionnel

Le modèle traditionnel de l'alcoolisme s'inscrit dans la suite de l'oeuvre de Rush. Il s'est constitué par la tradition des AA, les écrits de Jellinek et l'oeuvre, beaucoup plus dogmatique, de Marty Mann (1968) (voir: Pattison et coll., 1977).

La formation des Alcooliques anonymes

Le mouvement des Alcooliques anonymes (AA) prend naissance en 1935. Sa constitution est indissociable des forces sociales libérées avec la levée de la prohibition, survenue en 1933. En effet, le contexte sociopolitique, dans lequel les nostalgiques de la prohibition ont très mauvaise presse, est déterminant dans l'élaboration de ses positions vis-à-vis de l'alcool. En conséquence, un mouvement qui proposerait à nouveau l'abstinence pour tous rencontrerait de virulentes oppositions.

Les sources des AA sont religieuses et médicales. À l'origine, le fondateur du mouvement veut faire partager au plus grand nombre d'alcooliques l'expérience spirituelle qu'il a vécue. Devant le succès mitigé de cette première campagne spirituelle, Bill W. en arrive à croire que les alcooliques doivent, en premier lieu, être convaincus que l'alcoolisme est une maladie et qu'ils risquent la folie ou la mort s'ils persistent à boire. Accepter que l'alcoolisme est une maladie — et que l'on est impuissant devant l'alcool — devient un préalable à la reprise en charge de soi. Ensuite, et seulement à ce moment, les alcooliques pourront être réceptifs à l'idée d'une expérience spirituelle capable de les aider à devenir sobres et à le demeurer. La notion de maladie, que la prohibition avait plus ou moins bannie en mettant de l'avant l'idée du vice de l'ivrognerie, refait surface. Cependant, l'élément spirituel est introduit et reste présent, peut-être même prépondérant (Anonymous, 1957; Blumberg, 1977; Conrad et Schneider, 1980). En effet, c'est l'action de Dieu qui permet les transformations qui seront nécessaires pour l'acquisition de la sobriété. Et, dans la grande tra-

---

4. En Europe, c'est à travers la littérature médicale et psychiatrique, soit à partir d'observations cliniques et de travaux de recherche, que s'articule le modèle de maladie. La prohibition est sans doute un événement impensable dans un continent viticole. Encore aujourd'hui, la tradition européenne des théories et pratiques en alcoologie comporte une étroite affiliation avec la médecine et la psychiatrie (Porter, 1985; Sournia, 1986). La participation de Jellinek au Comité d'experts de l'OMS, en 1952, aura pour conséquence une première standardisation dans les définitions. Celle-ci est davantage possible aujourd'hui par le DSM III (American Psychiatric Association, 1980b) qui s'inspire des travaux du Comité d'experts de 1977 (Edwards et coll., 1977).

dition du libre arbitre protestant, Dieu est l'Être Suprême tel que chacun le comprend en sa propre conscience.

Ce modèle se distingue de celui proposé par Rush et adopté par les mouvements de tempérance. Tout d'abord, l'accent s'est déplacé du produit «alcool» au sujet lui-même. Ce n'est pas l'alcool en soi qui est le poison mais bien certaines personnes qui sont «allergiques» à ce produit, qui pour elles est un poison. La population des alcooliques potentiels se réduit donc à ceux spécifiquement vulnérables («allergiques») à l'alcool. On reconnaît là la nécessité de s'adapter à la période postprohibitioniste et de sélectionner très précisément les personnes qui devraient être abstinentes. AA conserve cependant l'idée de la progression de la maladie proposée par Rush. On retrouve, sous une forme à peine déguisée, le thermomètre de l'intempérance qui a tant marqué le XIXe siècle: si le sujet ne cesse sa consommation d'alcool, rien ne peut le protéger contre la folie ou la mort, les phases terminales de cette maladie progressive. À la suite de Rush, le mouvement réaffirme donc la nécessité absolue de l'abstinence pour ceux qui ont la maladie.

Enfin, l'idée du divorce entre la volonté et le désir est reprise pour en faire un concept central du modèle: la volonté est devenue inopérante chez l'alcoolique tandis qu'il souffre d'un «besoin obsédant d'alcool»: le sujet désire quelque chose qu'il ne veut pas, et son désir l'emporte sur sa volonté tant que se maintient l'alcoolisation. On notera que l'idée de maladie ne s'inscrit pas seulement dans la biologie (à travers la notion d'allergie) mais également dans la psychologie de l'alcoolique: ce sont les mécanismes de déni, la structure d'alibis et la manipulation inscrite dans la «personnalité alcoolique» qu'il est nécessaire de pénétrer pour acquérir et maintenir l'abstinence.

Malgré cette mise de l'avant du modèle de maladie, qui constitue la véritable révolution de ce mouvement sociothérapeutique, les AA conservent dans leur philosophie une importante dimension morale, tributaire des mouvements de tempérance. La notion de déficience morale, l'importance accordée à la réparation des torts, l'acceptation d'une puissance supérieure et le rôle du témoignage de sa propre expérience aux autres alcooliques en constituent des exemples (Tarter et Schneider, 1976). Les AA mettent donc de l'avant la proposition selon laquelle l'alcoolisme est une maladie, avec un diktat d'abstinence, mais leur idéologie et leur pratique restent profondément empreintes des dimensions religieuses et morales qui ont été déterminantes chez les protagonistes de mouvements de tempérance. Ainsi, l'exégèse de l'idéologie des AA nécessite l'établissement d'une distinction entre les trois volets qui la constituent — la dimension spirituelle, la dimension morale et la dimension médicale — même si, dans la pratique, ces trois volets sont confondus dans les Douze Étapes et les Douze Traditions.

L'œuvre de Jellinek

L'œuvre de Jellinek constitue la seconde source du modèle traditionnel. Clinicien fortement marqué par l'idéologie des AA et scientifique défenseur d'une approche multidisciplinaire dans l'étude de l'alcoolisme, Jellinek est une des personnalités remarquables de ce champ d'étude. Rétrospectivement, on peut considérer qu'il a voulu donner une caution scientifique au modèle de maladie. Certaines de ses hypothèses de recherche étaient subordonnées à ses objectifs sociopolitiques et les conclusions qu'il en tire ne sont pas toujours justifiées par les données dont il disposait. Bref, c'était un chercheur contestable dont certains travaux allaient être invalidés par des recherches subséquentes. Cependant, ses écrits ont tous été significatifs au moment de leur publication et, encore aujourd'hui, c'est sa conception de l'alcoolisme comme maladie qui est à la base des critères diagnostiques des troubles liés à l'alcool proposé par le *Manuel diagnostique et statistique des troubles mentaux* (DSM III) (APA, 1980) et du syndrome de dépendance alcoolique, proposé par l'Organisation mondiale de la santé (Edwards et coll., 1977) (voir: Caetano, 1985; Nadeau, 1985b).

Jellinek continue d'être infiniment respecté dans la communauté internationale des chercheurs. Peut-être faut-il avoir lu *The Disease Concept of Alcoholism* (1960) pour mesurer combien il fut un véritable humaniste de l'alcoologie. En 1960, il avait tout lu sur le sujet de l'alcoolisme et ses descriptions cliniques sont restées des modèles du genre. De plus, lui survivent le Center of Alcohol Studies de Rutgers, le *Journal of Studies on Alcohol* et le National Council on Alcoholism. Il fut et reste un mentor.

L'objectif principal de cet alcoologue avant le terme est la reconnaissance médicale et sociale de l'alcoolisme comme maladie. Jellinek (1946, 1947, 1952) décrit de façon détaillée le processus évolutif de l'alcoolisme. La courbe prodromique qu'il représente montre l'augmentation progressive du recours à l'alcool et une aggravation des conséquences que cet abus entraîne dans la vie sociale et la santé de l'individu. En corollaire, il postule l'irréversibilité de la condition alcoolique à moins que n'intervienne le seul traitement connu: l'abstinence. On pourrait croire que l'auteur a voulu donner une caution scientifique à l'idéologie des AA puisque les données ayant servi à la démonstration de cette hypothèse ne répondent pas aux critères scientifiques, même selon les normes du temps (Pattison et coll., 1977). La remise en question de cette notion de progression et de l'irréversibilité constitueront le creuset de la révolution paradigmatique dont il est ici question.

En 1960, Jellinek présente ses observations sous forme d'hypothèses et suggère l'existence d'autant «d'espèces d'alcoolisme» qu'il y a, par exemple, de lettres dans l'alphabet grec. Seuls les alcooliques delta et gamma — les sujets qui présentent de la tolérance et des symptômes de sevrage — sont des toxicomanes alcooliques. Il postule également l'existence chez ces derniers d'un besoin obsédant d'alcool et d'une perte de contrôle, ce dernier concept devant être entendu comme un phénomène à caractère physiologique. L'alcoolisme cessait d'être un phénomène monolithique et adoptait la forme d'une série de désordres ayant des caractéristiques spécifiques distinctes. Cette prise de position fait de Jellinek le père de la conception contemporaine des problèmes liés à l'alcool, actuellement décrits comme un phénomène plastique et multivarié. De surcroît, en faisant l'inférence d'une adaptation cellulaire et d'une modification du métabolisme chez les gamma et les delta, Jellinek inscrivait la toxicomanie alcoolique dans un véritable modèle bio-médical.

La transmission héréditaire de l'alcoolisme

Les travaux sur la transmission héréditaire de l'alcoolisme ont permis de parachever le modèle de maladie. Ces travaux, menés au cours des années 1970, confirment certaines propositions de Jellinek (bien que celui-ci ait affirmé que l'alcoolisme n'était pas inné mais bien acquis).

Le principal résultat de ces travaux est la constatation que les fils d'alcooliques sont quatre fois plus susceptibles de le devenir que les fils des non-alcooliques, même s'ils n'ont été en contact avec un parent biologique alcoolique que durant quelques semaines de leur vie. De plus, ils sont susceptibles d'être alcooliques à un âge assez jeune (dans la vingtaine) et d'avoir une forme d'alcoolisme suffisamment grave pour être hospitalisés (Bohman, 1978; Goodwin et coll., 1973; Goodwin et coll., 1974; Goodwin, 1980). Ces résultats ne s'observent pas chez les filles (Bohman et coll., 1981; Goodwin et coll., 1977a et b; Nadeau, 1984).

Même s'ils ont été relativisés (Littleton, 1984a et b; Murray et coll., 1983; Vaillant, 1983) ou contestés (Gurling et coll., 1985; Lewontin et coll., 1984; Peele, 1986), ces résultats ne permettent plus d'écarter la possibilité de facteurs héréditaires et de vulnérabilités biologiques différentielles chez certains sujets alcoolodépendants (Littleton, 1984a et b). Ces données apportent une confirmation empirique aux hypothèses de Jellinek en suggérant l'existence de différentes typologies d'alcooliques et en précisant la nature de la dépendance à l'alcool.

Conclusion

Essentiellement, c'est en postulant le divorce entre la volonté et le désir que le modèle de maladie se démarque du modèle moral. En effet, selon le modèle traditionnel (constitué par l'idéologie des AA et l'oeuvre de Jellinek), la volonté de l'alcoolique est devenue inopérante et cette idée introduit dans la conception du phénomène la même neutralité morale que Pinel, puis Freud après lui (pour ne nommer que les têtes d'affiches) ont proposé pour les psychopathologies. Cette neutralité bienveillante est justifiée, on l'a vu, par une conception organiciste, c'est-à-dire physiologique, de la toxicomanie alcoolique. Ainsi donc, dans cette perspective, la recherche a principalement pour objet l'identification des substrats biologiques responsables des désordres comportementaux observés chez les buveurs excessifs. Par ailleurs, comme l'abstinence constitue l'aspect primordial du traitement, on considère les mouvements d'anciens buveurs comme la ressource thérapeutique à privilégier. À la limite, on pourrait suggérer que le modèle de maladie fournit l'occasion d'une alliance entre le corps médical et les mouvements sociothérapeutiques.

Le modèle de l'apprentissage social

Le troisième modèle proposé est celui de l'apprentissage social. Ce terme «d'apprentissage social» devrait être considéré comme provisoire puisqu'il ne rend compte que d'un nombre restreint de propositions qui constituent le modèle. Dans le volume consacré à la présentation de cette conception de l'alcoolisme, Pattison et ses collaborateurs (1977) ont d'ailleurs contourné la question de l'appellation en intitulant leur livre *Emerging Concepts of Alcohol Dependence*: les concepts en émergence relativement à la dépendance à l'alcool. Contrairement aux deux autres modèles, cette conception met l'accent sur les contingences de l'environnement personnel et social qui ont façonné et maintenu la conduite alcoolique (Bandura, 1977). Il se dégage principalement du modèle que la toxicomanie alcoolique est une conduite apprise par le sujet — et qui peut donc être modifiée. Il s'ensuit que ce sont les professionnels formés en sciences humaines qui sont naturellement désignés comme les intervenants les plus aptes à intervenir auprès des sujets qui présentent des problèmes liés à l'alcool.

Eppur, si muove![5]

Durant la période de 1962 à 1977, plusieurs observations réalisées dans le cadre d'une démarche scientifique remettent en question l'utilité thérapeutique et politique de la conception de l'alcoolisme comme maladie. Cette évolution paradigmatique sera suffisamment consistante pour que l'Organisation mondiale de la santé réunisse un groupe d'experts en alcoologie qui publieront, en 1977, un rapport technique proposant une autre conception de l'alcoolisme (Edwards et coll., 1977; Nadeau, 1985b).

Pattison et ses collaborateurs (1977) présentent plusieurs études qui ont permis la mise à l'épreuve des hypothèses sous-jacentes au modèle traditionnel. Les résultats obtenus sont contradictoires et irréconciliables avec les propositions du modèle traditionnel et invalident les fondements de ce modèle. Comme dans toute démarche scientifique, devant la non-confirmation empirique des propositions du modèle traditionnel, les auteurs ont procédé à la formulation d'un nouveau modèle par l'énoncé de nouvelles propositions. C'est le modèle que nous appelons, de façon provisoire, le modèle de l'apprentissage social.

Les propositions mises de l'avant par Pattison et son équipe relèvent de plusieurs disciplines: les travaux de Roman et Trice (1968) sur l'étiquette de maladie et le buveur déviant s'inscrivent dans la tradition de la théorie de la déviance en sociologie. Les études épidémiologiques de l'équipe de Cahalan et Cisin (1968) adoptent également la perspective sociologique. Les travaux sur l'effet placebo de l'alcool utilisant un schème expérimental à double insu (Engle et Williams, 1972; Marlatt et coll., 1973; Marlatt et Rohsenow, 1980), résultent de la théorie de l'apprentissage social en psychologie et ceux de Ludwig (1974) s'appuient à la fois sur la physiologie et le conditionnement. Ainsi, ces

---

5. Lorsque, en 1633, Galilée fut condamné comme hérétique par le Saint-Office pour avoir soutenu la réalité du mouvement de la Terre, il adjura en prononçant: «Et pourtant, elle tourne!». Depuis, le cas du savant florentin est devenu un mythe, un symbole de la liberté de la science contre les dogmes de la foi.

auteurs ont réussi à constituer une intégration et une organisation rationnelle et cohérente des modèles et théories que Tarter et Schneider (1976) avaient simplement énumérés les uns à la suite des autres. Bien que le modèle proposé soit principalement marqué par les théories de l'apprentissage social, il confirme le caractère obligatoirement multidisciplinaire d'une théorie de l'alcoolisme, lieu de rencontre de facteurs biologiques, psychologiques et sociaux. Ce modèle établit également la nécessaire fertilisation croisée entre les disciplines tel que le souhaitait Jellinek.

Parmi les onze propositions du modèle de l'apprentissage social, on remarque les énoncés suivants:

- les modèles de consommation peuvent être conceptualisés comme reposant sur un continuum depuis le non-pathologique jusqu'au très pathologique;
- le développement de problèmes liés à l'alcool se manifeste par des modèles de consommation variables dans le temps et ne progresse pas inexorablement vers des stades de détérioration totale;
- la rémission des troubles liés à l'alcool ne comporte pas nécessairement de relation à l'abstinence, même si tel est fréquemment le cas;
- chez un individu ayant eu des troubles liés à l'alcool, la consommation de petites quantités d'alcool ne provoque ni une dépendance physique ni un besoin psychologique pour de plus grandes quantités;
- il vaut mieux composer avec les problèmes liés à l'alcool dans l'environnement où ils se manifestent, c'est-à-dire en milieu naturel.

On retient donc une remise en question (entendre: une non-confirmation) des notions de la progression, de la perte de contrôle et de l'irréversibilité, tous des credos du modèle de maladie. Ces propositions et celles du modèle de maladie s'avèrent donc mutuellement exclusives. C'est l'opposition fondamentale entre ces deux conceptions des problèmes liés à l'alcool qui a polarisé la crise paradigmatique dans le champ de l'alcoolisme.

La crise paradigmatique

Faut-il mentir pour guérir?

Cette remise en question des fondements du modèle de maladie a été perçue comme une attaque directe à toute la clinique des alcooliques qui s'était élaborée depuis la fondation des AA. La révision des concepts sanctifiés par la tradition a engendré une crise qui, loin de se résorber, maintient une balkanisation dans ce champ d'étude et d'intervention. Si l'article de Davies a secoué les chercheurs capables d'articuler une réponse dans le *Journal of*

Studies on Alcohol, les travaux sur le boire contrôlé, particulièrement ceux de Sobell et Sobell (1978), ont eu un impact sur l'ensemble de la communauté des intervenants (Maltby, 1983a,b,c). Ces contradictions sont plus que de simples querelles de clocher. Elles se manifestent dans des conflits qui affectent les systèmes de soins et il y a lieu de croire qu'elles ont un impact sur les bénéficiaires.

L'adhésion dogmatique à un modèle donné risque en effet de priver la clientèle de ressources thérapeutiques potentiellement bénéfiques car l'accès à des ressources dispensées par des intervenants partisans de modèles rivaux ne lui sera pas favorisé. Les exemples en sont nombreux. Les clients qui présentent un syndrome de dépendance alcoolique sévère ou qui auraient besoin de se constituer un réseau de soutien devraient être adressés aux AA en complément de l'aide qu'ils reçoivent. Outre le mode de vie proposé par ce mouvement sociothérapeutique, la fréquentation des AA est l'occasion de se recréer un réseau social. À cela s'ajoute la dimension spirituelle du mouvement à laquelle plusieurs personnes puisent la force de maintenir une abstinence qui leur est vitale. Un autre exemple est celui des sujets qui, après plusieurs mois de sobriété, présentent encore un diagnostic psychiatrique d'anxiété ou de dépression. Il est opportun, mais malheureusement trop peu fréquent, d'adresser ces sujets à une ressource professionnelle spécialisée. On pense également à des sujets chez qui le syndrome de dépendance à l'alcool est faible et qui ont entre 20 et 30 ans. Ils forment le groupe le plus susceptible de profiter d'une thérapie ayant pour objectif le boire contrôlé (Polich et coll., 1981; Sanchez-Craig, 1984; Skinner et Horn, 1984). Pour tous ces sujets, on serait en droit de s'attendre à ce que les intervenants s'interrogent sur la pertinence du service qu'ils peuvent offrir. Dans l'état actuel des connaissances, ne pas orienter une personne qui présente un diagnostic de troubles liés à l'alcool à la ressource thérapeutique la plus appropriée devrait être considéré comme un manque de conscience professionnelle. Il semble bien que ce soit sur le dos de la clientèle que se jouent les rivalités produites par la crise paradigmatique.

Suite à ce qui précède, on peut s'interroger à savoir s'il faut mentir pour guérir. Refuser de tenir compte des données ou camoufler des faits empiriques équivaut à tromper les clients. Il en va de même lorsqu'on sous-estime chez certains clients la force que donne la foi pour mener à bien leur cheminement thérapeutique. Ne doit-on pas s'inscrire en faux contre le fait qu'il soit nécessaire, sous prétexte de protéger l'alcoolique contre lui-même, de mentir ou de taire ce que l'on devrait dire?

Le sens de la crise paradigmatique

La virulence avec laquelle sont marquées les oppositions dans le champ de l'alcoolisme conduit à examiner les raisons qui peuvent soutenir de telles oppositions. Pour expliquer ce phénomène, trois ordres d'interprétation peuvent ici être évoqués: les enjeux en présence entre les différents groupes d'intérêt, la phénoménologie de l'alcoolisme et les perceptions de l'entourage face à l'alcoolique.

Les groupes impliqués dans la crise

La remise en question du modèle traditionnel comporte des enjeux économiques et corporatistes. La science et le monde des idées n'évoluent pas dans un univers asocial et hermétique. Chaque révolution paradigmatique, si restreint que soit le champ de connaissance touché, donne lieu à une remise en cause de certaines positions de privilège, prises jusque-là pour acquises. Dans l'industrie du traitement, les intérêts corporatistes des professionnels de la santé qui utilisent un modèle inspiré par les théories de l'apprentissage social se heurtent aux intérêts de ceux qui réfèrent au modèle de maladie, particulièrement à l'approche des AA. Ainsi, au Québec, au printemps 1986, on dénombrait plus d'une soixantaine de centres privés pour le traitement des troubles liés à l'alcool dont l'approche (la «philosophie») est celle des AA et dont les équipes soignantes sont constituées par des alcooliques stabilisés. Sans doute faut-il comprendre cette émergence du secteur privé dans le traitement des troubles liés à l'alcool comme une manifestation de la mythification du «privé» qui émerge depuis le début des années 1980. À cela s'ajoute un lobby AA, c'est-à-dire un réseau d'alcooliques stabilisés qui appartiennent au mouvement et qui, dans les positions qu'ils occupent, exercent une influence en faveur de la création et du maintien de centres privés. On peut d'ailleurs s'étonner de ce que, dans un système de santé et de services sociaux tellement socialisé, l'État tolère ces centres privés sans les réglementer alors qu'il exerce une grande vigilance à l'égard des établissements privés qui dispensent des services aux personnes âgées et aux mésadaptés socio-affectifs.

L'expérience subjective de la dépendance à l'alcool

La difficulté à résoudre la crise peut également être attribuée à l'expérience vécue de la dépendance à l'alcool. En effet, même si le modèle basé sur l'apprentissage social comporte des évidences empiriques qui posent des limites au modèle moral et au modèle de maladie, l'expérience intime, subjective de la dépendance à l'alcool est sans doute mieux décrite par le tableau clinique présenté par les AA et par Jellinek. Edwards et Gross (1976) le constatent dans leur description provisoire du syndrome de dépendance alcoolique: «C'est le sentiment d'être aux prises avec quelque chose d'étranger, d'irrationnel, de non voulu qui, pour les patients très dépendants, semble constituer l'expérience intime si difficile à communiquer» (p. 1070)[6]. Ainsi, même si le besoin obsédant d'alcool, la perte de contrôle et la compulsion à boire sont des entités qui ne se vérifient pas empiriquement, celles-ci trouvent leur écho dans l'expérience subjective de la dépendance à l'alcool. Telle est l'attraction et l'identification qu'exerce le modèle de maladie sur les sujets qui se sont précisément sentis «impuissants» devant l'alcool. On peut donc s'attendre à ce que les sujets qui présentent un syndrome de dépendance alcoolique sévère (Edwards et Gross, 1976; Skinner et Horn, 1984) se sentent attirés par des sys-

---

6. Traduction libre de l'auteure.

tèmes de soins qui proposent une telle conception de l'alcoolisme, tels les AA (Nadeau, en préparation)[7].

Les positions des proches

Parallèlement à l'expérience subjective de la dépendance à l'alcool, les perceptions de l'entourage face au sujet alcoolique viennent brouiller ces eaux que l'empirisme voudrait cristallines. Face à un conjoint ou à un enfant alcoolique, les proches ont parfois l'impression que le sujet fait le choix délibéré de s'intoxiquer. La prise d'alcool est perçue comme une intention personnalisée de blesser: «Si seulement tu m'aimais, tu ne boirais pas ainsi». Pour leurs proches, les alcooliques sont irresponsables et coupables au même titre que l'étaient les buveurs «vicieux» du XIXe siècle. C'est bien le sens qu'il faut donner, nous semble-t-il, à l'observation de Vaillant (1983) selon laquelle le fait d'avoir un nouveau conjoint constitue un facteur pronostic de maintien de la sobriété chez les hommes qui ont présenté des troubles liés à l'alcool; si certains proches pardonnent, oublient presque, d'autres en sont incapables.

Par ailleurs, peut-être en raison de l'incrédulité qui s'installe suite aux «promesses d'ivrognes» répétées, certains estimeront que la consommation d'alcool échappe au contrôle de la volonté; on ressent chez l'autre l'apparente incapacité de faire des choix. Les proches font l'inférence que le sujet est malade, d'une maladie dans laquelle la volonté et le désir sont douloureusement dissociés. Le sujet est perçu comme étant aux prises avec quelque chose d'étranger à lui-même, sur lequel il n'a aucun contrôle. Le modèle de maladie offre alors une avenue de solution à la peine que l'alcoolique vit et inflige à son entourage.

Pour d'autres enfin, la conduite alcoolique apparaît comme une stratégie adaptative. Le sens qu'on y attache rejoindrait celui défini par Freud (1929): une protection, une défense contre une souffrance, le plus souvent inconsciente, parce que, «telle qu'elle nous est imposée, notre vie est trop lourde, elle nous inflige trop de peines, de déceptions, de tâches insolubles» (p. 18). Paradoxalement, cette interprétation rejoindrait également celle des théories de l'apprentissage social. Pour la psychanalyse, les forces mise en oeuvre sont, de façon prioritaire, inconscientes; pour le behaviorisme, les agents déclencheurs sont, de façon prioritaire, des conditions environnementales. Dans l'une et l'autre des interprétations, la conduite alcoolique constitue une réponse adaptative du sujet.

---

7. Nadeau, L. *L'impact des événements, des difficultés de vie et des facteurs de vulnérabilité sur l'alcoolisation pathologique et l'admission en traitement de femmes qui présentent des problèmes liés à l'alcool.* Thèse de doctorat déposée.

Conclusion

Peut-être nous faut-il accepter qu'un choix unique et définitif entre les divers modèles ne s'impose pas si facilement. Pour le meilleur ou pour le pire, force nous est de constater que, dans ce champ d'étude, les idées nouvelles viennent s'additionner plutôt que se substituer aux modèles existants. Il est certain que cette superposition de propositions dissonantes, voire même incompatibles, est inacceptable dans une démarche scientifique. Le traitement des troubles liés à l'alcool n'est toutefois pas seulement une science, c'est aussi un art. En effet, bien qu'elles soient toutes utiles, aucune des constatations énoncées précédemment, qu'elles appartiennent au modèle de maladie ou à celui de l'apprentissage social, n'a de véritable valeur prédictive. L'affirmation de Keller (1972), selon laquelle «les alcooliques sont tellement semblables et tellement différents sous tellement de rapports que cela ne fait aucune différence» trouve encore sa place quinze ans plus tard. Le savoir s'est systématisé depuis les quinze dernières années mais de nombreuses questions restent encore en suspens.

Les modèles de maladie et d'apprentissage social ont chacun une place. Récemment, Marlatt et Fromme (1987) soulignaient la fonction thérapeutique de la métaphore pour la prévention et le traitement de la toxicomanie tandis qu'Alexander (1987) suggérait la combinaison des modèles de maladie et de l'apprentissage social, bien que lui-même privilégie la seconde approche. Ces travaux récents indiquent que c'est davantage dans l'examen de la valeur intrinsèque de chacun des modèles, plutôt que dans la perpétuation de luttes intestines, que se trouve le filon pour l'avancement de ce savoir et de cette pratique. Telle nous semble bien en effet la voie royale qu'il faut chercher à emprunter.

Face à ce désordre que le sujet s'inflige lui-même et dans lequel le déni tient une place si importante, les scientifiques formés au matérialisme pur et dur des schèmes expérimentaux sont forcément déstabilisés. Ils se voient forcés d'accepter les bienfaits thérapeutiques de la foi et d'une croyance comme celle de se dire «allergique à l'alcool». On ne peut en effet ni proposer ni soutenir que le modèle traditionnel soit scientifique: il ne l'est pas. Mais cette conception de l'alcoolisme permet à de nombreux alcooliques d'arrêter de boire, et cela devient par le même fait une donnée scientifique. Et puis, en dépit de l'affirmation galiléenne, ne disons-nous pas toujours que le soleil se lève et se couche, comme si la terre était plate?

Références

ALEXANDER, B.K. (1987). The disease and adaptation models of addiction: a framework evaluation. *The Journal of drug issues.*

AMERICAN PSYCHIATRIC ASSOCIATION (1980). *Manuel diagnostique et statistique des troubles mentaux.* Paris: Masson, 1983.

ANONYMOUS (1957). *Alcoholics Anonymous comes of age.* New York: Alcoholics Anonymous World Service.

ARMOR, D.J., POLICH, J.M. et STAMBUL, H.B. (1978). *Alcoholism and treatment.* New York: John Wiley and Sons.

BANDURA, A. (1977). *L'apprentissage social.* Bruxelles: Pierre Margada, 1980.

BEAUGRAND, J. P. (1982). Démarche scientifique et cycle de la recherche, dans M. Robert (ed.) : *Fondements et étapes de la recherche scientifique en psychologie* (p. 1-29). Montréal: Chenelière et Stanké.

BLUMBERG, L. (1977). The ideology of a therapeutic social movement: Alcoholics Anonymous. *Journal of studies on alcohol, 38*, 11, 2122-2143.

BOHMAN, M. (1978). Some genetic aspects of alcoholism and criminality. *Archives of general psychiatry, 35*, 269-279.

BOHMAN, M., SIGVARDSSON, D. et CLONINGER, C.R. (1981). Maternal inheritance of alcohol abuse: cross-fostering analysis of adopted women. *Archives of general psychiatry, 38*, 9, 965-969.

BRITISH JOURNAL OF ADDICTION (1987). Commentaires: is controlled drinking possible for the person who has been severely alcohol dependant?, *82*, 3, 237-253.

CAHALAN, D. et CISIN, I.H. (1968). American drinking practices: summary of findings from a national probability sample. *Quartely journal of studies on alcohol, 29*, 130-151.

CAETANO, R.(1985). Two versions of dependence: DSM III and the alcohol dependence syndrome. *Drug and alcohol dependence, 15*, 81-103.

CONRAD, A. et SCHNEIDER, J.W. (1980). *Deviance and medicalization.* St-Louis: C.V. Mosky.

COT, J. P. et MOUNIER, J.P. (1974). *Pour une sociologie politique, vol I.* Paris: Seuil.

DAVIES, D.L. (1962). Normal drinking in recovered addicts. *Quarterly journal of studies of alcohol, 23*, 94-104.

DONGIER, M., ENGELSMAN, F., GROSLOUIS Y. et GERVAIS, M. (1983). Résultats à long terme du traitement de l'alcoolisme en institution spécialisée. *Psychotropes, 1*, 2, 65-70.

EDWARDS, G. (1985). A later follow-up of a class sase series: D.L. Davies's 1962 report and its significance for the present. *Journal of studies on alcohol, 46*, 3, 181-191.

EDWARDS, G. et GROSS, M.M. (1976). Alcohol dependence: provisional description of a clinical syndrome. *British medical journal, 1*, 1058-1061.

EDWARDS, G., GROSS. M., KELLER, M.M., MOSER, J. et ROOM, R. (1977). *Alcoholrelated disabilities*. Geneva : W.H.O. Offset publication n° 32.

ENGLE, K.B. et WILLIAMS, T.K. (1972). Effect of an ounce of vodka on alcoholics' desire for alcohol. *Journal of studies on alcohol*, 33, 1099-1105.

FREUD, S. (1929). *Malaise dans la civilisation*. Paris: Presses universitaires de France, 1971.

GOODWIN, D.W. (1980). Genetic factors in alcoholism, dans N. Mello (ed.): *Recent advances in substance abuse* (p. 305-327). Greenwich, Ct.: JAI Press.

GOODWIN, D.W., SCHULSINGER, F., HERMANSEN, L., GUZE, S.B. et WINOKUR, G. (1973). Alcohol problems in adoptees raised apart from alcoholic biological parents. *Archives of general psychiatry*, 28, 238-243.

GOODWIN, D.W., SCHULSINGER, F., MOLLER, H., HERMANSEN, L., WINOKUR, G. et GUZE, S.B. (1974). Drinking problems in adopted and non adopted sons of alcoholics. *Archives of general psychiatry*, 31, 164-169.

GOODWIN, D.W., SCHULSINGER, F., KNOP, J., MEDNICK, S. et GUZE, S.G. (1977a). Alcoholism and depression in adopted out daughters of alcoholics. *Archives of general psychiatry*, 34, 751-755.

GOODWIN, D.W., SCHULSINGER, F., KNOP, J. MEDNICK, S. et GUZE, S.G. (1977b). Psychopathology in adopted and nonadopted daughters of alcoholics. *Archives of general psychiatry*, 34, 1005-1009.

GURLING, H.M.D., PHIL, M., GRANT, S. et DANGL, J. (1985). The genetic and cultural transmission of alcohol use, alcoholism, cigarette smoking and coffee drinking: a review and an exemple using log linear cultural transmission model. *British journal of addiction*, 80, 269-279.

HAUT COMITÉ D'ÉTUDE ET D'INFORMATION SUR L'ALCOOLISME (1985). *Glossaire d'alcoologie*. Paris: la Documentation française.

HEATHER, N. et ROBERTSON, I. (1981). *Controlled drinking*. London: Methuen.

HORN, J.L., SKINNER, H.D., WANBERG, K. FOSTER, F.M. et ALCOHOLISM RESEARCH FOUNDATION OF ONTARIO (1984). *The alcohol dependance scale*. Toronto: Addiction Research Foundation.

JELLINEK, E.M. (1946). Phases in the drinking history of alcoholics. Analyses of a survey conducted by the official organ of Alcoholics Anonymous. *Quartely journal of studies on alcohol*, 7, 1-88.

JELLINEK, E.M. (1947).Recent trends in alcoholism and alcohol consumption.*Quaterly journal of studies on alcohol*, 8, 117-123.

JELLINEK, E.M. (1952). Phases of alcohol addiction. *Quartely journal of studies on alcohol*, 13, 673-684.

JELLINEK, E.M. (1960). *The disease concept of alcoholism*. New Haven, Ct.: College and university press.

KELLER, M. (1972). The oddities of alcoholics. *Quaterly journal of Studies on Alcohol, 33*, 1147-1148.

KUHN, T.S. (1972). *La structure de la révolution scientifique*. Paris: Flammarion.

LEVINE, H. (1978). The discovery of addiction: changing conceptions of habitual drunkenness in American history. *Journal of studies on alcohol, 39*, 1, 143-174.

LEWONTIN, R.C., ROSE, S. et KAMIN, L.J. (1984). *Nous ne sommes pas programmés: génétique, hérédité, idéologie.* Paris: Éditions la Découverte, 1984.

LINSKY, A. S. (1972). Theories of behavior and the social control of alcoholism. *Social psychiatry, 7*, 47-52.

LITTLETON, J. M. (1984a). Biochemical pharmacology of ethanol tolerance and dependence, dans G. Edwards et Littleton (eds): *Pharmacological treaments for alcoholism* (pp 119-145). London: Croom Helm.

LITTLETON, J.M. (1984b). Alcohol, alcoholism and affect: the biological connection, dans G. Edwards et Littleton (eds): *Pharmacological treatments for alcoholism* (pp 415-417). London: Croom Helm.

LUDWIG, A.M. et coll. (1974). The first drink — psychobiological aspects of craving. *Archives of general psychiatry, 30*, 539-547.

MALTBY, K. (1982a). Challenge to Sobell work will have broad impact says review group chief. *The Journal, 11*, 8, 1,3.

MALTBY, K. (1982b). Complexities of the Sobell review prolonging investigation: Dickens. *The Journal, 11*, 10, 1-2.

MALTBY, K. (1982c). Review committe clears Sobell on scientific misconduct charges. *The Journal, 12*, 10, 1-2.

MARLATT, G.A., DEMMING, B. et REIDY, J.B. (1973). Loss of control drinking in alcoholics: an experimental analogue. *Quarterly journal of studies on alcohol, 35*, 445-457.

MARLATT, G.A. et ROHSENOW, D.J. (1980). Cognitive processes in alcohol use: expectancy and balanced placebo design, dans N. Mello (ed.): *Advances in substance abuse* (p. 159-201). Greenwich, Ct.: JAI Press.

MARLATT, G.A. et FROMME, K. (1987). Methaphors for addiction. *Journal of Drug Issues, 17*, 9-27.

MURRAY, R.M., CLIFFORD, C.A. et GURLING, H.M.D. (1983). Twin and adoption studies: How good is the evidence for a genetic role? dans *Recent development in alcoholism, 1*, 25-48.

NADEAU, L. (1984). La transmission héréditaire de l'alcoolisme, dans L. NADEAU, C. MERCIER, L. BOURGEOIS: *Les femmes et l'alcool au Québec et en Amérique du Nord* (p. 137-144). Québec: Les Presses de l'Université du Québec.

NADEAU, L. (1985a). Quand la communauté thérapeutique devient-elle maltraitante? *Santé mentale au Québec, 10*, 65-75.

NADEAU, L. (1985b). La syndrome de dépendance alcoolique: historique, définition et mesure. Bref rapport technique. *L'Union médicale du Canada, 114*, 11, 924-926.

PATTISON, E.M., SOBELL, M.B. et SOBELL, L.C. (1977). *Emerging concepts of alcohol dependence.* New York: Springer.

PEELE, S. (1986). The implication and the limitations of the genetic models of alcoholism and other addictions. *Journal of studies of alcohol, 47*, 1,63-73.

PENDERY, M.L., MALTZMAN, I.M. et WEST, L.J.(1982). Controlled drinking by alcoholics? New findings and a reevaluation of a major affirmative study. *Science, 217*, 4555, 169-175.

POLICH, M., ARMOR, D.J. et BRAIKER, B. (1981). *The course of alcoholism: four years later*. New York: Wiley.

PORTER, R. (1985). The drinking man's disease: the prehistory of alcoholism in georgian Britain. *British journal of addiction, 80*, 485-396.

ROMAN, P.M. et TRICE, H.M. (1968). The sick role, labeling theory and the deviant drinking, dans E.M. Pattison, M.B. Sobell et L.C. Sobell: *Emerging concepts of alcohol dependence* (p. 51-60). New York: Springer, 1977.

RUSH, B. (1790). *An inquiry into the effects of ardent spirits upon the body and mind.* Boston: Thomas and Andrews.

SANCHEZ-CRAIG, M. (1984). *Therapist's manuel for secondary prevention of alcohol problems.* Toronto: Addiction Reseach Foundation.

SAINT-GERMAIN, L. (1983). *Les problèmes reliés à l'abus d'alcool: une étude comparative de deux communautés montréalaises.* Thèse de maîtrise, Université du Québec à Montréal, Montréal: Département de psychologie.

SKINNER, H.A. et HORN, S.H. (1984). *Alcohol dependance scale.* Toronto: Addiction Reseach Foundation.

SOBELL, M.B. et SOBELL, L.C. (1978). *Behavioral treament of alcohol problems.* New York: Plenum Press.

SOURNIA, J.C. (1986). *Histoire de l'alcoolisme.* Paris: Flammarion.

STOCKWELL, T.(1986). Cracking an old chesnut: is controlled drinking possible for the person who has been severely alcohol dependent? *British journal of addiction, 81*, 4, 455-457.

TARTER, R.E. et SCHNEIDER, D. U. (1976). Models and theories of alcoholism, dans E. Tarter et A.A. Sugarman (Eds.): *Alcoholism: interdisciplinary approaches to an enduring problem* (p. 75-107). Reading, MA: Addison-Wesley.

VAILLANT, G. (1983). *The natural history of alcoholism.* Cambridge: Harvard University Press.

■ RÉSUMÉ

L'auteure entreprend de décrire la crise paradigmatique déclenchée par la proposition du boire contrôlé qui, dans le champ d'étude de l'alcoolisme, est en quelque sorte l'équivalent de l'affirmation galiléenne. La première partie du texte est consacrée à la présentation des modèles dominants en Amérique du Nord: le modèle moral puis le modèle de maladie qui trouvent synthèse dans le modèle traditionnel véhiculé par le mouvement des Alcooliques anonymes; à partir des années 1960, la présentation de résultats de recherche contradictoires et irréconciliables avec les propositions du modèle de maladie, particulièrement la mise en question du concept d'irréversibilité, déclencheront la crise paradigmatique. La seconde partie du texte décrit les impacts de cette crise et met en évidence la manière dont les alcooliques peuvent être les victimes des conceptions rivales au sujet de l'alcoolisme. «Faut-il mentir pour guérir?», se demande l'auteure qui conclut son analyse en tentant d'expliquer la persistance actuelle de cet état de crise dans le champ de l'intervention en alcoolisme.

Chapitre 13
Prédispositions héréditaires et alcoolisme*

Maurice Dongier

Évoquer l'hérédité dans tout ce qui touche au comportement humain et à ses troubles déclenche souvent des réactions négatives, en particulier à cause du spectre de la fatalité inéluctable d'un destin qu'aucune intervention interpersonnelle ne pourrait modifier. En fait, ces idées préconçues temoignent souvent d'une méconnaissance ou d'une conception naïve de la génétique: chez l'alcoolique comme chez le schizophrène ou le déprimé, le génotype[1] peut ne manifester son influence qu'après vingt ou trente ans d'interaction entre des événements vécus et des gènes multiples: ce qui est hérité est une *vulnérabilité*, produit d'une longue série d'influences transitoires et diverses entre les gènes et l'environnement.

Les *gènes* sont le nom donné à la structure qui, sur les chromosomes, constitue le support de l'hérédité. Les gènes sont composés d'acide désoxyribonucléique (ADN) qui s'organise en segments qui forment de longues chaînes d'acides aminés; les possibilités de variations au sein de la structure intime des gènes sont donc innombrables et c'est ce qui explique les possibilités infinies de différenciation des caractères héréditaires. L'ADN constitue la «mémoire» sus-

* Texte inédit. Conférence prononcée à l'occasion du Colloque international francophone sur l'alcoolisme et les toxicomanies organisé par l'AITQ en octobre 1987, à Montréal. Plusieurs des travaux mentionnés dans ce texte sont effectués au Centre de recherches de l'hôpital Douglas (C. Gianoulakis, H. Muller, A. Padjen, R. Palmour, R.O. Pihl, B. Suranyi-Cadotte) et à l'Université McGill (M. Dongier, F. Ervin, P. Finn, P. Harden, J. Peterson, A. Smith, S. Young). Le financement est assuré par la Corporation de l'Hôpital Douglas, à laquelle nous exprimons nos remerciements, et le Conseil de recherche médicale du Canada.

1. Dans son sens large, le *génotype* est la somme de l'information génétique, des gènes exprimés ou non, qui caractérise un individu. Cette information génétique dépend des gènes hérités des ses parents.

ceptible d'induire l'hérédité à se développer dans son sens déterminé. Lors d'une mutation génétique, la structure d'une molécule donnée d'ADN subit, chez un sujet, une modification très localisée, et l'hérédité de ses descendants va se trouver modifiée. Chaque gène intervient pour plusieurs caractères héréditaires, et chaque caractère se trouve généralement placé sous la dépendance de plusieurs gènes interférant les uns sur les autres. Cette unité d'ADN est donc capable de se reproduire, est susceptible de mutations et est capable de transmettre un message héréditaire.

On est généralement bien loin, en génétique du comportement, de l'hérédité de traits apparents dès la naissance, comme les yeux bleus ou les cheveux roux, et bien loin de la vieille controverse «nature-nurture». Pour donner un exemple simpliste mais fréquent dans le domaine de l'abus d'alcool, un sujet porteur des gènes prédisposants pourra bien ne jamais développer la maladie (phénotype[2]) parce que son exposition à l'alcool aura été limitée par des facteurs familiaux ou socioculturels (manque d'argent, religon, profession, etc.).

Les recherches portant sur les facteurs génétiques dans l'alcoolisme se sont développées à un rythme rapide, surtout depuis une quinzaine d'années. Depuis le début des années 1980, il est possible de recenser plus de 800 articles scientifiques dans le domaine. À Montréal, un groupe s'est développé depuis 1983 au Centre de recherches de l'hôpital Douglas, en liaison avec l'Université McGill; nous emprunterons quelques exemples à ces travaux dans le cours de cet article, non pour leur donner une prééminence qu'ils n'ont pas, mais bien pour illustrer les approches qui nous sont familières.

L'observation de base dont nous pouvons partir, apparente dans plusieurs revues de la littérature sur le sujet et que tout intervenant est facilement à même de vérifier, est la suivante: dans n'importe quel échantillon d'alcooliques, un tiers a au moins un membre de sa parenté qui est également alcoolique; en revanche, on observe de nombreuses familles indemnes d'abus d'alcool. Ce caractère familial de l'alcoolodépendance évoque immédiatement l'idée d'une contagion comportementale, ou du moins l'influence de conflits et de traumatismes plus fréquents ou plus intenses dans certaines familles d'alcooliques. Mais, comme nous allons le voir, cette hypothèse est battue en brèche par de nombreuses données qui tendent à minimiser le rôle des facteurs interpersonnels et sociaux, *du moins dans certains types de familles,* au bénéfice des facteurs biologiques. Nous passerons successivement en revue diverses stratégies de recherches génétiques:

---

2. Le *phénotype* désigne la manifestation apparente du patrimoine héréditaire — l'ensemble des caractères, structurels et fonctionnels, observables d'un organisme. Ces caractères observables sont produits par l'interaction de l'information génétique de l'organisme — le génotype — et du milieu.

- études de jumeaux;
- études de demi-fatries;
- études d'enfants adoptés d'alcooliques;
- études de sujets à risque élevé (membres non alcooliques de familles alcooliques);
- études de familles;
- recherches sur l'animal.

Nous nous demanderons ensuite par quels mécanismes peut se transmettre la prédisposition à l'alcoolisme.

Stratégies de recherches génétiques

L'étude des jumeaux

Une méthode classique consiste à comparer les jumeaux univitellins (ou monozygotes) et les jumeaux bivitellins (ou dizygotes)[3] atteints d'alcoolisme. On peut ainsi calculer *l'héritabilité*, ou proportion de la causalité attribuable à l'hérédité parmi d'autres facteurs: si tous les jumeaux univitellins sont concordants, le taux d'héritabilité est de 100 %.

On peut ainsi sérier, parmi les nombreux aspects de l'abus d'alcool, ceux où le taux d'héritabilité est le plus élevé, et donner aux facteurs d'environnement la place qui leur convient dans ces divers aspects. Une des comparaisons les plus approfondies a été accomplie en Finlande chez 902 paires de jumeaux mâles. On a pu observer, à titre d'exemple, une héritabilité de 39 % pour la fréquence de l'abus d'alcool, de 36 % pour la quantité d'alcool absorbée chez les jeunes contre 4 % après 70 ans. La perte de contrôle sur la consommation et les complications sociales ont de même une héritabilité beaucoup plus élevée chez les jeunes (54 %) que chez les vieux (7 %). Le poids relatif du déterminisme endogène, biologique, tend donc à diminuer avec les années pour laisser de plus en plus de place aux facteurs du milieu.

---

3. Les *jumeaux univitellins* ou *monozygotes* (synonymes), couramment appelés jumeaux identiques, proviennent de la division d'un oeuf unique, dans les tout premiers stades de son développement. Contenus dans la même enveloppe choriale, ils sont toujours du même sexe et possèdent le matériel génétique que leur ont transmis le même spermatozoïde et le même ovule. En ce qui concerne les *jumeaux bivitellins* ou *dizygotes* (synonymes), pendant la même ovulation, deux ovules (ou plus) sont chacun fécondés par un spermatozoïde différent. Le matériel génétique hérité d'ovules et de spermatozoïdes différents présente donc aussi des différences. En fait, il est même possible que des pères différents fécondent des ovules différents pendant la même ovulation. La comparaison des phénotypes de jumeaux univitellins et bivitellins est une méthode de recherche clinique classique.

On ne doit pas méconnaître d'autre part l'existence de notes discordantes: une étude britannique récente montre que l'alcoolodépendance chez les jumeaux monozygotes n'est pas plus souvent concordante (21 %) que chez les paires dizygotes (25 %). Cela témoigne évidemment de l'importance de facteurs de milieu (telle que la durée de l'exposition à l'abus) avant que l'influence génétique devienne manifeste.

Une autre donnée négative, tirée d'une étude chez des jumeaux aux États-Unis, concerne la tolérance à l'alcool, très variable, et où aucune héritabilité n'a été fermement établie.

Les demi-frères

Les alcooliques qui permettent l'accès à leurs familles (les «probants») sont sélectionnés en fonction de l'existence de demi-frères: on trouve un parent biologique alcoolique chez 62 % des demi-frères alcooliques, contre 20 % seulement chez ceux qui ne le sont pas, différence hautement significative.

L'adoption

Au Danemark et en Suède, en particulier, des registres d'adoption très bien tenus permettent de retracer des enfants issus de parents alcooliques (un seulement, ou les deux) et adoptés peu de temps après la naissance, de sorte que l'influence non génétique de la famille d'origine est pratiquement éliminée. Le risque de voir apparaître l'alcoolisme vingt ou trente ans plus tard chez les sujets est *trois fois supérieur* à celui observé dans la population générale. Par contre, s'il y a abus d'alcool *chez les parents adoptifs*, le risque n'est pas plus élevé chez les adoptés. Chez les enfants de sexe masculin, le risque d'abus est multiplié quelque soit le sexe du parent alcoolique. Par contre, les filles semblent hériter du risque du côté de leur mère biologique mais non de leur père.

Fait important, aucune augmentation de risque de trouble mental ne paraît associée chez ces adoptés au risque accru d'alcoolisme: en d'autres termes, ce qui est transmis n'est pas une vulnérabilité à l'anxiété ou à la dépression, conduisant secondairement à l'abus d'alcool, mais une vulnérabilité spécifique à l'alcoolodépendance, dont le mécanisme biochimique et neurohumoral, quel qu'il soit, serait alors indépendant des mécanismes — plus ou moins élucidés — sous-jacents à des phénomènes tels que l'anxiété ou la dépression.

D'autre part, il est également possible d'observer une héritabilité indépendante de l'alcoolisme et des troubles graves de la personnalité (tels que la personnalité antisociale, dont l'association avec l'abus d'alcool est bien connue). Nous discuterons d'ailleurs plus en détail des relations entre psychopathologie et alcoolisme un peu plus loin.

Les sujets à risque élevé

Cette stratégie de recherche consiste à établir une comparaison entre des sujets non alcooliques (abstinents ou buveurs sociaux), apparentés par le sang à des alcooliques connus, et des sujets de contrôle (non-alcooliques et sans antécédents familiaux), dans le but de relever les indices biologiques qui permettraient de les identifier (marqueurs de prédisposition). C'est ainsi que notre propre groupe de recherche recrute des familles où l'alcoolisme est présent au niveau d'au moins deux générations, et au minimum chez trois sujets. Les membres non alcooliques de ces familles qui acceptent d'être volontaires sont mis à la disposition de chercheurs appartenant à diverses disciplines (psychologues, psychiatres, biochimistes, neurophysiologistes), qui cherchent à mettre en évidence des particularités qui permettraient de les différencier des sujets non prédisposés. Par exemple, on pourrait espérer détecter, dans une fratrie de six sujets, les deux qui seraient porteurs de marqueurs de prédisposition. Dans une perspective de prévention, il faudrait avertir ces individus d'être davantage sur leurs gardes vis-à-vis de l'alcool, étant donné leur plus grande susceptibilité à passer d'une consommation normale à la dépendance. Pour le moment, nous ne disposons que de «prédicteurs» très vagues, tels que l'arbre généalogique qui permet de donner un pourcentage de risques, mais non de comparer un sujet à un autre au sein de la famille.

Plusieurs de nos investigateurs étudient, sous des angles divers, ces cohortes de volontaires possiblement prédisposés. Idéalement, il faudrait pouvoir les suivre au moins durant les vingt prochaines années, alors que l'on sait combien de telles études longitudinales sont difficiles à mener à bien. Il serait alors possible, rétrospectivement, d'évaluer la valeur pronostique des divers «marqueurs» qui font l'objet des recherches actuelles, et dont voici quelques exemples.

Électro-encéphalographie

Les sujets prédisposés auraient des tracés de base moins riches en rythme alpha, et sous l'influence d'une dose-test d'alcool, réagiraient par une augmentation de ces rythmes supérieure à la moyenne.

La technique des *potentiels évoqués* détecte au niveau du scalp, amplifie et décrit des modifications survenant dans le cerveau, à la suite de certains stimuli ou processus mentaux (tâches requérant l'attention, etc.). Certains potentiels électriques évoqués par des stimuli ou des tâches mentales seraient moins amples chez les fils d'alcooliques que chez les sujets de contrôle. On peut ainsi étudier l'influence de l'alcool sur ces phénomènes. Il s'agit de potentiels qui, selon toute probabilité, sont générés au niveau de l'hippocampe (zone du cerveau limbique impliquée dans la régulation des affects, de l'attention et de la mémoire).

Réactivité au stress

Une dose-test d'alcool atténuerait davantage les effets du stress, en situation expérimentale, chez les sujets à haut risque que chez les sujets de contrôle.

Mesure de la tolérance

Il est possible que la tolérance à l'alcool soit congénitalement plus élevée chez les sujets prédisposés: une dose d'alcool expérimentale provoque chez eux moins de réactions subjectives et objectives d'ébriété, et moins de réactions physiologiques, y compris les réponses hormonales (prolactine et cortisol).

Mesure des endorphines[4]

L'hypothèse a été émise que les individus prédisposés à abuser de l'alcool auraient constitutionnellement un taux d'endorphines anormalement bas, que l'absorption d'alcool viendrait compenser.

Études biochimiques sur les plaquettes sanguines

Les plaquettes sont des cellules du sang dont le rôle dans la coagulation est bien connu. Elles peuvent en outre, dans une certaine mesure, refléter le fonctionnement des cellules cérébrales. Certaines de leurs réactions peuvent permettre d'étudier la prédisposition aux états dépressifs et nous explorons actuellement leur richesse en divers récepteurs chez des groupes d'alcooliques, d'anciens alcooliques, et de sujets à risque élevé.

Tests neuropsychologiques

Plusieurs travaux ont mis en évidence que les fils d'alcooliques étaient souvent des enfants impulsifs, hyperactifs. En poussant l'investigation plus loin, il est possible d'explorer de façon plus spécifique les dysfonctions cérébrales sous-jacentes à cette hyperactivité. Une hypothèse actuellement développée par un membre de notre groupe est à l'effet que ce sont les fonctions du lobe frontal qui seraient particulièrement perturbées dans les cas de prédisposition.

---

4. Substances endogènes comparables à la morphine, produites dans le système nerveux central.

Les familles

Il est possible de se livrer à des études de pedigrees familiaux, comme l'ont fait avec succès Cloninger et ses collaborateurs suédois (1981). Ainsi ont-ils pu identifier deux catégories de familles (leur terminologie est loin d'être idéale, mais nous la traduisons telle quelle, faute d'avoir mieux à proposer), celles dans lesquelles seuls les mâles sont alcooliques, et celles où les deux sexes sont impliqués.

L'alcoolisme *«limité aux mâles»* est le moins fréquent (environ un homme alcoolique sur quatre seulement provient de ces familles). Sur les 862 sujets masculins adoptés qui furent étudiés, 4 % seulement entrent dans cette catégorie. Le risque pour ces enfants adoptés est de neuf fois celui de la population de contrôle, et il n'y a pas d'influence décelable du milieu. Le début de l'abus d'alcool est précoce et l'alcoolisme du père est grave, ayant souvent nécessité des traitements répétés; ce dernier a souvent un dossier criminel sérieux alors que la mère est indemne d'alcoolisme.

L'alcoolisme *«limité au milieu»*, beaucoup plus fréquent, atteint les deux sexes. Son apparition exige la coexistence de facteurs génétiques et psychosociaux. Il est le plus souvent peu grave et non traité. Contrairement à la forme précédente, il ne débute pas à l'adolescence, et les problèmes de ces familles avec la loi sont minimes ou inexistants. La gravité semble dépendre essentiellement des événements vécus. Comme cette catégorie de familles d'alcooliques est de loin la plus nombreuse, on constate qu'un rôle prépondérant est laissé aux facteurs de milieu dans la majorité des cas.

Les recherches sur l'animal

Spontanément, la plupart des animaux montrent de l'aversion pour l'alcool. Ils se répartissent cependant suivant une distribution normale, la classique courbe en cloche, avec, aux deux extrêmes, ceux qui évitent totalement de toucher à de l'alcool dilué et ceux qui en consomment une quantité assez importante. Par reproduction sélective entre les animaux des catégories extrêmes, en croisant entre eux exclusivement des animaux au comportement homogène vis-à-vis de l'alcool, les chercheurs en sont arrivés à constituer des races de rats et de souris «P», qui préfèrent des solutions alcoolisées à toute autre boisson, et, d'autre part, des races qui ne préfèrent pas l'absorption d'alcool («NP»). Les animaux de la première race boivent volontairement des quantités d'alcool considérables, travaillent (c'est-à-dire appuient sur un levier) pour obtenir de l'alcool plutôt que la nourriture et l'eau disponibles sans travail; ils montrent tous les signes de la dépendance physique, y compris le syndrome de sevrage et une tolérance qui augmente plus ou moins rapidement. L'accroissement rapide de la tolérance semble prédisposer à une consommation excessive. Il est établi que ces animaux boivent, non pas pour le goût ou l'odeur de l'alcool, mais pour son action pharmacologique sur le système nerveux central (expériences d'auto-injection directement par voie gastrique).

Chez l'animal comme chez l'homme, la base génétique de l'alcoolisme ainsi que de la résistance à l'alcoolisme, est donc établie. On peut aussi étudier chez l'animal les mécanismes sous-jacents à ce comportement vis-à-vis de l'alcool. Par exemple, Christina Gianoulakis, membre de notre groupe de recherche, travaille à comparer les opiacés endogènes de rats P et NP pour tester l'hypothèse selon laquelle leur niveau, dans certaines régions cérébrales, serait impliqué dans le mécanisme de l'attirance vers l'alcool, comme nous l'avons évoqué plus haut dans le cas de l'homme.

La nature de l'héritage génétique

Qu'est ce qui, en fait, est hérité? Une vulnérabilité, avons-nous dit. Mais l'alcoolisme, au sens strict du terme et comme tout comportement, n'est pas transmis héréditairement. Les protéines sont les seuls produits immédiats des gènes, et la réactivité d'un individu vis-à-vis de l'alcool n'est influencée par elles que très indirectement, ainsi que par des facteurs exogènes de milieu. Que savons-nous sur les mécanismes de la vulnérabilité qui différencient les individus plus susceptible des individus moins susceptibles d'être entraînés dans l'alcoolisme? Les hypothèses sont nombreuses, mais nous privilégierons les variations génétiques des *enzymes du métabolisme de l'alcool*, et les variations génétiques des *fonctions des cellules nerveuses*.

Les enzymes

L'alcool que nous buvons est d'abord oxydé en acétaldéhyde, l'alcooldéhydrogénase (ADH) étant l'enzyme responsable de cette réaction. Puis l'acétaldéhyde est oxydée en acétate, grâce à un autre enzyme hépatique, l'acétaldéhyde déhydrogénase (ALDH). L'acétate est ensuite oxydé en oxyde de carbone et en eau, surtout au niveau des tissus périphériques.

Ce qui nous intéresse dans cette chimie, c'est l'existence de variantes génétiques (isoenzymes) tant pour l'ADH que pour l'ALDH, qui déterminent des réactions subjectives et objectives très différentes après l'ingestion d'alcool. Ainsi beaucoup d'Orientaux (les Japonais ont été spécialement étudiés) présentent, après une consommation, une bouffée de chaleur au visage avec vasodilatation, tachycardie, hypertension, nausées, vomissements. Cette réaction est liée à une élévation de l'acétaldéhyde dans le sang, déterminée à la fois par un isoenzyme ADH très actif et un isoenzyme ALDH peu actif. De telles réactions (qui ne semblent exister que chez 5 % des races caucasiennes) protègent évidemment les Japonais contre le développement de l'alcoolisme. Dans la médecine occidentale, on provoque artificiellement ces réactions chez les alcooliques, pour les décourager de boire, au moyen du disulfirame ou *Antabuse®* qui inhibe l'ALDH et élève donc le taux sanguin d'acétaldéhyde (cette méthode est utilisée depuis plusieurs décennies, bien que son efficacité ne soit pas démontrée).

On peut suspecter qu'il existe d'autres isoenzymes du métabolisme de l'alcool qui aboutiraient au contraire à renforcer les effets agréables de l'alcool, mais nous sommes là sur un terrain entièrement hypothétique.

La sensibilité des cellules nerveuses à l'alcool

L'alcool modifie la façon dont les messages circulent à l'intérieur du système nerveux central. Comment les signaux sont-ils transmis d'une cellule nerveuse à une autre? La cellule reçoit un message chimique (appelé neurotransmetteur) au moyen de récepteurs spécifiques situés sur sa membrane, transforme ce signal chimique en signal électrique qui chemine dans le prolongement de la cellule ou axone: à la terminaison de celui-ci, des molécules de neurotransmetteurs se détachent et sont reçues par les récepteurs spécifiques des cellules adjacentes.

Tous les événements de la vie dite psychique, affects, pensées, actions, modifient ces processus chimiques et électriques dans les milliards de cellules nerveuses. Il n'est pas de phénomène psychique, ni de conscience, ni d'inconscience sans phénomèmes cérébraux sous-jacents encore très imparfaitement connus.

Les prédispositions constitutionnelles héritées (encore dites «tempéraments») modifiant aussi ces fonctions, les rendent différentes d'un sujet à un autre, et peuvent par exemple augmenter ou diminuer la sensibilité ou la résistance aux effets de l'alcool et d'autres drogues. À titre d'exemple, différents médicaments antidépresseurs agissent sur différents types de neurotransmetteurs, perturbés dans les dépressions. Or, il est bien connu qu'un médicament donné sera plus efficace sur les membres d'une famille et un autre sur ceux d'une autre famille. Nous avons émis l'hypothèse qu'il pouvait en être de même chez les alcooliques et que dans certaines familles, une médication visant à corriger les anomalies d'un neurotransmetteur (par exemple, la dopamine) pourrait être plus efficace pour réduire la dépendance, alors qu'un neurotransmetteur différent (par exemple, la sérotonine) serait davantage impliqué chez un autre groupe de familles. Ainsi pourrait-on espérer dans l'avenir qu'au lieu de considérer l'alcoolisme comme une maladie unique, stade encore très primitif de conceptualisation, nous pourrions décrire diverses catégories comptant des mécanismes différents et des adjuvants thérapeutiques spécifiques à ces mécanismes, pour aider le début du traitement ou les rechutes éventuelles.

Exposons maintenant quelques exemples des nombreuses hypothèses possibles concernant les mécanismes de prédisposition.

Variations constitutionnelles des systèmes neurotransmetteurs

La libération et la réception des neurotransmetteurs pourraient dépendre de variantes génétiques des molécules de protéines correspondantes. Les plus connus des neurotransmetteurs, dont les récepteurs sont tous modifiés par l'alcool, et qui donnent tous lieu actuellement à des essais thérapeutiques visant à rectifier ces anomalies, sont l'acide gamma-aminobutyrique (GABA), la dopamine et la sérotonine. Ces substances sont au centre du traitement des psychoses (schizophrénie, manie, dépression) depuis trente ans et plus, alors que l'on commence seulement à s'y intéresser dans le traitement de l'alcoolisme.

Modification des membranes neuronales

Il s'agit d'une réduction de leur sensibilité à l'action fluidifiante de l'alcool, accompagnée de changements dans les mouvements des ions sodium et potassium à travers les membranes, et dans la propagation électrique des influx nerveux.

Production excessive de tétrahydro-isoquinoléines

L'hypothèse, qui repose sur l'expérimentation animale, est que l'acétaldéhyde produite par la dégradation de l'alcool se combine à des neurotransmetteurs produits par le cerveau (la dopamine en particulier) pour donner naissance à un composé psycho-actif ressemblant à un opiacé, et donc susceptible d'engendrer la dépendance (bétacarboline ou tétrahydro- isoquinoléine, THIQ).

Mécanismes neurochimiques de renforcement comportemental

Il s'agit ici de mécanismes dits de récompense, au niveau de zones cérébrales spécifiques: certains sujets seraient plus euphoriques que d'autres du fait de niveaux différents de dopamine, de norépinéphrine, et de peptides opiacés dans les régions cérébrales spécifiques dont on sait maintenant qu'elles constituent le lieu de l'expérience du plaisir, et donc de la motivation du comportement, basée sur le couple récompense-punition.

Ces mécanismes hypothétiques passés en revue, il nous faut maintenant considérer brièvement la possibilité de liens génétiques entre les maladies mentales et l'alcoolisme. Il est établi qu'une minorité de cas d'alcoolisme est secondaire à des maladies mentales préexistantes et, comme on le sait, la génétique joue également un rôle dans ce domaine.

La psychopathologie associée

L'alcoolisme est souvent associé à des troubles affectifs, que l'on considère l'individu lui-même ou sa famille. Par exemple, nous constatons souvent en clinique que l'alcoolique est déprimé. Souvent lorsqu'il nous arrive, sa théorie est qu'il a commencé à boire à cause de déceptions dans sa vie conjugale, sentimentale ou professionnelle, de sorte que la dépression est primitive et que la consommation de l'alcool constitue en quelque sorte une tentative d'automédication. Certains chercheurs ont été plus loin et suggéré que le même génotype, correspondant à un «spectre de maladies dépressives», peut s'exprimer dans une famille par la dépression chez les femmes et l'alcoolisme ou la personnalité antisociale chez les hommes. Toutefois, plusieurs études militent contre cette hypothèse et font considérer la dépression comme le plus souvent secondaire à l'alcool. En premier lieu, dans les études longitudinales de Vaillant (1983), plusieurs centaines de sujets ont été suivis régulièrement, depuis l'adolescence et pendant plusieurs décennies: ces remarquables et très soigneux travaux ont souligné qu'un parent alcoolique est un «prédicteur» significatif d'alcoolisme, alors que le milieu familial pertubé dans l'enfance ne l'est pas; d'autre part, dans la biographie de ces hommes, on voit beaucoup plus souvent la dépression succéder à l'abus d'alcool que le contraire.

D'autre part, les études d'adoption montrent que les filles adoptées d'alcooliques ne sont pas plus souvent déprimées que les contrôles (par contre les filles d'alcooliques, élevées par leurs parents biologiques, ont un taux élevé de dépressions).

Quant à l'association entre alcoolisme et personnalité antisociale, elle ne paraît pas être génétiquement significative, sauf peut-être dans une catégorie spécifique et peu nombreuse dont nous avons parlé plus haut (forme limitée aux mâles de Cloninger).

Conclusion

L'état actuel des recherches sur la génétique de l'alcoolisme ne nous apporte guère de moyens de prévention utilisables en pratique. Il est possible d'indiquer comme visée essentielle le travail d'identification des diverses catégories d'alcoolisme, dont certaines pourront être étiquetées grâce à des marqueurs. Il ne faut pas oublier qu'un marqueur est un caractère phénotype qui peut être, ou ne pas être, lié à la causalité d'une maladie, qu'il s'agisse d'alcoolisme ou de n'importe quelle autre affection. Si l'on pouvait détecter ailleurs que dans le foie (par exemple, dans le plasma) les variantes des enzymes du métabolisme de l'alcool, il s'agirait d'un marqueur fort intéressant et lié à un mécanisme fondamental de la maladie.

Les essais thérapeutiques utilisant les substances agonistes de divers neurotransmetteurs modifiés par l'alcool nous offrent une chance d'investigation génétique et d'identification de sous-groupes diagnostiques.

D'autre part, il importe d'intégrer les études animales et humaines, car les premières peuvent fournir des réponses inaccessibles chez l'homme, en ce qui touche les neurotransmetteurs, par exemple.

Quelle que soit l'importance des facteurs génétiques, le passage de la simple prédisposition aux symptômes (expression des gènes) et la gravité des troubles sont influencés par le milieu, dans des proportions variables suivant les types cliniques.

Nous espérons que ce qui précède aura contribué à convaincre le lecteur du caractère illogique du *non sequitur*, conscient ou inconscient: «si l'alcoolisme est héréditaire, il ne peut être traité: mieux vaut alors oublier l'hérédité et ses mécanismes, et s'adresser aux aspects du comportement, directement accessibles...».

Références

BOHMAN, M., (1978). Some genetic aspects of alcoholism and criminality. *Arch. Gen. Psychiat.* 35: 269-276.

CLONINGER, C.R., BOHMAN, M. et SIGVARDSSON, S. (1981). Inheritance of alcohol abuse. *Arch. Gen. Psychiat.* 38: 861-868.

EWING, J.A. et McCarty, D. (1983). Are the endorphins involved in mediating the mood effects of ethanol? *Alcoholism Clin. Exp. Res.* 7: 271-275.

GOODWIN, D.W., SCHULSINGER, F., HERMANSEN, L., GUZE, S.B. et WINOKUR, G. (1973). Alcohol problems in adoptees raised apart from alcoholic biological parents. *Arch. Gen. Psychiat.* 28: 238-243.

POLLOCK, V.E., VOLAVKA, J., GOODWIN, D.W., MEDNICK, S.A., GABRIELLI, W.F., KNOP, J. et SCHULSINGER, F. (1983). The EEG after alcohol administration in men at risk for alcoholism. *Arch. Gen. Psychiat.* 40: 857-861.

SCHUCKIT, M.A. (1985). Behavioral effects of alcohol in sons of alcoholics. M. Galanter (ed.) *Recent Developments in Alcoholism.* New York: Plenum, vol. 3: 11-19.

TARTER, R.E., McBRIDE, H. et BUONPANE, N. (1977). Differentiation of alcoholics. Chilhood history of minimal brain damage, family history and drinking pattern. *Arch. Gen. Psychiat.* 34: 761-768.

VAILLANT, G.E. (1983). *The natural history of alcoholism.* Cambridge: Harvard University Press.

■ RÉSUMÉ

L'auteur nous présente le contexte et les principales straté-gies de recherche sur les facteurs génétiques de l'alcoolis-me. Sont passées en revue les études de jumeaux, de demi-fratries, d'enfants adoptés d'alcooliques, de sujets à risque élevé et de familles, ainsi que les recherches sur l'animal. L'auteur discute ensuite de la nature de l'héritage génétique, plus particulièrement de la variation des enzymes et des fonctions des cellules nerveuses, pour terminer par le do-maine de la psychopathologie associée aux prédispositions héréditaires.

Section **4**

LES POPULATIONS À RISQUES

Chapitre 14

L'abus d'alcool chez les personnes âgées: une réponse à leurs conditions de vie?*

Guy Vermette

Depuis environ dix ans aux États-Unis s'élabore une littérature concernant l'abus d'alcool chez les personnes âgées. Des équipes de recherche s'interrogent sur cette problématique pour tenter de préciser l'incidence et les caractéristiques de la population affectée. Cette réflexion vise également à proposer des hypothèses qui viendraient expliquer les motifs d'abus d'alcool chez les personnes âgées. La très grande majorité des recherches tentent cependant de préciser les faits. Les recherches épidémiologiques qui pourraient distinguer les différences d'étiologie et de typologie sont presque inexistantes. Un intérêt existe également en ce qui concerne les services à offrir aux personnes âgées aux prises avec un problème d'alcool. Tous ces champs de recherches, d'investigations et d'interventions, bien qu'essentiels et prometteurs, soulèvent plus de questions qu'ils n'apportent de réponses. Il se peut que ces interrogations dénotent un problème réel jusqu'à tout récemment peu perceptible.

Au Québec, la réflexion en est encore à l'étape embryonnaire. Très peu de recherches existent pour tenter de préciser l'incidence d'un problème d'alcool chez les personnes âgées (Pelletier, 1976). Les chercheurs ou intervenants intéressés à contribuer à une meilleure compréhension du problème sont rares; ceux qui offrent une aide adaptée le sont encore davantage. Nous faisons face à une ignorance et à une impuissance qui obligent ceux ou celles oeuvrant auprès des personnes âgées à amorcer une réflexion. Se pencher sur le problème de l'abus d'alcool chez les personnes âgées implique, au préalable, une meilleure compréhension de leur univers psychologique et social.

---

* Version abrégée d'un texte publié dans: *Éléments de gérontologie.* Montréal: Maurice Aumond éd., 1982: 235-258. Produit avec la permission de l'éditeur.

Le contexte de vie des personnes âgées

Les recherches scientifiques et les données empiriques sont unanimes à établir un lien causal très étroit entre les conditions de vie et la qualité de vie. La qualité de vie ne se résume pas à une simple appréciation subjective de l'expérience vécue par une personne; elle est la résultante d'un rapport concret et quantifiable, établi avec les gens et le contexte social dans lequel la personne vit. C'est ainsi que les statuts socioéconomique, occupationnel et marital ainsi que les niveaux d'éducation, de santé et d'interactions sociales sont des facteurs qui déterminent la qualité de vie d'une personne et la perception du bien-être qu'elle en retire (Larson, 1978).

Les personnes âgées vivent depuis quelques décennies une situation de crise en rapport à ces conditions de vie. L'urbanisation, l'industrialisation et la forte natalité d'après-guerre ont provoqué des changements qui perturbent la position traditionnelle de ce groupe d'âge dans la société, leur créant ainsi des problèmes d'ajustements majeurs. Les personnes âgées vivent maintenant dans une société axée sur la jeunesse, l'individualisme, la productivité et la consommation. Elles disent souvent avoir peu d'emprise sur leurs conditions de vie. Elles subissent le relâchement des liens familiaux, l'augmentation effrénée du coût de la vie et une organisation sociale ainsi que des attitudes qui manifestent souvent un manque de compréhension et de respect à leur égard. Aux dires même du gouvernement du Québec, dans son document de travail en vue d'une politique sur la vieillesse (1980), les capacités financières de même que la liberté de choisir et de maintenir un lieu d'habitation constituent des prérequis au maintien d'un sentiment de sécurité et d'appartenance à la collectivité. Ces prérequis sont malheureusement inexistants et font l'objet de revendications par l'*Association québécoise pour la défense des droits des retraités et préretraités* (AQDR) ainsi que par les *Panthères Grises* aux États-Unis. La majorité des personnes âgées vivent au niveau du seuil de la pauvreté et utilisent de 30 % à 40 % de leurs revenus pour un logement dont le coût augmente plus rapidement que ces mêmes revenus (AQDR, 1980). Cette situation est dramatique et requiert des changements prochains.

Dans ce contexte de préoccupations quotidiennes en vue de satisfaire des besoins fondamentaux, l'occupation du temps et la recherche de loisirs deviennent bien souvent des préoccupations secondaires pour les personnes âgées. De plus, elles ont vécu dans un contexte social où la personne était valorisée en fonction du travail qu'il exerçait. La mise à la retraite représente donc une situation d'anomie, la société n'attendant plus rien des personnes âgées, sinon qu'elles se reposent pour les services rendus à la communauté. Cette exclusion de la vie active est si percutante en termes de réajustements psychologiques et sociaux que les récents cours de préparation à la retraite (Plamondon et Plamondon, 1980) sont devenus des outils préventifs quasiment indispensables.

Les problèmes des personnes âgées mentionnés jusqu'ici sont d'ordre social. Ils ne décrivent pas le fait de vieillir mais bien davantage les attitudes que la société entretient à l'égard des personnes âgées. Ces conditions de vie influent cependant sur le processus du vieillissement en rendant la personne plus vulnérable à des problèmes physiques, émotifs ou mentaux. Alors qu'en vieillissant une personne voit ses énergies disponibles diminuer, ou tout au moins son fonctionnement ralentir, les facteurs de stress, eux, augmentent. Holmes et Rahe (1967) ont établi une grille d'évaluation des situations provoquant un stress et pondéré auprès d'une population adulte leur valeur anxiogène. Le tableau 14.1 montre le niveau de stress provoqué par différentes situations. On constate que la mort du conjoint s'avère l'événement le plus stressant alors qu'une infraction mineure génère le plus faible niveau de stress. Bien que cette échelle d'ajustement social ait été constituée à partir d'une population adulte, on peut tenter d'isoler les situations fréquemment vécues par les personnes âgées (+): on remarque alors que les agents stresseurs sont nombreux et représentent, dans leur effet cumulatif ou simultané, un niveau de stress intolérable pour le maintien d'un équilibre psychologique.

L'anxiété ainsi produite chez les personnes âgées est malheureusement souvent perçue comme normale: on y voit la simple manifestation des différentes craintes associées au fait d'être vieux ou vieille. Les symptômes cliniques tels que la perte d'appétit, le manque d'énergie et l'insomnie, très fréquents chez les personnes âgées, présentent aussi cet aspect de normalité. Il est vrai que le processus de vieillissement engendre de tels problèmes et que la douleur, la peur ou l'insécurité associées provoquent un stress. Cependant, sous l'expression d'une anxiété voilée se cache bien souvent une réaction dépressive qui résulte des difficultés d'adaptation à la réalité. Face à ces difficultés, beaucoup de personnes âgées demeurent sans espoir d'apporter des changements et le sentiment d'impuissance qui en découle entretient les éléments dépressifs. Guillemard (1973) en vient, peut-être à juste titre, à comparer la vieillesse actuelle à une mort sociale. La société n'offre peu ou pas de moyens à la personne vieillissante de s'assurer une qualité de vie lorsqu'elle aura atteint l'âge que l'on qualifie d'or.

Est-il alors plausible de croire que la personne âgée, vivant pauvreté, solitude et sentiment d'inutilité, recherche des moyens pour réduire l'anxiété associée à ces conditions de vie? Est-il également plausible que la personne âgée recherche des moyens qui lui procurent des énergies pour faire face à ses problèmes physiques ou à ses responsabilités quotidiennes? Est-il compréhensible que la personne âgée, face à un quotidien difficile, cherche à s'évader à l'occasion et à fuir cette réalité pour se donner des instants de répit? Finalement, est-il compréhensible qu'une personne âgée utilise des moyens que bien d'autres personnes utilisent pour faire face aux situations décrites? L'alcool jouerait encore ici le rôle, qui lui est depuis longtemps reconnu, «d'anesthésique», en fournissant à la personne un certain réconfort, un support dans la réalité comme dans l'imaginaire. Cette fonction d'adaptation, remplie par l'alcool, tire son origine des débuts de la civilisation. Mishara et Kastenbaum (1980) décrivent ainsi le rôle joué par l'alcool chez les personnes âgées de cette époque qui y rattachaient toute une mythologie et un rituel magique; on conférait ainsi à l'utilisation de l'alcool des pouvoirs de guérison, de conservation de la jeunesse, de communication et d'adaptation aux vicissitudes de la vie. On peut donc penser que les personnes âgées actuelles puissent encore utiliser l'alcool comme moyen d'adaptation à leur réalité (Pascarelli,

1974; Pelletier, 1976; Vermette, 1981a). Cela dit, quelles sont les données actuelles de la consommation d'alcool chez les personnes âgées?

Tableau 14.1
Échelle d'ajustement social mettant en rapport le niveau de stress généré par certains événements

ÉVÉNEMENTS		NIVEAU DE STRESS
Mort d'un conjoint	+	100
Divorce		73
Séparation		65
Emprisonnement		63
Mort d'un membre de la famille	+	63
Blessure ou maladie	+	53
Mariage		50
Congédiement		47
Réconciliation maritale		45
Retraite	+	45
Problème de santé d'un membre de la famille	+	44
Grossesse		40
Problèmes sexuels	+	39
Naissance d'un nouveau membre de la famille		39
Réajustement au travail (réaffectation)		39
Changement dans la situation financière	+	38
Mort d'un ami	+	37
Changement du type d'emploi		36
Arguments avec le conjoint	+	35
Hypothèque de plus de 10 000 $		31
Saisie d'un prêt ou d'une hypothèque		30
Changement de responsabilité au travail		29
Enfant qui quitte la maison	+	29
Problèmes avec la loi		29
Réalisation personnelle marquante		28
Épouse qui commence ou cesse de travailler		26
Finir ou commencer l'école		26
Changements de conditions de vie	+	25
Changements d'habitudes de vie	+	24
Problèmes avec l'employeur		23
Changements des conditions de travail		20
Déménagement		20
Changement d'école		20
Changement de loisirs	+	19
Changement de pratiques religieuses		19
Changement des activités sociales	+	18
Hypothèque ou prêt de moins de 10 000 $		17
Changement dans le sommeil	+	16
Changement dans la fréquence des rencontres familiales	+	15
Changement d'habitudes alimentaires	+	15
Vacances		13
Noël	+	12
Infraction mineure		11

+   Évaluation faite par l'auteur des situations fréquemment vécues par les personnes âgées.

Source: Obtenu de HOLMES, T.H. et RAHE, R.H. (1967). «The social readjustment rating scale», *Journal of Psychomatic Research*, 11: 213.

La consommation d'alcool chez les personnes âgées

L'étude de la consommation d'alcool chez les personnes âgées remonte aux dix ou quinze dernières années. Il se peut que la situation ait été différente avant cette époque comme il se peut que l'étude des prochaines générations de personnes âgées donne lieu à d'autres résultats que ceux obtenus des récentes recherches.

D'une façon générale, nombreuses sont les recherches ou études qui démontrent une diminution de la consommation d'alcool chez les personnes âgées (Cahalan et coll. , 1969; Chafetz, 1974; Edwards et coll., 1972; Mulford, 1964; Statistique Canada, 1981). Cahalan et ses collaborateurs, par exemple, lors d'un sondage national auprès de 2746 personnes choisies au hasard et âgées de 21 ans et plus, ont montré que 47 % des personnes ayant plus de 60 ans étaient abstinentes ou consommaient quelques fois par année. Les études montrent également que la femme âgée consomme moins souvent et en moins grande quantité que l'homme du même âge (Cahalan et coll., 1969; Mulford, 1964; Room, 1972).

Ces données doivent cependant être interprétées avec prudence. Plusieurs variables méthodologiques peuvent influencer la validité des résultats, dont la nature des échantillonnages et les méthodes de cueillette des données. Pour la plupart, les chercheurs ont procédé par la méthode d'entrevues et de questionnaires. Il se peut que les personnes âgées participant à de telles recherches aient manifesté des réticences à divulguer des informations personnelles relatives à leur consommation d'alcool; elles peuvent également avoir souhaité satisfaire les attentes de la personne conduisant l'entrevue. Dans cette perspective, le type de questions posées peut influencer les résultats. Les données cliniques en intervention auprès des personnes âgées abusant d'alcool montrent la très grande distinction qu'elles peuvent faire, par exemple, entre alcool et bière, l'alcool étant cette «mauvaise boisson» avec laquelle on devient alcoolique. Finalement, les échantillons réels desquels on a tiré des résultats n'incluent que les personnes ayant bien voulu collaborer à de telles recherches; considérant qu'il est fréquent de rencontrer chez les personnes âgées une démobilisation sociale et une réclusion dans leur logement, il se peut que les personnes étudiées ne soient nullement représentatives de la population âgée en général.

Au-delà des biais méthodologiques, d'autres motifs peuvent expliquer les données recueillies. De fait, le manque d'argent, les changements d'habitudes suivant la mise à la retraite, la diminution du désir de boire consécutive aux effets nocifs sur la santé ainsi qu'une faible tolérance à l'alcool sont, d'après Rosin et Glatt (1964), des facteurs explicatifs. De ces facteurs, les deux derniers ont une vérification scientifique. Plusieurs recherches montrent en effet une faible tolérance physiologique à l'alcool chez les personnes âgées (Friedel et Raskind, 1976; Shuster, 1976). Vestal et ses collaborateurs (1977), de leur côté, ont montré qu'à doses et à poids égaux, les personnes âgées révèlent un taux d'alcool dans le sang plus élevé que chez les plus jeunes sujets; les auteurs attribuent cette différence à la diminution de la masse corporelle et de la quantité d'eau de l'organisme. Il est intéressant de constater que ce changement physiologique s'exerce également chez des animaux âgés auxquels de l'alcool est administré; les études sur le sujet montrent une toxicité plus grande (Ernst et coll., 1976), une diminution de la quantité d'alcool consommée (Goodrick, 1975), une augmentation des problèmes physiques (Ernst et coll., 1976), un rythme plus lent pour métaboliser l'alcool (Wiberg et coll., 1970), et un plus grand changement au niveau de la chimie du cerveau (Sun et coll., 1975).

En vieillissant, une personne serait donc prédisposée, physiologiquement, à réduire les quantités d'alcool consommées afin de maintenir un certain équilibre homéostatique des différents systèmes de son organisme. Dans cet ordre d'idées, l'alcool posséderait en contrepartie un rôle fonctionnel. Il est en effet reconnu que l'alcool, pris en petites quantités, possède des effets positifs sur l'organisme: on y associe, notamment, des propriétés antisclérosantes et antithrombotiques (Lutterotti, 1967). Mishara et Kastenbaum (1980) conseillent toutefois la prudence dans l'interprétation des effets positifs d'une prise d'alcool modérée chez les personnes âgées. Si le vieillissement implique effectivement une déficience des mécanismes régulatoires, les connaissances actuelles en biogérontologie sont partagées quant à l'explication de l'origine de cette déficience. Certains l'interprètent comme étant la résultante d'une succession de maladies ou d'accidents vécus par la personne tout au long de sa vie; dans l'un et l'autre cas, le rôle exact de l'alcool sur les mécanismes régulatoires reste à découvrir. Forni (1978) considère cependant qu'une personne âgée doit être très prudente lorsqu'il s'agit de consommer de l'alcool. L'effet premier sur le système nerveux central étant de réduire les niveaux fonctionnels de l'activité cérébrale, la consommation même modérée d'alcool chez une personne âgée peut alors provoquer des effets désagréables, telle une grande faiblesse ou une confusion; les risques de chutes ou d'accidents sont également fortement accrus.

Un dernier aspect à considérer quant à la consommation d'alcool chez les personnes âgées est son caractère très permissif sur le plan social. Pendant longtemps et encore aujourd'hui, bon nombre de personnes âgées ont utilisé certaines boissons alcoolisées pour se donner de l'énergie ou pour favoriser le sommeil. L'alcool prend alors la forme d'un remède que la personne s'administre au besoin. Cette pratique est acceptée et valorisée par de nombreux médecins. L'assentiment médical devrait cependant découler d'une évaluation de la condition physique et psychologique de la personne âgée et tenir compte des connaissances gériatriques et gérontologiques. La vulnérabilité physiologique de la personne âgée, décrite jusqu'à présent, incite à l'extrême prudence dans toute forme d'ingestion de substances chimiques venant modifier le fonctionnement de l'organisme.

L'incidence de la consommation modérée d'alcool chez les personnes âgées demeure encore à préciser et rien n'indique comment une personne modifie ses modes de consommation lorsqu'elle vieillit. Les données actuelles démontrent cependant que les personnes âgées consomment moins d'alcool que tout autre groupe de buveurs et qu'un des principaux motifs pour expliquer cette faible consommation serait la prise de conscience d'une vulnérabilité phy-

sique et physiologique qui commande la modération et parfois même l'abstinence. Il se peut également que le contexte prohibitif dans lequel les personnes qui sont actuellement âgées ont vécu étant jeunes, explique en partie
les données obtenues quant à leur faible consommation d'alcool.

Les données actuelles ne permettent donc pas d'établir un lien étroit
entre l'usage de l'alcool, comme mécanisme d'adaptation, et les conditions de
vie difficiles de nombreuses personnes âgées. Certaines données concernant
l'alcoolisme chez les personnes âgées laissent cependant croire en une réalité
différente.

L'abus d'alcool et l'alcoolisme chez les personnes âgées

L'abus d'alcool et l'alcoolisme chez les personnes âgées furent un sujet
d'études très peu exploré jusqu'au début des années 1970 (Zimberg, 1970;
Schuckit et Pastor, 1979). Depuis, de nombreuses recherches tentent de clarifier la relation pouvant exister entre l'alcool et la personne âgée. Cet intérêt
nouveau, selon Peck (1979), provient du fait que depuis le début des années
1970, on reconnaît la situation des personnes âgées comme un problème social. La situation d'anomie mentionnée précédemment crée chez les personnes âgées une ambiguïté quant à leur statut, un conflit quant aux attentes et
un désengagement social; ces changements ont pour effet de diminuer l'insertion de la personne dans le tissu social. Inspiré des théories sociologiques du
contrôle social, Peck perçoit alors l'abus d'alcool chez les personnes âgées
comme un comportement déviant qui sert de mécanisme d'adaptation à des
conditions de vie stressantes, aux sentiments d'isolement social, de dégradation et de faible estime de soi. Ce comportement déviant viendrait aussi en réaction à la forte stigmatisation et aux stéréotypes négatifs associés à la vieillesse; la personne âgée posséderait dans ce contexte un faible souci des
conséquences sociales de ses abus d'alcool car elle se sent désengagée du
milieu social et assujettie à aucune règle interdisant cette déviance.

La conceptualisation de Peck représente un des premiers efforts théoriques pour comprendre la relation fonctionnelle existant entre l'alcool et la personne âgée. Ces idées sont en accord avec notre hypothèse de base voulant
que l'alcool serve de mécanisme d'adaptation aux personnes âgées ayant à
faire face à des conditions de vie difficiles. Voyons maintenant les critères utilisés pour déterminer s'il existe ou non un problème d'abus d'alcool et d'alcoolisme chez les personnes âgées, de même que les données disponibles à ce
sujet.

Critères pour définir l'abus d'alcool et l'alcoolisme

L'identification d'un problème d'abus d'alcool ou d'alcoolisme est une
tâche difficile. Un des principaux motifs réside dans le fait qu'il n'existe pas de

démarcation objective et vérifiable entre la personne qui abuse d'alcool et une autre qui boit modérément. Barry (1974) fait remarquer qu'une même personne peut être perçue alcoolique ou non alcoolique dépendamment de qui l'évalue. Blane et ses collaborateurs (1963) précisent de leur côté que le diagnostic de l'alcoolisme est fonction des perceptions sociales et des différents biais de la personne qui le pose. La conception traditionnelle reconnaissant l'alcoolisme comme une maladie a eu cependant pour conséquence de centrer le diagnostic autour des effets de l'alcool sur l'organisme. Beaucoup d'importance a été ainsi accordée à des facteurs telles l'irréversibilité de la dépendance physique et la perte de contrôle, critères de plus en plus remis en question sur le plan scientifique. Comme le soulignent Mello et Mendelson (1978), l'alcoolisme est beaucoup plus complexe: il implique une série d'interactions entre la personne, la substance et l'environnement. La nature de ces interactions est tout autant physique, que psychologique ou sociale. Cette complexité de la relation alcoolique a amené l'*Association américaine de psychiatrie* à définir l'alcoolisme comme étant:

> Une utilisation d'alcool suffisamment grande pour endommager la santé physique ou entraver le fonctionnement personnel ou social d'une personne, ou
> Lorsque l'utilisation d'alcool devient un prérequis au fonctionnement normal de la personne.
> (Mendelson et Mello, 1979: 3)

Dans cette perspective, il n'est donc pas question de vérifier l'absence ou la présence d'alcoolisme mais bien de distinguer le degré de dépendance et de conséquences résultant de la consommation d'alcool. Cette dépendance et ces conséquences peuvent se manifester par différents symptômes. Carruth (1973) en suggère neuf:

- des réactions de sevrage telle la perte de mémoire, les tremblements, la «gueule de bois»;
- une dépendance psychologique envers l'alcool qui se manifeste à jeun par une incapacité ou une difficulté d'assumer les responsabilités quotidiennes. La prise d'alcool devient un élément nécessaire au fonctionnement de la personne. À un degré de dépendance plus élevé, le fonctionnement de la personne est perturbé et même inopérant;
- des problèmes médicaux tels que: cirrhose, ulcères, complications cardiaques, détérioration neuropsychologique;
- des problèmes financiers;
- des problèmes conjugaux ou familiaux;
- des problèmes de relation avec les amis;
- des problèmes en milieu de travail;
- une agressivité verbale ou physique;
- des problèmes judiciaires ou légaux.

Dans le cadre d'une recherche sur l'alcoolisme chez les personnes âgées, Williams (1973) considère qu'une personne manifeste un problème d'alcoolisme lorsque trois des neuf symptômes énumérés apparaissent suite à la consommation d'alcool. Mishara et Kastenbaum (1980) soulignent cependant la difficulté de les identifier chez le buveur âgé; en effet, plusieurs de ces symptômes résultent également du processus de sénescence ou des conditions re-

liées à la vieillesse. Il devient donc difficile de dissocier les conséquences reliées à un abus d'alcool de celles reliées au fait d'être âgé. Le *National
Council on Alcoholism* (1972) a établi une grille d'évaluation similaire mais comportant une description élaborée de chacune des dimensions symptomatiques;
chaque conséquence est ainsi pondérée sur une échelle de détérioration à trois
niveaux. Cette grille possède cependant les mêmes limites que celle de
Carruth. Gordon et ses collaborateurs (1976) en viennent donc à la conclusion
qu'un problème d'alcoolisme est très difficile à diagnostiquer chez les personnes âgées.

Les critères mentionnés ne peuvent donc que servir d'indices pour évaluer la présence d'un problème d'alcoolisme chez la personne âgée. La qualité
et la validité de l'évaluation résident peut-être davantage dans une meilleure
compréhension de la réalité physique, psychologique et sociale caractérisant
cette catégorie d'âge. Dans cette optique, Zay (1980) mentionne l'importance
d'évaluer le cadre de vie de la personne âgée; cette évaluation sociale révèle
souvent les causes premières des symptômes observés.

Données concernant l'abus d'alcool et l'alcoolisme

Un sondage national fait par Cahalan et ses collaborateurs (1969) révèle
que le pourcentage des personnes abusant d'alcool diminue lorsque l'âge augmente. L'abus d'alcool atteindrait ainsi un taux maximum chez les personnes
de 35 à 49 ans (Cahalan et coll., 1969; Gaitz et Baer, 1971; Statistique Canada,
1981; Zimberg, 1974.). Drew (1968), dans une étude antérieure à ces différents
sondages, montre qu'il existe beaucoup moins d'alcooliques de 40 ans et plus
en traitement, comparativement à ce que nous devrions anticiper en rapport au
taux de mortalité dans la population; il en conclut que l'alcoolisme est un «self-
limiting disease». L'alcoolisme tendrait donc à diminuer l'espérance de vie
d'une personne et il en résulterait une mortalité plus grande, consécutive à une
série de causes telle que la cirrhose du foie, différentes formes de cancer, des problèmes cardio-vasculaires, des accidents et des suicides (De Lint et Schmidt,
1976). Cependant, Timiras (1972) précise qu'à l'exception du foie, les différents systèmes de l'organisme possèdent en vieillissant un fort taux de morbidité: il peut donc devenir difficile, encore une fois, de départager les
conséquences d'un abus d'alcool de celles du vieillissement. Finalement,
Hillman (1974) souligne que la malnutrition ou la sous-alimentation, fréquente
chez la personne âgée alcoolique, peut accentuer ou causer des pathologies
directement associées à des abus d'alcool; ces données concernant la morbidité chez les personnes alcooliques expliquent en bonne partie l'absence apparente d'alcoolisme chez les personnes âgées.

Depuis, les données recueillies par différentes études de la population
générale montrent qu'il y aurait entre 2 % et 10 % des personnes âgées avec
un problème d'alcool (Bailey et coll., 1965; Barr, 1980; Cahalan et coll., 1969;
Schuckit et Miller, 1976). Siassi et coll., (1973), lors d'un sondage à l'intérieur
de l'*Union des travailleurs de l'automobile*, en viennent également au résultat
que 10 % des hommes de 60 ans et plus sont alcooliques; ils notent toutefois
que le pourcentage est de 20 % chez les femmes de 60 ans et plus. Statistique

Canada (1981) nous apprend que le groupe des retraités-pensionnés compte 18 % de «grands buveurs», catégorie d'usagers qui prennent plus de deux consommations quotidiennes. Selon ces données, c'est entre les hommes et les femmes âgées que la différence de consommation serait la plus prononcée, la femme âgée abusant rarement de l'alcool; cette différence de consommation entre sexes demeure très peu abordée dans les recherches et lorsqu'on s'y penche, des contradictions ou des différences importantes dans le niveau d'alcoolisme chez les femmes apparaissent. Cette constatation exigerait un approfondissement car les femmes représentent la majorité des personnes âgées et elles vivent encore plus difficilement que les hommes les problèmes liés à la vieillesse.

Une autre source de données provient des études de populations admises dans des services médicaux ou psychiatriques. Lors d'une enquête sur la perception des professionnels de la santé de la région d'Ottawa à l'endroit de leurs clients âgés, Welsh (1976) montre qu'en moyenne 14 % des clients âgés ont un problème d'alcool. D'une façon générale, les recherches portant sur ce type de services révèlent de 5 % à 50 % de personnes âgées ayant des problèmes d'alcool (Busse, 1973; Daniel, 1972; Gaillard et Perrin, 1969; Gaitz et Baer, 1971; Schuckit et Miller, 1976; Simon et coll., 1968). Plusieurs facteurs expliquent cette grande variabilité: les critères utilisés pour définir un problème d'alcool, le type de service utilisé, les antécédents médicaux ou psychiatriques et les catégories d'âge considérées. Les variations peuvent également refléter la diversité des conditions des personnes âgées, d'un individu à l'autre et d'une région à l'autre; une autre explication pourrait venir de la conception véhiculée quant aux services à offrir à une personne âgée alcoolique. Faibles en pourcentage lors des sondages auprès de la population âgée en général, les problèmes d'alcool deviennent davantage évidents à l'intérieur des services médicaux. Ils marquent l'incidence la plus forte à l'intérieur d'institutions psychiatriques ou d'hospices pour vieillards. Il peut donc arriver qu'une personne âgée alcoolique, de par les conséquences de ses consommations, soit davantage orientée vers les services psychiatriques ou géro-psychiatriques, quelle que soit l'étiologie de son alcoolisme. Simon et ses collaborateurs (1968) ont montré que les personnes âgées alcooliques atteintes de syndromes organiques présentaient des déficits cognitifs se traduisant par des symptômes psychiatriques.

Gaitz et Baer (1971), lors d'une étude, confirment cette relation et révèlent que 61 % des personnes âgées alcooliques hospitalisées en psychiatrie avaient un syndrome organique: les déficits cognitifs observés chez les personnes âgées alcooliques incitent donc au diagnostic psychiatrique. Il est cependant fréquent que les problèmes d'alcool soient exclus du diagnostic primaire et ne soient mentionnés que lors d'un diagnostic secondaire; les diagnostics secondaires sont toutefois souvent exclus des statistiques. L'incidence de l'alcoolisme chez les personnes âgées hospitalisées en psychiatrie pourrait donc de ce fait être encore plus élevée que ce qu'en rapportent les recherches actuelles.

L'alcoolisme, bien que perçu socialement comme une maladie, possède pour les personnes âgées une forte connotation morale. Il est associé à la santé mentale et, à cet âge, est souvent perçu comme synonyme de folie, de maladie chronique, de déséquilibre. Dans ce sens, une enquête réalisée par Gaillard et Perrin (1969) auprès de médecins de 161 hospices pour vieillards, montre que le bas niveau intellectuel est la première cause retenue pour expliquer l'alcoolisme chez les pensionnaires âgés; des facteurs comme l'exploitation et l'aliénation auraient rendu la personne sujette à utiliser des substances telles que l'alcool pour faire face à des conditions de vie difficiles.

Il semble donc que nous assistions à une psychiatrisation de la personne âgée alcoolique, attitude que l'on justifie par les symptômes observés chez cette population et par la conception des services à leur offrir. Cette psychiatrisation de la personne âgée alcoolique a cependant différentes conséquences:

- les services en alcoolisme de plus en plus désireux de «normaliser» le problème au travers des approches psychosociales, ne répondent pas aux appréhensions de la personne âgée aux prises avec un problème d'alcool;
- la société n'a pas, au travers la psychiatrisation de la santé mentale, proposé des solutions valables au problème d'alcoolisme chez les personnes âgées, d'où la croyance populaire en une impuissance complète vis-à-vis de cette population;
- de ne pas avoir d'alternatives valables confine l'alcoolique âgé dans l'univers de la maladie mentale;
- l'ignorance et l'impuissance vécues à l'égard des personnes âgées alcooliques contribuent à leur imposer bien souvent un double standard vis-à-vis de leur consommation d'alcool, qui a pour effet de créer des attentes irréalisables;
- cette psychiatrisation véhicule une conception unitaire de l'alcoolisme chez les personnes âgées et laisse peu de place à des différences d'étiologie et de typologie.

On peut affirmer, après l'étude des différentes données recueillies sur l'abus d'alcool chez les personnes âgées, qu'il existe un réel problème. Son incidence semble moindre qu'au sein de la population de 39 à 49 ans, mais suffisante pour s'interroger sur la décision d'en faire ou non une priorité quant aux services à offrir. La situation demande cependant encore beaucoup de clarifications. Par exemple, il se peut qu'en vieillissant la personne abandonne ou diminue considérablement sa consommation d'alcool pour y substituer les médicaments. La littérature sur l'abus de médicaments chez les personnes âgées révèle à cet égard une forte corrélation positive entre le nombre d'ordonnances de psychotropes et l'âge, corrélation encore plus marquée chez les femmes âgées (Vermette, 1981c). Comme si la personne âgée, de par un ralentissement physique et intellectuel, de fréquentes pathologies, des conditions de vie difficiles et une plus grande proximité de la mort était socialement perçue comme «malade», les médicaments prescrits représentent alors les drogues permises et requises par la condition de vieillesse. Le système social et l'institution médicale favoriseraient cette substitution en rendant très accessibles les consultations médicales et en fournissant facilement et gratuitement les médicaments aux personnes âgées.

Types d'alcoolisme prévalents chez les personnes âgées

Les personnes âgées, à l'instar d'autres groupes d'âge, ne représentent pas un groupe homogène. La croyance populaire véhicule pourtant que toute personne âgée alcoolique boit depuis de très nombreuses années; son profil de consommation correspond à celui de l'alcoolique chronique buvant d'une façon incontrôlée et dont l'alcool a depuis longtemps perturbé le mode de vie. La majorité des recherches en alcoolisme chez les personnes âgées rend compte de ce type d'alcoolisme. Certaines recherches suggèrent cependant une réalité différente (Rathbone-McCuan et Bland, 1975; Rosin et Glatt, 1971; Schuckit et Miller, 1976; Simon et coll., 1968; Zimberg, 1974).

Les données les plus importantes proviennent de Rosin et Glatt (1971) qui ont étudié les admissions de personnes alcooliques, âgées de 60 ans et plus, dans des services de psychiatrie et de gériatrie. Les résultats obtenus montrent l'existence de deux groupes distincts d'alcooliques répartis dans une proportion égale entre les deux services. Cette distinction est établie à partir des motifs qui entraînent l'abus d'alcool chez la personne âgée. Le premier groupe, qui représente les deux tiers de l'échantillonnage, coïncide avec la description de l'alcoolique chronique qui abuse de l'alcool depuis très long-temps: pour ce groupe, l'abus de l'alcool serait surtout relié à des facteurs «primaires», liés à un dysfonctionnnement de la personnalité. Les traits de per-sonnnalité caractérisant ce groupe sont similaires à ceux retrouvés chez de plus jeunes alcooliques (névrose, égocentrisme, faiblesse du moi). Le second groupe de personnes âgées alcooliques décrit par Rosin et Glatt et représen-tant le tiers de l'échantillonnage, présente des motifs d'abus d'alcool davanta-ge «réactionnels», comme une réponse à des conditions physiques, sociales ou familiales désagréables face auxquelles la personne manifeste des pro-blèmes d'adaptation. Selon les mêmes auteurs, la mort du conjoint représente le facteur le plus susceptible de provoquer l'abus d'alcool chez une personne âgée; l'échelle d'ajustement social de Holmes et Rahe, vue précédemment, nous indiquait précisément l'indice de stress le plus élevé (100 %) pour une si-tuation de mortalité du conjoint. Il pourrait donc exister une relation très étroite entre l'abus d'alcool et les événements générateurs de stress.

Ces données confirment que les conditions de vie des personnes âgées sont des facteurs pouvant initier ou même exacerber un problème d'alcool. Cette distinction clinique est très importante car en plus d'accroître la compré-hension de l'étiologie de l'abus d'alcool chez les personnes âgées, elle permet de mieux planifier les services et les interventions pouvant leur être offertes.

Conclusion

Les données recueillies révèlent des problèmes d'alcool chez la popula-tion âgée. L'incidence de ce problème est encore peu précise. Il semble pourtant qu'elle affecte une proportion suffisamment élevée de personnes âgées pour que la société s'interroge sur ce qui doit être fait pour améliorer la situation. L'abus d'alcool n'est pas le simple résultat de l'établissement d'une relation de dépendance entre un individu et une substance. Il est davantage l'expression de difficultés d'adaptation aux réalités physique, psychologique et sociale. La réalité de la majorité des personnes âgées est souvent synonyme de problèmes et bon nombre de ces problèmes ne sont pas la résultante du simple processus de vieillissement. Ils sont plutôt le fruit d'une organisation sociale dans laquelle la personne âgée se sent disqualifiée, démunie et diminuée. Si rien ne change au cours des prochaines années en ce qui concerne les conditions de vie des personnes âgées, l'abus d'alcool chez nos aînés risque de devenir encore plus marqué et cette évidence sera accentuée par l'augmentation très significative de la proportion des personnes de ce groupe d'âge dans la société. Les plus forts consommateurs d'alcool aujourd'hui constitueront les deux prochaines générations de personnes âgées: on peut certes s'interroger sur l'évolution de leur mode de consommation d'ici à ce qu'ils vivent pleinement la réalité d'être âgé. Il est souhaitable que les différentes instances impliquées dans la définition des conditions de vie des personnes âgées favorisent une réflexion honnête sur des problématiques tel l'abus d'alcool pour que socialement des solutions concrètes et applicables soient envisagées: les personnes âgées doivent redevenir des citoyens à part entière, capables de subvenir à leurs besoins les plus essentiels et les plus légitimes.

Cette réflexion sur les conditions de vie des personnes âgées dépasse le cadre de la vieillesse et des attitudes d'une société à l'égard de ses aînés. Elle implique une sérieuse évaluation de la qualité de vie de tout citoyen appelé à vieillir car la consommation d'alcool — comme celle des autres substances psychotropes — n'est la prérogative d'aucune classe d'âge et s'avère une voie d'adaptation pour quiconque a le désir d'altérer sa perception ou les conditions de sa réalité.

Références

AMARK, C. (1951). Study in alcoholism: clinical, social, psychiatric and genetic investigations. *Acta psychiat. scand.* Suppl. n° 70.

AQDR (1980). Manifeste: La situation économique des retraités. *Association Québécoise pour la Défense des droits des retraités et pré-retraités.*

BAILEY, M.B., HABERMAN, P.W. et ALKSNE, H. (1965). The epidemiology of alcoholism in an urban residential area. *Quaterly Journal of Studies on Alcohol*, 26, 19-40.

BARR, G. (1980) Older adults and health promotion: Alcohol use and abuse. *Document de travail soumis au bureau régional de la Direction de la promotion de la santé de l'Ontario*, p. 40-46.

BARRY, H. (1974). Psychological factors in alcoholism, dans B. Kissin and H. Bagleiter (eds). The biology of alcoholism (vol. 3) New York: Plenum Press.

BLANE, H.T., OVERTON, W.F. et CHAFETZ, M.E. (1963). Social factors in the diagnosis of Alcoholism. I. Characteristics of the patient. *Quaterly Journal of Studies on Alcohol*, 24: 640-663.

BUSSE, E.W. (1973) Mental disorders in later life - organic brain syndrome, dans E.W. Busse et Pfeiffer (eds). *Mental illness in later life.* Baltimore, Maryland: Garamound Pride mark Press.

CAHALAN, D., CISIN, I.H. et CROSSLEY, H.M. (1969). *American Drinking Practices: A national study of drinking behavior and attitudes* (monograph n° 6). New-Brunswick, N.S.: Rutgers Center of Alcohol Studies.

CARRUTH, B. (1973). Toward a definition of problem drinking among older persons: Conceptual and methodological considerations, dans E.P. Williams et al. (eds), *Alcohol and problem drinking among older persons.* Springfield, Va: National Technical Information Service.

CHABOT, R. (1981). L'abus d'alcool chez les gens âgés: un grand problème pour peu de considération. *Conférence donnée au 8e colloque de l'Association des intervenants en toxicomanie du Québec*, Joliette: 18 au 21 octobre, 1981.

CHAFETZ, M.E. (1974). *Second special report to the U.S. Congress on Alcohol and health.* Preprint edition, New Knowledge, juin.

DANIEL, R. (1975). A five year study of 693 psychogériatric admission in Queensland. *Geriatries*, 27: 132-155.

DE LINT, S. et SCHMIDT, W. (1976). Alcoholism and mortality, dans B. Kissin et H. Begleiter (eds). *The biology of alcoholism* (vol. 4). New York: Plenum Press.

MINISTÈRE DES AFFAIRES SOCIALES (1980). *Document de consultation sur une politique du troisième âge: Pour mieux vieillir au Québec*, juin.

DREW, L.R. (1968). Alcoholism as a self-limiting disease. *Quaterly Journal of Studies on Alcohol*, 29: 956-967.

EDWARDS, S. et coll. (1972). Motivation for drinking men: Survey of a London suburb. *Psychological Medecins*, 2: 260-271.

ERNST, A.S., DEMPSTER, J.P., YEE, R., ST-DENNIS, C. et NAKANO, L. (1976). Alcohol toxicity, blood alcohol concentration and body water in young and adult rats. *Journal of Studies on alcohol*, 37: 347-356.

FORD, C. et SBORDONE, R. (1980). Study of attitudes of psychiatrists towards elderly patients. *American Journal of Psychiatry* 137: 5, mai.

FORNI, P.S. (1978). Alcohol and the elderly, dans Kayne R.C.(eds). *Drugs and the elderly*. The University of Southern California Press.

FRIEDEL, R.O. et RASKIND, M.A. (1976). Psychopharmacology of aging, dans M.F. Elias, B.E. Eleftheriou et P.K. Elias (eds). *Special review of experimental aging research: Progress in Biology*. Bar Harbor, Maine: Ear inc.

GAILLARD, A. et PERRIN, P. (1969). L'alcoolisme des personnes âgées. *Revue de l'alcoolisme*, 15: 5-32.

GAITZ, C.M. et BAER, P.E. (1971). Characteristics of elderly patients with alcoholism. *Archives of General Psychiatry*, 372-378.

GARFIELD, S.L. et BERGIN, A.E. (1971). Therapeutic conditions and outcome. *Journal of Abnormal Psychology*, 77: 108-114.

GLASSOCK, J.A. (1980). *Gerontological alcoholism rehabilitation: a model program for impatient treatment, recovery follow-up and community involvement*. Memorial Hospital Medical Center, Long Beach, California (non publié).

GOODRICK, C.L. (1975). Behavioral differences in young and aged mice: Strain differences for activity measures, operant learning, sensory discrimination an alcohol preference. *Experimental Aging Research*, 1: 191-207.

GORDON, J.J., KIRCHOFF, K.L. et PHILIPPS, B.K. (1976). *Alcoholism and the ederly*. Iowa City: Elderly Program Development Center inc.

GUILLEMARD, A.M. (1973). *La retraite, une mort sociale*. LaHaye, Paris: Mouton.

HILLMAN, R.W. (1974). Alcoholism and malnutrition, dans B. Kissin et H. Begleiter (eds). *The Biology of alcoholism* (vol. 3). New York: Plenum Press.

HOLMES, T.H. et RAHE, R.H. (1967). The social readjustment rating scale. *Journal of Psychosomatic Research*, 11: 213.

IMBER, S., SCHULTZ, E., FUNDERBURK, F., ALLEN, R. et FLAMER, R. (1976). The fate of the untreated alcoholic: Toward a natural history of the disorder. *Journal of Nervous and Mental Disease*, vol. 162, 4.

LARSON, R. (1978). Thirty years of research on the subjective well-being of older americans. *Journal of Gerontology*, 33, 1: 109-125.

LUTTEROTTI, A. (1976). De l'aspect social de l'alcoolisme dans la vieillesse. *Revue d'hygiène et médecine sociale*, 15: 751-760.

MELLO, N.K. et MENDELSON, J.H. (1978). Alcohol and human behavior, dans *Handbook of Psychopharmacology*, Vol. XII, Section III, Chemistry, Pharmacology and Human use (L.L. Iversen, S.D. Iversen et S.H. Snyder, eds), p. 235-317, New York: Plenum Publishing Corp.

MELLO, N.K. et MENDELSON, J.H. (1979). The Diagnosis of alcoholism, dans *The diagnosis and treatment of alcoholism*. Mendelson, J.H. et N.K. Mello (eds). New York: McGraw-Hill Book Company.

MERRY, J. (1966). The «loss of control» myth. *Lancet 1*, 1257-1258.

MISHARA, B.L. et KASTENBAUM, R. (1980). *Alcohol and Old Age.* New York: Grune and Stratton.

MOORE, R.A. (1964). Alcoholism in Japan. *Quaterly Journal of studies on alcoholism,* 25: 142-150.

MULFORD, H.A. (1964). Drinking and deviant drinking, U.S.A. 1963. *Quaterly Journal of studies on alcoholism,* 25: 634-650.

NATIONAL COUNCIL ON ALCOHOLISM (1972). Criteria for the diagnosis of Alcoholism, Criteria Commitee, *American Journal of Psychiatry,* 129: 127-135.

PASCARELLI, E.F. (1974). Drug dependence: An age-old problem compounded by old age, *Geriatries,* 29: 109-115.

PATTISON, E.M. (1977). A critique of alcoholism treatment concepts with special reference to abstinence, dans *Emerging concepts of alcohol dependence.* E.M. Pattison, M.B. Sobell et L.C. Sobell (eds). New York: Springer Publishing Company.

PECK, D.G. (1979). Alcohol abuse and the elderly: social control and conformity, *Journal of drug issues,* vol. 9, 1: 63-71.

PELLETIER, J. (1976). Problèmes liés à la consommation excessive d'alcool chez les personnes âgées. *Toxicomanies,* 9: 121-143.

PLAMONDON, G. et PLAMONDON, L. (1980). Pour une problématique de la crise de la retraite. *Santé mentale au Québec,* vol. V, 2: 12-21.

RATHBONE-MCCUAN, E. et BLAND, J. (1975). A treatment typology for the elderly alcohol abuser. *Journal of the american geriatrics society,* vol. XXIII, 12: 553-557.

ROOM, R. (1972). Drinking patterns in large U.S. Cities: a comparaison of San Francisco and National sample. *Quaterly Journal of studies on alcoholism,* suppl. 6: 142-150.

ROSIN, A.S. et GLATT, M.M. (1971). Aspects of alcoholism in the ederly. *Lancet 2*: 472-473.

ROSIN, A.S. et GLATT, M.M. (1971). Alcohol excess in the ederly. *Quaterly Journal of studies on alcoholism,* 32: 53-59.

SCHUCKIT, M.A. et MILLER, P.L. (1976). Alcoholism in the elderly men: A survey of a general medical ward. *Annals of the New York Academy of Sciences,* 273: 558-571.

SCHUCKIT, M.A. et PASTOR, P.A. (1979). Alcohol-Related Psychopathology in the aged, dans *Psychopathology of aging.* Oscar S. Kaplan (eds). New York: Academic Press.

SCHUCKIT, M.A., ATKINSON, J.J., MILLER, P.L. et BERMAN, S. (1980). A three year follow-up of elderly alcoholics. *Journal of clinical Psychiatry,* 41, 12: 412-416.

SHUSTER, L. (1976). Age-related changes in pharmacodynamics of drugs that act on the central nervous system, dans M.F. Elias, B.E. Eleftheriou et P.K. Elias (eds). *Special review of Experimental aging research: Progress in biology.* Bar Harbor, Maine: Far inc.

SIASSI, I.G., CROCETTI, H. et SPIRD, R. (1973). Drinking patterns and alcoholism in a blue collar population. *Quaterly Journal of Studies on alcohol,* 34: 917-926.

SIMON, A., EPSTEIN, L.S. et REYNOLDS, L. (1968). Alcoholism in the geriatric mentally ill. *Geriatrics,* 23: 125-131.

STATISTIQUE CANADA (1981). *Rapport spécial sur la statistique concernant l'alcool.* Santé et Bien-Être social Canada.

SUN, A.Y., ORDY, J.M. et SAMORAJSKI, T. (1975). Effects of alcohol on aging in the nervous system, dans J.M. Ordy and K.R. Brizzee (eds). *Neurobiology of aging: an interdisciplinary Life-span approach.* New York: Plenum Press.

THORSON, J.A. et THORSON, J.R. (1979). Patient education and the older drug taker. *Journal of Drug issues,* vol. 9, 1: 85-89.

TIMIRAS, P.S. (1972). *Developmental Physiology and Aging.* New York: MacMillan.

VERMETTE, G. (1981a). L'alcoolisme au troisième âge. *Santé mentale au Québec,* vol. VI, I: 144-154.

VERMETTE, G. (1981b). *La personne âgée alcoolique: une réalité à comprendre pour mieux intervenir.* Conférence présentée au 8e colloque de l'Association des intervenants en toxicomanies du Québec, Joliette: 18 au 21 octobre.

VERMETTE, G. (1987). *L'utilisation des médicaments chez les personnes âgées: facteur d'aliénation ou d'adaptation?* Non-publié.

VESTAL, R.E., McGUIRE, E.A., TOBIN, J.D., ANDRES, R., NORRIS, A.H. et MEZEY, E. (1977). Aging and ethanol metabolism. *Clinical Pharmacology and Therapeutics,* 21: 343-354.

WELSH, R.P. (1976). *An investigation of the alcohol, related problems of the elderly in Ottawa.* A report to the Summer Ressources Fundation. Non-medical Use of drugs directorate. Ottawa: Health and Welfare Canada.

WIBERG, G.S., TRENHOLM, H.L. et COLDWELL, B.B. (1970). Increased ethanol toxicity in old rats: changes in LD 50, in vivo and in vitro metabolism and liver alcohol dehydrogenase activity. *Toxicology and applied pharmacology,* 16: 718-727.

WILKINSON, P. (1971). Alcoholism in the aged. *Journal of Geriatrics,* 34: 59-64.

WILLIAMS, E.P. (1973). Alcoholism and Problem drinking among older persons: Community Agency study, dans E.P. William et coll. (eds). *Alcohol and Problem drinking among older persons.* Springfield: V.A. National Technical information service.

WOLFF, S. et HOLLAND, L. (1964). A questionnary follow-up of alcoholic patients. *Quaterly Journal of studies on alcohol,* vol. 25: 108-118.

WOOD, W.G. (1978). The elderly alcoholic: some diagnosis problems and considerations, dans M. Storandt et coll. (eds). *Clinical psychology of aging.* New York: Plenum.

ZAY, N. (1980). Notes sur le processus d'évaluation d'une demande d'aide en gérontologie. *Intervention,* 58: 63-65.

ZIMBERG, S. (1974). Two types of problem drinkers: Both can be managed. *Geriatrics,* 29: 135-138.

ZIMBERG, S. (1978). Psychological treatment of elderly alcoholics, dans Zimberg, S. et coll. (eds). *Practical approaches to alcoholism Psychotherapy.* New York: Plenum Press.

RÉSUMÉ

Ce texte analyse la situation de la consommation d'alcool chez les personnes âgées ainsi que la prévalence des problèmes d'abus d'alcool et d'alcoolisme au sein de cette population. L'auteur pose l'hypothèse que la consommation et la surconsommation d'alcool chez les personnes âgées seraient d'abord une réponse à des conditions de vie pénibles aux plans physique, psychologique et social en raison, non pas tant du processus de vieillissement comme tel, mais de l'état de marginalisation qu'implique la vieillesse dans nos sociétés.

Chapitre **15**
L'expérience
masculine de l'alcool
et le besoin
de pouvoir*

Pierre Brisson

On se questionne, depuis quelques années, sur le fait que ce soit principalement les femmes qui consomment et surconsomment des médicaments psychotropes dans nos sociétés[1]. La problématique de la surconsommation féminine de tranquillisants et sédatifs peut être résumée comme suit: historiquement conditionnées à un *rôle social de soutien*, plusieurs femmes en viennent à vivre une *crise d'identité* lorsqu'elles se retrouvent, au seuil de la quarantaine, face à elles-mêmes et sans ressource, incapables d'agir de façon autonome pour donner un sens à leur vie. Ce contexte de dépendance amène des femmes à chercher et se voir offrir, à travers la prescription de médicaments, une validation à leur incompétence et à leur irresponsabilité sociales, en même temps qu'un moyen efficace d'adaptation aux situations conflictuelles, familiales et culturelles, qu'elles vivent. La réflexion originale menée sur ce problème ces **dernières années aura permis l'émergence de voies nouvelles d'intervention auprès des femmes pharmacodépendantes.**

Nous avons voulu explorer, dans une perspective semblable, le rapport privilégié qu'entretiennent les hommes avec l'alcool en examinant la définition historique de l'identité sociale masculine, et la fonction contemporaine que semble remplir l'alcool dans la vie des hommes comme moyen d'adaptation à un *rôle social de producteur et de pourvoyeur*, essentiellement fondé sur *la quête et l'affirmation du pouvoir*.

---

* Version mise à jour d'un texte déjà publié dans: *Compte rendu — Colloque Intervention auprès des hommes*, Montréal: Fédération des CLSC du Québec, 1986: 95-103.

1. Voir entre autres à ce sujet: Louise Guyon, Roxanne Simard et Louise Nadeau, *Va te faire soigner, t'es malade!*, Montréal: Stanké, 1981.

Le propos développé dans ce texte, loin de prétendre servir d'explication exclusive au phénomène de consommation et de surconsommation d'alcool chez les hommes, doit être considéré comme une hypothèse de travail. En faisant interagir les facteurs propres à l'influence sociohistorique, à l'expérience psychoculturelle et à l'action pharmacologique, nous avons tenté de présenter le phénomène dans une perspective interdisciplinaire et de développer une compréhension plus systémique de l'objet d'analyse.

L'alcool, «drogue» des hommes

Dans les comptes rendus historiques comme dans la tradition orale, au travers des grandes oeuvres comme dans l'imagerie populaire, au creuset de la littérature, des chansons jusque dans les maximes les plus courantes: BOIRE, manifestement, se présente comme une *affaire d'hommes*. Du Livre de la Genèse où Noé, premier planteur de vignes, est également réputé premier mâle de la lignée à connaître l'ivresse, jusqu'aux antihéros ivrognes de la littérature contemporaine mis en scène par des auteurs eux-mêmes souvent alcooliques (Malcolm Lowry, Tennesse Williams, Charles Bukovsky...), la présentation et les représentations de l'alcool dans la culture témoignent sans contredit d'un patrimoine masculin[2].

Dans les sociétés actuelles d'Occident, les données statistiques confirment que la consommation de breuvages alcoolisés est plus répandue chez les hommes que chez les femmes et les quantités ingurgitées plus élevées chez ces derniers, malgré une tendance récente à l'homogénéisation des habitudes de consommation entre les deux sexes[3]. Ainsi, l'analyse des résultats de l'enquête exhaustive menée au Canada sur le sujet, en 1978-1979 (Santé et Bien-Être social Canada, 1981)[4], indique que 78,3 % des Québécois de quinze ans, comparativement à 54,6 % des Québécoises, sont classés «buveurs

---

2. On peut également penser, dans la Grèce et la Rome antique, aux divinités masculines associées à la célébration des alcools — Dionysos et Bacchus —, ou encore aux innombrables chansons à boire, gaillardes et grivoises, où s'exprimaient et s'expriment encore la convivialité et la solidarité masculines. Pour une description historique comparative des manifestations masculines et féminines associées à l'alcool, voir Costa-Magna (1982): 19-37.

3. Selon les plus récents résultats d'enquête, au Canada et aux États-Unis, la différence entre le pourcentage des hommes et des femmes qui consomment de l'alcool tend à diminuer lorsque l'on observe les groupes d'âge plus jeunes, jusqu'à disparaître chez les consommateurs au-dessous de 20 ans. Au chapitre des quantités consommées toutefois, les femmes, même au niveau du bassin des plus jeunes, demeurent loin d'égaler leurs vis-à-vis masculins (Roy, 1985). Voir également les données récentes exposées dans le chapitre 6 du présent volume.

4. Les résultats complets des données de la plus récente enquête canadienne sur le sujet, dont fait part le chapitre 6, ne nous étaient malheureusement pas disponibles au moment de la rédaction de cet article. Tout indique cependant que les ratios entre hommes et femmes demeurent sensiblement les mêmes.

réguliers»[5]); à l'inverse, on retrouve deux à trois fois moins d'hommes que de femmes dans les catégories «abstinents n'ayant jamais bu» ou «buveurs occasionnels» (5,4 % et 12 % de la population masculine, respectivement). En ce qui concerne les «grands buveurs», les hommes y sont cinq fois plus nombreux que les femmes, 20 % d'entre-eux totalisant 14 consommations et plus par semaine contre 3,7 % chez les femmes. Enfin, en nous reportant aux résultats de l'enquête de McGregor (1978), menée auprès de la population de 18 ans et plus, on constate que le pourcentage des «buveurs excessifs» masculins est supérieur dans une proportion encore plus forte, 8 % des hommes buvant de 29 à 84 consommations hebdomadairement alors que 1,1 % seulement des femmes se situent dans la même catégorie.

La surreprésentativité masculine est également notoire lorsqu'il est question des problèmes liés à la consommation et à la surconsommation d'alcool. Le survol de données épidémiologiques comparatives entre hommes et femmes (Nadeau et coll., 1984) nous révèle un ratio de mortalité par cirrhose du foie de trois hommes pour une femme, en 1978 au Québec, alors que celui de mortalité par alcoolisme s'établissait, pour la même année, à près de quatre hommes pour une femme. Au chapitre de la conduite en état d'ébriété, 97 % des accusations visaient des conducteurs masculins, en 1977 au Québec, alors que dans huit provinces canadiennes, entre 1974 et 1978, 92,7 % des chauffeurs décédés pour lesquels avait pu être établi l'état d'ivresse étaient des hommes. Enfin, en dépit de l'absence de données quantitatives sur ces questions, il paraît probable que les hommes représentent la majorité des cas d'absentéisme et d'accidents en milieu de travail, de même que ceux d'offenses criminelles telles les voies de fait, homicides, actes de violence sexuelle et familiale où la présence de l'alcool comme facteur contributif est maintenant largement établie (Santé et Bien-être social Canada, 1981; Ministère des affaires sociales, 1982; Roy, 1985).

Que le fait de boire ait été et demeure encore largement une pratique masculine, et que les conséquences néfastes les plus fréquemment associées à l'alcool touchent d'abord les hommes, cela n'étonnera personne: on est en droit de penser qu'à travers l'histoire, les hommes ont eu un accès plus facile à l'alcool que les femmes ainsi qu'une plus grande légitimité à en abuser en raison de leur position privilégiée dans un contexte patriarcal. Pourtant, la «liaison particulière» des hommes à l'alcool (ainsi que la qualifiait Freud) semble avoir connu une transformation depuis le siècle dernier, ce dont témoignent encore largement les modèles de consommation dominants de nos jours.

---

5. La classification utilisée est la suivante (Santé et Bien-être social Canada, 1981):
   - abstinents n'ayant jamais bu;
   - abstinents anciens buveurs;
   - buveurs occasionnels: qui ont consommé de l'alcool au moins une fois au cours des 12 derniers mois;
   - buveurs réguliers: qui ont consommé de l'alcool au moins une fois au cours du dernier mois;
   - grands buveurs: qui ont consommé 14 consommations et plus au cours de la dernière semaine.
   Nous avons qualifié de «buveurs excessifs» ceux qui consomment 29 consommations et plus par semaine, selon les résultats fournis par McGregor (1978).

L'alcool dans l'ère moderne

Les produits alcoolisés comptent parmi les plus anciens à avoir été intégrés aux sociétés humaines qui en ont domestiqué l'usage à de multiples fins: utilisé à l'origine comme drogue «sacrée», l'alcool joue également un rôle important au plan alimentaire et médical, parallèlement à son usage récréatif privé ou au cours de festivités. Dans le cadre des sociétés traditionnelles, la surconsommation d'alcool et l'alcoolisme seront essentiellement perçus comme manifestations d'une «déviance» individuelle, faiblesse, vice ou tare dont les conséquences ne touchent que le cadre restreint de l'univers familial (Durand et Morenon, 1972).

C'est le processus d'industrialisation et la mutation culturelle propre à cette période qui semble instituer un clivage véritable entre l'expérience masculine et féminine de consommation de l'alcool[6]. La restructuration du mode de vie des travailleurs, obligés de migrer vers les villes pour y travailler en usine, entre en conjonction avec la production industrielle des alcools et une multiplication des lieux publics de consommation — cafés, bistrots, tavernes —, pour précipiter l'implantation de nouveaux modes de consommation chez les hommes: l'alcool devient alors un instrument privilégié d'adaptation aux dures conditions de travail et à la vie des sociétés industrielles, contribuant à l'apparition et à la montée de l'alcoolisme ouvrier. Le comportement du buveur mâle s'en trouve peu à peu stéréotypé autour d'images de force, de virilité, de jovialité.

Parallèlement, les énergies féminines, confinées par l'industrialisation à la sphère privée, se cristallisent au sein des mouvements antialcool en même temps qu'émerge une stigmatisation de la femme buveuse qui forge des attitudes culturelles de rejet et de répression à l'endroit des femmes consommatrices, désormais considérées antiféminines, vulgaires et dénaturées (Nadeau et coll., 1984). C'est dans ce contexte qu'en Amérique du Nord la surconsommation d'alcool sera peu à peu définie comme problème moral et social, source de coûts pour la collectivité, ce qui entraîne sa prise en considération, au plan du discours et de l'intervention, par divers groupes sociaux — associations médicales, groupes religieux, mouvements de tempérance, lobbies politiques et économiques — jusqu'à la promulgation de la *Loi de la prohibition* en 1919. Ainsi, paradoxalement, l'alcool aura favorisé le développement des sociétés modernes en faisant office de «soupape» pour les forces de travail masculines, tout en devenant le bouc émissaire idéal des contradictions générées par ces transformations économiques profondes (Levine, 1978).

---

6. Levine (1978) souligne qu'au XVIIe et au XVIIIe siècle, avant la révolution industrielle, l'alcool était à ce point intégré et valorisé dans les moeurs que les hommes, les femmes et même les enfants en consommaient indistinctement: la différenciation sur la base de l'âge et surtout du sexe ne devait venir que plus tard.

L'identité sociohistorique masculine et la notion de pouvoir

L'industrialisation, redéfinissant les conditions de travail et le mode de vie, crée une séparation entre l'univers public et privé, et accentue la division des rôles sociaux entre hommes et femmes. Alors que l'économie traditionnelle, à caractère artisanal ou rural, voyait les tâches de production et d'entretien se fondre au sein de l'unité spatio-temporelle familiale, l'économie industrielle impose la séparation du lieu de travail et de résidence: dès lors s'institue une différentiation sociale marquée entre le rôle d'entretien dévolu à la femme, désormais relégué dans l'ombre, et celui de producteur, traditionnellement octroyé à l'homme, dorénavant investi des espoirs du nouvel ordre économique (Ewen, 1983).

L'homme de la révolution industrielle se voit définir une *identité fondée sur la quête d'un pouvoir économique,* dans un univers où les institutions sociales en place sont historiquement dominées par les hommes. En ce sens, tout lui est permis: devenir riche, et éventuellement puissant, tel que la nouvelle culture industrielle le lui fait miroiter. Aussi, l'identité sociale masculine se trouve-t-elle fortement conditionnée par le *besoin social de pouvoir,* ce que les injonctions culturelles ne manquent d'ailleurs pas de renforcer au travers d'images de l'homme fait pour conquérir, dominer, posséder. Durand et Morenon (1972) soulignent qu'il s'agit en quelque sorte de la reconduction moderne du «destin héroïque», qui fonde l'univers symbolique et mythique masculin au plan anthropologique:

> Dans notre univers de type patriarcal, le héros est un personnage essentiellement masculin. L'enfant mâle devra accéder au pouvoir phallique. (...). Le pouvoir phallique est gardien de l'ordre social des adultes. Il est éternellement remis en question et doit être obligatoirement affirmé. (...). Parce qu'il est garçon, et pour être homme, l'enfant mâle devra y accéder par la conquête (p. 162).

Le contexte des sociétés modernes semble conduire les hommes à canaliser l'affirmation mythique du pouvoir vers la performance productive, la compétition professionnelle, le combat pour gagner sa vie et réussir socialement. Il s'agit là d'une mise en condition nécessaire au développement de l'économie capitaliste, qui va se traduire, en ce qui a trait au vécu masculin, par de nouvelles contraintes de rôle:

> À tous les hommes, on fait miroiter la réussite et le pouvoir. S'ils sont «des hommes», des vrais, ils doivent être capables d'entretenir leur famille, ils doivent se faire une situation, la plus élevée possible. Ils doivent être leur propre maître et, mieux encore, commander d'autres hommes. Ils doivent réussir et dominer. (Falconnet et Lefaucheur, 1975: 47)

Cette pression vers l'accomplissement d'un pouvoir individualiste et matériel, si elle a rendu possible le développement économique et l'édification des sociétés actuelles, va également précipiter les hommes vers une crise majeure: ceux-ci, pressés de conquérir et d'affirmer les attributs du pouvoir alors même qu'ils sont dans les faits majoritairement dépossédés du pouvoir élémentaire de contrôle de leur propre existence, vont peu à peu développer des conduites substitutives parmi lesquelles la réappropriation de l'alcool sera au premier plan.

L'alcool: source et symbole de pouvoir

Les travaux de David McClelland et ses collaborateurs (1972) apportent un éclairage intéressant sur les rapports contemporains existant entre l'alcool et la condition masculine. À la suite de nombreuses études menées sur une période de dix ans portant sur le rôle de l'alcool dans l'existence des hommes de différentes cultures et de différents groupes d'âge, les auteurs en arrivent à la construction d'un modèle explicatif de la consommation d'alcool en termes de *théorie du pouvoir*: les hommes ne boivent pas d'abord pour réduire leur anxiété; les hommes ne boivent pas d'abord pour combler un besoin primitif de dépendance; les hommes ne boivent pas d'abord pour être déclarés socialement irresponsables ou incompétents (contrairement à ce que font les femmes à travers la prise de médicaments); *les hommes boivent d'abord pour se sentir forts* et l'alcool, peu importe les cultures, procure à ceux qui en usent une sensation de vitalité et de puissance qui leur permet d'obtenir un sentiment de pouvoir personnel dans un contexte où l'on attend cela d'eux, mais où ils réussissent mal à s'y conformer:

> Notre principale conclusion est que l'expérience de l'alcool possède un fondement commun partout chez les hommes et qu'ils boivent pour y accéder. Malgré les différentes façons de mener ou d'interpréter l'expérience et en dépit du fait que cela soit plus caractéristique des spiritueux que du vin ou de la bière, partout les hommes font une expérience centrée sur l'accroissement du pouvoir...(McClelland et coll., 1972: 336) (Traduction libre de l'auteur.)

Cette interprétation correspond d'autant plus à la réalité que les effets pharmacologiques immédiats de l'alcool — spécialement ceux des spiritueux — procurent à court terme cette sensation de pouvoir: l'augmentation momentanée du taux de sucre dans le sang, la stimulation de l'adrénaline, la vasodilatation qui accroît la sensation de chaleur corporelle, sans compter la levée plus ou moins marquée des inhibitions, concourent à donner une impression de vigueur et de force[7]. N'a-t-on pas d'ailleurs qualifié l'alcool d'*eau-de-vie*, ou d'*eau-de-feu*, parce qu'il s'avérait un élixir propre à donner du *courage* et du *coeur au ventre*?

---

7. Bien qu'étant une drogue dépressive du système nerveux central, l'alcool génère cet «effet paradoxal» de stimulation qui le distingue d'autres produits sédatifs, comme les opiacés ou les tranquillisants. Pour s'en convaincre, il n'y a qu'à imaginer la différence très nette d'atmosphère pouvant régner dans une fumerie d'opium, par exemple, et n'importe quel de nos bars: c'est le nirvana silencieux cotoyant la rumeur tonitruante!...

Outre ses effets physiologiques, la force des représentations culturelles contemporaines touchant l'alcool — essentiellement axées sur une symbolique de la puissance, de la virilité, de la séduction — contribue certes au renforcement de l'*effet de pouvoir*, en conditionnant les attitudes et les attentes des hommes à l'endroit du produit, comme cela est clairement ressorti lors de designs expérimentaux désormais classiques (Marlatt et Rohsenow, 1980). «*Bois si tu veux être un homme*», cultive-t-on ainsi dans l'esprit des jeunes garçons rêvant de conquêtes et de puissance; à l'âge adulte, pour conserver autant qu'affirmer le statut de mâle, l'injonction deviendra: «*Bois si tu es vraiment un homme*». Le summum de la virilité s'exprime alors, en toute logique, par la capacité d'absorber des quantités démesurées d'alcool sans qu'il n'y paraisse, du moins publiquement: «*Les vrais hommes, eux, savent boire*»...

L'alcool: soutien et exutoire du rôle social

Écrasés sous leur labeur, les ouvriers du XIXe siècle qui cherchaient courage et énergie ont cru trouver, dans la consommation d'alcool, une solution au besoin d'être forts et puissants. Aussi, dans le contexte des sociétés modernes, l'alcool aura-t-il procuré aux hommes le sentiment d'avoir du pouvoir, ce qui leur aura finalement permis d'agir comme tel: supporter les situations stressantes, soutenir la compétition, affronter les femmes et les patrons, commettre des actes délinquants ou violents, jusqu'à aller mourir ou tuer ses semblables en temps de guerre...

Stanton Peele (1982) associe le recours collectif croissant aux drogues dépressives — et plus spécifiquement à l'alcool dans le cas des hommes — au fait que les sociétés occidentales actuelles exacerbent la capacité individuelle de réussite sociale dans un contexte où les institutions publiques n'offrent pas les conditions d'une telle réalisation. Cette situation de double contrainte est particulièrement caractéristique du vécu masculin en rapport au pouvoir et tout nous porte à croire qu'en recourant à l'alcool, les hommes sont à même de mieux supporter la pression de leur rôle social en même temps que cela leur permet, dans une certaine mesure, d'y répondre plus adéquatement.

Certains des témoignages recueillis dans le film *Le Menteur* (Séguin et Poirier, 1978) entérinent cette vision: plusieurs ex-alcooliques avouent que le fait de boire constituait pour eux, à l'origine, une stratégie idéale d'adaptation aux exigences trop lourdes de leur vie sociale: «*...J'ai cherché à me viriliser face aux femmes en prenant de l'alcool...*»; «*...En boisson, je pouvais réaliser n'importe quoi, faire deux fois plus de travail que sans alcool...*»; «*...Lorsque j'ai pris un coup, j'ai pu parler à mon patron...*»; «*...Si j'arrêtais de boire, je ne me sentais plus capable d'affronter la compétition...*»; etc.

Mais qu'est-ce qui justement amène certains hommes à boire davantage? Qu'est-ce qui caractérise les surconsommateurs et alcooliques des autres dans une perspective de pouvoir?

L'alcoolisme et la socialisation du pouvoir

McClelland et ses collaborateurs soulignent qu'à l'intérieur d'une même culture, le besoin de pouvoir exprimé chez les hommes qui boivent le plus sera davantage un besoin de *pouvoir personnalisé*, c'est-à-dire de pouvoir direct, impulsif, s'exprimant lors de la prise d'alcool par une volonté de domination immédiate, souvent agressive, de l'entourage:

> En résumé, tout ce qui rend le pouvoir important ou primordial — dans la famille, la culture, la société ou la vie de tous les jours — pourra conduire certains hommes à une préoccupation exagérée de pouvoir qui les amène en retour à boire pour accroître leur sentiment de pouvoir personnel. (p.335) (Traduction libre de l'auteur.)

Ce pouvoir se distingue du *pouvoir socialisé*, présent chez la majorité des buveurs lors des premiers verres et qui se manifeste par l'expression de soi, de ses possibilités d'action et de concertation dans le cadre des institutions sociales. Des carences en ce qui a trait à la socialisation du pouvoir entraîneraient un besoin démesuré de pouvoir personnalisé, lui-même à la base d'une consommation excessive d'alcool, mais aussi du «passage à l'acte» dans des activités «démonstratives» comme le sport, la vitesse, la bagarre, etc. C'est l'absence de soutien collectif aux actes individuels — à travers les rituels, les institutions, les systèmes de croyance — qui limite et empêche la socialisation du pouvoir masculin jusqu'à ce que cette situation éventuellement se transforme en un besoin obsessif et autodestructeur.

Les données sociodémographiques relatives à la consommation d'alcool (Santé et Bien-être social Canada, 1981; Roy, 1985) supporte un tel modèle en révélant que les habitudes de consommation, chez les Québécois comme chez les Canadiens, varient en fonction du revenu et du statut professionnel. Les résultats indiquent que les hommes buvant de l'alcool de façon régulière et ceux qui en consomment de grandes quantités n'appartiennent pas forcément aux mêmes catégories sociales[8]: la prise régulière d'alcool est plus répandue parmi les groupes d'hommes possédant un revenu et un statut professionnel élevés (professionnels, enseignants, médecins, administrateurs), alors que les grands buveurs — qui incluent statistiquement les buveurs à risques et les alcooliques — se retrouvent plus nombreux au sein des couches moins favorisées économiquement ou qui éprouvent des conditions de travail plus ardues (chômeurs, ouvriers, employés).

Ces résultats apparemment paradoxaux peuvent être expliqués de la façon suivante: les hommes qui voient leur statut social s'élever se mettent

---

8. Chez les femmes, le recoupement du niveau de consommation et des catégories professionnelles se présente différemment et doit être réinterprété dans le contexte sociohistorique particulier de la consommation féminine d'alcool. Voir plus particulièrement à ce sujet: Louise Nadeau, Céline Mercier et Lise Bourgeois, *Les femmes et l'alcool en Amérique du Nord et au Québec*, Montréal: Presses de l'Université du Québec, Monographies de psychologie n° 2, 1984.

«naturellement» à recourir à l'alcool sur une base de plus en plus régulière en raison de la multiplication des occasions où ils ont à affirmer un pouvoir[9]; comme leur position permet généralement d'*exprimer socialement ce pouvoir* (au plan économique, décisionnel, créatif), la fonction principale de l'alcool dans leur vie est de favoriser les *interactions sociales* tout en agissant, au plan symbolique, comme un *signe de réussite et de puissance*. Les hommes qui, au contraire, n'arrivent pas à retirer autant de pouvoir socialement ou qui travaillent dans des conditions difficiles, seront davantage tentés d'user de la consommation d'alcool comme *substitut à la réussite et à la puissance* afin de libérer, sous forme de *pouvoir personnalisé*, les aspirations et l'agressivité refoulées: les *effets pharmacodynamiques* de l'alcool et le *symbolisme sexuel primaire* qui lui est associé deviennent, dans ce contexte, beaucoup plus agissants (McClelland et coll., 1972).

L'intervention auprès des hommes

Un modèle interprétatif fondé sur la notion de pouvoir peut inspirer des stratégies préventives et curatives spécifiques à la condition masculine. Considérant les surconsommateurs potentiels ou actuels d'alcool comme des hommes ayant un fort besoin d'accroître leur sentiment de puissance personnelle, nous retiendrons trois possibilités préventives ou thérapeutiques:

- *La recherche de pouvoir dans une source autre que l'alcool.* Cette stratégie implique l'adhésion à une source de pouvoir extérieure à soi qui réussisse à fortifier et inspirer le sujet au point qu'il puisse se permettre de vivre sans le «pouvoir» de la bouteille: il pourra s'agir d'adhésion à une religion, à une cause ou d'identification à des leaders. Le mouvement thérapeutique des Alcooliques anonymes semble trouver une partie de son efficacité en obtenant de ses membres qu'ils s'en remettent à une force supérieure pour vaincre l'attrait de l'alcool. L'ambiguïté d'une telle stratégie réside évidemment dans le risque de substituer un problème d'aliénation à un autre.

- *La réduction du besoin de pouvoir.* Il s'agit là d'une stratégie de type «style de vie», axée sur la modification des attitudes traditionnelles et l'adoption de nouveaux modèles masculins fondés sur des valeurs autres que celles du pouvoir, de la performance, de la domination. Le but est en quelque sorte la reconstruction d'une identité sur des bases qui rendent peu importante voire inintéressante la recherche du pouvoir à tout prix et surtout par le recours à des stratégies désespérées comme l'abus d'alcool. Une intervention de ce type doit pou-

_____

9. Les femmes ayant ces dernières années accédé à des postes importants sur le marché du travail ont vu leur consommation d'alcool changer et passer d'occasionnelle à régulière.

voir s'appuyer sur les mouvements culturels et les groupes sociaux existants et viser des transformations à moyen ou long terme. La redéfinition des rapports entre hommes et femmes, observée ces dernières années suite aux mouvements féministes, permet sans doute des espoirs en ce sens, notamment en ce qui touche l'éducation des jeunes garçons.

* *La socialisation du besoin de pouvoir.* Il s'agit d'accroître, par divers moyens, la capacité de l'individu à coopérer, aider, influencer les autres en gardant le contrôle sur lui-même. Cette stratégie permet, en joignant un groupe, une organisation, un mouvement social, de participer à certaines formes d'influence collective; à cet égard, s'employer à aider les autres à travers des activités humanitaires paraît combler et orienter le besoin exagéré de pouvoir personnel, à l'instar de ce que l'on observe chez les Alcooliques anonymes où l'entraide permanente entre membres constitue également un des fondements du succès de l'entreprise.

En bref, il s'agit de diversifier, de détourner ou de canaliser l'énergie masculine, trop souvent tendue vers l'accomplissement d'un pouvoir individualiste et stérile, à moins qu'elle n'en soit réduite à des formes d'expression agressives et destructrices.

Conclusion

Le besoin de pouvoir en rapport avec la consommation masculine d'alcool ne peut certes servir d'explication exclusive au phénomène de la surconsommation et de l'alcoolisme, attendu la variété des expériences et des circonstances qui font que les hommes boivent. L'hypothèse interprétative que nous avons ici présentée, fondée sur l'analyse des contraintes de rôles spécifiques au vécu masculin, s'inscrit dans une perspective de compréhension où sont liés les facteurs psychologiques, pharmacologiques et sociohistoriques: sous cet angle, l'expérience de l'alcool apparaît un puissant révélateur de la condition ambivalente et souvent douloureuse des hommes, à la fois attirés et aux prises avec l'exigence du pouvoir, avec *l'illusion du pouvoir.*

Références

BATESON, G. (1977). La cybernétique du «soi»: une théorie de l'alcoolisme. *Vers une écologie de l'esprit, tome I.* Paris: Seuil: 225-252.

BOURGAULT, M. (1983). Ami, remplis mon verre. *hom-info*, vol. 4, n° 2 avril, mai, juin: 12-15.

BRISSON, P. (1985), L'illusion du pouvoir. *hom-info*, vol. 6, n° 1 mars, avril: 23-26.

BRISSON, P. (1983). Condition et dissidence masculines dans la crise du système patriarcal. *Changer de société,* S. Proulx et P. Vallières (éds), Montréal: Éditions Québec-Amérique: 165-182.

COSTA-MAGNA, M. (1982). *Les femmes et l'alcool. La fontaine de Lilith.* Paris: Denoël.

DURAND, Y. et MORENON, J. (1972). *L'imaginaire de l'alcoolisme.* Paris: Éditions Universitaires.

EWEN, S. (1983). Le Père: du partiarche à l'homme à gages. *Conscience sous influence.* Paris: Aubier-Montaigne: 151-156.

FARIS, D. (1979). Coûts sociaux et économiques. *Connaissances de base en matière de drogues,* n° 4, Ottawa: Groupe de travail fédéral-provincial sur les problèmes liés à l'alcool.

FALCONNET, G. et LEFAUCHEUR, N. (1975). *La fabrication des mâles.* Paris: Éditions du Seuil.

LEVINE, H. G. (1980). Temperance and women in the 19th century United States. *Alcohol and drug problems in women: research advances in alcohol and drug problems.* O.J. Kalant (ed.), New York: Plenum Press, vol. 5: 25-67.

LEVINE, H.G. (1978). The discovery of addiction: changing conceptions of habitual drunkenness in American history. *Journal of studies on alcohol.* vol. 39, n° 1: 143-174.

MARLATT, A.G. et ROHSENOW, D.J. (1980). Cognitive Process in Alcohol Use: Expectancy and the Balanced Placebo Design. *Advance in Substance Abuse.* vol. 1: 159-199.

McCLELLAND, D., DAVIS, W., KALIN, R. et WANNER, E. (1972). *The Drinking Man.* New York: Free Press, Macmillan.

McGREGOR, B. (1978). *Alcohol Consumption in Canada. Some preliminary findings of a National Survey in Nov.-Dec. 1976.* Ottawa: Direction de la promotion de la santé, Santé et Bien-être social Canada.

MINISTÈRE DES AFFAIRES SOCIALES, (1982). *Politique de prévention des problèmes reliés à la consommation d'alcool.* Québec, février.

NADEAU, L., MERCIER, C. et BOURGEOIS, L. (1984). *Les femmes et l'alcool en Amérique du Nord et au Québec.* Montréal: Presses de l'Université du Québec, Monographies de psychologie n° 2.

NADEAU, L. (1979). Les femmes et leurs habitudes de consommation de drogues. *Santé mentale au Québec.* vol. 4, n° 2, novembre: 104-118.

PEELE, S. (1982). *L'expérience de l'assuétude*. Montréal: Faculté de l'éducation permanente, Université de Montréal.

ROY, L. (1985). *Le point sur les habitudes de vie: l'alcool*. Québec: Conseil des affaires sociales et de la famille, Gouvernement du Québec.

SANTÉ ET BIEN-ÊTRE SOCIAL CANADA - STATISTIQUE CANADA (1981). *La santé des Canadiens. Rapport de l'Enquête Santé Canada*. Cat. 82-538F, Ottawa: ministère des Approvisonnements et Services.

SÉGUIN, R. et POIRIER, A.C. (1978). *Le Menteur (1re partie) - L'alcoolisme: la maladie*. Office national du film du Canada, 1978.

■ RÉSUMÉ

Un changement entre les habitudes de consommation des hommes et des femmes s'opère avec la révolution industrielle, qui confère à l'alcool une fonction nouvelle: les propriétés physiologiques autant que les attributs symboliques font de cette drogue un moyen d'adaptation idéal dans un contexte où le pouvoir et la réussite sociale deviennent impératifs pour les hommes. L'auteur pose dans ce texte l'hypothèse que l'expérience masculine contemporaine de l'alcool est liée au besoin de pouvoir, ce qui permet une réinterprétation des phénomènes de surconsommation et la proposition de voies d'intervention qui tiennent compte de la spécificité de la condition masculine.

Chapitre 16

Les jeunes, l'alcool et les drogues: valeurs, profils, problèmes*

Pierre Paquin

La consommation de drogues psychotropes chez les jeunes québécois est un phénomène qui à la fois touche plusieurs d'entre nous au plan émotif et prête à de nombreuses interprétations, la frontière s'avérant souvent bien ténue entre ce qui relève de l'information et des préjugés, de l'intervention et de la répression.

Pour mieux comprendre la réalité de cette consommation à l'orée des années 1990, nous tenterons dans un premier temps de saisir quelles sont les valeurs de ces jeunes qui tantôt nous fascinent, tantôt nous inquiètent, et comment ils les expriment. Nous nous pencherons ensuite sur le phénomène de la consommation d'alcool et de drogues proprement dit, ainsi que sur les comportements adjacents à cet acte souvent clandestin. Notre analyse nous amènera à identifier les principales substances consommées par les jeunes, ainsi que les circonstances et les motivations qui caractérisent cet usage chez les adolescents et adolescentes. Nous nous appuierons pour répondre à ces questions sur quelques études prédominantes choisies parmi celles effectuées au Québec sur la question au cours des dix dernières années.

Nous tenterons enfin de dégager les principaux indicateurs d'une prédisposition à l'assuétude chez les jeunes, et de présenter les pistes émergeantes susceptibles d'être un apport significatif à l'orientation de nos stratégies d'intervention. En définitive, les difficultés reliées à la consommation et à la surconsommation de drogues que nous pouvons parfois rencontrer chez les jeunes nous obligent, en tant qu'adultes, parents et éducateurs, à consentir l'effort d'un changement d'attitude.

* Texte inédit. Conférence prononcé à l'occasion du Colloque provincial sur *Les jeunes, l'alcool et les drogues*, MSSS et Université de Montréal, Montréal, juin 1987.

Caractéristiques du vécu adolescent

Le phénomène de l'adolescence

L'adolescence est, d'un point de vue social, un phénomène propre aux sociétés industrielles de la seconde moitié du XXe siècle. Bien sûr, de tout temps les enfants ont grandi, se sont développés pour devenir des hommes et des femmes, mais ce n'est qu'autour des années 1950 que l'on a commencé à reconnaître l'adolescence en tant que phénomène particulier. Comme le signale le sociologue Guy Rocher[1], jusqu'à cette époque, le passage de l'enfance à l'âge adulte s'effectuait presque sans transition, le mariage, l'entrée dans les ordres ou l'atteinte de la majorité à vingt et un ans tenant lieu de rite initiatique. Depuis une trentaine d'années, en raison de leur poids démographique indéniable, les jeunes sont reconnus comme une catégorie d'individus à part entière à laquelle on s'adresse de façon très spécifique, notamment au plan économique. En effet, si les jeunes ont cessé d'être précocement intégrés au monde du travail, comme cela se passait autrefois au sein de l'entreprise agricole familiale ou dans les débuts de l'industrialisation, en revanche, ils se trouvent de nos jours précipités dans un monde qui les presse à endosser le rôle de consommateurs.

À qui réfère-t-on lorsque l'on parle des jeunes? En gros, il s'agit de la clientèle en âge de fréquenter l'école secondaire, soit les jeunes garçons et filles de treize à dix-huit ans environ. Dans les faits, et surtout depuis quelques années, il n'est pas rare que nous rencontrions des jeunes gens de vingt, vingt-deux, et parfois même vingt-quatre ans qui présentent plusieurs caractéristiques inhérentes à l'image que l'on se fait de l'adolescent: il demeure encore chez ses parents, étudie ou n'a pas d'emploi, manque de maturité, bref ne dispose pas de l'autonomie matérielle et psychologique d'un adulte. Cette situation s'explique par plusieurs facteurs, plus particulièrement du fait que notre société prolonge artificiellement l'adolescence afin de retarder l'arrivée dans le monde adulte et sur le marché du travail, de personnes dont elle n'a nul besoin et pour lesquelles elle ne présente aucun débouché.

S'il nous arrive, tôt ou tard dans notre vie, de traverser des passages difficiles, des remises en question, de douter de nous-mêmes, jamais ce processus ne sera vécu avec autant d'acuité et de détresse qu'au moment de l'adolescence, parce qu'il s'agit d'une première, et parce que c'est à ce moment que l'individu subit les transformations les plus nombreuses et les plus radicales. C'est un changement d'être complet, aux plans physique, affectif, intellectuel, moral et social.

Il convient de ne pas perdre de vue que l'adolescence, phénomène vécu par un individu, est aussi une situation qui concerne l'entourage de cet individu:

---

1. Conférence d'ouverture de M. Guy Rocher au Colloque national sur la situation des jeunes délinquants, MJQ, MAS et CRSSMM, Montréal-Nord, mai 1981.

la famille, les amis, les compagnons d'étude et de travail, les professeurs, tous sont susceptibles d'être touchés, directement ou non, par les répercussions de ces changements subits.

La recherche d'identité se vit à travers un processus d'expression fondamentalement réactionnel: souvent, le jeune va s'opposer à toute valeur établie, contester toute forme d'autorité, refuser d'obéir à quelque ordre que ce soit; c'est en s'opposant qu'il se définit, comme si ses convictions, plutôt que d'émerger de son monde intérieur, lui étaient suggérées de l'extérieur. De façon paradoxale, c'est comme si la démarche d'opposition permettait l'émergence de ses besoins; c'est comme si en partant de ce qu'il ne veut pas apparaissait ce qu'il désire, comme par déduction. Ce processus est d'ailleurs aisé à récupérer à des fins commerciales pour un spécialiste du marketing.

L'adolescence est également le moment de la vie où les attentes de la famille et de l'école se font plus exigeantes et plus nombreuses, allant dans le sens de l'autonomie et de la responsabilité, situation qui amène le jeune à vivre beaucoup de tensions. Ces tensions, ainsi que la nécessité de se relier à un modèle positif de lui-même, amènent l'adolescent à accorder une importance extrême au groupe, à la «gang». On recherche la compagnie de gens du même sexe, ayant les mêmes goûts, et on choisit une ou deux personnes au sein du groupe avec qui il devient possible de parler, de partager, de se confier. Ne se sentant pas la force nécessaire pour s'affirmer individuellement, l'adolescent est donc naturellement porté à se fondre dans son groupe et à en adopter les habitudes tant aux plans du vocabulaire que de la coiffure, des vêtements, de la musique, des attitudes face au travail, à l'école et au sport.

Les relations avec les parents et avec les jeunes du sexe opposé seront conditionnées par les valeurs du groupe. C'est ainsi que l'adolescent arrivera à s'identifier et à se bâtir une certaine sécurité; l'approbation du groupe et la reconnaissance par les pairs deviendront à cet égard prioritaires, les jeunes étant prêts à tous les sacrifices pour s'intégrer à la «gang» et y maintenir leur place. Cela explique d'une façon générale pourquoi les jeunes sont à cette période de leur vie des êtres si influençables car extrêmement sensibles aux pressions de leurs amis.

Les valeurs de jeunes

Les divers groupes d'adolescents adoptent plusieurs styles qui sont autant de modes d'expression de leur recherche et de leurs valeurs: les «punks», «les new-wave», les «preps», les «freaks», les «granolas», les «rockers», les «jesus», «les mods», etc. Quels que soient leur nom, leur couleur ou leur coiffure, ils représentent autant de formes d'une même réalité: l'union fait la force et c'est au sein du groupe que le jeune trouve les racines de son existence individuelle. Ces modes d'expression ne sont pas les seuls adoptés par les jeunes des années 1980, loin de là, mais ils illustrent de façon éloquente, par la variété et les contrastes dont ils sont porteurs, la diversité des modèles que peuvent adopter les jeunes pour dire ce qu'ils sont.

Bien qu'il nous apparaisse souvent refermé sur lui-même, l'adolescent est un être qui a un profond besoin de communication. Il aime discuter, échanger, critiquer tout ce qui l'entoure cependant qu'il attend respect et considération de la part de ses interlocuteurs. Le jeune a soif d'apprendre, il est animé par une grande curiosité, mais l'école n'est pas son lieu privilégié d'apprentissage. À cet âge, ses principales sources d'influence sont ses amis, ses héros, les médias. Les parents et les valeurs familiales jouent encore un grand rôle, mais il résiste à le reconnaître car il a besoin de voies nouvelles. L'école joue également un rôle d'importance dans la vie du jeune puisqu'il s'agit de l'endroit où il rencontre et fréquente ses copains, le «terrain de jeu» en quelque sorte, et à ce titre le jeune tient à continuer à la fréquenter.

En ce qui concerne les sources d'influence des jeunes, la dynamique groupe-famille se situe sans doute à l'épicentre de l'écheveau des stimulis auxquels l'adolescent est exposé. La principale influence demeure les valeurs parentales en dépit du fait qu'elles soient fréquemment contestées. C'est pour ce faire que le jeune a précisément besoin de son groupe de pairs qui apparaît dès lors influent, mais peut-être davantage comme une sorte d'abri, de refuge contre le monde des adultes.

Les jeunes des années 1980 sont ceux de l'ère électronique: arcades, baladeur, ordinateur, télévision, ils vivent presque constamment branchés sur des gadgets électroniques qui, à la longue, ont pour effet de modifier leur façon de voir et de percevoir le monde. Ils s'expriment d'abord par la parole, le mode écrit apparaissant dépassé parce que trop lent et laborieux, et vivent dans un univers rapide, instantané, interactif, où ils ont parfois autant sinon plus de contacts avec les machines qu'avec les personnes.

Pourtant, ces mêmes jeunes rêvent d'une famille stable, d'union durable avec leur partenaire, cherchent la fidélité en amour, veulent faire beaucoup d'argent et n'attendent que l'occasion pour exprimer leur créativité, exercer leur esprit d'entreprise. La qualité de l'environnement leur tient à coeur et ils font attention à leur forme physique, à leur alimentation, à leur sommeil. Quand ils prennent des drogues, ce ne sont pas n'importe lesquelles, il faut que les risques soient calculés.

Cependant, les jeunes à qui l'information sur la sexualité est accessible **comme jamais elle ne l'a été et qui disposent d'une grande variété de moyens** contraceptifs, continuent de vivre à 80 % leur première relation sexuelle sans protection aucune et à recourir chaque année par milliers à l'avortement pour mettre un terme à des grossesses non désirées.

Les jeunes, à qui la médecine moderne offre l'espérance de vie la plus longue que le genre humain n'ait jamais envisagée, ne voient souvent aucun avenir pour eux et sont convaincus de devoir un jour mourir à l'ombre du gros champignon atomique. Pourtant ces jeunes, qui n'ont que peu de perspectives d'emploi, que l'on garde à l'école le plus longtemps possible pour retarder le moment de leur arrivée sur un marché du travail saturé pour des années encore et qui dénoncent la faim dans le monde de même que le honteux gaspillage de nos ressources en armements, sont plus arrivistes et individualistes que leurs aînés, rejetant l'engagement social, boudant les manifestations, ignorant les partis politiques.

Il n'est guère étonnant qu'en cette époque troublée, les adolescents affichent des valeurs ambivalentes et fassent montre de comportements paradoxaux devant les choix souvent difficiles auxquels ils sont confrontés, à une période de leur vie où d'emblée il y a autant de défis à relever que d'embûches à surmonter. Qui, honnêtement, pourrait leur jeter la première pierre?

La consommation de drogues chez les jeunes en milieu scolaire

Les sources de données

Depuis plusieurs années maintenant, les intervenants-jeunesse ont pu constater que la consommation des produits psychotropes à des fins non médicales faisait partie intégrante des habitudes de vie des adolescents; cette situation ne va pas sans inquiéter, voire troubler une société qui ne sait comment interpréter le phénomène, ni quelle attitude adopter face à la banalisation par les jeunes d'un comportement que d'aucuns considèrent souvent problématique au sein du monde adulte.

Tous les jeunes consomment-ils? Que consomment-ils et pourquoi? Au cours des dix dernières années, on ne compte plus le nombre de rapports, études, sondages et enquêtes consacrés à ce sujet dans l'espoir d'apporter une compréhension du problème pour qu'enfin émerge *la* solution tant attendue. La grande majorité de ces études ont cependant été menées sur une base locale, par des gens animés de bonnes intentions certes, mais qui souvent ne disposaient pas au plan méthodologique de la formation scientifique indispensable à la conception et à l'administration d'un sondage, ainsi qu'à la compilation et surtout à l'interprétation des données obtenues.

De plus, ces enquêtes, le plus souvent réalisées à l'échelle d'une seule polyvalente ou encore d'une commission scolaire de taille moyenne, ne tiennent pratiquement compte que de la seule population étudiante, presque toujours des élèves du niveau secondaire, alors que les intervenants savent fort bien de par leur pratique que nombreux sont les jeunes consommateurs qui ne fréquentent plus l'école; cette situation se vérifie encore davantage auprès des jeunes surconsommateurs que les problèmes ont amenés à abandonner leurs études, volontairement ou non.

Afin de tout de même tenter de dégager les grandes lignes de la consommation de drogues chez les jeunes, nous nous sommes référés à cinq enquêtes principales qui ont l'avantage d'offrir un échantillonnage de répondants plus large, donc plus représentatif, que celui visé par la plupart des études effectuées à ce jour.

Il s'agit d'un sondage effectué pour le ministère de la Santé et du Bien-être social du Canada par la firme «Canadian Gallup Polls Ltd», publié en 1982[2]; des études comparatives menées par la CECM auprès des étudiants du secondaire en 1976 et 1984[3]; d'une autre étude comparative menée cette fois par Yves Lamontagne et Robert Élie auprès d'étudiants montréalais de niveau collégial, en 1978 et 1984[4]; d'une enquête réalisée par le Département de santé communautaire de la région de l'Outaouais, en 1985[5], ainsi que des travaux de MM. Leblanc et Côté[6] portant sur des adolescents de 14-15 ans de la région montréalaise.

Les types de consommateurs adolescents

L'une des divergences majeures des études menées au Québec depuis les six ou sept dernières années porte sur les définitions respectives de l'usage et de l'abus des drogues, attendu que les jeunes n'entretiennent pas tous une relation problématique avec les substances auxquelles ils s'adonnent — à l'instar de ce que l'on peut constater chez les adultes.

Attendu l'absence de données précises concernant les types de consommateurs et en guise de clarification préliminaire, nous proposerons une typologie comprenant six catégories d'utilisateurs et qui recouvrent l'ensemble du phénomène de la consommation chez les jeunes[7]:

- *le jeune non-consommateur, ou abstinent*: celui qui n'a jamais consommé ou encore ne consomme plus aucune substance psychotrope;
- *le jeune explorateur*: celui qui consomme plus ou moins fréquemment, durant une période donnée de sa vie, à une étape précise de son développement; il veut savoir de quoi il s'agit, recherche des sensations nouvelles, veut expérimenter de nouveaux «feeling». La drogue est ici objet de curiosité, l'instrument par lequel le jeune surmonte sa peur face à lui-même et aux autres. La grande majorité des jeunes paraissent faire une consommation exploratoire des drogues à un moment ou l'autre de leur adolescence;

---

2. Canadian Gallup Polls (1982).

3. Poissant et Crespo (1976 et 1984).

4. Lamontagne et Élie (1984).

5. Département de santé communautaire de l'Outaouais et Fondation Jellinek (1986).

6. Leblanc et Côté (1985).

7. Cette typologie nous est inspirée par le travail effectué au centre Alternatives auprès de jeunes depuis plusieurs années ainsi que par des discussions et consultations avec de nombreux intervenants-jeunesse.

- *le jeune consommateur occasionnel*: celui qui va consommer des drogues à certains moments bien précis, où dans des circonstances particulières dont le choix lui appartient (fêtes, spectacles, événements spéciaux); il va consommer lorsque se présente une occasion propice et sa motivation a trait au plaisir et à la socialisation; la consommation est un comportement conscient, délibéré, intégré: il s'agit d'un événement circonscrit dans le temps,
- *le jeune consommateur régulier*: celui qui consomme avec une fréquence répétée, à raison par exemple d'une à quelques fois par semaine; souvent la dépendance psychologique est présente en ce sens que la consommation représente un moment important et souhaité par le jeune, qui ira jusqu'à effectuer des démarches et se donner de la peine pour se procurer la drogue et créer ainsi l'occasion d'en faire usage; les raisons réelles sous-jacentes à la consommation sont encore réactionnelles mais peuvent également s'inscrire dans la personnalité ou le mode de vie du jeune; presque tous les amis de ce jeune sont des consommateurs comme lui;
- *le jeune surconsommateur*: celui qui consacre la plus grande partie de son temps, de ses énergies et de son argent à se procurer de la drogue, à la consommer, à en parler, à y penser; souvent adepte de plusieurs substances à la fois, celles-ci ont une fonction centrale dans sa vie. La catégorie dans laquelle se retrouve ce jeune le prédispose à la toxicomanie. Sa relation avec la drogue conditionne et influence ses liens familiaux, le choix de ses amis, ses comportements sociaux, ses performances scolaires ainsi que sa perception de lui-même et sa vision de l'avenir. Un tel niveau de consommation est bien sûr sous-tendu par toute une gamme de problèmes de vie reliés au contexte dans lequel le jeune évolue et par la façon qu'il a de négocier avec ce contexte. Ce problème est très souvent celui de toute la famille, le jeune et son entourage ayant besoin d'une aide extérieure pour faire les apprentissages essentiels au changement de dynamique qui s'impose;
- *le jeune usager abusif ou problématique*: celui qui, indépendamment de la fréquence de sa consommation, a tendance à consommer de grandes quantités de substance, ou encore à mélanger ensemble des quantités imposantes de diverses substances; ce consommateur fait usage de drogues de façon irrégulière et incontrôlée, soit par manque d'informations pertinentes, mais surtout parce que la consommation correspond pour lui à un relâchement du contrôle, à une compensation, à un défoulement ou une anesthésie de ses problèmes de vie; ce jeune a également besoin d'une aide extérieure pour redresser sa situation et recouvrer un taux de satisfaction acceptable dans sa vie.

Comme on peut s'en rendre compte, il importe de faire une distinction très nette entre les divers types de rapports qu'un jeune peut établir et entrete-

nir avec la drogue, afin que notre perception de la situation ne pêche ni par banalisation, ni par dramatisation.

Les substances consommées

L'ensemble des études consultées sont quasi unanimes lorsqu'il s'agit
d'énumérer, en ordre, les principales substances auxquelles s'adonnent les
jeunes: d'abord l'alcool et la cigarette, suivis par les dérivés du cannabis (marijuana et haschisch) et les drogues psychédéliques (LSD et PCP); viennent ensuite, avec des pourcentages beaucoup plus réduits, les stimulants (dont la cocaïne), les sédatifs (tranquillisants et hypnotiques), les solvants et l'héroïne.

Tableau 16.1
**Pourcentage moyen de consommateurs par substance (jeunes
usagers de niveau secondaire)**

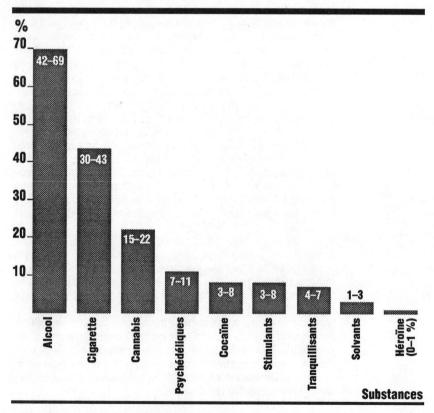

Source: Synthèse des études suivantes: Poissant et Crépo (1976 et 1984); Canadian
Gallup Pool (1982); Dumas (1984).

Certaines tendances se dégagent de l'ensemble des études consultées quant à l'évolution de la consommation de ces substances au cours des dix dernières années.

L'alcool et le tabac accusent une baisse de popularité, particulièrement marquée dans le cas de la cigarette. Le pourcentage des consommateurs d'alcool passe de 68 % à 42 % et de 8,7 % à 5,9 % dans le cas des consommateurs réguliers (Poissant et Crespo, 1976 et 1984). On constate par ailleurs une nette régression, de l'ordre de 30 % environ, de la consommation de la cigarette, bien que cette dernière demeure la substance consommée le plus régulièrement par les jeunes; ceci nous amène à penser que les jeunes fumeurs de tabac sont moins nombreux qu'auparavant, mais que ceux qui fument le font de façon régulière et en quantités importantes, soit pratiquement un paquet de vingt-cinq cigarettes par jour: en cela, les adolescents suivent la tendance sociale générale en regard de l'usage du tabac.

Le taux des consommateurs réguliers de cannabis dans la région de Montréal passe de près de 10 % en 1976 à 3,8 % en 1984 tandis qu'au cours de la même période, l'ensemble des consommateurs passait de 17 % à 15 % pour la même région (Poissant et Crespo, 1976 et 1984). Par ailleurs, il semble que d'une façon générale les drogues psychédéliques soient de moins en moins consommées au niveau secondaire, tant chez les usagers réguliers que pour l'ensemble des consommateurs en raison de la baisse de qualité des produits autant que de la hausse du niveau de conscience des jeunes en ce qui a trait à la qualité de leur vie.

Il est également possible d'observer une baisse notoire de la consommation des solvants (colle, peinture, essence), résultat combiné des campagnes de sensibilisation aux méfaits physiologiques de cette catégorie de drogue et de l'émergence d'une préoccupation de la qualité de vie chez les jeunes. Il semble par contre que l'on se tourne vers d'autres produits comme la cocaïne, dont l'usage est de plus en plus fréquent au secondaire, mais surtout au niveau collégial, principalement en raison de l'accessibilité du produit. En ce qui concerne le «crack» dont les médias ont fait beaucoup de cas, il semble n'y avoir que très peu de consommateurs étant donné le peu de disponibilité de cette drogue nouvelle et la perception négative générale qu'en ont les adolescents.

Mentionnons en terminant que la majorité des études omettent la caféine (café, thé, cola, chocolat) parmi les substances abordées. Une observation empirique nous apprendrait probablement que cette substance domestique est la plus consommée de toutes, comme l'indique au moins une des enquêtes où cette catégorie a été prise en compte (Poissant et Crespo, 1976).

Les variables sous-jacentes à la consommation

Deux études nous renseignent plus particulièrement sur les motifs de la consommation (Poissant et Crespo, 1984; DSC de l'Outaouais, 1986). La re -

cherche du plaisir et de l'euphorie vient en premier lieu des réponses compilées; suivent la *réduction de la gêne*, la *curiosité*, l'*imitation des amis* et la *recherche du calme et de la détente*. Ce n'est qu'en fin de liste, et dans des proportions beaucoup moins importantes, que sont évoquées des motivations telles l'*oubli des chicanes*, la *fuite des problèmes*, l'*oubli des échecs scolaires*, le *dépassement de l'ennui* et la *recherche d'une nouvelle personnalité*, raisons qui peuvent servir d'indicateurs à l'apparition d'éventuels cas de consommation problématique ou abusive. Ces résultats appuient notre assertion à savoir qu'il y a beaucoup de jeunes consommateurs, qu'ils soient ou non réguliers, mais qu'une minorité seulement vit une expérience problématique, symptôme d'une déstabilisation de leur mode de vie.

Tableau 16.2
Mobiles de consommation chez les jeunes du secondaire, 1984

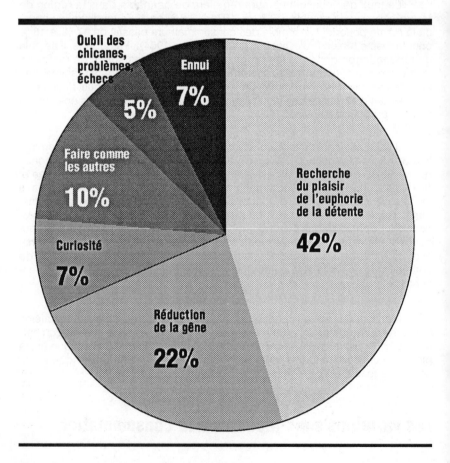

Source: Poissant et Crépo (1984).

D'une façon générale, les raisons reliées à la consommation exploratoire — curiosité, désir d'expérimenter — sont surtout invoquées par les élèves les plus jeunes; on remarque à cet effet que le taux global de consommation augmente parallèlement à l'évolution de l'âge des élèves pour se stabiliser vers dix-sept ou dix-huit ans; ces réponses corroborent nos observations cliniques à l'effet que la grande majorité des jeunes qui viennent consulter parce qu'ils vivent un «problème de drogues» sont des élèves de secondaire IV et V [8].

La variable «sexe» ne semble pas jouer un rôle prépondérant quant au taux de consommation, les garçons et les filles consommant pratiquement dans les mêmes proportions les uns que les autres; il en va de même de la situation familiale, de l'occupation ou du niveau de scolarité des parents. Au plan familial, deux précisions doivent être apportées: d'une part, la consommation des parents semble jouer un rôle dans la mesure où l'on retrouve plus de jeunes consommateurs réguliers issus de familles où les parents sont également des consommateurs réguliers, et davantage de jeunes non-consommateurs dans les familles de parents abstinents, principalement en ce qui concerne l'alcool; d'autre part, le taux le plus élevé de consommateurs se retrouve chez les familles monoparentales masculines (Poissant et Crespo, 1984). Ce dernier résultat nous renseigne peut-être sur la préparation inadéquate des hommes à assumer un rôle de soutien de famille à laquelle répondrait une tendance plus marquée chez les jeunes à adopter des comportements de consommation.

En bref, les jeunes de treize à dix-huit ans consomment de façon exploratoire ou occasionnelle — exception faite de la cigarette —, principalement les fins de semaine et surtout entre amis. Lorsqu'ils consomment à l'école, il semble que l'heure du dîner soit le moment privilégié pour le faire.

Si la consommation a des conséquences sur le choix des amis et du type de loisirs, la surconsommation quant à elle ajoute une préoccupation financière importante, une baisse des aspirations au plan académique, des résultats scolaires moins intéressants et une hausse du taux d'absentéisme; les jeunes éprouvant des difficultés avec leur consommation perçoivent d'ailleurs moins d'encouragements de leur entourage — parents et professeurs — à poursuivre leurs études, que les jeunes non-consommateurs (Poissant et Crespo, 1984; Lamontagne et Élie, 1984; Leblanc et Côté, 1985).

Les populations à risques

La drogue, nous venons de le voir, n'est pas un fléau qui submerge les écoles et avilit les élèves. Si tous les jeunes consommateurs n'abusent pas des drogues, il n'en demeure pas moins qu'il existe parmi les adolescents ce qu'il est convenu d'appeler des populations à risques, des jeunes chez qui les produits psychotropes ont davantage d'emprise sur le mode de vie. Comment re-

---

8. Il s'agit d'observations tirées de la pratique de l'auteur à l'intérieur du centre de réadaptation Alternatives, centre d'accueil du réseau public québécois.

connaître ces jeunes enclins à l'assuétude? Quels sont les traits qui les caracté-risent? Pourquoi s'accrochent-ils là où tant d'autres s'amusent ou se contentent de satisfaire leur curiosité?

L'effet d'une drogue relève de l'interaction entre trois variables fondamen-tales, l'*usager*, la *substance* absorbée et le *contexte* de consommation. Les substances étant les mêmes pour tout le monde, c'est au niveau de l'individu impliqué et des circonstances entourant la consommation que nous devons orienter nos efforts pour savoir reconnaître la prédisposition à l'assuétude chez l'adolescent et en dégager un profil du jeune présentant un risque élevé de sur-consommation.

Au plan des *caractéristiques personnelles*, le jeune qui a une faible esti-me de lui-même et qui n'a pas l'occasion de vivre d'expériences satisfaisantes risque fort, à force de manquer de valorisation et de reconnaissance, de déve-lopper une attitude négative devant les situations auxquelles il doit faire face. Ayant intériorisé l'expérience de l'échec répété, il en vient à se percevoir comme incompétent, perd la confiance en lui-même et se voit déjà perdant avant même que la partie ne soit commencée. Il amplifie les difficultés, ne voit pas les ressources dont il peut disposer ou encore s'imagine incapable de les utiliser à bon escient, et souvent refuse même le support que son milieu peut lui offrir.

L'angoisse grandit en lui et il est porté à abdiquer, à refuser d'affronter les événements de la vie. Déjà fragile du fait de devoir traverser la période trou-blée et troublante de l'adolescence, le jeune voit ses perceptions négatives ren-forcées par son manque de références personnelles positives et son état d'iso-lement. Souvent, ce jeune aura peur du changement, vivra une grande crainte face à sa liberté, aura la conviction que ses efforts sont inutiles et se réfugiera dans la passivité; rejetant tout effort et tout investissement personnel, il se re-trouve dans un cul-de-sac au fur et à mesure que sa perception de lui-même s'éloigne de l'image d'un idéal devenu impossible à atteindre. D'où l'importan-ce primordiale pour le jeune d'être nourri positivement par son milieu, de rece-voir du soutien, de l'encouragement. L'affection et l'attention, l'expérience plai-sante de la réussite, l'acceptation pour ce qu'il est et non pour ce qu'il doit ten-ter de devenir, sont essentiels au jeune pour se bâtir une confiance en lui-même. Si l'adolescent vit une trop grande carence affective, ce vide intolérable risque fort d'être provisoirement comblé par la première substance magique venue, pour peu qu'elle procure la suppression de l'angoisse et du sentiment d'échec ressentis.

Le *contexte de vie* du jeune revêt ici une importance primordiale en re-gard du développement d'attitudes face aux difficultés et de l'émergence de mécanismes de réaction à l'angoisse et au sentiment d'échec qui, de toutes façons, font partie intégrante de la vie de chacun d'entre nous. S'il est impos-sible de ne pas ressentir un besoin de soulagement face à l'angoisse, il est tout de même possible d'apporter diverses réponses à ce besoin. Si certaines ré-ponses peuvent être efficaces, d'autres, comme l'abus de drogues et d'alcool, peuvent se révéler aussi destructrices qu'illusoires.

Il existe une corrélation entre le climat familial et la prédisposition à l'assuétude. En général, les élèves sondés rapportent avoir un bon contact avec leurs parents, indépendamment de leur taux de consommation de psychotropes. Par contre, une analyse plus fine nous révèle une corrélation négative entre le niveau de consommation et la discussion avec les parents de problèmes personnels: en d'autres mots, les non-consommateurs sont plus susceptibles que les consommateurs, qui eux-mêmes sont plus enclins que les surconsommateurs, de pouvoir échanger avec leurs parents (Poissant et Crespo, 1984; DSC de l'Outaouais, 1986). On constate des différences allant dans le même sens au plan de la permissivité: plus les jeunes consomment, moins ils considèrent leurs parents comme permissifs. Si l'alcool est la principale substance d'initiation à la consommation des psychotropes, et que cette initiation a lieu le plus souvent au sein même du milieu familial, on note d'autre part que le cannabis est la principale substance d'initiation aux substances illicites, et que dans ce cas, le rituel a lieu hors du foyer, avec des amis, les parents étant généralement tenus dans l'ignorance de cette consommation. Le statut légal des produits consommés semble donc également influer sur la qualité du contact et de la communication avec les parents en ce qu'il est vraisemblablement lié au degré de permissivité parentale anticipée par les jeunes.

Le fait de vivre dans un milieu toxicomanogène, c'est à dire d'avoir des parents ou des amis surconsommateurs, va bien sûr influencer le jeune dans le choix de son type de réponse à l'anxiété, de la même manière que le fait d'être issu d'un milieu familial où règnent entente et harmonie plutôt que dissension et agressivité aura un impact direct sur le taux d'anxiété auquel le jeune devra faire face. Comme on peut le constater, bien des choses en cette matière se jouent au niveau des seuils de tolérance respectifs du jeune et des personnes significatives pour lui; en ce sens, le fait d'appartenir à une famille désunie ou à un milieu déstructuré n'est jamais un facteur aussi déterminant que le type de rapports établis entre les individus concernés (Leblanc et Tremblay, 1987).

La présence ou l'absence de réponses alternatives à la consommation de drogues dans une situation de vie difficile est un autre élément à prendre en compte et à cet égard, les niveaux et les modèles de consommation familiaux sont des indices assez sûrs: la surconsommation, comme l'usage modéré, cela s'apprend en famille. L'attitude des parents est d'ailleurs un facteur déterminant: dans le cas de patterns de surconsommation chez le père ou la mère, le jeune va réagir en se situant, soit dans la reconstitution du modèle observé, soit dans une attitude aussi excessive mais contraire, c'est-à-dire dans l'abstinence et l'intolérance. La présence d'antécédents de violence au niveau familial est un autre facteur notoire de prédisposition du fait que la violence soit en elle-même anxiogène, et que lorsqu'elle est initiée par le père, elle se trouve souvent accompagnée de surconsommation d'alcool.

Enfin, considérons un fait important: la surconsommation de drogues chez les jeunes accompagne souvent ou découle d'autres problèmes de comportement ou d'adaptation psychosociale. Il existe à cet effet une grande confusion entre jeune consommateur de drogues et jeune délinquant, ces deux conduites dites «déviantes» étant souvent identifiées l'une à l'autre du fait que consommer des substances illégales place d'emblée le jeune en situation de délinquance au sens de la loi. Bien que les facteurs qui prédisposent à l'abus des drogues puissent être sensiblement les mêmes que ceux qui préparent à la délinquance, l'émergence de l'un ou l'autre comportement comme première expression de la mésadaptation au plan chronologique nous aide à mieux départager la dynamique de base de l'épiphénomène (Leblanc et Tremblay, 1987).

Les travaux de recherche nous informent par ailleurs que la probabilité d'assister à l'apparition d'un comportement de consommation abusive de drogues est inversement proportionnelle à l'âge d'initiation: l'initiation de plus en plus précoce à certaines drogues autres que l'alcool et le cannabis par exemple, pourraient en ce sens constituer un indicateur supplémentaire (Beauchesne, 1986). Enfin, il ne faut pas oublier de mentionner que les enfants qui sont médicamentés très jeunes et parfois abusivement par leurs parents deviennent une clientèle beaucoup plus perméable à un style de vie axé sur la consommation de produits psychotropes, ayant développé très tôt le réflexe de recourir à une solution «chimique» pour résoudre leurs problèmes (Olievenstein, 1986).

Conclusion

L'adolescence est une période particulièrement délicate et importante de la vie d'une personne, marquée au coin de transformations rapides et de questionnements déchirants. Ce passage, vécu tantôt dans l'harmonie et le plaisir, tantôt dans la confusion et la frustration, est accompagné d'un certain nombre d'épiphénomènes caractéristiques au nombre desquels il faut compter la consommation de produits psychotropes. La majorité des jeunes, par curiosité personnelle et par besoin de conformisme en regard de leur groupe d'appartenance, s'adonneront à un moment ou un autre à la consommation de drogues alors qu'ils sont à l'âge du secondaire.

Cette consommation de produits psychotropes par les adolescents n'est pas un phénomène isolé mais repose sur une kyrielle de facteurs d'ordre tant personnel que social. La surconsommation, quant à elle, demeure le fait d'une minorité dont les problèmes d'adaptation peuvent être plus aigus, ou pour laquelle l'accès à des ressources alternatives s'avère moins aisé, voire impossible.

La consommation de drogues par les adolescents est surtout un phénomène aux connotations émotives très marquées qui nous prend aux tripes comme parents, comme éducateurs et comme adultes. C'est pourquoi il importe de porter un regard critique sur nos réactions et attitudes face à ce phénomène. Quelle lecture faisons-nous de la situation, de quelle façon décodons-nous le langage que nous tiennent les jeunes en buvant de l'alcool, en fumant du haschisch ou en «sniffant» de la cocaïne? Quels intérêts orientent nos réponses à ce langage? Cette consommation, à cause des risques qu'elle comporte aux plans physique, psychologique et social, nous fait peur, nous porte à vouloir contrôler la situation ou, à tout le moins, en circonscrire l'évolution.

Bien que nous soyons des citoyens responsables, des parents bien intentionnés, des intervenants ouverts et informés, il demeure tout à fait normal que la consommation des jeunes nous inquiète et nous trouble. Cependant, il convient de reconnaître et d'accepter ce malaise afin de pouvoir prendre conscience de ses propres réactions et éviter de se complaire dans une attitude où l'expérience et le savoir servent trop souvent d'alibis face à des émotions trop dérangeantes à assumer...

Une grande part de la solution réside dans la capacité à créer et maintenir le contact avec le jeune, à entretenir un climat permettant échange et dialogue; chercher à tout prix à contrôler ou à dépister générera au contraire une rigidité au plan de l'attitude et une résistance de la part de l'adolescent.

Il est certes difficile pour un intervenant d'échapper au piège qui consiste à définir et à statuer au nom du jeune de ce qui est bon et mauvais pour lui. Mais à vouloir trop protéger l'adolescent des dangers qui le guettent, est-ce que nous ne cherchons pas ultimement à nous protéger nous-mêmes? La menace que nous sentons, en tant qu'adultes, et qui vient nous chercher au plan affectif n'est-elle pas précisément la peur que se révèlent les limites de notre pouvoir d'intervention et de contrôle?

Les jeunes, de leur côté, quoi qu'ils en disent et quoi qu'ils fassent, ont besoin des parents et des adultes. Mais ils expriment ce besoin dans la mesure où nous sommes disposés à les accepter, à les écouter, à les recevoir tels qu'ils sont, afin de communiquer d'égal à égal avec eux. Les jeunes n'ont pas besoin des adultes pour les juger, les définir, les contrôler, les étiqueter; ils veulent plutôt être accompagnés, soutenus dans leur cheminement, conseillés et même guidés mais avec respect.

Délinquant, déviant, toxicomane, autant d'étiquettes qui rassurent en posant un diagnostic et en suggérant des méthodes de traitement. Ces étiquettes, c'est à nous, adultes et éducateurs, qu'elles sont ultimement utiles. Pour travailler et aider des adolescents, clientèle difficile aux humeurs changeantes et aux comportements souvent déconcertants, il faut d'abord les aimer et les accepter.

À nous donc de relever le défi que les jeunes nous posent. Le défi de clarté et d'honnêteté. Le défi de la franchise, avec nous-mêmes d'abord et avec eux ensuite. La franchise d'assumer nos opinions et nos émotions, de poser des questions, sans utiliser notre statut d'adulte pour biaiser la relation. La franchise d'être ce que nous sommes, de nous assumer aussi pleinement que possible afin qu'à notre contact, les jeunes puissent apprendre à en faire autant. C'est ce qu'on appelle prêcher par l'exemple et il n'y a en vérité d'autre seuil que celui-là qui permette de se définir, sans rire ni fausse honte, comme de véritables éducateurs...

Références

ASSOCIATION DES INTERVENANTS EN TOXICOMANIE DU QUÉBEC (1986). *Qualité de vie et drogues: place aux jeunes.* Actes du XIVᵉ colloque, Chicoutimi: Gaëtan Morin éditeur.

BEAUCHESNE, L. (1986). *L'abus des drogues, programmes de prévention chez les jeunes.* Monographies de psychologie n° 3, Québec: Presses de l'Université du Québec.

CANADIAN GALLUP POLLS LTD (1982). Ottawa: Santé et Bien-être social Canada.

CORMIER, D. (1984). *Toxicomanies: styles de vie.* Chicoutimi: Gaëtan Morin éditeur.

DÉPARTEMENT DE SANTÉ COMMUNAUTAIRE DE L'OUTAOUAIS ET FONDATION JELLINEK (1986). *Étude sur la toxicomanie chez les jeunes dans la région de l'Outaouais.*

DUMAS, S. (1984). *La drogue banalisée.* Synthèse de recherches sur la consommation de drogues chez les étudiants québécois, Québec.

GODIN, J.-G. (1985). Intervention. Notes sur l'usage des drogues chez les adolescents. *L'Intervenant.* vol I, n° 2: 10-12.

LAMONTAGNE, Y. et coll. (1979). Consommation d'alcool et de drogues chez les étudiants. *L'Union Médicale du Canada.* Mars-avril: 219-228.

LAMONTAGNE, Y. et ÉLIE, R. (1985). Consommation de drogues et d'alcool chez les étudiants de niveau collégial. Étude comparative 1979-1984. *L'Union Médicale du Canada.* Mai-juin: 324-339.

LEBLANC, M. et COTÉ, G. (1985). *Milieu et style de vie, régulation sociale, fonctionnement psychologique et conduite délinquante.* Montréal: Centre international de criminologie comparée, Université de Montréal.

LEBLANC, M. et TREMBLAY, R. (1987). Drogues illicites et activités délictuelles chez les adolescents de Montréal: épidémiologie et esquisse d'une politique sociale. *Psychotropes.* hiver: 57-73.

OLIVENSTEIN, C. (1986). Mes conseils aux parents. *Marie-Claire.* Juin: 59-62.

PEELE, S. (1981). *How much is too much?* Englewood Cliffs, New Jersey: Prentice-Hall.

POISSANT, I. et CRESPO, M. (1976 et 1984). *La consommation des drogues chez les jeunes au secondaire.* Montréal: CECM, étude comparative.

SMART, R. G. (1983). *Forbidden highs: the nature, treatment and prevention of illicits drug abuse.* Toronto: Addiction Research Foundation.

TREMBLAY, R. (1985). La consommation de drogues, un épiphénomène à l'adolescence. *L'Intervenant.* Vol I, n° 4: 10-12.

■ RÉSUMÉ

L'auteur brosse un tableau de la situation des jeunes adolescents québécois en regard de la consommation d'alcool et de drogues, telle que l'on peut l'observer au milieu des années 1980. Dans un premier temps, le propos s'attache à définir la nature de l'adolescence et les types de comportements ainsi que les valeurs qui la caractérisent de nos jours; les principales données disponibles concernant les types de consommateurs, les produits consommés et les variables principales de la consommation sont ensuite présentées. Enfin, le texte tente de dégager les principales caractéristiques des jeunes usagers à risques selon le milieu et le style de vie pour conclure sur les pistes et attitudes à développer chez les adultes désireux d'intervenir auprès des jeunes.

Section 5

LES PROBLÈMES DE SANTÉ PUBLIQUE

Chapitre 17

Conviction et coercition: modèle d'intervention pour réduire la conduite en état d'ébriété *

Louise Nadeau et André Poupart

La conduite en état d'ébriété et son association avec les accidents de la circulation constituent un sujet aussi vaste que polémique. Depuis l'éditorial du *Quarterly Journal of Inebriety* de 1904 (voir Jellinek, 1960) consacré aux «motors wagons», le sujet n'a cessé d'être documenté. Aujourd'hui, pas moins de six revues scientifiques anglo-saxonnes traitent des problèmes de la circulation automobile[1]. Le droit, la médecine, la sociologie, la psychologie, la criminologie, pour ne nommer que les principales disciplines, abordent également le sujet. Des administrations publiques se préoccupent également de cette question: au Canada, la *Direction de la sécurité routière de Transport* Canada et la *Fondation de recherches sur les blessures de la route*; au Québec, la *Régie de l'assurance automobile*; aux États-Unis, le *National Highway Traffic Safety Administration* (NHTSA). De nombreux regroupements de citoyens se sont également donnés pour mandat de créer des programmes de sensibilisation du

---

* Version mise à jour d'un texte paru dans: *Revue canadienne de santé publique*, 1985, 76: 404-406.

1. Nous avons relevé le: *Abstracts and Reviews in Alcohol and Driving* (8e année); *Accident, Analysis and Prevention* (9e année); *Journal of Traffic Safety Education* (9e année); *Journal of Traffic Medecine* (5e année); *Traffic Safety* (10e année); *Transportation Research* (21e année).

public aux problèmes de la conduite en état d'ébriété[2]. Les préoccupations à ce sujet datent de la mise sur le marché des premières automobiles et continuent de retenir l'attention comme l'un des principaux problèmes reliés à la sécurité routière.

Le nouveau *Projet de loi* du gouvernement canadien

En 1981, 5379 personnes ont été tuées dans des accidents de la route au Canada. On estime à 38 % la proportion des chauffeurs dont l'alcoolémie dépassait le taux légal (Fondation canadienne des toxicomanies, 1983). Mais il ne s'agit là que d'une estimation. En effet, la mesure de l'imprégnation alcoolique, par éthylotest[3] ou par prise de sang, n'est pas réalisée systématiquement au Canada en dépit du fait que ce dépistage soit autorisé par la loi.

En 1984, le gouvernement canadien a proposé des modifications au *Code criminel*, modifications qui prévoient des punitions plus sévères pour la conduite en état d'ébriété. Ces amendements comportent deux effets principaux pour la personne qui conduit un véhicule à moteur alors que ses facultés sont affaiblies ou que son alcoolémie dépasse 80 milligrammes par litre. Tout d'abord, une augmentation des peines: pour une première infraction, l'amende est portée d'un minimum de 50 $ à 300 $. Pour la seconde infraction, la sanction demeure un emprisonnement minimal de quatorze jours et, pour une infraction subséquente, de quatre-vingt-dix jours. Cette même infraction peut également entraîner un emprisonnement maximal de six mois lorsque le contrevenant est poursuivi par voie de mise en accusation.

La loi crée également de nouvelles infractions. Tout d'abord, lorsque la conduite ci-haut décrite cause des lésions corporelles, l'auteur de l'acte criminel est passible d'un emprisonnement maximal de dix ans, et, en cas de mort d'une autre personne, d'un emprisonnement maximal de quatorze ans. Quelle que soit la peine encourue, toute condamnation pour conduite lorsque ses facultés sont affaiblies par l'alcool ou lorsque son alcoolémie dépasse le taux permis, s'accompagne nécessairement d'une interdiction de conduire un véhicule à moteur pour une période de trois mois à trois ans lors d'une première infraction, de six mois à trois ans dans le cas d'une seconde et de trois ans pour toute infraction subséquente. Enfin, le tribunal peut également ordonner que le véhicule à moteur impliqué soit immobilisé pour une période maximale d'un an.

---

2. Le NIAAA nous a répertorié: *Mothers Against Drunk Drivers* (MADD); *Students Against Driving Drunk* (SADD); *Remove the Intoxicated Driver* (RID); *Citizens for Safe Drivers*; *Against Drunk Drivers, Prevent Alcohol-Related Killings in Tompkins County*; *Dealers Against Drunk Driverds* (DADD) (voir Vejnoska, 1982). Au Canada, de tels organismes existent également dont le MADD qui a des regroupements dans plusieurs provinces dont le Québec.

3. Cette expression est préférée au terme «alcotest» qui correspond à une dénomination commerciale (Got et coll., 1984).

Le Québec a également modifié son *Code de la sécurité routière* pour rendre plus sévères les sanctions qui frappent les conducteurs condamnés en vertu du *Code criminel* pour avoir conduit un véhicule avec facultés affaiblies. Le permis du conducteur est alors révoqué pour une période minimum d'un an dans le cas d'une première infraction au cours des cinq années qui précèdent; pour une période minimum de deux ans pour une seconde infraction dans le même délai et de trois ans pour toute autre infraction. Une personne qui conduit un véhicule malgré la révocation de son permis pour conduite alors que ses facultés étaient affaiblies s'expose à une amende de 600 $ à 2000 $, plus les frais.

En outre, il faut souligner qu'aucun permis restreint ne peut être émis pendant la période de révocation. Un juge ne peut donc plus ordonner l'émission d'un permis à une «personne qui lui a démontré qu'elle doit conduire un véhicule routier dans l'exécution du principal travail dont elle tire sa subsistance»; c'est dire qu'un camionneur ou un conducteur d'autobus ou de taxi est dès lors privé de son gagne-pain.

On peut s'interroger sur l'opportunité d'une législation aussi sévère. Les citoyens et leurs avocats utiliseront-ils tous les moyens à leur disposition pour y échapper en ayant recours à des appels interminables et coûteux; de leur côté, les juges hésiteront-ils à appliquer des mesures aussi drastiques en faisant montre de plus de souplesse sur la preuve?

Le caractère dissuasif du nouveau *Projet de loi*

La sévérité des lois que nous venons de passer en revue a pour objet de dissuader les contrevenants en visant une meilleure protection des chauffeurs, passagers et piétons sobres. Mais qu'en est-il? La perspective d'être emprisonné, de payer une plus forte amende, de perdre son permis de conduire exercera-t-elle l'effet préventif anticipé? Il semble bien que oui, dans la mesure où c'est la sévérité de la loi et la croyance des citoyens en une réelle probabilité d'être arrêtés et condamnés qui lui confèrent son caractère dissuasif.

Au chapitre de la sévérité de la peine, on cite souvent l'exemple des pays scandinaves où les chauffeurs dont les taux d'alcoolémie dépassent la limite permise sont soumis à des peines d'emprisonnement. Cependant, les analystes ne sont pas unanimes à propos du sens à donner à l'exemple scandinave. Utilisant la méthode des séries chronologiques, Ross (1975) ne constate aucune association statistique entre changement législatif et fréquence de la conduite en état d'ébriété pour les années 1934, 1936, 1941 et 1957 en Suède et en Norvège. L'auteur affirme que les résultats obtenus permettent de remettre en question le «mythe scandinave» et conclut que «la croyance largement répandue selon laquelle les lois de la Suède et de la Norvège avaient un effet dissuasif avait peu de fondement» (p. 285). Votey (1982) et plus récemment Snortum(1984) estiment que Ross propose une interprétation abusive des corrélations non significatives obtenues au test des séries chronologiques et remettent en question la validité interne et externe de ce schéma. Ces deux critiques estiment qu'une méthode statistique visant l'établissement de liens de causalité, comme ceux générés par les séries chronologiques, ne rend pas compte de la multiplicité de facteurs qui entrent en action dans la conduite en état d'ébriété. Conséquemment, la technique des séries chronologiques appliquée pour une telle étude prêterait le flanc à une erreur de type II: l'interprétation statistique négligerait de constater l'effet de l'introduction d'une nouvelle législation alors que celle-ci aurait un impact significatif (Snortum, 1984)[4]. Sans doute faut-il voir dans cette absence de consensus quant à l'interprétation des données une conséquence reliée à la difficulté de départager les effets de la sévérité de la peine du degré de menace effective que comporte la loi (Bonnie, 1981).

La croyance du citoyen en la probabilité d'être appréhendé, puis puni, dépend essentiellement des procédures d'application de cette loi: elles doivent amener les citoyens à avoir la *conviction* qu'ils encourent un risque appréciable de se faire prendre s'ils enfreignent la loi. Or, au Canada, sur 2000 accidents causés par un conducteur en état d'ébriété, on constate une seule arrestation. En 1969, après l'introduction de la loi canadienne qui établissait à 0,8 g/l la limite d'imprégnation alcoolique légalement permise, on a tout d'abord constaté une diminution dans la conduite en état d'ébriété et une diminution des accidents de la circulation dans lesquels l'alcool était mis en cause. Cependant, au bout d'un an, le nombre d'accidents remontait au niveau antérieur à l'adoption de la loi. Tel fut également le cas, au milieu des années 1960, en Angleterre et en Allemagne (Ross, 1973; Fondation canadienne des toxicomanies, 1983).

On s'entend pour attribuer cette modification transitoire des comportements à la publicité entourant la mise en vigueur des nouvelles lois plus sévères. La police semble armée de nouveaux pouvoirs légaux et d'un arsenal technique permettant de faire la guerre aux chauffards. Tant que l'on brandit les épouvantails, la perception subjective du public se modifie. Mais, dès que les médias cessent de décrire et d'expliquer les nouvelles dispositions plus répressives de la loi, les citoyens reviennent à leurs perceptions antérieures d'une faible probabilité d'arrestation et retrouvent peu à peu leurs réflexes de chauffeurs à risque. Ceci dit, il faut reconnaître que la nouvelle loi canadienne, par l'obligation de se soumettre à l'éthylotest lorsque l'agent de paix a des motifs raisonnables de croire qu'une infraction a été commise, rend plus facile l'identification et la poursuite des chauffeurs ivres. Plus encore, l'article 238 (5) du *Code criminel* crée une infraction pour quiconque refuse, sans excuse raisonnable, de fournir un échantillon d'haleine ou de sang.

Cependant, parce que cette loi ne facilite pas le dépistage des chauffeurs en état d'ébriété, étape cruciale du processus conduisant à une modifica-

---

4. Voir Glass et coll. (1975) mais surtout Kratochvill (1978, p. 11 et suivantes) pour une discussion des problèmes de validité associés à la technique des séries chronologiques de même que l'article de Ross (1983) et la réponse de Ross à Snortum (1984) réitérant la pertinence du choix des séries chronologiques comme méthode d'analyse statistique pour l'étude de la dissuasion relativement à la conduite en état d'ébriété.

tion des comportements, ceux-ci continuent d'être appréhendés presque uniquement à l'occasion d'un accident de la circulation ou à la suite d'une infraction au code de la route. D'où le constat répété que les mesures répressives n'ont en elles-mêmes qu'un effet très limité à long terme.

Une comparaison intéressante: les États du Maine et du Massachusetts

La comparaison des effets de deux nouvelles lois sur la conduite en état d'ébriété aux États-Unis, dans les états voisins du Maine et du Massachusetts, éclaire cette question (Hingson et coll., 1984). En septembre 1981, l'État du Maine mettait en vigueur une des lois américaines les plus sévères, et administrée de façon rigoureuse, sur la conduite en état d'ébriété. Cette loi a été spécifiquement conçue afin d'augmenter la probabilité que les chauffeurs arrêtés pour conduite en état d'ébriété soient condamnés et reçoivent des peines plus sévères. Un an plus tard, le Massachusetts a également accru de façon radicale la sévérité des peines pour la même infraction, mais en visant particulièrement les récidivistes et les conducteurs impliqués dans des accidents mortels, sans qu'aucune mesure ne vise l'augmentation générale du taux de condamnation; bref, alors que la loi du Maine visait tous les conducteurs, celle du Massachusetts n'affectait que les personnes ayant déjà été impliquées dans un accident.

Par suite de la mise en vigueur de ces nouvelles lois, le taux d'arrestation par 1000 détenteurs de permis a augmenté dans les deux États. Cependant, alors que le taux de condamnation chez les chauffeurs arrêtés est demeuré au-dessous de 25 % dans le Massachusetts, il a augmenté de 67 % à 85 % dans le Maine. Des enquêtes d'opinion menées dans les deux États avant et après la mise en vigueur de ces lois ont révélé que les citoyens du Maine, où effectivement le taux de condamnation était plus élevé, estimaient plus grande la probabilité que les chauffeurs ivres soient appréhendés et condamnés après l'entrée en vigueur de la loi de 1982. On a également constaté qu'un plus grand nombre de répondants des deux États croyaient que les chauffeurs en état d'ébriété seraient appréhendés, arrêtés et punis à l'occasion d'une arrestation. Mais la proportion d'arrestations par mille est demeurée supérieure au Maine. De plus, durant les deux années suivant la modification de la législation, les chauffeurs du Maine étaient plus susceptibles que ceux du Massachusetts d'affirmer qu'ils avaient pris la décision de ne pas conduire parce qu'ils avaient trop bu, particulièrement le groupe à risque des hommes de vingt-cinq ans et moins. Pendant cette période, le taux d'accidents mortels impliquant un seul véhicule et le taux global des accidents mortels dans le Maine ont décliné de façon plus significative qu'au Massachusetts.

Ainsi, les attitudes des conducteurs sont davantage modifiées par la rigueur des conditions de mise en oeuvre des dispositions d'une loi, même modérée, que par la sévérité apparente d'une législation truffée de failles et appliquée avec laxisme.

Les chauffeurs à risque

L'étude des relations entre l'alcoolisation et les accidents de la circulation indique que le risque se distribue inégalement dans la population. En France, une étude de 7740 accidents mortels a permis de constater que, chez les conducteurs de véhicules motorisés, le risque d'être impliqué dans un accident mortel de la circulation (et en être le responsable présumé) est multiplié par 1,9 lorsque l'alcoolémie oscille entre 0,5 g et 0,7 g par litre, par rapport au groupe affichant de 0 à 0,49 g/l; le risque est multiplié par 10 de 0,89 à 1,19 g/l, au-delà du seuil de la limite permise, puis par 35 de 1,2 à 1,99 g/l et finalement par 72 pour le groupe dépassant 2,9 g/l (Got et coll., 1984).

Toujours en France, le test de la gamma-glutamyl-transferase (GGT) a permis d'observer auprès d'un échantillon national qu'un tiers des hommes et des femmes accidentés devait se situer dans la catégorie des buveurs d'habitude (Goehrs, 1984). L'auteur conclut:

> Ainsi l'alcool peut entraîner des perturbations beaucoup plus importantes chez un sujet qui n'en fait pas une consommation courante mais, a contrario, ce même sujet peut adopter instinctivement un comportement plus prudent que celui d'un alcoolique chronique, à la fois plus intoxiqué et plus sûr de lui, qui par ailleurs présenterait une alcoolémie égale (p. 37).

Les travaux américains (Small, 1982) et anglais (British Medical Journal, 1983) confirment les études françaises: les chauffeurs les plus susceptibles d'être impliqués dans un accident où l'alcool est mis en cause sont ceux qui ont déjà eu un accident et ont déjà commis des infractions au *Code de la route* (Scoles et coll., 1984). Somme toute, le groupe des chauffeurs à risque, comprenant une proportion considérable de buveurs d'habitude, provoque à lui seul un fort pourcentage des accidents. Or, c'est ce petit groupe responsable d'un grand nombre d'accidents qui résiste le plus aux programmes d'éducation (Klinsberg et Salsberg, 1983; Scoles et coll., 1984) et aux interventions légales ou thérapeutiques[5].

Malgré cette sombre perspective, il faut garder en mémoire que la certitude d'avoir quelque chose à perdre peut inciter l'alcoolique à la sobriété (Nadeau, en préparation[6]; Vaillant, 1983); de même, croire en la possibilité d'être arrêté est sans doute susceptible d'affecter le comportement des chauffeurs à risque qui apparaissent les plus résistants au changement.

---

5. À ce chapitre, la question des jeunes chauffeurs, particulièrement des hommes âgés de seize et dix-sept ans, pourrait faire l'objet d'une longue discussion (voir entre autres: Douglas, 1983; NIAAA, 1982; Smith et coll., 1984; Williams et Karpf, 1984). En effet, cette cohorte connaît les taux d'accidents mortels à deux véhicules les plus élevés, accidents pour lesquels ils sont vraisemblablement responsables dans plus de 75 % des cas.

6. Nadeau, L. (en préparation), *L'impact des événements critiques sur la consommation d'alcool et l'admission en traitement des femmes qui présentent des troubles liés à l'alcool*, Thèse de doctorat.

Il semble utile d'augmenter la conscience de tous les citoyens quant à la probabilité de leur arrestation et, éventuellement, quant à l'application de sanctions rigoureuses. Le Québec, où le taux d'accidents mortels sur les routes a diminué en 1986, en serait un exemple. On peut faire l'inférence que les nouvelles lois décrites précédemment, en interaction avec les campagnes de sensibilisation, particulièrement celle menée par la *Régie de l'assurance automobile du Québec* sur le thème: «L'alcool au volant, c'est criminel», ont eu pour effet de modifier les perceptions des citoyens quant à la moralité de la conduite en état d'ébriété et quant à la probabilité d'être arrêté. Il est à cet égard intéressant de lire les résultats de l'étude d'impact du «Bar Ouvert» [7] révélant que la principale préoccupation des jeunes de dix-huit à vingt-cinq ans au sujet de l'alcool est la conduite en état d'ébriété: cette étude menée en 1987 indique que le message des médias s'est bien rendu. Reste à savoir si cette disposition d'esprit se maintiendra.

Le renforcement de la loi et les campagnes de sensibilisation ont d'autant plus d'effets significatifs qu'ils sont accompagnés de mesures scientifiques ou spectaculaires — éthylotests, barrages routiers — qui frappent l'imagination et rendent les risques de sanction plus vraisemblables. Changer la loi ne peut être efficace que si, par des contrôles aléatoires mais réguliers, les chauffeurs intoxiqués sont convaincus que la sanction est imminente.

Sécurité routière et libertés fondamentales

Les exigences de la sécurité routière et l'histoire naturelle de l'épidémie des accidents renvoient à des choix de société: doit-on mettre sur le même pied le droit à la liberté et au respect de sa personne que réclame le conducteur aux facultés affaiblies et le droit à la sécurité que réclame la victime?

La *Charte canadienne des droits et libertés* contient des dispositions qui influent sur ce débat. L'établissement de barrages routiers ou d'autres mesures pour vérifier l'état des conducteurs de véhicules pourrait contrevenir à l'article 8 qui protège toute personne contre les fouilles, perquisitions ou saisies abusives. Par contre, des interventions uniquement a posteriori, suivant un accident ou une infraction au *Code de la route*, pourraient être considérées, à la lumière de statistiques accablantes, comme un mépris pour le droit à la vie et à la sécurité de la victime, reconnu à l'article 7 de la même *Charte*.

La jurisprudence sur ces questions est partagée. L'établissement de barrages routiers a été considéré acceptable en *common law* par la Cour suprême [8]. Les tribunaux semblent d'avis que l'adoption de la *Charte canadienne*

---

7. Consulter à cet effet le chapitre 29 à l'intérieur du présent ouvrage (note de l'éditeur).

8. Voir *R. c. Dedmon* (1985) 20 C.C.C. (3d) 97.

des droits et libertés n'a pas rendu cette pratique inacceptable[9]. Par ailleurs, certaines décisions soutiennent qu'elle doit être annoncée et circonscrite, c'est-à-dire non arbitraire et non discrétionnaire[10].

Doit-on concéder le droit à la vie et à la sécurité de la victime innocente devant le droit à la protection contre les fouilles ou les saisies abusives? Il apparaît, quant à nous, que les risques d'atteinte à l'intégrité de la personne sont plus sérieusement menacés par la possibilité d'accident causé par un conducteur ivre que par l'obligation de fournir un échantillon d'haleine. Nous devons également nous interroger sur l'opportunité pour la société de continuer à défrayer le coût énorme des accidents causés par des chauffeurs à risque alors que les ressources manquent pour faire face à d'autres priorités.

Conclusion

En proposant des peines plus lourdes, le gouvernement démontre qu'il est préoccupé par les conséquences de la conduite avec facultés affaiblies. La simple augmentation des peines prévues par la loi, sans campagne permanente de sensibilisation et sans mesures de contrôle efficaces, risquent de n'avoir que des effets à court terme. Un équilibre entre les stratégies éducationnelles et répressives apparaît le moyen le plus susceptible d'entraîner des changements de comportements persistants chez les chauffeurs. S'il s'agit bien ici d'une application moderne du vieux principe de la carotte et du bâton, il s'agit également et surtout de l'opportunité de réduire les tragédies routières et leurs conséquences.

---

9. Voir *MacMillan* c. *Q.*, 45 M.V.R. 211; *R.* c. *Doucette*, 46 M.V.R. 93.

10. Voir *R.c. Neufeld*, (1985) 22 C.C.C. (3d) 65; *Mclean c. Q.*, 36 M.V.R. 178.

Références

ADDICTION RESEARCH FOUNDATION (1984, 1985). *The Journal.* Toronto: Addiction Research Foundation.

BLUMBERG, L. (1978). American Association for the study and Cure of Inebriety. *Alcoolism: Clinical and Experimental Research, 2*, 3: 235-240.

BONNIE, R.J. (1981). Discouraging the use of alcohol, tobacco, and other drugs: the effects of legal controls and restrictions, dans N. Mello: *Advances in Substance Abuse: Behavioral and Biological Research.* Greenwich, Ct: Jal Press, 145-185.

BRITISH MEDICAL JOURNAL (1983). Problem drinking among drunk drivers. *British Medical Journal, 286* (6374): 1319-1322.

DOUGLAS, R.L. (1983). Youth, alcohol, and traffic accidents: current status, dans M. Galanter (Ed.): *Recent Developments in Alcoholism.* New York: Plenum Press, 347-366.

FONDATION CANADIENNE DES TOXICOMANIES (1983). *Deterrance of Drinking Driving: a Position Paper.* Edmonton: Fondation canadienne des toxicomanies.

GLASS, G.U., WILLSON, U.I. et GOTTMAN, J.M. (1975). *Design and Analysis of Time-Series Experiments.* Boulder, Colorado: Colorado Associated University Press.

GOEHRS, U. (1984). Enquête sur les rapports entre l'alcoolisation et les accidents. *Bulletin d'information du Haut Comité d'étude sur l'alcoolisme. 29,* 1-2: 31-37.

GOT, C., FAVERJON, G. et THOMAS, G. (1984). Alcool et accidents mortels de la circulation. *Bulletin d'information du Haut Comité d'étude sur l'alcoolisme. 29,* 1-2: 38-60.

HINGSON et coll. (1984). *Effects of Maine's 1981 and Massachusett' 1982 Driving Under the Influence Legislation.* Edinburg: Alcohol Epidemodology Section, International Council on Alcohol and Addictions.

JELLINEK, E.M. (1960). *The disease concept of alcoholism.* New Haven, Ct: College and University Press.

KLINSBERG, C.L. et SALZBERG, P.M. (1983). Effectiveness of deterred prosecution for driving while intoxicated. *Journal of Studies on Alcohol, 44,* 2: 299-306.

KRATOCHVILL, T.R. (1978). *Single Subject Research.* New York: Academic Press.

MINISTÈRE DE LA JUSTICE (1985). *Conduite avec facultés affaiblies.* Série 1 à 5.

NATIONAL INSTITUTE ON ALCOHOL ABUSE AND ALCOHOLISM (1982). Preventing drinking while driving amoung youth: four approaches. *Alcohol World, 7,* 1: 33-44.

ROSS, H.L. (1973). Law, science and accidents: The British Road Safety Act of 1967. *The Journal of Legal Studies, 2,* 1: 1-78.

ROSS, H.L. (1975). The Scandinavian myth: the effectiveness of drinking and driving legislation in Sweden and Norway. *The Journal of Legal Studies, 4,* 2: 285-310.

ROSS, H.L. (1983). Methods for studying the impact of drunk driving laws. *Accident Analysis and Prevention, 15,* 6: 415-428.

SCOLES, P., FINE, E.W. et STEER, R.A. (1984). Personnality characteristics and drinking patterns of high-risk drivers never apprehended for driving while intoxicated. *Journal of Studies on Alcohol, 45,* 5: 411-416.

SMALL, J. (1982). DWI Intervention: reaching the problem drinker. *Alcohol World, 7,* 1: 21-23.

SMITH et coll. (1984). Legislation raising the legal drinking age in Massachusetts, from 18 to 20: effect on 16 and 17 year-olds. *Journal of Studies on Alcohol, 45,* 6: 534-540.

SNORTUM, J.R. (1984). Alcohol-impaired driving in Norway and Sweden: another look at «The Scandinavian Myth». *Law and Policy, 6,* 1: 5-37.

VAILLANT, G. (1983). *The Natural History of Alcoholism.* Cambridge: Harvard University Press.

VEJNOSKA, J. (1982). Citizen Activist Groups. *Alcohol World, 7,* 1: 16-20.

VOTEY, H.L. (1982). Scandinavian drinking-driving control: myth or intuition? *Journal of Legal Studies, 11:* 93-116.

WILLIAMS, R.F. et KARDF, R.S. (1984). Teenage Drivers and Fatal Crash Responsability. *Law and Policy, 6,* 1: 101-115.

RÉSUMÉ

Les auteurs s'interrogent quant aux modifications récentes à la loi canadienne sur la conduite en état d'ébriété et à l'effet dissuasif que l'on peut en escompter. Chez les chercheurs, on constate une absence de consensus quant à l'interprétation des données sur la sévérité de la peine, attendu la difficulté de départager les effets de la sévérité des lois du degré de menace effective qu'elle comporte. La croyance du citoyen en la probabilité d'être appréhendé ou puni semble cependant avoir un effet significatif sur la conduite en état d'ébriété et les accidents qui leur sont associés, comme quoi les mesures répressives n'ont aucun effet à long terme en elles-mêmes et par elles-mêmes. Il semble que certains chauffeurs à risque concentrent à eux seuls une bonne proportion des accidents et la croyance en la probabilité d'être arrêté est peut-être susceptible d'affecter leur comportement. Les auteurs terminent leur exposé en discutant de la question des libertés fondamentales en rapport avec l'application de la nouvelle loi.

Chapitre **18**

Les toxicomanies autres que l'alcoolisme en milieu de travail*

Michel Landry

Afin de situer le cadre de cette intervention et d'en établir les limites, il importe de souligner qu'il s'agit d'une réflexion tirée de lectures et de l'expérience de l'auteur auprès de toxicomanes dans un centre de réadaptation.

Une deuxième limite tient à la littérature sur le sujet: non seulement n'est-elle pas très abondante mais surtout elle ne couvre pas le phénomène des toxicomanies autres que l'alcoolisme dans leur ensemble. La plupart des études consultées ont été effectuées dans la région de New York, laquelle n'est pas nécessairement comparable au Québec en ce qui concerne le phénomène de la toxicomanie. En outre, ces études portent le plus souvent sur une drogue en particulier, l'héroïne, qui n'est pas non plus représentative des toxicomanies autres que l'alcool. Ces recherches nous permettent néanmoins de poser des questions stimulantes et apportent certains des éléments de réponse.

Une troisième limite vient du fait qu'il est de moins en moins facile d'établir une dichotomie opposant l'alcool et les autres drogues. En effet, de plus en plus de gens utilisent à la fois l'alcool et d'autres drogues, légales ou illégales. La polytoxicomanie est de plus en plus fréquente, surtout chez les jeunes, et les alcooliques «classiques» ont en majorité plus de 45 ans. Ainsi, les statistiques recueillies au centre d'accueil Domrémy-Montréal, en 1980, révèlent que 56 % des personnes (n=593) qui ont eu recours à nos services avaient uniquement un problème d'alcool; par ailleurs, 28 % de notre clientèle (n=256) consommait à la fois de l'alcool et d'autres drogues alors que 14 % (n=150) ne consommait que des drogues. Aussi, la majorité des usagers de drogues

* Version mise à jour d'un texte paru dans: *La vie médicale au Canada français*, vol. 10, mai 1981: 361-374.

autres que l'alcool ayant utilisé nos services avaient aussi un problème d'alcool. La réalité est donc complexe et ne se réduit pas à la dichotomie alcool/drogues; il y a cependant suffisamment d'éléments spécifiques aux toxicomanies autres que l'alcoolisme dans le domaine du travail pour justifier une réflexion plus poussée sur ce phénomène.

L'ampleur du problème et sa reconnaissance par l'industrie

En 1972, dans un article intitulé «Drugs in Industry», Urban affirmait que les problèmes liés à la drogue était répandus dans toute l'industrie américaine. Cependant, les dirigeants des entreprises ont mis beaucoup de temps à admettre ce fait. Leur première réaction fut très rigide: congédiement ou suspension des employés qui consommaient des drogues et refus d'embaucher toute personne dans la même situation. Les entreprises craignaient également de mettre sur pied des programmes d'aide à ces personnes en raison de la crainte de ternir leur image auprès du public en reconnaissant l'existence du problème chez elles. Les entreprises craignaient également que ne s'installe un climat de chasse aux sorcières et que des complications légales ne surviennent à la suite d'accusations fausses.

Pourtant, des recherches permettent d'affirmer que le problème existe et nous donnent une idée de son importance. Une enquête menée par Chambers auprès de 7500 personnes dans l'État de New York en 1971 permettait d'établir à 8 % la proportion des travailleurs qui consommaient régulièrement une ou plusieurs drogues. Plus précisément, les proportions s'établissaient comme suit:

- marijuana   4,0 %
- tranquillisants mineurs   3,2 %
- barbituriques   2,8 %
- pilules pour maigrir   1,6 %
- autres sédatifs   1,0 %
- tranquillisants majeurs   0,7 %
- «pep pills»   0,7 %
- héroïne   0,5 %
- LSD   0,3 %
- narcotiques contrôlés   0,3 %
- antidépresseurs   0,2 %
- méthédrine   0,1 %

Aujourd'hui, la situation apparaît beaucoup plus alarmante aux États-Unis. Le phénomène semble continuer à prendre de l'ampleur. Selon le *Research Triangle Institute*, cité dans le *Time* du 17 mars 1986, le coût des drogues pour l'économie américaine a augmenté de 30 % entre 1980 et 1983. Les produits problématiques ont changé. L'alcool est toujours en tête, suivi de la cocaïne dont la consommation augmente continuellement et dont on parlait très peu dans les années 1970; on peut penser que la cocaïne correspond au goût de l'heure pour la performance et la productivité. La consommation de cannabis, qui vient au troisième rang, a quant à elle diminué entre 1979 et 1982. Notons enfin que de nouvelles substances apparaissent, ce qui augmente la difficulté de faire face au problème.

En 1977, Caplovitz, dans une enquête menée auprès de 556 usagers de drogues — dont 93 % étaient des héroïnomanes — ayant travaillé pendant au moins trois mois alors qu'ils abusaient de drogues, constatait que 82 % de ces sujets consommaient de la drogue sur leur lieu de travail. Cinquante pour cent de l'échantillon affirmait qu'un ou plusieurs de leurs compagnons de travail étaient toxicomanes. Au plan du rendement, 64 % croyaient que leur supérieur évaluait leur travail comme très bon, 7 % avaient endommagé de l'équipement, 5 % s'étaient blessés eux-mêmes et 4 % avaient blessé quelqu'un d'autre.

Par ailleurs, 60 % des répondants affirmaient que leurs compagnons de travail connaissaient leur habitude alors que 33 % étaient connus de leur patron comme toxicomanes. Urban (1972) rapporte pour sa part une étude qui révèle qu'il était très facile pour ces usagers de drogues de tromper leur employeur: ils leur suffisait de mettre leur changement de comportement sur le compte d'une cuite pour obtenir la sympathie du patron. Trente pour cent des répondants de cette étude avaient pourtant été congédiés, mais dans aucun cas l'employeur n'avait mentionné la drogue comme motif du congédiement. L'auteur conclut que ces employeurs ignoraient le problème ou refusaient de l'admettre ou les deux à la fois.

Avec l'évolution de la situation, les entreprises ne peuvent plus fermer les yeux et réagissent de façon beaucoup plus dure: recours à des descentes de police et à des agents qui s'introduisent au sein du personnel, multiplication des tests, utilisation de chiens, etc. On peut s'interroger sur la meilleure attitude à adopter pour les entreprises qui font face à ce problème.

Le rôle de l'industrie face au problème de la drogue

La question peut être abordée de deux façons: quels sont les politiques et programmes susceptibles d'aider les entreprises à résoudre les problèmes de drogues qu'elles rencontrent avec leurs employés? De ce point de vue, deux notions semblent particulièrement importantes: la notion de rendement, dans la mesure où l'usage de la drogue peut nuire à la performance des employés au travail, et la notion d'image publique, puisque la reconnaissance d'un problème de drogue au sein d'une entreprise risque d'affecter l'opinion qu'on a d'elle, d'autant plus s'il s'agit de drogues illicites.

La seconde façon d'aborder la question est la suivante: comment l'industrie peut-elle aider un toxicomane à résoudre son problème de dépendance à l'égard de la drogue? Ce point de vue implique la notion de responsabilité à l'égard de la communauté, dans la mesure où elle renvoit à l'embauchage de personnes qui ont un problème de drogues ou au non-congédiement de telles personnes. Ces deux points de vue peuvent sembler, de prime abord, éloignés l'un de l'autre, mais certains faits portent à croire qu'ils se rejoignent dans la pratique. Un certain nombre d'auteurs (Urban, 1972; Ward, 1973) affirment, et telle est notre expérience, que le fait d'avoir un emploi constitue un facteur important de réadaptation pour les toxicomanes. Caplovitz (1977) va plus loin et souligne qu'un grand nombre de toxicomanes arrivent à mener une vie relativement normale tout en conservant leur habitude, sans que leur performance au travail en soit affectée outre mesure. Une comparaison entre des héroïnomanes en traitement qui ont conservé un emploi au moins trois mois et l'ensemble des héroïnomanes en traitement, à New York, lui a permis de constater que les premiers se rapprochaient davantage de la population générale, à plusieurs points de vue (âge, état civil, religion, niveau d'éducation). L'auteur fait aussi l'hypothèse de l'existence d'un groupe d'héroïnomanes non connus parce qu'ils ont réussi à conserver leur habitude tout en s'intégrant au monde du travail et à la société en général. Il en conclut que l'héroïnomane a d'autant plus de chances de demeurer adapté s'il conserve plus longtemps son travail. Cette conclusion, loin de nous amener à négliger les autres moyens de réadaptation nécessaires au toxicomane, devrait nous conduire à reconnaître l'importance thérapeutique du travail.

C'est dans cette perspective que certains centres de réhabilitation, reconnaissant l'importance de ce facteur souvent sous-estimé, ont fait des efforts considérables pour convaincre les entreprises d'employer des ex-toxicomanes; s'ils ont rencontré de fortes réticences de la part d'un grand nombre d'entre elles, d'autres se sont montrées plus ouvertes.

La crise économique entraîne aujourd'hui une modification de la situation. Les États-Unis voient d'autres pays les dépasser au plan de la productivité et on accuse la drogue d'être en partie responsable de ce problème. Les emplois étant plus rares, cela facilite l'élimination des employés jugés indésirables surtout lors de l'embauche. Les jeunes ont de plus en plus de difficultés à se trouver une place sur le marché du travail, et le chômage peut les amener à se tourner davantage vers des produits qui leur permettent d'oublier la difficile réalité qu'ils ont à affronter.

Le contexte politique a également changé. Un fort mouvement vers la droite favorise une intolérance croissante. Ainsi, la commission présidentielle sur le crime organisé, affirmant que le trafic de la drogue constitue le problème mondial le plus grave au plan des activités illicites, recommande aux entreprises de faire subir des tests à leurs employés pour dépister les usagers de drogues. Les employés eux-mêmes acceptent moins facilement que des collègues consomment de la drogue au travail.

Il y a donc un mouvement d'opinion favorable à des réactions plus drastiques. La sévérité plus grande manifestée à l'endroit des personnes qui conduisent avec des facultées affaiblies va dans ce sens. On favorise également l'élimination à l'embauche des usagers de drogues. Ceux qui ont déjà un emploi sont congédiés ou forcés d'accepter un stage de réadaptation. Il risque de devenir de plus en plus difficile de conserver ou d'obtenir un emploi tout en consommant de la drogue. On avance même que cette force de dissuasion économique pourrait être plus efficace que les mesures légales qui ont été prises jusqu'à présent pour combattre l'usage de drogues.

Pourtant, il est démontré que les ex-toxicomanes ne sont pas un danger pour les entreprises qui les embauchent, au contraire (Cohen, 1984). D'après une enquête menée par Alksne et Robinson (1976), le taux de satisfaction d'employeurs new-yorkais à l'égard d'ex-toxicomanes qu'ils ont embauchés par l'entremise d'un organisme mis sur pied pour trouver des emplois à ces personnes, s'établit de la façon suivante:

- excellent   29 % ⎫   2/3 de
- au-dessus de la moyenne   36 % ⎭   l'ensemble
- dans la moyenne   23 %
- sous la moyenne   7 %
- insatisfait   5 %

Ces données sont confirmées par la *Citybank* de New York. Lieberman (1976), pour sa part, rapporte que 66 % des employeurs qui embauchent des ex-toxicomanes se disent aussi satisfaits de ces personnes que de l'ensemble de leurs employés. Il en va de même en ce qui concerne la stabilité d'emploi («turnover»). Dans ces exemples, à tout le moins, il a été rentable pour les entreprises d'employer des ex-toxicomanes.

Les facteurs de succès liés à la situation des ex-toxicomanes eux-mêmes seraient, d'après la recherche d'Alksne et Robinson:

- l'âge (ce qui infirme le préjugé des employeurs à l'égard des ex-toxicomanes plus agés);
- le niveau de scolarité;
- la longueur du traitement: 35 % de ceux dont le traitement a duré plus de deux ans reçoivent la cote «excellent» contre 23 % seulement chez ceux dont le traitement a duré moins de deux ans.

En dépit du fait que les sujets de cette recherche étaient des héroïnomanes, ces données nous permettent de constater que la réadaptation d'un toxicomane demande du temps et qu'il s'agit là d'un facteur important.

L'étude des caractéristiques des entreprises qui acceptent d'employer des ex-toxicomanes apparaît très éclairante pour notre propos. Ces caractéristiques sont dégagées d'une recherche de Lieberman (1976), effectuée auprès de 113 compagnies à New York. On constate d'abord une corrélation positive entre la taille des entreprises et leur disponibilité à embaucher des ex-toxicomanes. Cependant, le facteur déterminant semble être la présence plus fréquente d'un médecin dans les grosses entreprises qui s'avère être sécurisante pour l'employeur: il peut faire des examens pour déceler la présence d'une drogue chez un candidat au moment de la sélection tout autant que chez un employé déjà au service de l'entreprise. Il apparaît particulièrement important de souligner le rôle et l'influence du médecin au sein de l'entreprise à l'égard du problème de la drogue. Il est également très intéressant de constater que les entreprises les plus disposées à embaucher des ex-toxicomanes sont également celles qui reconnaissent avoir des problèmes de drogues et de médicaments avec leurs employés actuels. Le fait de connaître le problème et d'avoir à y faire face semble donc amener ces entreprises à moins le craindre tout en étant davantage capables de l'évaluer de façon réaliste.

Urban (1972), pour sa part, constate une forte corrélation positive entre les trois facteurs suivants: un programme d'aide aux employés, une politique écrite concernant l'usage de drogues et le projet d'embaucher des anciens usagers de drogues.

Les entreprises qui ont reconnu éprouver elles-mêmes un problème avec la consommation de drogues et qui ont pris les moyens pour affronter ce problème sont en même temps celles qui sont les plus disposées à accepter la responsabilité d'aider les toxicomanes en voie de réadaptation à réintégrer le marché du travail. Dans cette perspective, l'établissement d'un programme d'aide aux employés qui ont des problèmes de dépendance à la drogue apparaît comme un moyen privilégié d'aider à la fois les entreprises à maintenir un niveau de performance satisfaisant et les toxicomanes à conserver ou trouver un emploi qui s'avère pour eux un facteur-clef de réadaptation.

Il reste à voir s'il est possible d'esquisser certains traits spécifiques aux programmes industriels d'aide aux toxicomanes non alcooliques. La réponse à cette question est complexe comme nous allons le voir.

Les programmes d'aide pour toxicomanes

Lien avec les programmes pour alcooliques

Dans l'industrie, les programmes destinés à ceux qui abusent des drogues ont jusqu'à présent été fortement inspirés par les programmes destinés aux alcooliques. Ainsi le gouvernement américain, par la *Commission du service civil*, recommande aux agences fédérales d'utiliser les principes adoptés pour l'alcoolisme dans la problématique de la drogue. Ces principes peuvent être résumés de la façon suivante:

- prévention par l'éducation;
- dépistage par le biais de la performance au travail;
- assistance aux employés qui ont un problème de drogues;
- dans la politique d'embauchage, le seul usage de la drogue n'est pas éliminatoire et chaque cas doit être étudié individuellement;
- si la personne est embauchée, elle est traitée sur le même pied que tout autre employé;

- tout ce qui concerne l'usage de la drogue est porté au dossier médical et demeure confidentiel, même pour le supérieur immédiat.

Il ne semble pas y avoir d'inconvénient à intégrer les problèmes de l'alcool et des drogues à l'intérieur d'un même programme d'aide aux employés. En effet, le *National Institute on Alcohol and Alcoholism* (NIAA) a mené une enquête qui révèle que les programmes couvrant tous les problèmes de comportement de leurs employés ont eu beaucoup plus de succès à rejoindre les alcooliques que les programmes exclusivement consacrés à l'alcoolisme (voir Urban, 1972). Les programmes qui couvrent un champ plus large seraient donc avantagés, du moins à ce niveau. Ceci n'exclut cependant pas que les toxicomanies autres que l'alcoolisme posent, au plan du dépistage et de la réadaptation notamment, des problèmes exigeant des moyens spécifiques d'intervention.

Le dépistage

Les moyens de dépister les usagers ont évolué. Il existe maintenant des tests précis, beaucoup plus faciles d'emploi. Les entreprises osent maintenant recourir à une foule d'autres moyens — police, agent double, chien, etc. — ce qui aurait été difficilement concevable il y a quelques années. Malgré cela, comme les usagers de drogues sont obligés de développer l'art de vivre dans l'illégalité et de cacher tout ce qui concerne leur habitude, le rôle du supérieur immédiat demeure crucial pour identifier les premiers signes d'une situation problématique. Il doit connaître suffisamment l'employé comme personne pour percevoir les changements de comportement, d'attitude et de performance. Tout réside dans ces changements. En effet, il existe plusieurs signes permettant de déceler qu'une personne est sous l'effet d'une substance psychotrope mais ces signes ne peuvent être interprétés qu'à la lueur de l'observation du comportement: la personne est-elle dans son état normal? Hine et Wright (1970) donnent une liste des signes qui peuvent permettre de déceler si un individu a consommé une drogue ou un médicament:

- baisse d'intérêt;
- moins bonne coordination;
- fonctions intellectuelles ralenties;
- odeur (marijuana);
- yeux rouges (hallucinogènes);
- manque d'attention;
- somnolence;
- ataxie (sédatifs, hypnotiques);
- agitation, débit rapide, pupilles dilatées (stimulants);
- rêverie, apathie, incapacité de se concentrer, baisse d'activité (narcotiques).

Au moment de la sélection des employés, un autre moyen de déceler la présence de drogues est l'analyse d'urine. Hine et Wright (1970) recommandent l'emploi de cette méthode dans certaines situations où l'on pourrait soupçonner l'influence d'une drogue:

- employé impliqué dans un accident sérieux, surtout s'il y a blessures;
- employé qui fait des visites fréquentes au service de santé si des signes d'intoxication apparaissent;
- absentéisme, surtout le lundi et le vendredi de la part d'employés non-alcooliques;
- changements de comportement suspects;
- employés qui s'en prennent à leurs compagnons de travail;
- personnes soupçonnées de vente ou de distribution de drogues.

L'analyse d'urine devrait être employée avec prudence puisque les possibilités et les limites de cette méthode sont encore insuffisamment connues, d'autant qu'il existe une marge d'erreur due à la manipulation des échantillons en laboratoire.

L'existence d'un programme d'aide aux toxicomanes dans une entreprise constitue pourtant un important moyen de dépistage. En effet, les employés qui bénéficient de ce programme et en sont satisfaits deviennent eux-mêmes des agents qui font connaître le programme et y réfèrent leurs compagnons de travail. Ces personnes sont très bien placées pour reconnaître les employés qui ont un problème de drogues et pour gagner leur confiance. De plus, les employés ainsi référés se présentent volontairement et sans crainte de mesures disciplinaires, ce qui augmente d'autant leur motivation et leurs chances de profiter de l'aide qui leur est offerte. Il ne faut donc pas sous-estimer ce facteur. De plus, les efforts déployés dans la mise sur pied d'un programme d'aide aux toxicomanes et l'énergie investie à le faire connaître sont susceptibles d'être très fructueux dans le domaine du dépistage. Les premiers pas dans ce domaine sont cruciaux car ils sont souvent à la source de la confiance qu'accorderont ou pas les employés à une telle initiative.

La réadaptation

Il apparaît important de dégager certains aspects spécifiques permettant de comparer les alcooliques aux usagers de drogues, tant au point de vue de leur personnalité que du point de vue des méthodes de réadaptation.

Plusieurs recherches ont tenté de dégager des traits de personnalité permettant de distinguer ces deux sous-groupes. Les études, dans la grande majorité des cas, comparent les alcooliques à une catégorie restreinte de toxicomanes, soit les narcomanes. Un premier fait ressort de ces recherches: les ressemblances sont plus importantes que les différences. Cependant, l'alcoolique se situe davantage du côté du pôle névrotique: il est plus anxieux, sujet à la culpabilité et instable émotionnellement. Le narcomane se situe plus près du pôle délinquant: il est davantage antisocial, hostile et impulsif. Par ailleurs, selon deux études (Ciotola et Peterson, 1976; Sutker et coll., 1979), il serait plus important de prendre en compte l'âge que le type de produit pour définir la personnalité des toxicomanes. Regrouper les toxicomanes en fonction de leur âge plutôt qu'en fonction du produit s'imposerait donc. Notre propre expérience en réadaptation paraît confirmer cette hypothèse. Ajoutons à cela que les narcomanes, selon Caplovitz (1977), se retrouvent en grande majorité chez les moins de trente ans et qu'un grand nombre de jeunes consomment à la fois de l'alcool et d'autres produits. Selon Ciotola et Peterson (1976), les traits de personnalité de ces jeunes toxicomanes seraient les suivants: ils s'affirment davantage, sont plus manipulateurs, plus indépendants, moins anxieux et plus enclins au passage à l'acte.

Les méthodes de réadaptation utilisées devraient pouvoir tenir compte de ces différences entre toxicomanes délinquants et toxicomanes plus névrotiques. Tentons de préciser le genre d'interventions et le cadre thérapeutique adaptés à chacun. Il apparaît que les deux types de toxicomanes peuvent être traités à l'intérieur des mêmes services et qu'il y aurait avantage à le faire. Selon une recherche de Greene (1979) auprès d'un échantillon de 267 centres de réadaptation, représentatifs de 2262 centres financés par le gouvernement américain, les centres qui recevaient tous les toxicomanes sans distinction offraient une plus grande variété de services que ceux réservés aux usagers d'un produit en particulier comme l'alcool. L'auteur conclut que les alcooliques et les autres toxicomanes peuvent être traités dans un même centre pourvu que celui-ci soit capable d'offrir des services qui tiennent compte des besoins particuliers des uns et des autres. Les centres polyvalents ont l'avantage de pouvoir aider à l'intérieur de la même organisation ceux qui passent d'un produit à l'autre et d'offrir des services plus adéquats aux polytoxicomanes.

Conclusion

Les données rapportées ici, malgré leur portée limitée, nous amènent à conclure que les entreprises tout autant que les toxicomanes ont besoin de programmes d'aide aux employés, aptes à faire face aux problèmes de drogue dans l'industrie. La radicalisation des attitudes à l'égard des drogues comporte toutefois des risques qui doivent être soulignés. D'abord, les droits des citoyens à leur intimité peuvent être lésés. Il y a actuellement des causes devant les tribunaux car des employés ont refusé de se soumettre aux tests requis par l'employeur; d'autres ont réagi très fortement à l'utilisation de chiens pour détecter la présence de drogues. Des frontières juridiques devront être établies pour délimiter ce qui est acceptable dans ce domaine.

On risque également d'oublier de considérer le contexte social qui soustend le problème actuel. On doit regarder comment ce contexte contribue à la montée de la toxicomanie: l'avenir des jeunes s'annonce difficile et c'est chez eux précisément que se recrutent les toxicomanes. Il y a également risque d'éliminer les toxicomanes réadaptés du marché du travail. Même s'il est démontré que ceux-ci ne constituent pas un danger pour les entreprises qui les embauchent (Cohen, 1984), la méfiance pourrait devenir telle que les entreprises soient de moins en moins disposées à prendre des risques, surtout à l'embauchage. Or on sait l'importance que revêt un emploi dans la réadaptation d'un toxicomane d'autant plus que les jeunes toxicomanes qui n'ont plus de travail ou qui n'ont jamais eu de travail sont nombreux.

Enfin, il y a le risque de confondre consommation et abus, de même que consommation au travail et consommation dans la vie privée. Les tests, dans ce sens, sont susceptibles de favoriser des malentendus, car ils peuvent détecter la présence de certains produits plusieurs heures et même plusieurs jours après qu'ils ont été consommés.

Au Québec, même si la situation n'a pas la même ampleur, certains indices permettent de croire qu'elle pourrait évoluer dans ce sens. Puissent les quelques pistes d'analyse ici exposées, ainsi que les mises en garde brièvement décrites en conclusion, servir de jalons dans l'élaboration concrète de ces programmes.

Références

ALKSNE, H. et ROBINSON, R. (1976). Conditions and Characteristics Associated with the Successful Job Placement of Recovered Drug Abusers. *Journal of Psychedelic Drugs, 8*: 145-149.

CAPLOVITZ, D. (1977). The Working Addict. *International Journal of Sociology, 6*: 1-134.

CASTRO, J. (1986). Battling the enemy within. *Time*, 17 mars: 40-54.

CHAMBERS, C.D. (1971). *Differential Drug Use within the New York State Labor Force.* Mamaroneck, N.Y.: Starch/Hooperating/The Public Pulse (résumé).

CIOTOLA, P.V. et PETERSON, J.F. (1976). Personnality Characteristics of Alcoholics and Drug Addicts om a Merged Treatment Program. *Journal of Studies on Alcohol, 37*: 1229-1235.

COHEN, S. (1984). Drugs in the Workplace. *Journal of Clinical Psychiatry, 45*: 4-8.

GOLDENBERG, I. et KEATINGE, E. (1973). Businessmen and Therapists: Prejudices against Employment. *Contemporary Drug Problems*: 363-392 (résumé).

GREENE, B.T. (1979). Treating Drug and Alcohol in the Same Facilities: Process and Implications. *Journal of Drugs Issues*: 399-412.

HINE, C.H. et WRIGHT, J.A. (1970). A program for Control of Drug Abuse in Industry. *Occupational Health Nursing, 41*:.17-18 (résumé).

LIEBERMAN, L. (1976). The Receptivity of Large Corporations to Employ Ex-addicts. *Journal of Psychedelic Drugs, 8*: 285-289.

SUTKER, P.B. et coll. (1979). Alcoholics and Opiate Addicts. *Journal of Studies on Alcohol, 40*: 635-644.

URBAN, M.L. (1972). *Drugs in Industry, in National Commission on Marihuana an Drug Abuse: Drug Use in America.* Washington, D.C.: US: Government Printing Office, Vol.1: 1136-1156.

WARD, Hugh. (1973). *Employment and Addiction: Overview of Issues.* Washington, DC: The Drug Abuse Council, Inc. (résumé).

RÉSUMÉ

L'auteur présente une revue de la littérature et de certaines expériences américaines tentées dans le domaine du dépistage, de l'intervention et de la réinsertion des travailleurs aux prises avec un problème de toxicomanie autre que l'alcoolisme en milieu de travail. Il conclue son propos en soulignant les précautions à prendre avant d'élaborer des programmes d'intervention en ce domaine, notamment au Québec où de telles initiatives sont encore à venir.

Chapitre 19
Jeunesse, toxicomanie et délinquance: de la prise de risques au fléau social*

Marc Valleur

Devant les provocations, les transgressions bénignes ou inquiétantes d'une jeunesse qui cherche des repères, les adultes — les «vieux» — ont parfois recours à cette formule aussi effrayante que paradoxale: «Il leur faudrait une bonne guerre...». Cette formulation réalise la condensation de pensées et de tendances diverses. Certains gardent peut-être la nostalgie des temps troublés où ils purent se montrer héroïques. Ils peuvent aussi voir dans la discipline militaire un remède éducatif aux errements des jeunes.

Indéniablement, ils expriment aussi de façon indirecte un sentiment inavouable: la haine, le souhait de mort envers de jeunes gens. Et c'est là une manière de contourner ce tabou impensable dans notre société: tuer un enfant (Leclaire, 1975; Bergeret, 1984).

Mais, en même temps, ils entendent une part cachée de l'attitude de provocation des jeunes, et y répondent sans le savoir. «Une bonne guerre...», c'est peut-être en effet aussi ce que cherchent certains adolescents en quête d'identifications héroïques, d'idéal, de valeurs clairement établies, et qui seraient prêts, pour une bonne cause, à aller risquer leur vie.

Remarquons que dans le dialogue de sourds du «conflit des générations», il arrive que l'on s'entende un peu trop bien...

* Texte inédit. Conférence prononcée lors du Colloque provincial sur *Les jeunes, l'alcool et les drogues*, MSSS et Université de Montréal, Montréal, juin 1987.

Paradoxes et dangers du «fléau»

Symptôme en réponse à un symptôme: c'est ainsi que nous pouvons tenter de comprendre les réactions démesurées, irrationnelles, qui poussent les parents, le public, le pouvoir politique, à vouloir mettre fin «à tout prix» à la toxicomanie, et qui en font le fléau social par excellence.

Depuis 1970, les soignants ont, en France, contribué à développer cette vision d'une marée montante, inexorable, voire d'un danger pour notre civilisation: «ils» sont de plus en plus nombreux, de plus en plus jeunes, ils risquent de mourir, et ils pourraient être nos enfants...

Ainsi s'est constituée une image «sacrificielle» de la toxicomanie, des cohortes de jeunes gens semblant s'enfoncer irrémédiablement dans la déchéance et la mort. Dans des écrits très sérieux, les toxicomanes ont pu être comparés à des lemmings: en Scandinavie, ceux-ci se précipitent par milliers dans la mer, tous les sept ans, pour s'y suicider (Oughourlian, 1974). Cette attitude sacrificielle peut avoir pour fonction de sauver le reste de la communauté: par leur mort, les lemmings débarassent le territoire surpeuplé, permettant la survie de ceux qui restent.

Les chiffres ne viennent certes pas confirmer cette vision catastrophique du fléau toxicomaniaque. L'«overdose», la mort par la drogue, si souvent étalée dans les journaux, reste exceptionnelle au regard d'autres causes de mortalité. Selon les chiffres de l'INSERM[1], il y eu en 1985 en France:

- 12 363 morts par suicide;
- 9985 par accident de la route;
- 15 269 attribués à l'alcoolisme;
- 28 550 attribués au tabagisme;

et seulement 172 morts par surdose.

Il est donc évident que la réalité du nombre de morts ne justifie en rien la première place de la toxicomanie au palmarès des fléaux.

Reste la qualité de ces morts, le caractère insupportable de chaque «overdose»: c'est leur signification que sans doute nous ne pouvons supporter. En se droguant, puis en mourant, c'est la société tout entière que chacun de ces jeunes a interpelée. Les modèles d'identification que nous proposons, nos modèles de «bonheur», en bref nos valeurs, ne les ont pas séduits, ne les ont pas convaincus et ils ont préféré le risque de la drogue. Ils cherchaient du sens, et ne l'ont pas trouvé: à nous de continuer à chercher le sens de leur démarche...

---

1. Institut national pour la santé et la recherche médicale. Chiffres diffusés par le Collectif des intervenants en toxicomanie d'Ile-de-France.

À cette raison de considérer la drogue comme un fléau s'ajoute, actuellement en France, un réflexe ancien de défense sociale: que les jeunes se sacrifient, pourquoi pas? mais qu'ils menacent la sécurité de la cité, ça non!   Et alors refait surface l'idée très généralement admise que la toxicomanie engendre la délinquance.

À un premier niveau, cette conception paraît étayée par les statistiques: 50 % des actes de petite délinquance seraient, en France, le fait de toxicomanes; 35 % des personnes incarcérées à la Maison d'Arrêt de Fresnes (dans la région parisienne) sont étiquetées toxicomanes. Cette idée nous l'avons parfois aussi, en tant que soignants, entretenue: 95 % de nos patients dans les centres spécialisés sont des héroïnomanes. Le gramme d'héroïne valant à Paris aux alentours de 1000 FF (200 $ CAN), il est logique d'en conclure que les sujets héroïno-dépendants sont quotidiennement contraints à commettre des actes délictueux.

La drogue est ainsi l'instrument du suicide, du sacrifice conscient ou non d'une partie de la jeunesse et d'autre part, une cause majeure de délinquance et d'insécurité pour la population: voilà les deux types de justifications sur lesquelles les campagnes antidrogue et les propositions de «solutions finales» reposent.

C'est dans ce contexte sécuritaire que le ministre français de la Justice a envisagé récemment d'instaurer le «traitement» obligatoire en milieu carcéral pour les toxicomanes, voire le placement à la simple demande des familles. Dans le même mouvement, les spécialistes et intervenants partisans de «méthodes douces» d'écoute et d'accompagnement non coercitif se sont vus accusés de laxisme, d'incompétence, et surtout d'inefficacité.

Sans entrer dans des polémiques stéréotypées et «politiciennes», nous devons remarquer que toutes ces réactions proviennent d'une appréhension partielle du phénomène. Si les chiffres de morts sont faibles, reste la qualité «suicidaire» et «sacrificielle» de la conduite toxicomaniaque, à tous insupportable. Mais, même cet aspect doit être nuancé: le rapport du toxicomane à la mort est extrêmement ambivalent et complexe, et ne peut se réduire à une pure volonté d'autodestruction teintée de sacrifice. La dimension de prise de risque, de flirt avec la mort, garde presque toujours le sens d'un défi, d'un appel, de la quête d'un «ailleurs». Les lemmings ont été employés comme image métaphorique du suicide collectif sacrificiel, mais s'ils acceptent si nombreux de se jeter à la mer, c'est peut-être qu'ils ne pensent pas y mourir. Sans doute espèrent-ils jusqu'au dernier moment parvenir à une autre terre, un «ailleurs» plus riche, moins surpeuplé, où la vie serait meilleure. Jusqu'au bout doit subsister cet espoir, et peut-être la certitude de réussir un «passage»: il nous faut mettre en question, de la même manière, la vision sacrificielle de l'usage des drogues et des toxicomanies...

Il en est de même des chiffres concernant le lien entre toxicomanie et délinquance. L'expérience clinique nous apprend que le lien entre usage de drogues et délinquance est très complexe. Une récente enquête auprès de toxicomanes incarcérés confirme les données cliniques: pour une majorité de récidivistes, la première incarcération a eu lieu avant le début de la prise de drogue[2]. La toxicomanie contribue sans doute à entretenir la délinquance. Mais, hormis les cas de personnes poursuivies pour usage simple de substances toxiques, nous avons généralement affaire à des délinquants devenus usagers de drogues ou toxicomanes, et non à des toxicomanes devenus délinquants...

Pour un autre abord des «conduites associées»

Nous devons en conséquence nous interroger sur la fonction de diverses «conduites associées», trop facilement considérées comme une conséquence de la toxicomanie: la délinquance bien sûr, mais aussi la prostitution: il nous arrive souvent d'entendre d'un client en traitement que s'il se prostitue, c'est uniquement pour pouvoir se procurer sa drogue. D'autres au contraire disent avoir recours à la drogue pour supporter la dure existence de prostitué-e.

Dans l'histoire de nos patients, la rupture scolaire, la marginalisation, les premiers actes délictueux ou la prostitution précèdent généralement la toxicomanie. Dans nombre de cas, celle-ci vient en quelque sorte compléter et justifier une «carrière» de transgressions répétées... Le prix même de la drogue pourrait dans certains cas avoir une fonction dans le choix des sujets: les prostitué-e-s, par exemple, brassent énormément d'argent, mais ont rarement tendance à économiser, à prévoir leur reconversion ou leur retraite. Ils ou elles, lorsqu'ils ne sont pas seulement des collecteurs de fonds pour des souteneurs, réussissent à dépenser — en produits de luxe par exemple — l'argent au fur et à mesure qu'ils le gagnent[3]. La drogue peut alors devenir à la fois justification de la prostitution, et moyen de dépenser les gains.

Nous devons donc aborder cette question des conduites associées, non en termes de relations de causalité avec l'usage de drogues, mais par la recherche d'une origine commune, ou par celle d'un sens proche ou complémentaire à donner tant à ces conduites qu'à la toxicomanie. Cette démarche est d'ailleurs plus habituelle lorsqu'il s'agit d'autres formes de conduites associées: les troubles des conduites alimentaires par exemple, anorexie ou boulimie, généralement interprétés comme équivalents toxicomaniaques... Mais aussi certaines formes de tentatives de suicide, les attitudes de risque ou de jeu au sens «dostoïevskien» du terme...

Les difficultés pour un clinicien ou un psychanalyste à donner un sens, à interpréter tant ces conduites associées que la toxicomanie, tiennent précisé-

---

2. P. Toro et C. Jouven, *L'antenne toxicomane de Fresnes*, document de travail, 55 p., 1987.

3. Ce que dénote, par exemple, une fiche d'inscription comme celle-ci: *Nom: toxicomane, Sexe: masculin, Profession: prostitué...* (ADATO Versailles, 1984).

ment à ce qu'il y s'agit d'actes, de comportements. En recourant à l'«agi» comme principal mécanisme de défense ou d'évitement, certains sujets vont constituer une énigme pour les thérapeutes, ceux-ci étant davantage habitués à traiter d'angoisses, de symptômes mettant en jeu des représentations «mentalisées» même inconscientes.

Or cette catégorie de patients «agissants», version exacerbée jusqu'au pathologique des hommes ou des femmes d'action, se constitue en paradoxe de risque et de hasard. En tant que psychiatres, nous avons l'habitude de patients paranoïaques, pour qui «le hasard n'existe pas». Leur délire interprétatif consiste à donner un sens, à attribuer à une volonté hostile ce que tout un chacun comprendrait comme effet du hasard... Nous sommes moins accoutumés aux conduites de jeu dans lesquelles le sujet s'en remet délibérément au hasard, comme à un allié, à une puissance protectrice; chez les adolescents, les délinquants, les toxicomanes, il nous faut bien prendre en compte cette part de jeu, culminant dans l'instant de la «roulette russe»: tentative d'affronter directement le destin, afin de vérifier son lien privilégié avec la chance... Nous avons aussi l'habitude des anxieux, des phobiques, des obsessionnels: ils voient le risque partout, le focalisent sur un objet, tentent de le conjurer par des rituels. Cette pathologie banale n'est qu'une accentuation de la conscience normale du risque, ou du concept populaire d'«instinct de conservation». Or, parmi nos patients, nous voyons des casse-cou, des trompe la mort qui, au contraire, semblent rechercher le danger, instaurer un rapport positif au risque. La fonction d'évitement de l'angoisse, de fuite dans l'action, est chez eux souvent évidente: telle prostituée toxicomane, qui se vend depuis des années à quelques dizaines de clients par jour, panique dans la période d'inaction d'un sevrage en milieu hospitalier: chaque fois qu'elle s'endort, elle est réveillée par le cauchemar insupportable d'un homme s'approchant d'elle pour la violer...

Il existe donc, dans le recours à l'action, une fonction de fuite en avant, d'esquive des fantasmes angoissants que l'on est quitte à vivre pour ne pas avoir à y penser...

À côté de l'intellectualisation et des conduites ascétiques, la fringale d'action, le «tout tout de suite», constitue un moyen privilégié de défense chez les adolescents. Cette tendance est même encouragée par la société qui propose en exemple à la jeunesse, des héros guerriers, des champions sportifs, des risque-tout...

La métaphore initiatique

Le caractère adolescent des toxicomanies actuelles nous porte à privilégier, pour leur compréhension, le recours à la métaphore initiatique.

L'adolescence est une catégorie sociale historiquement récente, corollaire de la disparition de rites de passage institués. Par des moyens très divers, certains adolescents actuels tenteraient inconsciemment de s'imposer des épreuves qui rappellent les «rites de passage» des sociétés primitives.

Cela apparaît assez évident pour les initiations à des groupes ou des bandes d'adolescents, «initiations privées» (Éliade, 1959), mais qui possèdent dans une certaine mesure un sens positif: les blousons noirs ou les hooligans s'affirmaient certes en marge, en révolte contre la société, mais chaque bande avait des règles, une hiérarchie, des repères (Bloch et Niederhoffer, 1974). En dépit du fait que l'usage convivial de drogues dans le style hippy soit devenu plus rare et même si les bandes d'adolescents sont aujourd'hui plus labiles, la fonction d'initiation privée persiste: il faut prouver aux autres que l'on est dignes d'eux, en transgressant avec eux la loi des adultes, en faisant la preuve de son courage et de sa détermination...

Ce parallèle avec l'initiation peut même être invoqué indépendamment de la référence à la «bande», dans le cas d'actes de délinquance isolés, ou d'usage solitaire de drogues. Bettelheim (1971) a pu recourir à la métaphore initiatique pour expliquer les phénomènes d'autoscarifications ou d'automutilations chez les adolescents psychotiques.

En tentant d'inventer de nouvelles formes de «passage», c'est bien la relation du sujet au sacré dans nos sociétés individualistes que les jeunes interrogent. Le caractère pathétique, dérisoire ou inquiétant, parfois violent ou pathologique de ces tentatives d'initiation tient à leur inutilité: comment réinstaurer des rites initiatiques dans une société d'où le religieux est évacué? Ainsi les déviances de toutes sortes pourraient être un des effets actuels du «désenchantement du monde» (Gauchet, 1985) entamé depuis de nombreux siècles...

C'est à l'intérieur de ce très vaste cadre de la perte des repères sacrés, de la fin de la religion, que doivent être resituées les considérations actuelles sur la «crise de société» ou la disparition des valeurs. Les plus récents soubresauts viennent de l'invalidation des valeurs de nos «néo-religions»: la guerre, avec l'horreur des camps de concentration, a mis à mal la croyance en un progrès constant vers une humanité meilleure; la bombe atomique, de son côté, fait désormais douter de la science et de la technique comme nouvelles planches de salut.

Ainsi peut s'expliquer le malaise des jeunes des années 1960-1970, enfants de l'après-guerre, devenus eux-mêmes la valeur suprême pour leurs parents traumatisés. À l'absence de garantie extérieure (divine ou sacrée) du sens de la vie, s'ajoute pour les jeunes le poids d'être eux-mêmes devenus la valeur dominante d'une époque. Et c'est chez eux que s'exprime le plus violemment la souffrance de l'individu de la modernité, désormais porteur déchiré du profane et du sacré...

La métaphore ordalique

La démesure de cette démarche initiatique, quête forcenée d'une référence extérieure, d'un signe, d'une rencontre, voire de la dépendance aux drogues, nous a conduit à développer, afin d'approfondir les liens et les différences avec l'initiation, la métaphore ordalique.

En comparant à l'ancienne coutume du jugement de Dieu l'instant répété où le toxicomane s'injecte une substance possiblement mortelle, il s'agit de faire la part de la recherche délibérée, souvent consciente, du risque de mort. Il ne s'agit pas chez nos patients uniquement de volonté autodestructrice, mais aussi de défi, de jeu, voire de croyance en l'immortalité ou la mort-renaissance. C'est toujours l'«ailleurs» qu'il s'agit de frôler, le mystère qu'il s'agit de connaître («entre le vivant et les grands secrets de l'au-delà, n'y aurait-il que l'épaisseur de cette paroi de verre?», Jankelevitch, 1977). Le risque de mort, omniprésent dans le discours de nos patients, comme sans doute dans celui des guerriers ou des grands délinquants, devient à son tour l'une des modalités d'une quête mystique, de la quête d'une *rencontre*. Les toxicomanes ont pu scandaliser en permettant de croire qu'ils avaient atteint le but de toute quête: la drogue graal, permettant la béatitude parfaite et maîtrisable, serait l'objet ultime de cette rencontre, pour nous jamais pleinement réalisée, qui définit notre concept de bonheur.

Que la drogue ne soit jamais suffisante, c'est pourtant ce qu'atteste l'escalade des conduites de prise de risque, jeu de roulette russe avec l'«overdose», tentatives paradoxales de mettre fin à la dépendance... Après une phase d'accalmie (la classique «lune de miel»), les toxicomanes recommencent à prendre des risques, tant par des actes violents de délinquance que par des comportements quasi suicidaires.

Notons ici que la prise de conscience et la remise en question de la dépendance peuvent avoir des conséquences diverses: les nouveaux consultants dans les centres spécialisés ont vécu en moyenne deux ans d'intoxication à l'héroïne. Les toxicomanes incarcérés pour la première fois après un délit ont aussi derrière eux deux ans d'intoxication: prendre des risques, commettre des délits, accepter de demander une aide sont trois aspects différents d'une même démarche.

Dans ce jeu ordalique, comme le jeu tout court, c'est une nouvelle tentative de rencontre qui se manifeste: rencontre non plus avec la drogue, mais avec le hasard, le destin, la chance... Comme le toxicomane, le joueur ne vit pas pour le gain ou la perte, mais pour ces instants de vertige extatique où la rencontre serait possible, où le verdict du destin va se faire connaître. C'est sa vie même que l'on mise, et davantage, nous dit le joueur de Dostoïevski. S'abandonner au destin, tenter au contraire de le maîtriser: le signe extérieur, sacré, de notre droit à la vie se condense dans le chiffre d'un dé ou la figure d'une carte...

Dans l'acte ordalique, comme dans l'ancien jugement de Dieu, c'est bien un signe extérieur qui est attendu, comme garant de la loi intérieure du sujet.

Or, c'est bien cette garantie extérieure, cette réponse de l'énonciateur de la loi qui n'a plus de sens dans la société moderne. L'évolution même, puis la disparition de la pratique des ordalies démontrent cette transformation du rapport du sujet au sacré, aux fondements de la loi. Manifestation directe des puissances contenues dans les éléments (le feu, l'eau, le poison...), les ordalies ont été dans les sociétés «sauvages» la manifestation du monde sacré, coexistant avec le monde naturel. Contrainte d'adopter les ordalies venues du droit franc, l'Église catholique en a fait l'expression directe de la volonté divine. L'histoire d'Iseut racontée au XIIe siècle le démontre admirablement (Bédier, 1979): en n'étant pas brûlé par le fer rouge, le héros fait la preuve irrécusable de son innocence et de son droit à la vie.

Mais les théologiens ne pouvaient souffrir longtemps que l'on puisse ainsi interroger Dieu directement. Et pour les inquisiteurs du XVe siècle, si une personne réussissait à saisir le fer rouge sans être brûlée, il y avait là preuve non de son innocence, mais de sorcellerie. C'est précisément d'oser s'adresser directement à des puissances supérieures dont les sorcières étaient le plus coupables...

Sorciers de notre époque, les toxicomanes et certains délinquants sont sans doute en quête de limites, de sanctions, c'est-à-dire de prise en compte de leur acte, de punition parfois, de repères surtout. La démesure, la transgression, constituent une forme ultime d'appel à la Loi. Et en frôlant la mort, en s'adressant au destin, à Dieu, à l'énonciateur de la Loi, les toxicomanes et autres «ordalisants» invalident les dépositaires ordinaires de la loi sociale, dont ils mettent en question le fondement.

Sans autre légitimité que la protection du bien public, l'État va renforcer les mécanismes de contrôle et de discipline sur les individus... Des grandes pestes du Moyen Âge, la cité a en effet appris la nécessité de pouvoir mettre en quarantaine et contrôler strictement les déplacements de certains, voire d'instituer la surveillance serrée et le quadrillage d'une population.

Les grandes institutions totalitaires (Goffman, 1969) sont nées de l'utopie d'un pouvoir multiplié, s'exerçant sur chaque individu pour le soigner, l'éduquer, le réformer. Le besoin accru du contrôle social, lié sans doute aux débuts de l'industrialisation, a vu la naissance des usines avec leurs contremaîtres, mais aussi des asiles et des prisons. Réformer l'individu déviant, le «remettre dans le droit chemin», en faire à nouveau une force productrice, sont des motivations extrêmement louables. Mais force est de constater que les asiles ont produit des malades chroniques, les prisons des récidivistes à jamais rejetés du corps social. Foucault (1975) voit dans le passage de l'«infracteur» au délinquant une visée sociale de contrôle, destinée à réduire les «illégalismes» populaires. Le passage de la punition à la discipline carcérale, si son but avoué n'est pas de produire la délinquance, a d'emblée échoué dans sa visée réformatrice des individus.

L'urgence de la recherche et de l'innovation sociale devrait concerner la délinquance et son traitement par la société, et non le seul champ des usagers de drogues. C'est à l'époque de la naissance des asiles et des prisons que s'est d'ailleurs élaboré le premier modèle de compréhension de l'alcoolisme, et que le concept de toxicomanie est devenu pensable. Depuis, de modèle répressif en modèle médical, les visées de contrôle social et d'aide individuelle n'ont cessé de s'opposer ou de s'interpénétrer.

Face aux questions complexes posées par le rapport au risque et à la délinquance de nos patients, il est souvent difficile au plan individuel de se situer entre la neutralité et l'intervention coercitive. Lorsque des sujets, au risque de leur vie, s'en remettent à nous pour décider de leur sort, nous oscillons entre des positions extrêmes: d'une part, la neutralité et la non- intervention, qui peuvent friser la non-assistance à une personne en danger; d'autre part, la prise en charge totale dans une communauté thérapeutique close ou une secte, qui risque de ne plus laisser le moindre choix à un individu de décider de sa propre existence. Dans ce dilemme, où sont à prendre en compte tant le risque de mort individuel que le danger pour la collectivité, il nous faut toujours savoir qu'agir à tout prix peut s'avérer à long terme aussi catastrophique que ne rien faire.

À partir de l'explosion de l'épidémie syphilitique en Europe en 1493, les médecins se sont évertués à appliquer de véritables traitements d'épreuve, possiblement mortels. Les dangers de ces traitements étaient connus et leur efficacité — dès le début discutée — s'avérait possible, tout comme l'évolution spontanée de la maladie. Il fallut plus de quatre siècles pour que certains osent se demander si les syphilitiques n'étaient pas morts en raison de leurs traitements plutôt que de leur maladie: il fallait encore un courage certain, au début du XXe siècle, pour oser préconiser en la matière... l'abstention thérapeutique (Quétel, 1986).

À la fin du XVIIIe siècle, un grand mouvement libérateur a mis de l'avant la curabilité des aliénés, la possibilité de parler avec eux et de tenter un «traitement moral» — on dirait de nos jours une psychotérapie (Gauchet et Swain, 1980).

De cette reconnaissance du semblable dans l'aliéné, de l'humain dans le fou, on devait rapidement glisser à la volonté de guérir, puis à la création d'institutions «totales» de traitement. Et la société doit encore aujourd'hui traiter les problèmes complexes et douloureux liés à l'existence de l'asile.

Dans le même sens, les intervenants en toxicomanie soutiennent depuis quinze ans que les toxicomanes sont éminemment curables; en cherchant le sens de leur démarche, le lien de la dépendance à la transgression et au risque, nous avons encore beaucoup à apprendre d'eux. Mais prenons garde à notre volonté de vouloir à tout prix les guérir, et, sous prétexte de lutter contre le fléau ou d'éradiquer la drogue, de créer de nouveaux lieux d'enfermement.

Références

Généralités/Toxicomanies

AICHHORN, A. (1973). *Jeunesse à l'abandon*. Toulouse: Édouard Privat.

BLOCH, H. et NIEDERHOFFER, A. (1974). *Les bandes d'adolescents*. Paris: Payot.

COLLECTIF (1982). *La vie du toxicomane*. Paris: PUF

COLLECTIF (1986). *La drogue sans poudre aux yeux*. Paris: Hachette.

COLLECTIF (1987). *La clinique du toxicomane*. Paris: Éd. universitaires.

HAIM, A. (1969). *Les suicides d'adolescents*. Paris: Payot.

KUSYSZYN, I. (1972). The gambling addict versus the gambling professional. *The International Journal of addictions, 7*, 2.

LEARY, T. (1979). *La politique de l'extase*. Paris: Fayard.

NADEAU, L. (1985). Quand la communauté thérapeutique pour les toxicomanes devient-elle maltraitante? *Santé mentale au Québec, X*, 1: 65-74.

OLIEVENSTEIN, C. (1973). *Écrits sur la toxicomanie*. Paris: Éd. universitaires.

OLIEVENSTEIN, C. (1970). *La drogue*. Paris: Éd. universitaires.

OLIEVENSTEIN, C. (1977). *Il n'y a pas de drogués heureux*. Paris: Robert Laffont.

OUGHOURLIAN, J.M. (1974). *La personne du toxicomane*. Toulouse: Édouard Privat.

SZASZ, T. (1976). *Les rituels de la drogue*. Paris: Payot.

Psychanalyse

AULAGNIER, P. (1979). *Les destins du plaisir*. Paris: PUF.

BAILLY-SALIN, P. et coll. (1970). Amours, délices et drogues. *Annales médico-psychologiques, 128*, 1: 120-126.

BERGERET, J. (1982). *Toxicomanie et personnalité*. Paris: PUF.

BERGERET, J. (1984). *La violence fondamentale*. Paris: Dunod.

BETTELHEIM, B. (1971). *Les blessures symboliques*. Paris: Gallimard.

CHARLES-NICOLAS, A.J., VALLEUR M., et TONNELIER, H. (1982). Enfance et drogue. *Psychiatrie de l'enfant, XXV*, 1.

KESTEMBERG, E. et coll. (1972). *La faim et le corps*. Paris: PUF.

LECLAIRE, S. (1975). *On tue un enfant*. Paris: Seuil.

PERRIER, F. (1975). Thanatol. *Études freudiennes*. N° 9, 10.

RADO, S. (1975). La psychanalyse de pharmacothymies. *Revue française de psychanalyse, 4*: 603-618.

ROSENFELD, H. (1976). *États psychotiques*. Paris: PUF.

Histoire-Anthropologie-Sociologie-Philosophie

ARIES, P. (1975). *Essais sur l'histoire de la mort en Occident*. Paris: Seuil.

BAECHLER, J. (1975). *Les suicides*. Paris: Calmann-Lévy.

CAILLOIS, R. (1967). *Les jeux et les hommes*. Paris: Gallimard.

de FELICE, P. (1936). *Poisons sacrés-Ivresses divines*. Paris: Albin Michel.

DURKEIM, E. (1930). *Le suicide*. Paris: PUF.

ÉLIADE, M. (1959). *Initiations, rites, sociétés secrètes*. Paris: Gallimard.

ÉLIADE, M. (1965). *Le sacré et le profane*. Paris: Gallimard.

FOUCAULT, M. (1961). *Histoire de la folie*. Paris: Plon.

FOUCAULT, M. (1975). *Surveiller et punir*. Paris: Gallimard.

GAUCHET, M. (1985). *Le désenchantement du monde*. Paris: Gallimard.

GAUCHET, M. et SWAIN, G. (1980). *La pratique de l'esprit humain*. Paris: Gallimard.

GOFFMAN, E. (1969). *Asiles*. Paris: Éd. de Minuit.

JANKELEVITCH, V. (1977). *La mort*. Paris: Flammarion.

LÉVY-STRAUSS (1983). *Le regard éloigné*. Paris: Plon.

POSTEL, J. et QUETEL, C. (1983). *Nouvelle histoire de la psychiatrie*. Toulouse: Édouard Privat.

QUÉTEL, C. (1986). *Le mal de Naples*. Paris: Seghers.

RETEL-LAURENTIN, A. (1974). *Sorcellerie et ordalies*. Paris: Anthropos.

THOMAS, L.V. (1980). *Anthropologie de la mort*. Paris: Payot.

Littérature

AGUEEV, M. (1983). *Roman avec cocaïne*. Paris: Pierre Belfond.

BÉDIER, J. (1979). *Le roman de Tristan et Iseut*. Paris: Les Heures Claires.

COUPRY, F. et CLÉMENT, C. (1981). *Toréro d'or*. Paris: Hachette.

CHRÉTIEN de TROYES (1974). *Perceval ou le roman du Graal*. Paris: Gallimard.

DOSTOÏEVSKI, F. *Oeuvres*. Paris: La Pléiade, Gallimard.

DRAGONETTI, R. (1982). *La vie de la lettre au Moyen Âge*. Paris: Seuil.

INSTITORIS et SPRENGER (1973). *Le marteau des sorcières*. Paris: Plon.

POUCHKINE (1949). *La dame de pique*. Paris: Gallimard.

WALD-LASOWSKI, P. (1982). *Syphilis*. Paris: Gallimard.

RÉSUMÉ

Le problème de la toxicomanie et de la délinquance chez les jeunes est souvent traité publiquement comme le plus grand des fléaux alors qu'il est largement surclassé par le problème des accidents de la route ou de l'alcoolisme. L'auteur, une fois démontré que la délinquance souvent précède le comportement toxicomane, tente d'expliquer ces comportements à risques ou suicidaires des jeunes comme la manifestation moderne de voies d'initiation ou d'appel à un jugement divin, dans un contexte où les repères sacrés ont disparu. L'article conclut en retraçant historiquement l'évolution sociale des mesures de contrôle et de traitement, en mettant en garde les intervenants en toxicomanie contre une volonté de guérir à tout prix sous peine de créer de nouveaux lieux d'enfermement.

Troisième partie

L'USAGE DES DROGUES ET LA TOXICOMANIE:

des pratiques particulières

Section **6**

MODÈLES ET RÉALITÉS
DE LA PRÉVENTION

Chapitre 20
Éléments d'une démarche en prévention*

Pierre Lamarche

Tous les gestes que nous posons ont, en partie, une portée préventive. Prendre des précautions avant de traverser à une intersection, s'habiller chaudement en hiver, sont des gestes quotidiens mais aussi des actes préventifs. Malgré la spontanéité avec laquelle nous les posons, ils ne sont pas *innés*. Observez comment il faut retenir un enfant aux intersections et comment il faut lutter avec eux pour les convaincre de porter un habit de neige! La spontanéité avec laquelle nous posons ces gestes aujourd'hui en camoufle le long processus d'apprentissage.

Évidemment, la prévention d'un phénomène complexe comme la «toxicomanie» appelle des réponses plus complexes mais le *processus* est le même que celui décrit plus haut pour les événements de la vie quotidienne.

Ce texte présente les étapes de ce processus de prévention. Il s'inspire de nombreuses expériences mais aussi des textes théoriques dont, en particulier, ceux de Low (1979) et de Rootman et Moser (1984).

Définition et conditions de la prévention

La définition de la prévention la plus couramment utilisée est la définition «progressive», en trois phases, de l'Organisation mondiale de la santé (OMS): prévention primaire, secondaire et tertiaire. La *prévention primaire* se définit comme l'ensemble des mesures prises afin d'empêcher qu'un problème ne se

---

* Texte inédit.

développe. La *prévention secondaire* est définie comme l'ensemble des mesures visant à dépister un problème le plus tôt possible, idéalement avant même que les personnes vulnérables en soient affectées; finalement, la *prévention tertiaire* concerne l'ensemble des mesures qui visent à empêcher la progression d'une maladie ou d'un problème, une fois celui-ci déclaré. Ces phases sont mieux connues sous les appellations: prévention (prévention primaire), dépistage (prévention secondaire) et traitement et réadaptation (prévention tertiaire).

Pour les fins de ce texte, nous nous concentrons sur le processus de mise en oeuvre de mesures de prévention primaire, dorénavant simplement identifié comme *prévention*.

Conséquemment nous définissons la prévention comme stratégie destinée à *anticiper* le développement d'une situation *jugée a priori indésirable*.

Comme le soulignait Low (1979), quatre conditions doivent être remplies pour être en mesure d'anticiper:

- la situation jugée indésirable doit être *définie*, puis décrite précisément et clairement;
- *le système de causes* du problème doit être compris;
- on doit disposer des *moyens adéquats* pour agir sur le système de causes identifié;
- l'ensemble de la démarche doit présenter un *bilan positif*.

Première étape: une définition claire du problème

La première tâche de toute équipe de travail devrait être de s'entendre et de clarifier l'objet précis de la prévention. Trop souvent les équipes se lancent sans s'être d'abord posé la question toute simple: *qu'est-ce que l'on veut prévenir* ? La réponse à cette question n'est jamais aussi évidente qu'on le croit d'abord et l'exercice de clarification sémantique (qu'est-ce qu'on entend par «drogue», par «abus», par «jeunes», etc.) se développe plus souvent qu'autrement en un débat sur la nature du problème! On constate toujours des différends importants entre les membres d'une même équipe, différends qu'il vaut mieux débattre et concilier a priori.

Cet exercice est essentiel parce que l'imprécision sémantique des thèmes de prévention (par exemple: prévenir l'abus des drogues) est souvent le symptôme de faiblesses théoriques qui affectent la qualité du programme.

Le résultat de cette première étape est un énoncé clair et précis du phénomène que l'on cherche à prévenir. Cet énoncé devient un instrument de travail important pour l'équipe, pour les usagers du programme et pour tous ceux qui, pour une raison ou pour une autre, observent son déroulement.

Deuxième étape: comprendre la réalité du phénomène à prévenir

Considérons maintenant la mise en place d'un programme de prévention. Si une personne, un groupe ou une institution décide d'agir selon une démarche d'anticipation, c'est qu'il croit qu'il y a un *problème* dont la nature ou l'ampleur inquiète et devant lequel il est convaincu qu'il faut agir. Cette connaissance spontanée, ce sens commun, phénoménologique, c'est le pas essentiel, *l'intuition* qui pousse à l'action. Car malgré l'effort de précision qui a été réalisé à la phase précédente, l'énoncé produit, si clair soit-il, est très souvent l'expression d'une intuition. Que l'intuition pousse à l'action est louable, mais que l'action soit déterminée par cette intuition s'avère plutôt risqué.

En effet, comment peut-on prévenir un problème dont on ne connaît ni la nature exacte, ni la prévalence dans la population ni les conséquences? L'ampleur du problème a pu être gonflée ou, au contraire, sous-estimée à moins que la nature en soit mal comprise. Il est donc essentiel d'obtenir une «mesure» objective de l'état de la situation.

Il ne faut jamais oublier que notre vue est centrée sur la part de réalité qui nous occupe principalement. En reconnaissant qu'il s'agit d'une partie de la réalité, nous devrions aussi reconnaître qu'il ne s'agit *que* d'une partie. Le travail qu'il reste alors à accomplir est d'appréhender le phénomène dans sa *totalité*, c'est-à-dire saisir les dimensions de la réalité qui ne s'offrent pas d'emblée à notre connaissance. Projet à la fois humble et ambitieux qui consiste à objectiver un phénomène complexe, sans croire pour autant (ou sans chercher à faire croire) que l'intuition, le sens commun, le jugement moral n'y joueront aucun rôle. L'approche qui contribuera au progrès de la prévention est celle qui saura unir sens commun et sens objectif, qui s'intéressera aux causes du phénomène autant qu'au phénomène lui-même, et qui n'hésitera pas à aborder de nouveaux champs d'explication. Pour reprendre la phrase célèbre de Koestler: «L'histoire de la pensée ne manque ni de vérités stériles ni d'erreurs fécondes». Pourront mener à bien un tel projet ceux qui, dans les mots de Pierre Bourdieu (1980), sauront faire preuve de «lucidité intéressée pas la position opposée».

Les pièges de l'empirisme

Nous allons, plus loin, présenter dans ses grandes lignes un plan de travail pour l'analyse d'un problème sociosanitaire comme la toxicomanie.

Avant d'entreprendre cette partie, il est nécessaire de souligner les deux pièges principaux de l'empirisme tels que soulignés par Cot et Mounier (1974). Le premier est le risque «d'accumuler les détails au mépris de toute espèce de forme»; il faut ainsi éviter l'accumulation des données sans qu'elles aient de sens précis pour la démarche entreprise. Si le thème de la démarche a été précisé à l'étape précédente, il faut maintenant définir *ce qui doit être su* en rapport au phénomène, pour être en mesure d'en prévenir le développement.

Le second risque consiste à ne chercher que dans les sillons de ce que l'on veut trouver, camouflant ainsi sous des dehors d'objectivisme, une simple démarche de réaffirmation du sens commun. Pour éviter ce piège, il faut investir les domaines qui ne sont pas ou peu analysés et sonder des expertises qui se démarquent de la nôtre.

On peut en partie éviter ces pièges en prévoyant se doter d'un *modèle d'analyse* (une «forme» à la recherche) ainsi que de *moyens* de recherche éprouvés.

Le modèle d'analyse

Il est malaisé de trouver quand on ne sait pas exactement ce que l'on cherche. Le modèle d'analyse donne, a priori, une forme à la recherche et à la cueillette de renseignements.

Nous présenterons ici un exemple de mise en forme de l'information. Le lecteur comprendra l'importance d'adapter cet exemple, à l'instar de ce que nous avons fait nous-mêmes à partir de sources diverses (Moore et Gerstein, 1981; Rootman et Moser, 1984). Le modèle présenté se divise en trois sections: l'analyse des *modes* de consommation, l'analyse des *conséquences* de la consommation et l'analyse des *causes* de la consommation.

Analyse des modes de consommation

Il s'agit de déterminer par exemple qui consomme? Quoi? Où? Comment? À quelle fréquence? En quelles quantités? Avec qui? À quel moment?

Le fait de trouver réponse à ces questions fournit des pistes d'explication sur les causes, des indications sur les groupes cibles à privilégier, sur les endroits et les moments où ils peuvent être rejoints, etc. En somme, ces données nous sont utiles tant pour comprendre la nature du problème que pour définir des stratégies d'intervention.

Le «qui consomme» renvoit aux variables sociodémographiques qui peuvent dépeindre des catégories d'usagers en fonction par exemple de l'âge, du sexe, du niveau de revenu et d'éducation, du statut matrimonial, du lieu de résidence, etc.

Le «quoi» fait référence aux diverses substances: s'agit-il de médicaments, d'alcool, de drogues de rue, etc.

Les autres questions, toutes aussi pertinentes, permettent de juger soit de l'ampleur du problème ou des groupes, soit des lieux ou moments-clés à privilégier sur le terrain.

Analyse des conséquences de la consommation

On juge que la consommation d'un psychotrope est excessive lorsqu'elle entraîne des conséquences sanitaires, sociales ou économiques sur l'individu, sur ses proches ou sur la société.

Voici une liste d'indicateurs de conséquences les plus fréquemment utilisés:

1. ***Morbidité et mortalité directement attribuables à l'usage d'un psychotrope***. Par exemple, les décès ou hospitalisations reliés au surdosage, les taux d'hospitalisation ou de traitement pour cirrhose alcoolique, psychose alcoolique ou autres maladies essentiellement attribuables à l'usage d'une drogue.

2. ***Morbidité et mortalité indirectement attribuables à l'usage d'une drogue.*** Cette catégorie englobe les indicateurs pour lesquels on sait que l'usage de drogue a été un facteur contributif sans pouvoir cependant établir une causalité directe. Par exemple, les taux de suicides, d'homicides ou d'accidents (chutes, incendies, noyades, accidents de véhicules automobiles) où l'usage d'une drogue a été dépisté.

3. ***Données de traitement***. Le nombre et les taux d'admissions et de réadmissions dans des centres spécialisés ou auprès de groupes d'entraide de même que d'autres formes d'estimation du nombre de personnes qui ont cherché de l'aide au cours d'une période donnée.

4. ***Impact social***. L'estimation des taux de divorces, de violence familiale, d'abus sexuel, d'agressions et autres actes délictueux où l'usage d'une drogue pourrait être un facteur contributif.

5. ***Impact économique***. L'estimation des pertes de revenu des familles où l'on retrouve des consommateurs et des coûts financiers ou non financiers (années potentielles de vie active perdues), qu'ils soient visibles (hospitalisation, traitement et réadaptation) ou invisibles (perte de productivité).

Analyse des causes de la consommation

Pour fins de prévention, cette section est sans doute la plus importante. Il s'agit, à la lumière des informations disponibles, des différentes théories sur les origines du problème et de la connaissance du milieu, de tenter de trouver une explication des causes du problème.

On sait que la genèse de tout problème social ou sanitaire est toujours *multifactorielle*. Après l'étude de la situation, l'équipe de travail peut se risquer à l'ébauche d'un *modèle théorique* qui explique le développement du problème. Cette explication servira, comme nous le verrons, à l'élaboration du programme de prévention.

On ne sera jamais assuré d'avoir une compréhension parfaitement juste d'un problème de sorte que l'on peut amorcer le développement d'un programme dès que l'équipe de travail sent qu'elle comprend relativement bien le phénomène dans toute sa complexité. Il sera toujours temps de réviser le modèle théorique ou le programme lui-même, au fur et à mesure que de nouveaux principes, de nouvelles informations le justifient. N'oublions pas qu'un programme doit être «vivant» et capable de faire preuve d'adaptation, à l'image de la communauté qu'il dessert.

Les méthodes d'analyse

Il nous reste, pour conclure cette section, à présenter quelques méthodes de recherche couramment utilisées.

Le traitement de données existantes

Il existe un grand nombre de données disponibles qui, même si elles ne sont pas colligées de manière à nous être immédiatement utiles, peuvent être adaptées à nos besoins ou utilisées comme indicateur général.

Certaines de ces données ont déjà été traitées par un chercheur ou un auteur et se trouvent dans les rapports de recherches, livres, périodiques ou recueils statistiques que les agences d'État publient régulièrement.

D'autres ne sont pas traitées et reposent à l'état brut dans un certain nombre de registres comme ceux des hôpitaux, des coroners, des corps policiers, des agences de service social ou autres. Il faut souvent entreprendre des démarches pour avoir accès à ces registres. Ces démarches, en même temps qu'elles sont utiles à l'équipe de travail, contribuent à sensibiliser les intervenants à la nécessité de bien documenter les cas où l'usage d'une drogue est présent.

La cueillette de données

Il est cependant fort probable que, pour diverses raisons, les données existantes ne puissent satisfaire les besoins d'information. Dans la plupart des cas, les équipes de travail devront ainsi aller cueillir leurs propres données sur le terrain.

Nous présentons brièvement ici certaines méthodes les plus fréquemment utilisées pour ce faire. Le lecteur se référera à des ouvrages spécialisés sur les méthodes de recherche en sciences humaines pour en savoir plus long à ce sujet.

Avant de présenter chacune des méthodes, soulignons ce qu'il y a de commun entre elles. Elles empruntent toutes la démarche schématisée dans le schéma 20.1.

Schéma 20.1
Démarche type présidant à la cueillette de données

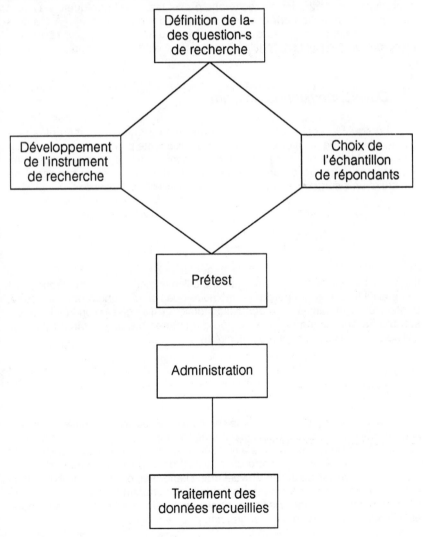

Questions de recherche

Avant d'entreprendre une recherche, il faut clarifier ce que l'on cherche sous forme de liste de questions à répondre (par exemple, nous avons besoin de savoir quelle proportion de la population juge que la conduite avec facultés affaiblies est inacceptable, ou encore si les clients de bars utilisent vraiment leur voiture après avoir passé une soirée à boire, etc.).

Choix du type de recherche appropriée

Nous examinerons plus tard quelles sont les forces et les faiblesses des quatre types de méthodes de recherche présentés. Il est quelquefois évident qu'un type de question appelle un type particulier de recherche. À d'autres moments, plusieurs types de recherche peuvent fournir des réponses adéquates à une question; l'équipe de travail doit alors faire un choix.

Développement de l'instrument

Lorsqu'il est nécessaire de comparer les réponses de différentes personnes, il faut que les mêmes questions leur aient été posées de la même manière. L'instrument qui vise à obtenir ces réponses peut être un questionnaire, une grille d'entrevue ou une grille d'observation, mais il est essentiel de construire un instrument standardisé pour la cueillette des données.

Choix de l'échantillon

L'échantillon est la fraction représentative de personnes que l'on questionnera. Le type d'échantillonnage varie selon la méthode de recherche choisie, mais il faut toujours garder en mémoire que l'on cherche à obtenir des réponses représentatives de la population totale, qu'il s'agisse d'un très large ensemble (la population du Canada) ou d'un ensemble plus restreint (les travailleurs sociaux de la région de Montréal).

Prétest

La fonction du prétest, comme son nom l'indique, est de vérifier si l'instrument remplit bien ce pour quoi il a été créé lors de son application à la population cible. Un prétest est simple à réaliser. L'instrument est soumis à quelques personnes (généralement entre dix et vingt) de la population cible dans les mêmes conditions que celles prévues dans l'enquête; on demande cependant à ces répondants de commenter en plus le questionnaire: est-il compréhensible, trop long, contient-il des mots et des expressions difficiles à comprendre, est-il frustrant ou, au contraire, engageant pour le répondant, etc.?

Administration

L'administration est la phase stratégiquement la plus complexe à planifier. Il faut prévoir disposer d'enquêteurs, de temps et d'argent, surtout pour de grandes enquêtes.

Traitement des données

Il est fréquent que des groupes de travail s'engagent dans une enquête sans prendre en considération le travail gigantesque que peut représenter le traitement de quelques centaines de questionnaires. Il est essentiel de prévoir quels moyens seront utilisés pour traiter les données et ne pas hésiter à faire appel à des ressources informatiques lorsque l'ampleur de la tâche le justifie.

En conclusion, plus l'enquête est vaste, plus chacune des étapes énumérées se complique. Lorsque l'enquête est entreprise par une équipe de travail qui ne dispose pas d'expérience en ce domaine, il est fortement conseillé qu'elle s'adjoigne les services d'un consultant qui peut les aider.

Les méthodes de recherche

Nous présentons maintenant quatre méthodes de recherche couramment utilisées en sciences sociales. Cette présentation est évidemment trop brève, et nous recommandons au lecteur intéressé de se référer à des publications spécialisées.

Le sondage

Le sondage est une méthode par laquelle on mesure la répartition des opinions, des atttitudes ou des comportements (autorapportés) dans une population donnée, en recueillant les réponses individuelles d'un échantillon représentatif de cette population.

L'avantage de cette méthode est qu'elle représente le moyen le plus efficace pour faire le portrait de la situation.

Les désavantages sont cependant nombreux, surtout pour une petite équipe de travail qui dispose de peu de ressources. D'abord il est techniquement complexe d'échantillonner un groupe de répondants qui soit *statistiquement représentatif* de l'ensemble de la population. Le degré de difficulté augmente proportionnellement à la taille de la population totale.

De plus, le sondage livre un portrait *autodéclaré* de la situation. Or, le public a tendance à conformer ses réponses à ce qui lui semble socialement acceptable: il arrive ainsi que les répondants révisent leurs opinions ou leurs estimations en fonction de ce qui leur semble être le «mieux».

Finalement, le sondage se prête aux groupes «captifs» (des étudiants dans une école par exemple), le coefficient de difficulté augmentant de beaucoup lorsque l'on s'adresse à des individus dispersés. Soulignons toutefois que le sondage est largement utilisé et qu'il livre malgré tout des informations très utiles.

L'enquête auprès d'informateurs clés

Cette méthode de recherche a pour but de recueillir l'opinion de personnes qui, de par leur occupation, contacts ou position sociale, se trouvent à bien connaître les habitudes, les comportements ou les attitudes de la population visée.

L'avantage principal de cette méthode d'enquête est sa simplicité d'administration. Il s'agit de construire un questionnaire d'entrevue et d'échantillonner des répondants qui peuvent offrir une diversité d'opinions représentatives pour que l'enquête soit utile.

Le désavantage principal de cette méthode réside dans le fait que les répondants font part *d'opinions* plutôt que de faits et, conséquemment, l'équipe de travail doit faire preuve de jugement dans l'usage qu'elle fera des renseignements ainsi recueillis.

L'enquête auprès d'informateurs clés est utile pour approfondir le sujet. Les entrevues, généralement semi-directives, permettent à l'équipe de travail de mieux saisir certaines dynamiques qui ne peuvent apparaître dans les relevés statistiques ou dans les résultats de sondages.

L'enquête par observation

Comme son nom l'indique, cette méthode de recherche permet à l'équipe de travail d'observer elle-même certaines attitudes ou comportements.

L'avantage de cette méthode est que les informations ne sont pas médiatisées et traitées avant d'atteindre les enquêteurs. Ici, les membres de l'équipe sont personnellement *témoins* de comportements dont ils enregistrent certaines caractéristiques prédéterminées.

Cette méthode présente toutefois des difficultés. D'abord, il faut pouvoir observer de façon discrète sans quoi les comportements des personnes observées seront influencés. Ensuite, certains comportements, dont plusieurs parmi ceux qui nous concernent en «toxicomanie», sont difficilement observables parce que sciemment cachés ou parce qu'ils se produisent dans des lieux privés où des observateurs éventuels ne seraient pas admis. Finalement, une grille d'observation précise, des directives de consignation claires et un échantillonnage des lieux et moments d'observation doivent être développés afin de s'assurer que tous les observateurs engagés dans l'enquête observent les mêmes choses et les consignent de la même manière dans le cadre d'une diversité de lieux et de moments représentatifs.

Lorsqu'elle est possible, l'enquête par observation offre une connaissance de première main, très utile à l'équipe de travail.

L'histoire de vie (monographie)

La monographie a pour but d'obtenir qu'une personne, ayant directement ou indirectement vécu le problème étudié, s'exprime librement sur son expérience.

L'avantage de cette méthode est de fournir une introspection importante sur le problème, ce qui est essentiel pour en saisir la complexité.

Le désavantage est que les témoignages sont peu détachés de l'émotivité du répondant de sorte qu'ils sont peu utiles à des fins de compilation ou d'inférence. Ils doivent être utilisées exclusivement à titre d'histoires de cas.

L'histoire de vie peut être racontée, filmée ou écrite. Il faut cependant s'assurer de la confidentialité des témoignages reçus. Ce critère de confidentialité s'applique d'ailleurs à toutes les méthodes d'enquête présentées ici, exception faite des cas où un répondant accepte (par écrit si possible) d'être identifié, si cela s'avère utile.

Mise en application de la démarche en prévention

Une façon simple de mettre cette démarche en application consiste à mettre en relation le modèle d'analyse et les questions nécessaires pour le compléter (en terme de besoins d'information) avec les méthodes de recherche. Le tableau 20.1 nous en présente une schématisation.

Une telle grille sera utilisée en partant du problème qui constitue la préoccupation prioritaire pour l'équipe de travail. Celle-ci fait ensuite la liste de toutes les questions auxquelles il lui faut répondre pour obtenir un portrait juste de la réalité, tant en ce qui concerne les modes de consommation que ses conséquences ou ses causes (se rapporter aux sections précédentes pour des exemples d'indicateurs à exploiter). Une fois les questions posées, l'équipe choisit le-les moyen-s d'obtenir cette information de la façon la plus efficace.

L'équipe sera alors à même de visualiser exactement le travail d'analyse à faire et pourra atteindre plusieurs objectifs avec un même instrument, par exemple au moyen d'un seul sondage, ou en une seule recherche bibliographique.

Tableau 20.1
Grille permettant la mise en application d'une démarche en prévention

	Données existantes	Sondage	Observation	Informa- teurs clés	Mono- graphie
Besoins d'information					
Modèle de consommation					
Questions:					
Conséquences					
Questions:					
Causes					
Questions:					

Troisième étape: la planification d'un programme de prévention

Au fur et à mesure qu'une équipe sent qu'elle comprend la dynamique du problème qu'elle cherche à prévenir, elle se sent prête à s'y attaquer. Dans des domaines aussi complexes que la prévention des toxicomanies, il est inutile d'attendre les certitudes pour se mettre à l'oeuvre.

Comme pour n'importe quelle entreprise complexe, il est important de planifier l'action.

Un programme peut être considéré comme un *système* qui rend spéci- fiques les *objectifs* et les moyens que l'équipe compte utiliser pour atteindre un *but*. Schématiquement, on peut représenter l'organisation d'un programme comme au schéma 20.2

Il existe un certain nombre de variantes à ce schéma. Pour des pro- grammes d'envergure, certains chercheurs suggèrent de rediviser les objectifs en objectifs généraux (à long terme) et objectifs intermédiaires (à court terme).

Schéma 20.2
L'organisation d'un programme de prévention

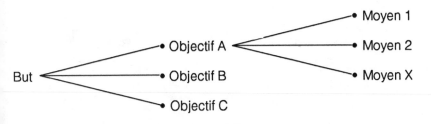

D'autres conseillent d'ajouter à la grille de programme, suite à l'énoncé des moyens, les ressources nécessaires, le temps prévu pour la réalisation et d'autres détails que nous avons choisi d'ignorer (bien qu'ils soient importants) parce que trop précis pour les besoins de ce texte.

De fait, peu importe quel titre est donné à telle ou telle catégorie d'énoncés ou encore combien de niveaux d'objectifs l'équipe décide de se donner: ce qui importe, c'est d'avoir pensé en détail et dans une perspective systémique (tous les éléments étant interreliés), le déroulement du programme.

Les buts et les objectifs

Le *but* est l'énoncé de la *situation idéale* au-delà de laquelle l'équipe considère avoir réussi et où le programme n'a plus sa raison d'être. Un but doit être réaliste et clair: il faut ainsi qu'il soit observable, vérifiable ou quantifiable, en fonction d'un indicateur de succès et d'un indicateur de temps.

Les équipes de travail qui se fixent des buts trop ambitieux s'exposent au découragement. Celles qui se fixent des buts imprécis s'exposent à la situation inconfortable de ne pas être en mesure de savoir jusqu'à quel point elles s'approchent d'un résultat.

Les *objectifs* représentent les énoncés des principales *réalisations intermédiaires* auxquelles l'équipe doit s'attaquer pour atteindre le but visé. Un énoncé d'objectif doit remplir les mêmes caractéristiques que l'énoncé de but, c'est-à-dire être clair, réaliste et décrit en termes tels que les progrès soient vérifiables, observables ou mesurables sur une période de temps prédéterminée.

Les informations recueillies lors de la période d'enquête fournissent la base nécessaire à l'établissement des buts et des objectifs. Le schéma 20.3 explique comment.

Schéma 20.3
Rapport entre l'énoncé d'un problème et l'énoncé des buts dans une démarche de prévention

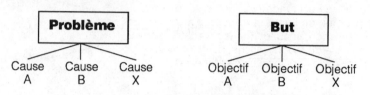

Ce schéma souligne le rapport qui doit exister entre l'énoncé du problème et l'énoncé du but. Si ce rapport est généralement clair dans l'esprit des équipes de travail, il l'est moins en ce qui concerne le lien entre les causes et les objectifs.

L'équipe de travail a pu vérifier l'existence du problème et a dévoilé le système de causes qui en explique l'existence. Pour qu'une action préventive soit efficace, il est essentiel qu'elle s'attaque aux *causes* du problème.

Conséquemment, on peut conclure que l'ensemble des énoncés d'objectifs représente l'opinion de l'équipe de travail sur ce qu'il faut qu'elle réalise pour obtenir un effet sur les causes du problème.

D'autre part, le rapport n'est pas nécessairement univoque dans un sens ou dans l'autre. L'équipe de travail peut se donner plusieurs objectifs pour l'atteinte d'un seul but et, inversement, un objectif peut contribuer à agir sur plusieurs causes. L'essentiel, comme nous le soulignions plus tôt, est que l'ensemble des énoncés d'objectifs constitue un plan d'action réaliste pour modifier les causes du problème.

Quatrième étape: le choix des moyens d'action

Trop souvent, prévention et information sont présentés comme synonymes alors que la prévention recouvre un ensemble d'activités beaucoup plus large. De fait, on retrace tellement d'activités de tous ordres sous ce thème qu'il est difficile de les catégoriser.

Notre but n'est pas de présenter une liste exhaustive de tous les types de moyens d'action qui s'offrent en prévention mais plutôt d'en illustrer la diversité pour transmettre le message qu'il n'y a pas d'autres frontières ou limites que celles de notre imagination.

Examinons brièvement les deux grandes théories d'action en prévention ainsi que les moyens principaux relevant de chacune d'elle.

La théorie du contrôle

Les tenants de cette théorie postulent que la meilleure approche préventive des toxicomanies est de limiter la disponibilité des produits psychotropes. Cette théorie est fondée sur une double croyance: d'abord que la prévalence des problèmes liés à la consommation est proportionnelle au niveau de consommation; ensuite, que le niveau de consommation est déterminé par la disponibilité du produit. Conséquemment, en contrôlant l'offre, il serait possible de contrôler la consommation et, *in extenso*, la prévalence des problèmes.

Le contrôle de la disponibilité des psychotropes est assuré par une multitude de lois et de règlements qui vont des conventions internationales aux règlements internes de petites institutions — une école qui interdit de fumer par exemple —, en passant par les lois nationales, régionales et municipales. Les lois et les règlements stipulent les types de produits, d'usages, de circonstances, etc. qui sont autorisés.

Le but de toute loi ou règlement est de dissuader le public visé d'adopter un comportement jugé indésirable par ceux qui détiennent le pouvoir d'émettre et de faire appliquer des lois et des règlements. Pour jouer pleinement son rôle dissuasif, une loi *doit* être accompagnée de mesures répressives efficaces et de *sanctions* perçues comme sévères. En effet, le risque perçu d'être pris en défaut et la sévérité relative des sanctions constituent deux facteurs essentiels à la réussite de l'effet dissuasif des lois[1].

Dans le cas où la consommation d'un psychotrope est tout à fait légale, par exemple l'alcool, les tenants de cette théorie suggèrent, pour réduire l'ampleur des problèmes liés à l'usage, d'en augmenter le prix, de relever l'âge minimum légal de consommation, de réduire le nombre de permis et de points de vente, etc.

Dans le cas de produits dont l'usage est contrôlé (par exemple les médicaments), un seul corps professionnel — les médecins — est habilité à en décider l'usage pour des «patients» qui en ont besoin, et un autre corps professionnel — les pharmaciens — est seul habilité à les vendre. Ce système, contrôlé, constitue la norme et la déviance entraîne des sanctions.

Finalement, dans le cas des drogues dont la production, l'importation, la vente ou la consommation sont interdites, des systèmes de surveillance et de répression, assortis de peines, sont mis en place.

---

1. Voir une démonstration de ce point dans le chapitre 17 du présent ouvrage, portant sur la conduite en état d'ébriété.

En fait, si la disponibilité d'un produit est une condition *essentielle* au développement d'un problème de toxicomanie, elle n'est pas une condition *suffisante*. Conséquemment, la réduction de l'offre constitue toujours une option préventive. Cette option sera un succès dans les cas où les autorités peuvent exercer un contrôle efficace sur la circulation des personnes et des biens. Plus les ensembles de population sont grands, plus grandes sont les difficultés de rendre de telles lois opérationnelles.

En conclusion, cette approche de contrôle, si elle peut réussir à limiter la disponibilité des substances psychotropes, particulièrement auprès de populations restreintes et dans un cadre de contrôle rigoureux, présente également des risques.

Le premier risque lié à l'application de moyens de contrôle est *l'amplification de la déviance*. Confrontés à un accroissement de la répression, les usagers visés auront la réaction normale de se rendre encore moins visibles. Cette «ghettoïsation» ne résout pas le problème et complique la tâche de ceux qui cherchent à entrer en contact avec les usagers pour les aider.

Le second risque est d'accroître les facteurs d'attrait plutôt que de dissuasion liés à certains usages ou de certains produits, qui peuvent alors en venir à symboliser un mouvement social ou des sous-cultures particulières.

L'accroissement de la répression envers un type de produit peut également entraîner des pratiques de substitution dans la consommation plutôt que contribuer à résoudre le problème. Le domaine du trafic et de l'usage des drogues étant souple, si une source se tarit, une autre la remplace; si un produit se fait rare, le consommateur opte pour d'autres.

Finalement, soulignons que l'application rigoureuse de la théorie de contrôle appelle une société policée et l'omniprésence de l'État dans la vie privée des citoyens, ce qui constitue un prix élevé à payer, politiquement et éthiquement.

La théorie de la socialisation

Une autre école de pensée croit, au contraire, qu'il est impossible de contrôler efficacement la production et la distribution des produits psychotropes de sorte qu'il est préférable de se concentrer sur les usagers potentiels, sur les motivations qui les poussent à consommer, sur le volet de la *demande*. Divers moyens peuvent être mis de l'avant à l'intérieur de cette approche.

L'information et la communication

Le but des programmes d'*information* est de diffuser des renseignements exacts sur les substances et leurs effets. Comme nous le soulignions précédemment, l'information est souvent — quelquefois exclusivement — présente à l'intérieur des programmes de prévention; il est sur ce point effectivement essentiel que les connaissances de l'équipe de travail puissent être transmises au public.

S'il est vrai que la transmission de connaissances — et non la propagande — constitue un élément clé en prévention, l'information seule ne peut suffire à modifier des situations complexes comme le sont les situations d'abus de drogues. L'inclusion de moyens d'information dans un programme de prévention suppose l'existence d'un objectif d'accroissement des connaissances et prend son sens lorsque l'équipe de travail a décelé une carence informationnelle à l'origine du problème qu'elle veut prévenir.

La *communication* a pour but de rendre visibles des opinions, des prises de position, ou, de façon générale, des «mots d'ordre» en rapport avec le problème que l'on veut prévenir. La communication est un instrument de «propagande», le terme étant ici considéré dans son acceptation large et non dans un sens exclusivement péjoratif. La communication est, lorsque bien utilisée, un moyen influent de pression sur l'opinion publique. On l'utilise pour favoriser l'émergence de mouvements — les non-fumeurs, par exemple — aussi bien que pour faire passer des «mots d'ordre» («non merci, ça se dit bien», message du programme *Dialogue sur l'Alcool*).

La distinction entre ces deux approches est importante dans la mesure où il est important, pour la crédibilité de l'équipe de travail, de faire clairement la part entre les *faits* et les *opinions*. Trop de programmes d'information sur les drogues se sont discrédités eux-mêmes en mêlant faits et mythes dans leur information, une confusion que des usagers avertis se font toujours un plaisir de relever.

Dans les cas d'information et de communication, la campagne doit être bien planifiée. Voici certaines des questions que l'équipe de travail doit se poser:

- Quelle est, exactement, la nature et l'objectif du message et des arguments à transmettre?
- Quelle est la principale population cible (par exemple, les jeunes de dix-huit à vingt-cinq ans de telle municipalité)?
- Quelles sont les populations cibles secondaires (par exemple, leurs parents et leurs professeurs)?
- Quels sont les véhicules les plus efficaces pour transmettre chaque message (affiches, dépliants, films)?
- À quels endroits et à quels moments le message doit-il être transmis pour être efficace?

L'éducation

L'éducation est un *ensemble d'activités concertées* ayant trait à des situations qui mettent en jeu un enseignant et des enseignés, et qui fournit aux participants une *expérience* susceptible de favoriser le développement intellectuel, émotionnel, psychologique et physique.

L'accent est placé sur l'acquisition *d'habiletés* personnelles plutôt que sur l'acquisition de connaissances comme c'était le cas pour l'information.

Cette approche est adoptée par des éducateurs dans la perspective où l'usage et l'abus de drogues sont considérés comme le symptôme de difficultés plus fondamentales qu'éprouvent certains individus à gérer leur vie, c'est-à-dire à résoudre des problèmes, à acquérir de l'autonomie, etc.

L'éducation recouvre, encore une fois, une grande variété de programmes qu'il est difficile de catégoriser. En voici trois exemples.

Programmes orientés vers l'éducation sur les drogues

Plusieurs programmes d'éducation opèrent à partir du postulat que les choix qui se posent à l'individu par rapport à l'usage des drogues sont des situations particulières. Soulignons, à titre d'exemples, les programmes de pédagogie situationnelle exposés entre autres par Dorn (1983), dans lesquelles on prépare les étudiants à faire des choix personnels éclairés lorsque des situations d'offre de drogue se présenteront. Un autre exemple pertinent nous est fourni par Rochon (1985) avec le «jeu de la peanut», où tous les étudiants d'un groupe sauf un mangent des peanuts et font pression sur celui qui s'abstient; l'analyse qui suit l'exercice permet d'éclairer les concepts de pressions sociales et de conformité et d'établir le parallèle avec l'usage de drogues.

Programmes orientés vers l'acquisition d'habiletés personnelles

D'autres programmes considèrent l'usage de drogue comme sympôme de difficultés personnelles plus larges. Ces programmes choisissent généralement de développer des habiletés générales comme par exemple le développement de l'estime de soi, la résolution de problèmes, la clarification des valeurs, l'augmentation du sentiment de contrôle, pour n'en nommer que quelques-unes. Les programmes qui se conforment à cette approche offrent aux participants des conditions où ils peuvent expérimenter adéquatement afin d'acquérir des habiletés.

Dans cette perspective, soulignons le programme *Action Studies*, implanté en Alberta. Ce programme vise à fournir toutes les conditions pédagogiques nécessaires pour que des enfants développent des habiletés par l'action. L'accent est placé sur la résolution de problèmes qui peuvent varier en complexité. Les éducateurs servent de «guides» mais laissent les enfants eux-mêmes faire leurs apprentissages.

La croyance inhérente à une telle approche est que lorsqu'une personne comprend qu'elle détient une très large part du contrôle sur elle-même et sur l'environnement, lorsqu'elle apprend à résoudre des problèmes tant matériels qu'émotifs, lorqu'elle apprend à décider ce qui est important ou non pour elle, elle saura aussi mettre ces habiletés en pratique face à des choix en matière de drogue.

Programmes orientés vers l'éducation des «tiers significatifs»

Enfin, d'autres programmes, se basant sur le principe de l'influence que nous accordons à des personnes qui occupent une place significative dans nos vies, se sont orientés vers l'éducation de tiers, généralement les parents ou les pairs.

Les programmes axés sur l'éducation des parents en rapport avec la problématique drogue, sont généralement adaptés de programmes généraux de formation à la tâche de parents, comme le programme *Parents efficaces*. Les programmes d'éducation des parents sont, encore une fois, variés, depuis les approches ouvertes comme celle de l'écoute active jusqu'aux approches radicalement centrées sur les besoins des parents, à l'exemple des groupes *Tough Love*. Le ministère de la Santé et du Bien-être social a récemment publié une analyse de ces programmes (1984) auquel les lecteurs peuvent référer pour des renseignements plus précis.

Plus récemment, la formation des pairs en vue de venir en aide à des membres du même groupe social a pris un certain essor dans la prévention. Deux écoles s'affrontent sur ce terrain: une première juge que l'aide par les pairs doit être spontanée et qu'en conséquence, le rôle du programme ne doit consister qu'à enrôler des aidants et à les soutenir moralement; une seconde est plutôt d'avis que le programme doit aussi former les aidants qui s'inscrivent dans le programme à la relation d'aide. Généralement, ces programmes encouragent les «aidants naturels» à être attentifs aux messages de leurs pairs et à leur offrir du support et de l'information (Guay, 1984).

Les alternatives

Les alternatives peuvent être définies comme l'ensemble des moyens par lesquels une communauté procure des expériences de développement social à ses membres.

Les programmes visent à développer le sens d'appartenance, le sentiment d'utilité et à répondre à la recherche de sens, toutes des motivations qui souvent animent les usagers de drogues. Les activités vont de l'implication dans des mouvements écologiques au parrainage de personnes âgées en passant par les diverses formes du militantisme.

L'éventail de moyens à la disposition des équipes de travail est très vaste. Aucun de ces moyens, utilisé seul, n'a démontré d'efficacité universelle. Les conditions socioculturelles, politiques, économiques et familiales dans le cadre desquelles se développe la toxicomanie varient trop d'un endroit à l'autre, d'une période à l'autre, d'un groupe à l'autre, pour que l'on espère jamais trouver une panacée à ce problème. L'équipe de travail, à la lumière de la connaissance qu'elle a acquise de la dynamique particulière du problème dans son milieu, devra faire le choix des moyens les plus cohérents en regard des objectifs fixés.

Les choix pourront être révisés en cours de programme car, rappelons-le, un programme doit pouvoir s'adapter aux conditions changeantes de l'environnement qu'il compte influencer.

La dernière étape du processus consiste bien sûr en l'évaluation de la démarche entreprise. Faute d'espace, ce point ne sera pas développé dans le cadre du présent chapitre mais nous référerons les lecteurs à la section du recueil qui est consacrée à ce sujet particulier.

Conclusion

Il nous reste à souhaiter ne pas avoir découragé le lecteur de s'attaquer à la prévention. L'ensemble des démarches que nous avons décrites ne sont pas aussi onéreuses en temps qu'il peut sembler. D'autre part, le temps investi à penser a priori sur ce que l'on veut prévenir, sur la nature et l'étendue du problème auquel on s'adresse, sur le plan d'action, entraîne des bénéfices au plan de la qualité de l'intervention, l'économie d'énergie et le moral de l'équipe de travail.

Du fait que les problèmes d'abus de drogues sont des problèmes complexes, il est probable que l'analyse de l'équipe révélera un système de causes qui pourra la laisser déconcertée. La *concertation* des groupes, individus ou institutions autour du programme est une condition importante de son succès car, en plus d'associer un plus grand nombre d'acteurs et de permettre une répartition du travail, cela génère des effets désirables comme la cohésion des messages, l'alignement des programmes et des politiques et, de façon générale, une plus grande notoriété au programme.

Dans le cadre de cette concertation, l'acteur le plus important est certes la «population cible» elle-même, qui donnera à la démarche de prévention sa véritable légitimité. En somme, à chacune des étapes, la démarche de prévention appartient d'abord à ceux qui se trouvent touchés par le problème et à qui il revient en priorité de déterminer les pistes d'action. Cette conclusion n'est pas motivée que par des considérations éthiques — de quel *droit* peut-on exiger des changements — mais aussssi par des considérations plus bassement techniques: aucun programme ne saurait avoir d'effets si ceux à qui il s'adresse n'y croient pas, ou, tout au moins, ne reconnaissent pas sa légitimité.

L'approche de prévention présentée ici est donc un plaidoyer en faveur du «faire avec», en faveur d'une réorientation dont les axes principaux sont la participation déterminante de la population, la rigueur, la planification, l'auto-évaluation et la concertation.

Les équipes de travail qui l'adopteront n'y trouveront pas une recette assurée de succès. Elles y trouveront les grandes lignes à partir desquelles elles pourront imaginer leurs propres réponses, leurs propres actions. Cette approche a besoin, pour survivre, de s'incarner dans un processus vivant, dynamique, qui craint les certitudes et qui aborde les problèmes avec autant d'humilité que de détermination.

Références

BOURDIEU, P. (1980). *Le sens pratique*. Paris: Seuil.

COT, J.P. et MOUNIER, J.P. (1974). *Pour une sociologie politique*. Paris: Seuil.

DORN, N. (1983). Introduction à une pédagogie situationnelle. *Psychotropes*. vol. 1, n° 1: 29-41.

GUAY, J. (1984). *L'intervenant professionnel face à l'aide naturelle*. Chicoutimi: Gaëtan Morin éditeur.

LOW, K. (1979). La Prévention. *Connaissances de base en matière de drogue*. Ottawa: Santé nationale et Bien-être social Canada.

MOORE, M.H. et GERSTEIN, D.R. (1981). *Alcohol and Public Policy: Beyond the Shadow of Prohibition*. Washington, D.C.: National Academy Press.

MOSER, J. (1980). *Prevention of Alcohol-Related Problems*. Toronto: Addiction Research Foundation.

ROCHON, A. (1985). Prévenir l'usage du tabac chez les jeunes: une intervention éducative en milieu scolaire. *Psychotropes*. vol. 2, n° 1: 47-55.

ROOTMAN, I. et MOSER, J. (1984). *Guidelines for Investigating Alcohol Problems and Developing Appropriate Responses*. Geneva: World Health Organization.

SANTÉ NATIONALE ET BIEN-ÊTRE SOCIAL CANADA (1984). *L'éducation des parents...une revue et une analyse de programmes de prévention de l'usage des drogues et de programmes généraux*. Ottawa.

RÉSUMÉ

L'auteur nous présente les grandes étapes d'une démarche en prévention, depuis la définition claire du problème jusqu'au choix des moyens d'action, en passant par la compréhension du phénomène et la planification du programme que l'on désire mettre en oeuvre. La description de ces étapes passe en revue la question du modèle et des méthodes d'analyse, les diverses méthodes de recherche existantes et enfin, la variété des actions préventives disponibles selon les théories et les objectifs qui les inspirent.

Chapitre **21**

La prévention de l'abus des drogues: une question de contrôle social?*

Line Beauchesne

L'idéologie de la prévention, en dehors de la sphère médicale, trouve plus souvent qu'autrement sa genèse dans un besoin de contrôle social; la circonscription de la situation jugée problématique et le type d'intervention préconisée pour la prévenir manifestent cette volonté plus ou moins prononcée de normalisation.

Dans le domaine de la prévention de l'abus des drogues, les mesures légales mises en place par les institutions de contrôle pour réduire ou enrayer la consommation de certains produits, soulèvent un certain nombre de questions sur la façon de cerner la situation problématique à prévenir. Les critères de définition, issus des institutions de contrôle, pour circonscrire les problèmes de surconsommation de drogues chez les jeunes doivent, de toute évidence, être remis en question par le travailleur social qui veut éviter que son action préventive ne consiste simplement en un processus de normalisation et de contrôle des jeunes; d'où l'inconfort de certains choix d'intervention concernant les drogues, à l'intérieur du contexte légal actuel.

L'objet de cet article est de traiter de l'ambiguïté de l'intervention du travailleur social qui doit faire un effort de réflexion critique pour éviter que son action ne se transforme en processus de contrôle social dans le domaine de la prévention de l'abus des drogues chez les jeunes.

---

* Version mise à jour et fondue de deux textes précédemment parus dans les revues *Psychotropes* (vol. 2, n° 2) et *L'Intervenant* (vol. 2, n° 4).

L'idéologie de la prévention et le travailleur social

Pierre Lascoumes (1977), dans son livre *Prévention et contrôle social*, distingue quatre modes d'intervention du travailleur social dans le cadre des programmes de prévention, selon l'idéologie qui prévaut à l'orientation de l'action.

En premier lieu, la prévention peut être exclusivement perçue comme un besoin de contrôle social. Le travailleur social focalise alors son action sur les individus beaucoup plus que sur les groupes; il ne s'interroge pas sur ce qui a amené la nécessité de son intervention et reprend à son compte le problème tel que circonscrit par l'organisation sociale qui le mandate. Son action vise à lutter contre des actes qualifiés de «déviants», en cherchant la normalisation des sujets perçus comme ayant de telles pratiques.

Les programmes de prévention peuvent ausi présenter les actes déviants comme des symptômes d'inadaptation aux normes sociales. Lascoumes explique que le travailleur social adoptera alors une vision très fonctionnaliste où les conflits et les tensions sont réduits à des problèmes d'adaptation et de dysfonctionnement. La différence avec le premier mode d'intervention présenté est que cette forme d'intervention préventive, au lieu d'imposer au sujet la normalisation, cherchera son adhésion.

Les programmes de prévention peuvent aussi avoir pour objet certaines formes de marginalité sociale. L'intervention vise généralement à rendre le sujet «autonome» et la barrière normative est assouplie. Mais cette intervention préventive demeure idéaliste dans la mesure où elle remet peu en cause les structures de contrôle qui créent l'exclusion ou la discrimination de certains groupes sociaux; en d'autres termes, l'intervenant ne s'interroge pas sur le fait que les structures sociales de contrôle laissent peu de moyens à certains individus et groupes sociaux de devenir autonomes. Cette forme d'intervention s'inspire généralement des modèles de développement communautaire américains dont l'objectif premier est de désamorcer les conflits sociaux. Elle s'adresse soit à l'individu, soit au groupe, utilisant généralement des bases explicatives centrées sur le concept de l'*anomie*: il caractérise la diminution de l'influence normative sur un individu ou un groupe parce que l'individu ou le groupe en question n'a pas les moyens d'accéder aux normes ou alors que les processus d'intégration sociale font défaut. «Cette sociopathie n'est qu'une forme de dysfonctionnement institutionnel. La famille, l'école, le quartier... remplissant de plus en plus difficilement leur rôle de socialisation» (Lascoumes, 1977: 51). Les intervenants deviennent alors «ces nouveaux thérapeutes du manque de communication sociale» (*ibid.*).

Enfin, lorsque l'idéologie de la prévention intègre la critique des structures de contrôle social, elle devient prévention de l'exclusion. C'est le travailleur social qui en arrive à la question centrale: qui décide de la nature des «problèmes sociaux», de l'inadaptation, de l'anormalité? Il cherchera alors à éviter d'officialiser l'étiquetage social en se solidarisant *avec* les clients qui ont besoin d'aide pour atteindre certains objectifs qu'eux-mêmes définissent. La prévention, ici, devient prévention contre les agences de contrôle social, en aidant les gens à s'organiser, à choisir en connaissance de cause leurs moyens d'action. Comme l'explique Lascoumes, ces travailleurs sociaux refusent d'agir «sur», d'agir «pour», pour agir «avec», afin d'essayer de contrecarrer les circuits d'exclusion produits par les agences de contrôle social, étant conscients que, très souvent, dans la problématique des programmes de prévention, ce sont les groupes socio-économiques défavorisés qui sont visés.

Ces dernières années, on constate que lorsque les définitions des objectifs de prévention sont détachées du discours médical auquel elles étaient d'abord liées, elles mettent généralement l'accent sur l'individu, dont on juge arbitrairement les intentions, et sur la communauté, dont on présume la volonté de normalisation en autant que les moyens sont disponibles (théorie de l'anomie). Peu d'intervenants ont su — ont pu — intégrer dans leur action une interrogation sur la définition des «problèmes sociaux» à prévenir en rapport à des phénomènes d'exclusion que certaines institutions de contrôle pratiquent comme mécanismes de sanctions pour les actes qualifiés de déviants.

Dans le domaine plus spécifique de la prévention de l'abus des drogues chez les jeunes, est-ce que les mécanismes de sanctions des institutions de contrôle qui chapeautent le «problème» peuvent être considérés comme des stratégies préventives? Ces stratégies entrent-elles en contradiction avec l'intervention du travailleur social désireux de faire autre chose que du contrôle social? Le travailleur social, en dépit des mécanismes de sanctions qui délimitent souvent le cadre de son action, peut-il prévenir l'exclusion des jeunes, générée par de tels mécanismes de contrôle, remettre en question la définition du problème et redéfinir la pertinence et le rôle de son intervention?

Les lois sur les drogues: une stratégie préventive?

Les lois peuvent-elles constituer un mode de prévention de l'abus des drogues? Les recherches évaluatives sur l'efficacité des lois pour prévenir l'abus des drogues chez les jeunes touchent deux grands types d'action légale:

- la prévention de type législatif par la dissuasion et la réduction de l'accessibilité aux drogues;
- la prévention par la réglementation de la publicité et la diffusion de messages préventifs.

Notons que l'action législative pour prévenir le tabagisme sert souvent d'exemple type de la portée et des limites de ces deux voies d'intervention.

La prévention par dissuasion et réduction de l'accessibilité

La dissuasion légale peut être considérée comme préventive à l'égard des drogues à deux niveaux: à un niveau général, l'existence même des lois qui criminalisent la consommation de drogues aura pour effet de décourager l'ensemble de la population d'en consommer; à un niveau spécifique, la punition aura un effet dissuasif sur le futur comportement de consommation de la personne incriminée pour un délit de drogues.

Une revue de littérature relative à l'impact des lois sur l'usage des drogues illicites au Canada, tant au niveau général que spécifique, mène au constat que l'effet dissuasif est relativement faible, malgré la sévérité des lois canadiennes (Smart, 1983). Aux États-Unis, les résultats des recherches évaluatives du *Joint Committee on New York Drug Law Evaluation* (1977; Richardson et Gropper; 1978) arrivent aux mêmes conclusions.

En fait, ces études indiquent que les lois, inaptes à dissuader, peuvent tout de même influer sur le taux de consommation de drogues spécifiques lorsqu'elles arrivent à en restreindre la disponibilité, ceci autant pour les drogues illicites que licites. Ces restrictions peuvent toutefois provoquer un transfert vers d'autres produits, parfois plus dangereux et de moins bonne qualité. Les théories de la dépendance (Winick, 1983) rappellent que l'accessibilité est *une* des composantes des problèmes d'abus d'une drogue parmi un ensemble d'éléments contextuels et environnementaux auquel s'ajoute les aspects de la problématique individuelle. Si les lois ne peuvent empêcher l'abus de drogues chez les jeunes, mais uniquement réduire ou supprimer la disponibilité de produits spécifiques, cela signifie que leur action prohibitive touche indistinctement l'usager abusif et l'usager modéré (Smart, 1983). Il faut également ment souligner que le transfert d'un produit prohibé vers d'autres produits, le cas échéant, pourra entraîner davantage de problèmes si les produits de transfert sont plus nocifs que ceux prohibés.

L'examen des recherches évaluatives quant à l'impact dissuasif des lois sur les jeunes consommateurs de drogue nous apprend qu'il est impossible de mesurer l'efficacité de ce type de contrôle en ce qui a trait à la diminution des problèmes d'abus, même s'il est possible de mesurer la diminution du taux de consommation pour des produits donnés.

La prévention par réglementation de la publicité et diffusion de messages

Les mass media peuvent-ils prévenir efficacement l'abus des drogues chez les jeunes? Voilà une question qui mérite que l'on s'attarde sur les résultats des expériences passées en ce domaine.

Les médias — spécialement la télévision — jouent un rôle important dans la socialisation de l'enfant (Hanneman et McEwen, 1975). Plus particulièrement, les médias présentent à l'enfant les agissements des adultes dans différentes situations, familiales ou sociales, conflictuelles ou harmonieuses. Même si les moyens de communication peuvent jouer un rôle, il est douteux que, parmi l'ensemble des messages que l'enfant reçoit, les messages «intentionnellement» éducatifs aient plus d'influence que l'ensemble des autres images sur la manière de vivre des adultes (Smart, 1983). Et, bien entendu, il est impossible de légiférer sur l'ensemble des messages que présentent les émissions télévisées concernant les modèles de consommation des différentes drogues.

En restreignant l'action des lois préventives à la réglementation de la publicité, il faut prendre en considération le nombre imposant de messages publicitaires faisant la promotion des médicaments, de l'alcool et du tabac. Ces messages diffusent généralement le genre d'images suivantes: «en prenant tel type de médicaments, d'alcool ou de tabac qui aide à se sentir mieux dans sa peau, fuyez la douleur, soyez plus serein» (Smart, 1983). Le message le plus prégnant n'est pas celui de prendre une pilule, une cigarette ou un verre d'alcool, mais bien l'affirmation que les médicaments, l'alcool et le tabac permettent de vivre heureux et souriant; c'est l'accumulation de messages divers et ayant le même contenu, répétée des milliers de fois, qui possède un impact, tel que l'ont montré les études de Smart et Krakowski (1973) à propos des messages de promotion des médicaments. Ces derniers concluent que les messages de prévention peuvent difficilement contrebalancer la fréquence d'apparition d'une publicité de médicaments ou d'alcool, sans compter l'ensemble des encouragements à la consommation contenus dans les émissions de télévision elles-mêmes.

Concernant tout particulièrement l'enfant et l'acquisition de ses premiers modèles de consommation, les études de Smart (1983) et de Smart et Krakowski (1973) mettent en doute le fait que les mass media puissent offrir une prévention efficace, à moins que celle-ci ne soit soutenue par un programme de prévention en milieu scolaire et familial. Les études portant sur les groupes normatifs les plus importants pour les jeunes (Potvin, 1980; Kohn et coll., 1982; Adler et Kandel, 1981, 1983) soulignent que le tri des messages télévisés peut être grandement influencé par les adultes entourant le jeune — surtout les parents — et que le conflit entre messages de santé et messages encourageant à la consommation de psychotropes dans les médias (Grant, 1981) pourrait se résoudre en faveur des messages issus des milieux scolaire et familial.

Les études évaluatives des programmes de prévention basés exclusivement sur l'information ont montré que cette information a souvent pour effet l'augmentation des attitudes de tolérance vis-à-vis des drogues chez les jeunes (Macro Systems Incorporated, 1971; Swift et coll., 1974); c'est ce qui a d'ailleurs amené plusieurs auteurs à s'interroger sur le contenu et les modèles de consommation que devraient encourager ces messages télévisés (Henry et Waterson, 1981).

L'*Organisation mondiale de la santé* (OMS), dans une étude commandée à Moser (1980), présente une synthèse des législations en vigueur concernant la réglementation de la publicité et la promotion des ventes de l'alcool dans quatre-vingts pays. Vingt-sept pays ont adopté des restrictions concernant la publicité sur l'alcool: on constate peu d'effets de ces mesures restrictives sur le taux de consommation de ce produit. Pour être efficaces, les mesures restrictives doivent certainement s'appuyer sur d'autres mesures, ce que l'OMS (1982) appelle «une politique nationale de l'alcool». De plus, l'abolition sélective de la promotion de l'alcool dans certains médias ne fait que créer un renforcement de la publicité dans les autres. À ce sujet, Leblanc (1980) a montré que les stratégies de promotion des industries, au Québec, s'orientent désormais vers des ventes dans les CEGEP et l'encouragement à la consommation d'alcool chez les jeunes. Au Québec toujours, Germain (1984) décrit la réglementation sur la publicité de la bière et les stratégies de promotion publicitaire qui reposent moins sur le produit que sur les images qui s'y rattachent; entre autres impacts, les bouteilles de bière «légère», vendues en format «allongé», ont eu pour effet d'augmenter le nombre de consommatrices du produit. Toute publicité vise à rejoindre de nouveaux marchés, conclut-il, et en conséquence, tente de pallier l'effet des réglementations par d'autres types de promotion de ses produits. En France, par exemple, l'interdiction de la publicité sur les cigarettes à la télévision a amené la promotion de cartons d'allumettes à l'image des marques de cigarettes, où on vante alors... le plaisir d'allumer une cigarette au moment où l'on en a envie!

Aucun résultat n'a pu valider que l'éducation préventive sur l'alcool ou les drogues, de même que les messages sur les bonnes habitudes de santé dans les mass media avaient un effet positif sur la modification des habitudes. Toutefois, ce type d'information préventive peut augmenter le niveau d'attention et de connaissances des gens, et peut également contribuer à modifier leurs attitudes (études de l'*Addiction Research Foundation*, 1981).

Considérant le peu de résultats concluants de l'ensemble des recherches évaluatives sur l'efficacité de la réglementation de la publicité et de la promotion de messages préventifs dans les médias, il est difficile, pour des groupes de pression, d'exiger du gouvernement qu'il investisse dans des politiques d'information préventive à travers les mass media.

L'action législative pour prévenir le tabagisme

Ruth Roemer (1983), à la demande de l'OMS, a évalué l'impact de l'ensemble des actions légales préventives du tabagisme, dans les différents États membres. Les résultats de cette recherche méritent une attention particulière pour illustrer ce qui a été dit précédemment.

La publicité sur les cigarettes est «une des armes les plus efficaces de la promotion du tabagisme» (Roemer, 1983: 37). Des observations en France, souligne l'auteur, indiquent que «lorsque la publicité est interdite dans le cadre d'une campagne globale antitabac», on observe à la fois une baisse de consommation et un changement d'attitude vis-à-vis du tabac de la part des jeunes. Les textes législatifs ou les accords volontaires qui, dans plusieurs pays — dont le Canada —, prévoient une interdiction partielle de la publicité sur la cigarette, n'ont cependant pas eu de succès: l'application des lois est difficile à contrôler, les sanctions sont peu dissuasives et lorsque certains médias sont interdits de publicité, d'autres supports prennent le relais (quotidiens, magazines, panneaux d'affichage, rencontres sportives, manifestations culturelles, etc.).

De plus, que le pays ait, totalement ou partiellement, interdit la publicité, les réclames en faveur du tabac dans les publications étrangères échappent à toute réglementation. Les industries du tabac ont constaté que ce type de publicité étrangère a pour conséquence d'orienter la consommation des fumeurs vers les marques d'autres pays. C'est pourquoi, dit Roemer, il faut légiférer au plan international pour augmenter l'efficacité des mesures visant l'abolition de la publicité sur le tabac.

L'adoption, comme en Suède, «d'un système de rotation de plusieurs mises en garde comportant chacune une information particulière, communiquée au fumeur de façon personnelle et utile, s'est révélée efficace» (Roemer, 1983), comparativement à une seule mise en garde, de nature générale, au sujet des effets nocifs du tabac pour la santé. Les seize mises en garde, dont l'une doit figurer sur les paquets de cigarettes vendus en Suède, concernent entre autres: les femmes enceintes, les femmes qui allaitent, les lésions au niveau des voies respiratoires, le fait de fumer en voiture, les risques de cancer, les problèmes cardiaques, la toux matinale du fumeur, l'association de la cigarette et de la pilule chez les femmes, etc.

L'obligation légale d'indiquer de façon précise la teneur en goudron et en nicotine constitue une des multiples versions de mise en garde contre les effets nocifs du tabac. Elle aide les fumeurs à renforcer leur décision d'opter en faveur d'une marque plus faible ou d'arrêter complètement de fumer. On peut constater ce résultat au Canada où, en 1976, 20 % des cigarettes consommées étaient des «légères» tandis qu'en 1983, elles constituaient 66 % du marché. Toutefois, une enquête indique que la disponibilité de cigarettes à faible taux de nicotine a été une des causes de l'augmentation du tabagisme chez les femmes (Silverstein et coll., 1980).

Les études évaluatives indiquent que ces mesures, pour être efficaces, doivent sans doute s'associer à d'autres mesures antitabac comme la réglementation du tabagisme dans les lieux publics. Il existe à cet égard trois approches législatives:

- la suppression ou la limitation du droit de fumer dans quelques lieux publics;
- la suppression ou la limitation du droit de fumer dans toute une série de lieux publics;
- l'interdiction du droit de fumer dans tous les lieux publics, sauf dérogation expresse.

«Il est trop tôt pour pouvoir comparer l'efficacité de ces différentes approches» (Roemer, 1983), quoique l'exemple de la Finlande — le dernier pays modèle en ce domaine — semble susciter beaucoup d'intérêt. En effet, les observateurs du fonctionnement de ces législations dans plusieurs pays ont signalé que l'opinion publique est favorable, dans sa majorité, à l'extension de ces limitations telles qu'elles sont en vigueur en Finlande. L'approche législative «par catégories» et mise en oeuvre selon des étapes successives, comme au Canada, arrive difficilement à créer une mobilisation sociale répondant à l'ampleur du problème, en plus d'apparaître répressive lors de chacune de ses étapes. Par ailleurs, les mesures légales globales sont efficaces pour créer un environnement «non tabagique» chez les jeunes: les législations sur l'interdiction de fumer dans les lieux publics, qui s'applique d'abord aux adultes, ont par la suite facilité l'acceptation et le respect de l'interdiction de fumer dans les écoles et les autres endroits où les jeunes se réunissent. L'interdiction intégrale de fumer dans les lieux publics facilite aussi l'application de la loi qui interdit la vente de cigarettes aux mineurs. En fait, tout cela contribue à briser le mythe que la consommation de cigarettes constitue un rite de passage dans le monde adulte.

En résumé, les recherches évaluatives sur l'impact des lois en vue de réduire l'abus des drogues chez les jeunes s'accordent sur le fait que ces mesures sont inaptes à dissuader. Elles réussissent plutôt à criminaliser de manière très discriminatoire des milliers de jeunes pour satisfaire différents enjeux de contrôle social. Si les lois sont à même de restreindre la disponibilité d'un produit spécifique et, en conséquence, de réduire le taux de consommation de ce produit, rien ne prouve qu'il n'y a pas simplement transfert vers d'autres produits, éventuellement plus toxiques, et dont les conséquences peuvent s'avérer plus néfastes pour le jeune.

En ce qui concerne la prévention par la réglementation de la publicité et la diffusion de messages préventifs, les recherches montrent que l'information préventive dans les médias peut difficilement contrebalancer la promotion publicitaire et les diverses représentations de ces mêmes produits à l'intérieur de la programmation télévisée. À cet effet, on constate que les lois sur le tabac ont pu influencer le taux de consommation chez les jeunes lorsqu'elles ont d'abord réussi à diminuer le taux de consommation des adultes et leurs attitudes vis-à-vis du tabac. La question demeure toujours, toutefois, de savoir si la restriction du tabagisme chez les jeunes a occasionné un transfert vers d'autres produits, éventuellement plus nocifs. C'est pourquoi, somme toute, on ne peut valider la proposition selon laquelle les lois contribuent à prévenir l'abus des drogues.

S'il est impossible de considérer les lois comme des stratégies préventives efficaces auprès des jeunes, quel type d'intervention *avec* les jeunes peut être envisagée en dehors des définitions légales?

L'intervention auprès des jeunes en matière de drogue

La définition médicale de l'abus des drogues implique une intervention dans les cas limites d'intoxication; la définition légale de l'abus, d'autre part, n'a aucun rapport avec la perception qu'ont les jeunes d'une situation problématique ni de la dangerosité des produits. Selon quels critères va-t-on alors cerner l'objet des programmes de prévention des drogues chez les jeunes?

Des programmes récents qui semblent avoir une certaine efficacité dans la prévention de l'abus des drogues chez les jeunes ont défini la dépendance comme la manifestation d'un mode de vie construit autour d'un produit donné, et né de l'interaction entre la substance, la personne et son milieu (Peele, 1982); en conséquence, l'intervention préventive ne se limite pas à une information sur la dangerosité des produits, mais ouvre sur une approche d'intervention systémique, qui intègre à la fois l'information sur les produits, l'étude des processus d'apprentissage et la prise de conscience des messages environnementaux par les jeunes. À ce compte, tout le monde n'a-t-il pas de dépendances? Pourquoi les programmes de prévention focaliseraient-ils leur action uniquement sur l'abus de «drogues»? En d'autres termes, la situation problématique à prévenir demeure-t-elle la même si l'attention n'est plus centrée sur la dangerosité de certains produits, mais plutôt sur les mécanismes qui créent la dépendance, aussi bien chez les jeunes que chez l'ensemble des individus?

Reprenons la terminologie de Lascoumes (1977) pour mieux comprendre les types de réponse qui peuvent être apportés à ces questions, selon l'idéologie préventive qui oriente l'action du travailleur social.

Les critères légaux et institutionnels, dans la définition de la situation problématique de dépendance, impliquent soit une action préventive «sur» le jeune (visant à réduire le problème en termes de normalisation), soit une action préventive «pour» le jeune (appliquant les mêmes critères de normalisation mais de façon plus souple).

Le travailleur social pour qui l'action préventive ne s'articule plus en termes de contrôle social parce qu'il agit «avec» le jeune et qui doit lutter contre l'étiquetage social du jeune, lié à la perception ambiante du problème à prévenir, doit souvent oeuvrer dans un environnement hostile. Cette situation rend très délicate la transmission de messages sur les mécanismes de dépendance aux drogues, mais aussi à propos de la légitimité de l'action des institutions de contrôle dans le domaine des drogues. Les intervenants qui adoptent ce type de stratégie semblent, à l'heure actuelle, coincés entre le besoin de légitimer leur action vis-à-vis des autorités qui les mandatent tout comme vis-à-vis de la clientèle qu'ils abordent, sans qu'une conciliation véritable permettent de véritables stratégies préventives de l'abus des drogues.

Mais s'agit-il vraiment d'une question de conciliation? Le travailleur social qui oriente son action préventive «avec» les jeunes a probablement à vivre un inconfort beaucoup plus grand: l'abus des drogues comme problématique de prévention ne fait plus de sens. Partant de la réflexion sur les mécanismes d'exclusion et de normalisation des institutions de contrôle à l'égard des jeunes, l'action préventive peut difficilement s'articuler sur une problématique comme celle de l'«abus de drogues chez les jeunes». Ne faudrait-il pas plutôt interroger pourquoi certaines dynamiques de consommation de drogues, chez les jeunes en particulier, sont qualifiées de «problème social»? Ce qui n'exclut pas les risques réels de dépendance à des produits et la nécessité d'informer les jeunes sur ces sujets. C'est la spécificité avec laquelle ces situations de dépendance sont considérées comme problématiques qui peut et doit être remise en question, de même que la focalisation sur les jeunes comme «clientèle à problèmes» privilégiée en matière de drogues.

Références

ADDICTION RESEARCH FOUNDATION (1981). *Alcohol Public Health Education and Social Policy.* Toronto: Addiction Research Foundation.

ADLER, K. et KANDEL, D.B. (1981). Cross-cultural perspectives on developmental stages in adolescent drug use. *Journal of Studies on Alcohol,* 42: 701-715.

ADLER, K. et KANDEL, D.B. (1983). Cross-cultural comparison of socio-psychological factors in alcohol use amoung adolescents in Israel. *Journal of Youth and Adolescents.* New York.

BEAUCHESNE, L. (1986). *L'abus des drogues —Les programmes de prévention chez les jeunes.* Québec: PUQ.

GERMAIN, G.-H. (1984). Deux milliards de canettes à la recherche d'une nouvelle image. *L'Actualité.* Février: 52-56.

GRANT, M. (1981). Formal and informal programming decisions: the case of alcohol abuse, dans *Health Education and the Media.* Oxford: Pergamon Press.

HANNEMAN, C.G. et McEWEN, W.J. (1975). *Communication and Behavior.* Reading, Mass.: Addison-Wesley.

HENRY, H.W. et WATERSON, M.J. (1981). The Case for advertising alcohol and tobacco products, dans *Health Education and the Media.* Oxford: Pergamon Press.

JOINT COMMITTEE ON NEW YORK DRUG LAW EVALUATION (1977). *The Nations Toughest Law: Evaluating the New York Experience.* Association du Barreau de la ville de New York.

KOHN, P.M., GOODSTADT, M.S., COOK, G.M., SHEPPARD, M. et CHAN, G. (1982). Ineffectiveness of threat appeals about drinking and driving. *Accident Analysis and Prevention.* 14: 457-464.

LASCOUMES, P. (1977). *Prévention et contrôle social.* Genève: Masson.

LEBLANC, A. E. (1980). La consommation d'alcool au CEGEP, stratégies de promotion de ventes —The corporate Sell. *Toxicomanies.* Vol. 13 (3-4): 263-266.

MACRO SYSTEMS INCORPORATED (1972). *Evaluation of Drug Education Programs.* Silver Spring, Md.

MOSER, J. (1980). *Prevention of Alcohol-Related Problems: an International Review of Preventive Measures, Policies and Programs.* Toronto: Alcoholism and Drug Addiction Research Foundation on behalf of WHO.

OMS (1982). *La consommation d'alcool et les problèmes liés à l'alcool: élaboration de politiques et de programmes nationaux.* A 357 Discussions techniques, Genève: OMS.

PEELE, S. (1982). *L'expérience de l'assuétude.* Montréal: PUM.

POTVIN, R. H. (1980). Multistage path models of adolescents alcohol and drug use: age variations. *Journal of Studies of Alcohol. 4* (5): 531-542.

RICHARDSON, P. et GROPPER, B.A. (1978). Evaluating drug laws and control policy effectiveness: New York's experience with the nations'toughest drug law. *Discretion and Control.* Margaret Evans (ed.). Beverly Hills: Sage Publications: 41-58.

ROEMER, R. (1983). *L'action législative contre l'épidémie mondiale de tabagisme.* Genève: OMS.

SILVERSTEIN, B., FELD, S. et KOZLOWSKI, L.T. (1980). The Availability of low-nicotine cigarettes as a cause of cigarette smoking among teenage females. *J. Health Soc. Behav. 21* (4): 383-388.

SMART, R. G. (1977). Perceived availability and the use of drugs. *Bulletin on Narcotics.* 29: 59-63.

SMART, R. G. (1983). *Forbidden Highs.* Toronto: ARF.

SMART, R. G. et KRAKOWSKI, M. (1973). The Nature and frequency drugs content in magazines and on television. *Journal of Alcohol and Drug Education.* 18: 16-22.

SWIFT, B., DORN, N. et THOMPSON, A. (1974). *Evaluation of Drug Education: findings of a national research study on secondary school students of five types of lessons given by teachers.* London, England: Institute for the Study of Drug Dependance.

WINICK, C. (1983). Une théorie basée sur les rôles sociaux, l'accessibilité des drogues et les attitudes à leur égard. *Psychotropes.* Vol. 1 (2): 87-94

RÉSUMÉ

Dans le domaine de la prévention de l'abus des drogues, les mesures légales mises en place par les institutions de contrôle pour réduire ou enrayer la consommation de certains produits soulèvent un certain nombre de questions sur la façon de cerner la situation problématique à prévenir. Après une revue de littérature des résultats des différentes stratégies préventives, notamment celles touchant à la diffusion et la réglementation des messages dans les mass media, l'auteure en arrive à la conclusion que les critères de définition pour circonscrire les problèmes de surconsommation de drogues chez les jeunes doivent, de toute évidence, être remis en question par le travailleur social qui veut éviter que son action préventive ne consiste simplement en un processus de normalisation et de contrôle des jeunes.

Chapitre 22
Les médiateurs scolaires: de la prévention de l'usage de drogues à une action plus large*

Louis-Raymond Kilcher et Jean Martin

Une contribution possible de l'école en matière de drogues

Le domaine de la drogue et de la toxicomanie est un de ceux où les intervenants concernés, qu'ils soient pédagogues, médecins ou travailleurs sociaux, peuvent faire état de peu de certitudes, sinon du fait qu'il s'agit d'une problématique très complexe (Martin, 1982; Bulletin des Bag, 1982). Olievenstein (1983) parle de la rencontre d'une personnalité, d'un produit et d'un moment socioculturel (on peut aussi dire un contexte, un environnement). Mais, à part ce qui concerne les produits, les facteurs de risque incriminés sont variés et peu spécifiques (Fréjaville et coll., 1977; Lucchini, 1980).

Touchant gravement des individus et des familles, l'usage de drogue est aussi un phénomène de société, un symptôme. Comme cela se passe pour l'alcoolisme, la société incorpore ou crée des conditions qui vont favoriser ou au contraire freiner le développement des abus et de la dépendance.

Qu'il s'agisse de prévention primaire, secondaire ou tertiaire, personne jusqu'ici n'a de recette miracle. Il n'y a pas de bouton sur lequel on puisse

---

* Texte paru dans la revue: *Médecine sociale et préventive* (1985), 30: 148-151.
  Reproduit avec la permission de l'éditeur.

presser, aucun «vaccin» efficace (et surtout durable) à disposition. Dans tous les cas, devant une problématique très multifactorielle, il est impératif d'avoir une action conjointe de tous les acteurs en rapport avec les produits (drogues), avec les personnes (enfance et jeunesse particulièrement) et avec l'environnement (dans ses diverses dimensions) (Conseil de l'Europe, 1982). Notons que les médecins et les autres professionnels de la santé se trouvent généralement très en aval, dans le parcours d'un jeune à risque, et que par là même leurs possibilités sont limitées. Plus en amont, il y a les parents, l'entourage, le groupe socioculturel. Il y a aussi l'école (Deissler et Feller-Frey, 1978; Dietrich et Mueller, 1980; Schweiz. Aerztezeitung, 1981; Wyssling, 1980).

C'est dans le cadre d'une telle réflexion qu'a été conçu le programme, réalisé dans le canton de Vaud depuis 1977, de formation et de mise en oeuvre dans les établissements scolaires d'enseignants médiateurs. Soulignons que l'on n'a jamais pensé que ces derniers allaient résoudre tous les problèmes. Simplement, le pari a été pris de dire que de telles personnes pouvaient apporter une contribution utile; mais ils doivent avoir des contacts et collaborer avec d'autres: médecins et infirmières scolaires, psychologues et orienteurs professionnels, intervenants spécialisés en matière de toxicomanie. Si des modalités d'aide par les pairs (peer counseling), ainsi qu'on en voit aux États-Unis (NCDAI et Telesis II), étaient introduites, il est également certain qu'il faudrait promouvoir une coordination étroite avec eux.

Notons que l'on a d'abord parlé de médiateurs-*drogue*. Mais, à la lumière de l'expérience, vu notamment le caractère *non spécifique* des situations qu'ils étaient appelés à connaître et de l'action préventive qu'ils pouvaient entreprendre, ces enseignants ont souhaité être médiateurs, simplement; ce qui est logique et probablement favorable à leur action, dans la mesure ou l'étiquette «drogue» pourrait retenir certains élèves d'établir le contact.

La Commission interdépartementale «Drogue dans les écoles»

En 1976, le Conseil d'État vaudois chargeait le Département de l'instruction publique et des cultes d'entreprendre l'étude du problème de la drogue dans les écoles, en collaboration avec les autres Départements concernés (Justice et police, Intérieur et santé publique, Prévoyance sociale, Agriculture, industrie et commerce — ce dernier pour les écoles professionnelles). En mai 1977, il nommait une Commission multidisciplinaire, qui comprend des enseignants, des juristes, deux membres de services de police, le chef du Service de protection de la jeunesse, un médecin de santé publique. Cette commission s'entoure aussi d'avis d'experts et, depuis que des médiateurs sont en place, elle garde le contact avec eux; trois médiateurs désignés par leurs collègues assistent depuis peu à ses séances. La Commission s'est d'abord attachée à évaluer la situation «drogue» dans le système scolaire vaudois et, le cas échéant, diffuser de l'information à ce sujet. Relevons à ce propos l'organisation, en 1979, d'une réunion sous la présidence des deux Conseillers d'État responsables de l'instruction publique et de la santé publique, à propos d'une vague d'abus de médicaments en milieu scolaire; elle permit de mettre le problème de l'abus de substances par les jeunes (médicaments, drogue, alcool, tabac) dans une perspective globale et de sensibiliser les divers milieux concernés.

Les médiateurs scolaires

Concept et programme de formation

L'initiative majeure de la Commission «Drogue dans les écoles» a été d'élaborer un concept et de mettre en oeuvre un programme de «médiation» dans les situations à risque impliquant la drogue, par des enseignants volontaires ayant reçu une formation en emploi et bénéficiant d'une décharge horaire pour ce travail (Kilcher, 1981; 1982, 1982a).

On a voulu mettre en place des possiblilités d'*information*, d'*écoute/dialogue* et de *conseil* par des personnes qui soient partie intégrante de l'école, tout en n'étant pas nécessairement identifiées à l'autorité scolaire. Il ne s'agit pas de créer à bon marché de nouveaux «spécialistes» mais d'assurer une présence informée, dont les élèves (de même que les enseignants et les parents) savent qu'elle est là de manière *permanente* (les intervenants spécialisés en toxicomanie ont plus de compétences mais, pratiquement, sont moins aisément atteignables). Par ailleurs, les médiateurs peuvent jouer un rôle d'orientation (renvoi, «*referral*») vers d'autres personnes ou instances, en cas de nécessité.

Cela étant, il est clair que la *personnalité de l'enseignant choisi* va jouer un rôle primordial: il doit être crédible, aussi bien pour les élèves que pour les directions et autorités scolaires. Dans ce sens, les conditions de sélection et de nomination de médiateurs sont: trois ans de fonction au sein du corps enseignant, la proposition de la direction scolaire intéressée et des préavis favorables de l'autorité communale, d'un médecin (psychiatre) chargé d'un entretien préliminaire avec les candidats ainsi que de la Commission «Drogue dans les écoles» elle-même. La direction scolaire doit chercher à s'assurer que la personne pressentie s'intéresse à une telle fonction, bien sûr, mais aussi que sa désignation rencontre l'accord de ses collègues.

La *formation* est axée sur trois principes:

- le travail individuel et de réflexion du candidat;
- les travaux de groupe;
- l'information active dans le sens où elle implique une discussion critique et un engagement personnel.

Le programme de formation comporte actuellement *14 réunions de deux heures*, qui ont lieu à deux semaines d'intervalle de novembre à juin, en principe chaque année. La volée (promotion) comporte habituellement douze à quinze candidats. Les réunions traitent des thèmes suivants:

- la présentation de la formation et la définition de la prévention;
- la démarche de médiation et la fonction de médiateur (travail de groupes, discussions avec des médiateurs en fonction);
- les drogues (point de vue de la police); les lois en rapport avec les drogues et la toxicomanie;
- l'information: principes, modalités pratiques dans un établissement scolaire, documents disponibles, difficultés (avec la participation de l'Institut suisse de prophylaxie de l'alcoolisme);
- une introduction à la psychologie et à la psychopathologie de l'adolescent (avec deux psychiatres);
- les parents (avec la participation d'une association de parents de toxicomanes);
- le Centre (ambulatoire) d'aide et de prévention et le Centre (fermé) de traitement de Lausanne;
- le service de protection de la jeunesse, son travail avec les enfants et jeunes à risque et leur entourage.

De 1977 à 1985, sept volées ou groupes de médiateurs ont été formés. Au total, ce sont quatre-vingts personnes qui ont accompli la formation. Sans tenir compte de la 7e volée (en fonction à l'automne 1985), ce sont cinquante et un médiateurs qui étaient en place durant l'année scolaire 1984-1985. Ils se répartissent de la manière suivante:

Âge: 21 à 30 ans: 3   *Sexe*: Femmes: 12
       31 à 40 ans: 29   Hommes: 39
       41 à 50 ans: 12
       plus de 50 ans: 7

Type d'établissement scolaire:

Écoles primaires (y compris primaires-supérieures): 20
Niveau secondaire inférieur (11 à 16 ans): 18
Niveau secondaire supérieur (gymnase): 2
Enseignement professionnel (apprentis): 11

Au début, les médiateurs ont surtout été engagés dans des zones urbaines et périurbaines. Par la suite, l'action s'est étendue aux régions de campagne. Le nombre moyen d'élèves dans le groupement scolaire dont s'occupe un médiateur est actuellement de l'ordre de six cents élèves; l'expérience fait penser qu'il faut tendre à ce qu'il soit moins grand.

Formation continue et documentation

Les médiateurs en fonction se réunissent périodiquement, dans un but d'information et de formation continues. Les aspects pratiques, voire administratifs, de leur travail sont discutés, les cas rencontrés, les manières d'y faire face, les ressources auxquelles on peu faire appel. Des experts extérieurs peuvent être invités, en particulier des intervenants spécialisés en toxicomanie.

Un *centre de documentation* a été mis sur pied, sous la responsabilité d'une médiatrice (M.-D. Bovay), qui comprend des documents écrits et audiovisuels, en particulier ceux pouvant être utilisés dans l'enseignement. La responsable suit la littérature sur le sujet, y compris celle de l'étranger, et tient les médiateurs au courant des développements pertinents par le canal d'un *Bulletin-Drogue* dont, au milieu de 1985, quinze numéros avaient paru.

Statut des médiateurs

Ce statut a été adopté par le Conseil d'État vaudois en date du 8 décembre 1978. Il inclut les conditions d'admission à la formation (mentionnées plus haut) et un cahier des charges qui est le suivant:

- «s'occuper des problèmes posés par la drogue dans l'établissement ou le groupement scolaire dont il dépend;
- informer, recevoir et conseiller les élèves, les parents et les autres membres du corps enseignant de l'établissement ou du groupement scolaire, pour toutes questions relatives à la drogue;
- faire périodiquement rapport sur ses activités au directeur ou à la direction intéressée;
- être en relation avec les organes médicaux de la-des commune-s intéressée-s;
- demeurer en contact avec la Commission, par l'intermédiaire de la personne désignée à cet effet».

La question du *statut administratif* du médiateur est un point de grande importance, puisque des questions de confidentialité et d'éthique vont se poser dans son activité. Dans quelle mesure est-il tenu au secret? En connaissance de certains faits graves, peut-il ou doit-il en informer d'autres instances (en cas de délits, par exemple)? Cette question est réglée actuellement par le fait que, fonctionnaire, le médiateur est soumis à la loi du 9 juin 1947 sur le statut général des fonctions publiques cantonales et à la loi du 16 mai 1961 sur la responsabilité de l'État, des communes et de leurs agents. Le *secret de fonction* est une garantie pour le médiateur.

Ces questions de responsabilité et d'éthique «professionnelles» ont un caractère relativement nouveau, les enseignants médiateurs se trouvant confrontés à des problèmes qui sont habituellement le fait d'autres professions (santé, justice, etc.). En pratique toutefois, en huit ans d'expérience, il n'y a pas eu de difficultés sérieuses. Notons cependant que la situation d'un médiateur qui ne serait pas fonctionnaire pourrait être délicate sur ce plan.

Un travail de diplôme (thèse) en service social, consacré aux médiateurs, fait l'appréciation suivante:

Le médiateur a besoin d'un cadre institutionalisé pour pouvoir se concentrer sur un seul élève sans se trouver en conflit avec ses collègues ou avec la classe. Le statut officialise la fonction et facilite ainsi sa reconnaissance par l'ensemble du corps enseignant, mais aussi par les parents et les organes extérieurs à l'école. Il provoque également un processus qui devrait évoluer vers une prise de conscience plus généralisée de la nécessité d'instaurer un «dialogue pédagogique» sur les problèmes liés à la jeunesse et à sa formation. (Laurent et Savary, 1982: 53)

Analyse de fonctions des médiateurs

Enquête par entretiens réalisée en 1984

En 1983, six promotions de médiateurs ayant été formées, le besoin de faire le point quant à leur activité se faisait sentir, de manière à apprécier ce qui avait été mis en place et, le cas échéant, de procéder aux orientations nécessaires. Une étude scientifique solide présentait des difficultés sérieuses, spécialement au plan méthodologique, dans un domaine d'activité malaisé à quantifier (rencontres et discussions informelles avec des élèves, enseignants, divers groupes, dans des circonstances variables, traitant de problèmes souvent diffus). Il y avait aussi la question de l'évaluation d'un effet à moyen et long terme, difficile à cause de la mobilité des élèves et de l'irrégularité du suivi. La Commission opta pour la formule d'*entretiens individuels approfondis* avec tous les médiateurs en activité, selon une grille d'interview minimum qu'il était loisible de compléter de manière flexible. C'est ainsi que, durant la première moitié de 1984, cinquante et un médiateurs ont rencontré chacun un membre de la Commission. La durée moyenne des entretiens a été de soixante-dix minutes. Il est clair que les informations ainsi recueillies sont subjectives, souvent estimatives. Sur les 51 médiateurs rencontrés, 22 avaient une à deux années d'expérience, 13 trois ou quatre ans et 16 cinq ou six ans de pratique. Leur lieu de travail (type d'école) a été donné plus haut. Les éléments qui suivent sont présentés dans l'ordre adopté pour la grille d'entrevue.

Heures de décharge

C'est le temps de travail formellement alloué à l'enseignant pour sa fonction de médiateur (plusieurs ont indiqué qu'ils consacraient en réalité plus de temps). Quatre médiateurs interrogés n'avaient aucune décharge, onze bénéficiaient d'une heure scolaire (période de quarante-cinq minutes), vingt-cinq de deux périodes, six de trois périodes, et cinq de quatre périodes ou plus. En moyenne, cela représente 2,0 périodes par semaine.

Nombre de nouveaux cas vus par année

Seize médiateurs disent voir jusqu'à dix nouveaux cas par an; vingt médiateurs (la moitié) disent voir entre dix et vingt nouveaux cas; six disent en voir plus de vingt par an et trois ne se prononcent pas.

Durée moyenne du maintien du contact (suivi) par cas

La réponse à cette question a souvent été considérée comme difficile. Les estimations faites sont:

- pour cinq médiateurs, cette durée moyenne est d'une semaine ou moins (un seul entretien par exemple);
- quinze médiateurs indiquent que la durée moyenne pendant laquelle ils suivent les élèves consultants ou signalés est entre deux semaines et deux mois;
- quinze médiateurs disent qu'elle varie de deux mois à un an;
- pour six médiateurs, elle est de plus d'un an;
- dix médiateurs ne peuvent se prononcer (notamment ceux qui sont dans leur première année d'activité).

Par qui les cas sont-ils soumis?

Plusieurs réponses sont ici possibles:

- par le corps enseignant: 86 %*;
- les élèves eux-mêmes prennent contact: 78 %;
- par la direction de l'école: 57 %;
- par les parents: 45 %;
- par d'autres (extérieur): 24 %.
  (*Proportion des médiateurs répondant à qui cela arrive.)

À noter que treize médiateurs disent recevoir des demandes de quatre ou des cinq sources mentionnées, vingt-deux de trois sources et dix de deux sources.

Qualité des relations avec d'autres personnes ou instances intéressées

- 90 % des médiateurs trouvent que leurs relations avec leurs collègues et avec les directions d'école sont bonnes.
- 60 % à 80 % disent que les relations avec les milieux de la

médecine scolaire et avec l'extérieur (associations, groupe-
ments, parents d'élèves) sont possibles. Huit médiateurs ont
des rapports très suivis avec des médecins et infirmières scolaires ou assistants sociaux. Trois par contre indiquent une
absence de telles relations (et même d'informations y étant
relatives).

Situations soumises à l'appréciation des médiateurs

Par ordre de fréquence, les problèmes des élèves vus sont les suivants
(en fonction des rubriques de la grille d'interview, plusieurs réponses sont possibles):

1. problèmes familiaux: 88 % *
2. problèmes scolaires: 71 %
3. mal-être: 55 %
4. drogue: 47 %
5. alcool: 35 %
6. absentéisme: 33 %
7. dépression: 33 %
8. surmenage: 12 %
(* *Signalé par ..% des médiateurs.*)

Ces estimations confirment le caractère souvent *non spécifique* (à la
drogue) des situations pour lesquelles on consulte les médiateurs: les problèmes familiaux et scolaires, nettement au premier rang, puis le mal-être et la
dépression d'une part, et les questions d'abus de substances d'autre part
(drogue et alcool). La place que prend l'*alcool* n'est pas une surprise (Fréjaville
et coll., 1977; Michaud et Martin, 1983). Parmi les cas rencontrés plus rarement, on note: délinquance (vols), racisme (enfants étrangers), enfants battus,
tentatives de suicide, fugues, filles enceintes.

Types d'intervention de soutien

Plusieurs réponses sont ici également possibles, en rapport avec des *situations particulières* (*«case work»*):

- 82 % des médiateurs procèdent par entretiens répétés.
  Écoute active, appui scolaire, mise en place d'un plan de travail, aide personnelle;
- 47 % prennent contact avec les parents ou la famille élargie;
- 33 % des médiateurs interviennent auprès des directions
  d'école, des maîtres de classe, des maîtres d'apprentissage
  et autres collègues;
- 33 % prennent contact avec les organismes parascolaires:

orienteur professionnel, infirmière et médecin scolaires, psychologues, ainsi qu'auprès du Centre de planning familial. Contacts occasionnels avec les Commissions scolaires;
- 27 % des médiateurs organisent des réunions avec d'autres personnes concernées: assistant social, patron d'apprenti, Service de protection de la jeunesse, Tribunal des mineurs, police, centres d'accueil de toxicomanes;
- 4 % forment des élèves (camarades du consultant) pour apporter une aide aux jeunes en difficulté (avec des résultats considérés comme bons). Notons l'intérêt de ce dernier type d'initiative, qui va dans le sens du «peer counseling». Il sera intéressant d'observer s'il se développe dans le futur.

En rapport avec l'*information et éducation pour la santé*:

- 29 % des médiateurs font de l'information auprès des collègues, forment de petits groupes d'études, interviennent dans les classes, parfois sous forme de débats organisés par les élèves;
- 16 % organisent des activités parascolaires, des camps «sauvages», interviennent dans des camps officiels, oeuvrent dans des centres de loisirs, groupes bibliques, etc. ;
- 4 % sont intervenus auprès des maîtres de sciences dans une perspective d'éducation à la santé;

À noter à cet égard qu'en principe, il n'y a pas d'information systématique sur les drogues elles-mêmes.

Évaluation de l'évolution actuelle

Pour quinze médiateurs, la situation va en s'aggravant, les problèmes qui leur sont soumis sont en augmentation; vingt et un ont une impression de stabilité relative; pour six, les choses vont plutôt en s'améliorant.

Quatre-vingts pour cent des médiateurs considèrent que la décharge dont ils disposent (par rapport aux tâches à remplir) est suffisante.

Conception actuelle du médiateur

On leur demandait de se déterminer sur le modèle mis en place dans le canton de Vaud (et, en fait, sur leur propre identification en tant que médiateur). Quarante-trois médiateurs considèrent que cette conception est bonne, six qu'elle est passable, deux ne se prononcent pas.

Conclusion

Depuis huit ans, sous l'égide du Département de l'instruction publique du canton de Vaud et d'autres départements concernés, a été mis en oeuvre un modèle de formation et d'engagement (à temps tout à fait partiel — environ 10 % du temps de travail) de certains enseignants comme intervenants de premier recours pour les élèves à risque, en particulier vis-à-vis de la drogue. En 1984, cinquante et un médiateurs étaient en fonction et il est prévu de continuer à en former dix à quinze par an. On n'a pas fixé jusqu'ici d'objectif ferme en termes de «densité» (médiateur par centaines d'élèves).

Après avoir formé six groupes, il est apparu nécessaire de disposer d'une évaluation, au moins de leur propre vue, réalisée en 1984 par des entretiens individuels. Cette enquête a confirmé que les situations qui leur sont soumises ne sont pas en majorité en rapport avec l'usage de drogue *stricto sensu*, mais qu'il s'agit d'abord de problèmes peu spécifiques.

Un des buts de cette enquête était de savoir comment les médiateurs voyaient leur travail, comment ils «étaient dans leur peau» et jugeaient le programme dont il font partie. Les résultats positifs obtenus ne peuvent être une assurance quant à l'efficacité du travail accompli mais, du point du vue de leur employeur (l'État de Vaud), la satisfaction exprimée est une indication utile.

Une évaluation épidémiologique reste donc à faire. On peut toutefois penser que, pour un investissement modeste (le programme vaudois dans son ensemble correspond au salaire de quatre enseignants), on crée de cette manière une possibilité de contact et d'écoute de plus. Devant la mutifactorialité des problèmes, il convient de mettre à disposition des «points d'accrochage» variés quant aux circonstances et aux modalités d'accès, pour maximiser les chances qu'un enfant menacé trouve l'interlocuteur qui lui convient, dans sa situation particulière. C'est dire aussi qu'il ne s'agit pas de voir dans les médiateurs scolaires ni une solution miracle, ni une concurrence pour d'autres agents. Il est essentiel au contraire qu'une coordination étroite s'instaure. Une question importante pour la poursuite du programme à long terme est la *formation continue* des médiateurs.

D'autres cantons suisses ont pris des options similaires, celui de Fribourg depuis 1980 (Lucchini, 1980), et celui du Valais depuis 1985. En France, le ministère de l'Éducation nationale a entrepris un programme inspiré du nôtre, où les médiateurs sont appelés adultes-relais (Sentilhes, 1983). L'un de nous (Kilcher) a accompli plusieurs missions au Portugal comme consultant de l'UNESCO pour la prévention en matière de drogues, et un modèle semblable de «médiation» a été appliqué dans ce pays (Conseil de l'Europe, 1982a).

Références

BULLETIN DES BAG (1982). Bern, 1.7.: 325-328.

CONSEIL DE L'EUROPE (1982). *La prévention de la toxicomanie.* Strasbourg, 99 p.

CONSEIL DE L'EUROPE (1982a). Portugal. (cf. supra): 81-85.

DEISSLER, K.J. et FELLER-FREY, D. (1978). La toxicomanie et le maître. *Éducateur.* 49-52. Deutscher Originaltext dans *Schweiz. Lehrerzeitung.*

DIETRICH, W. et MUELLER, R. (1980). Attitudes des enseignants par rapport à l'éducation relative à la santé et aux drogues. *Bull. méd. suisses.* 61: 950-957.

FRÉJAVILLE, J.P., DAVIDSON, F. et CHOQUET, M. (1977). *Les jeunes et la drogue.* Paris: Presses universitaires de France.

KILCHER, L.-R. (1981). *Étude sur quelques expériences éducatives.* Rapport à l'intention de l'OFSP, Berne, et de l'UNESCO, Paris.

KILCHER, L.-R. (1982). Suisse. *Conseil de l'Europe.* (cf. supra): 74-81.

KILCHER, L.-R. (1982a). L'adolescent et la drogue. *Perspectives* (Barre 8, 1014 Lausanne), N° 3: 19-21.

LAURENT, F. et SAVARY, P. (1982). *Les médiateurs et la prévention de la drogue en milieu scolaire et post-scolaire vaudois.* (travail de diplôme à l'École d'études sociales et pédagogiques, Lausanne), 104 p.

LUCCHINI, R. (1980). *Étude sur la toxicomanie dans le canton de Fribourg.* Fribourg: Direction de la santé publique. Fribourg. 140 p.

MARTIN, J. (1982). Drogue et jeunesse - Que faut-il faire?. *Médecine et Hygiène.* 40: 490-494. Deutsche Uebersetzung (1982).

MICHAUD, P.-A. et MARTIN, J. (1983). La santé des adolescents vaudois de 16 à 19 ans. *Praxis.* 72: 1545-1553.

NCDAI (National Clearinghouse for Drug Abuse Information). *Parents, peers and pot.* 5600 Fishers Lane, Rockville, MD 20857, U.S.A.

OLIEVENSTEIN, C. (1983). *Le destin du toxicomane.* Paris: Fayard.

SCHWEIZ. AERZTEZEITUNG (1981). Drogen — Erlebnisbericht des Oberstufenlehrers A.B. *62*: 302-304.

SENTILHES, N. (1983). Exposé au Congrès de l'Union européenne de médecine sociale (Toxicomanies en Europe), Bordeaux.

Telesis II. *The telesis peer counseling program, and other documents.* 3180, University Ave., Suite 650, San Diego, CA 92104, U.S.A.

WYSSLING, H. (1980). Konzept einer suchtprophylaktischer Arbeit in Schulen. *Schweiz. Aerzteztg.* 61: 2896-2898.

■ RÉSUMÉ

Depuis 1977, le canton de Vaud en Suisse est à l'origine d'une initiative particulière dans le domaine de la prévention: un programme de formation d'enseignants «médiateurs» a été mis sur pied dans le but d'assurer la présence de personnes ressources sensibilisées au problème de la drogue en milieu scolaire. En moyenne, les enseignants consacrent deux heures par semaine à cette tâche qui consiste à être à l'écoute des problèmes que leur communiquent les étudiants (problèmes le plus souvent non spécifiques à la drogue), mais également à être à l'écoute des parents et des autorités en plus de pouvoir référer aux personnes compétentes lorsque la situation l'exige. Une enquête menée auprès de cinquante et un médiateurs en 1984 semble confirmer l'utilité d'une telle expérience de même qu'un niveau de satisfaction générale quant aux modalités de son fonctionnement. D'autres cantons suisses et des pays comme la France et l'Espagne se sont montrés intéressés par l'implantation de programmes similaires.

Section **7**

L'INTERVENTION: PHILOSOPHIES ET PRATIQUES

Chapitre 23

L'approche psychosociale dans le traitement de la toxicomanie*

Céline Mercier

Nombre d'intervenants québécois en toxicomanie qualifient leur approche du traitement de «psychosociale». Dans un ouvrage récent, Cormier (1984) identifie le traitement psychosocial comme l'une des modalités d'intervention pratiquées au Québec. Or, une recension de la littérature scientifique de langue anglaise[1] révèle que «l'approche psychosociale» ne trouve pas de pendant direct dans la littérature américaine ou européenne. Il semble que cette approche relève d'un découpage original du champ des connaissances dans le domaine de la toxicomanie.

Cette présentation vise à situer l'approche psychosociale par rapport aux autres modèles de traitement, à reconnaître ses référents majeurs, à identifier

---

* Texte inédit. Conférence prononcée à l'occasion du Colloque international francophone sur l'alcoolisme et les toxicomanies, AITQ, à Montréal, en octobre 1987. La revue de littérature (Mercier, 1985) à la source de cette présentation est due à l'initiative des membres de la Table de concertation des directeurs généraux des Centres publics de réadaptation du Québec spécialisés en toxicomanie. Elle a pu être réalisée grâce à la contribution financière des Centres d'accueil de réadaptation suivants: Centre d'accueil N.A. Labrie (Hauterive), Centre d'accueil Normand (Amos), Centre d'accueil Préfontaine (Montréal), Centre de réadaptation Alternatives (Montréal), André Boudreau (Saint-Jérôme), Pavillon Foster (Saint-Phillippe de Laprairie), Pavillon Jellinek (Hull). On peut se procurer à l'Association des intervenants en toxicomanie du Québec, le texte complet de cette recension des écrits.

1. Le corpus a été établi à l'aide des *Psychological Abstracts* (1980-1985), de l'*Index Medicus* (1980-1984) et pour l'année courante des *Current Contents*. Du fait que «l'approche psychosociale» ne représente pas un thème clairement identifié comme tel, les champs à investiguer sont très larges: *alcohol rehabilitation; drug rehabilitation; psychosocial rehabilitation; alcoholism rehabilitation; alcoholism therapy.*

ses techniques d'intervention privilégiées et finalement à voir comment ce type d'approche s'articule au regard de la littérature spécialisée contemporaine.

«Psychosociale»: une appellation «non contrôlée»

Dans le milieu académique des sciences humaines, il ne semble pas y avoir de fin au débat sur la spécificité du «psychosocial» et de la «psychosociologie» (Moscovici, 1984). Ce flou entourant le «psychosocial» apparaît dans toute sa splendeur lorsque le terme est appliqué à l'intervention. À celui qui n'est pas familier avec le milieu québécois des intervenants en toxicomanie, mais connaît davantage le domaine de l'intervention en général, il faudrait préciser que la version québécoise de l'approche psychosociale, ce n'est ni la réadaptation psychosociale américaine, ni l'intervention psychosociologique et pas vraiment l'intervention psychosociale...

Aux États-Unis, chez les intervenants, le qualificatif de «psychosocial» est surtout attribué à des services de réadaptation qui visent l'amélioration du fonctionnement individuel et social. Dans les *Psychological Abstracts*, la rubrique «psychosocial rehabilitation» recense principalement les articles portant sur les programmes de réadaptation fonctionnelle dans les domaines de l'emploi, des relations interpersonnelles et des habiletés sociales en général. Le terme est aussi utilisé dans un sens bien différent pour définir une approche fondée sur les groupes d'entraide et la différencier de l'approche clinique des professionnels.

En milieu francophone, le secteur de l'intervention psychosociologique recouvre une multitude de théories et de pratiques. Sévigny (1977) y reconnaît les constantes suivantes: les notions de participation et de feedback, la priorité aux dimensions affectives et symboliques, la référence à une théorie de la personnalité, le groupe restreint comme objet ou instrument d'intervention, l'action comme source d'apprentissage et comme lieu de recherche, la notion de changement.

L'intervention psychosociale, quant à elle, s'attaque aux causes d'ordre psychosocial à la source des difficultés. Ce type d'intervention est volontiers militant et vise des changements systémiques. Suivant le système considéré, l'intervention peut être de l'ordre de l'action politique, de l'animation sociale aussi bien que de l'intervention en réseau. Sévigny (1983) propose une définition plus restrictive de l'intervention psychosociale, plus proche de l'approche psychosociale: «L'intervention psychosociale pour sa part inclut l'entourage immédiat de l'individu dans l'intervention» (p. 50). Dans la typologie de Sévigny, où les types d'intervention «se différencient selon la place qu'on y réserve au contexte de vie de l'individu» (p. 50), l'approche psychosociale tiendrait aussi de l'intervention socioculturelle, laquelle «agit sur les rapports de plus ou moins grande intégration ou marginalité de l'individu avec l'ensemble socioculturel où il s'insère» (p. 50).

Si on se tourne maintenant du côté du monde médical, on peut évoquer le «modèle bio-psychosocial» auquel on a de plus en plus recours pour conceptualiser l'ensemble des facteurs prédisposants à l'apparition de maladies physiques ou mentales. Ewing (1980) a appliqué ce modèle à l'alcoolisme et Serban (1984) à l'abus de drogues. C'est en référence à ce modèle que se développent les pratiques multidisciplinaires.

Les modèles de traitement en toxicomanie

Dans le domaine de la toxicomanie proprement dit, le modèle «psychosocial» n'apparaît pas comme tel (*tableaux 1 et 2*), sauf dans la classification de Cormier (1984) et dans un texte de Zinberg (1981). Ce dernier distingue le modèle psychosocial de l'alcoolisme, des modèles biomédical et génétique. Suivant cet auteur, c'est:

> un champ énorme incluant toutes les causes et composantes psychologiques, sociales et économiques du boire problématique. (p. 107)[2]

Tableau 23.1
Typologie des modèles de traitement de l'alcoolisme

Armor, Polich Stanbul (1976)	Kissin (1977) Miller (1980) Hadley, Hadley (1983)	Ward (1985)
Biomédical	Médical	Médical
Modification du comportement	Modification du comportement	Behavioral
Fonctionnel		
Psychodynamique	Psychologique	Psychanalytique
Socioculturel	Social	Sociologique
	AA	AA
		Familial
		Analyse transactionnelle

2. Toutes les citations, à l'exception de celles de Cormier, de Gagnon et de Sévigny sont des traductions libres de l'auteure.

Tableau 23.2

Typologie des modèles de traitement de l'abus des drogues et des toxicomanies

Callahan (1980)	Silverman (1985)	Cormier (1984)
Médical (Méthadone)	Désintoxication Méthadone	Médicopharmacologique: — désintoxication — antagonisme — entretien (méthadone)
Psychothérapie	Réadaptation	Psychiatrique et psychologique: — dynamique — phénoménologique-existentiel — behavioral
Behavioral		
Communauté thérapeutique	Communauté thérapeutique	Communauté thérapeutique
		Traitement psychosocial

Ailleurs, le même auteur (Zinberg et Bean, 1981) dira de l'approche biopsychosociale qu'elle s'intéresse moins aux causes de l'alcoolisme qu'à ses conséquences, c'est-à-dire aux «difficultés familiales, professionnelles, légales, sociales, interpersonnelles et émotives concomitantes à une dépendance à long terme de l'alcool» (p. 19).

Une monographie parue en 1984 fait explicitement référence dans son titre au traitement psychosocial de l'alcoolisme. Les chapitres du livre, édité par Galanter et Pattison (1984a), portent sur l'intervention familiale, les thérapies de groupe, les réseaux sociaux, l'approche communautaire et les approches socioculturelles. L'approche psychosociale est ici définie à partir de techniques spécifiques d'intervention qui ont en commun de tenir compte de l'ancrage social;

> ...la situation clinique du patient ou de la patiente ne tient pas uniquement à son problème, mais aussi au problème clinique de l'interaction avec la matrice sociale. (Galanter et Pattison, 1984a: IX-X)

À ce stade-ci, la référence au psychosocial apparaît surtout présente dans l'identification des causes et des conséquences de la toxicomanie et dans le choix de techniques d'intervention. L'analyse de la programmation de cinq Centres d'accueil de réadaptation (tableau 23.3) qui ont adopté une approche psychosociale[3] démontre que dans le contexte québécois, le psychosocial relève d'une intégration à différents niveaux du psychologique et du social.

---

3. Ces tableaux peuvent donner à penser que tous les programmes des Centres d'accueil de réadaptation en toxicomanie sont semblables. Leur programmation démontre plutôt qu'ils ont chacun leur personnalité propre. Ces tableaux veulent cependant illustrer que chacun d'entre eux se réfère, à des degrés divers, aux éléments de programmation identifiés par Cormier comme distinctifs de l'approche psychosociale.

Tableau 23.3
Caractéristiques de l'approche psychosociale en toxicomanie

	CORMIER (1984)	PROGRAMME A	PROGRAMME B	PROGRAMME C	PROGRAMME D
DÉFINITION DE LA TOXICOMANIE	Un style de vie Une mauvaise solution aux problèmes de la vie	Un style de vie	Un comportement appris	Une tactique d'adaptation	Un comportement appris Une adaptation aux situations stressantes
SOURCE	Sentiment d'être inadéquat	Sentiment d'incompétence			Identité négative de soi
REPRÉSENTATION DU CLIENT	Une personne à plusieurs dimensions Un système ouvert	Une personne Un membre d'un ou de plusieurs systèmes ouverts	Une personne «globale» Son entourage	Vision holistique et systémique de la personne dans son environnement	Un être total, pluridimensionnel, en relation avec d'autres
OBJECTIFS	La prise en charge par la personne elle-même Développer une meilleure connaissance de soi Modifier son style de vie	La prise en charge, l'autonomie Freiner la consommation abusive Apprendre à s'organiser Réapprendre à communiquer avec soi et autrui	La prise en charge, la responsabilité Améliorer les relations avec soi et les autres Améliorer le fonctionnement individuel et social	Acquérir une sérénité intérieure Vivre en harmonie avec l'entourage sans substance toxique	Une plus grande autonomie: se prendre en main Vivre de façon satisfaisante sans substance toxique
INTERVENANTS	Professionnel-le-s	Professionnel-le-s, bénévoles	Professionnel-le-s, ex-alcooliques, AA	Professionnel-le-s, bénévoles, groupe d'entraide (AA et autres)	Professionnel-le-s, bénévoles, ex-bénéficiaires

La meilleure définition que l'on puisse aujourd'hui trouver de l'approche psychosociale est en fait issue du milieu de l'intervention lui-même:

> Le modèle psycho-social s'est développé plus récemment à partir de la reconnaissance (de plus en plus inévitable) des dimensions psychologiques et sociales impliquées dans la toxicomanie. Les facettes y sont multiples et la toxicomanie peut y être vue comme un problème de comportement ou d'apprentissage, un symptôme de malaises psycho-sociaux sous-jacents, un style de vie gravitant autour de la surconsommation, cette énumération n'étant pas exhaustive. L'accent peut être d'ailleurs mis sur le pôle psychologique ou le pôle social du continuum psycho-social, le pôle psychologique pouvant se rapprocher du modèle médical et le pôle social tendant davantage vers une interprétation politique ou écologique du phénomène.
>
> De façon générale, le modèle psycho-social a été sur-développé sur son flanc psychologique et sous-développé sur son flanc social. Il en résulte que le système de traitement le plus courant est axé surtout sur les problèmes de santé mentale. Les personnes habilitées à intervenir en vertu de ce modèle sont les professionnels des sciences humaines, et les instruments de traitement vont des techniques de psychothérapies aux approches communautaires en passant pas la rééducation. (Landry, 1987:7)

Si l'approche psychosociale opère ainsi une jonction entre le paradigme psychologique et social dans sa conception de la problématique de la toxicomanie, il s'agit maintenant de repérer, à l'intérieur du champ de la psychologie et de l'intervention sociale, quelles orientations théoriques influencent principalement les pratiques.

Le paradigme psychologique

L'identification et l'énumération des écoles de pensée en psychologie qui ont pu, à un moment ou l'autre, influencer l'intervention en toxicomanie sont nécessairement arbitraires. On évoquera ici la psychologie humaniste et les thérapies de soutien, comportementale et cognitive.

L'approche humaniste

Les thérapies associées au mouvement de la croissance personnelle (Gestalt, analyse transactionnelle, etc.) sont couramment utilisées dans les programmes d'orientation psychosociale. L'influence du courant humaniste y est explicitement reconnue:

> Le traitement s'appuie en cela sur la conception phénoménologique-expérientielle, humaniste, du fonctionnement humain et de la valeur inconditionnelle de la personne. (Cormier, 1984:154)

L'approche de soutien

Il est bien difficile d'évaluer la place accordée au soutien dans l'approche psychosociale, puisque:

> ...c'est en quelque sorte la prose que l'on fait sans le savoir; c'est le mode d'approche qui correspond le mieux à la demande exprimée par le malade ainsi qu'à la possibilité d'intervention du thérapeute. (Gagnon, 1980: 782)

L'approche comportementale

Dans sa représentation de la toxicomanie comme un comportement appris, une réponse inadaptée aux situations de stress, l'approche psychosociale emprunte beaucoup à l'approche comportementale. Les formes les plus classiques du behaviorisme (conditionnement opérant, désensibilisation, aversion) apparaissent assez étrangères à l'approche psychosociale. Elle s'intéresse plutôt aux courants plus récents que sont l'approche écologique, l'apprentissage d'habiletés personnelles et sociales, le développement de nouveaux comportements d'adaptation et la modification des processus cognitifs. Cormier (1984) cite à cet effet «l'apprentissage behavioral de l'affirmation de soi» et «des activités systématiques empruntées aux stratégies behaviorales de traitement» (p. 156) et visant à promouvoir l'intervention sur soi (*self-help*). De par sa dimension écologique et instrumentale (mécanismes de solution de problèmes, gestion du stress, amélioration de la performance dans la réalisation des rôles sociaux et instrumentaux), l'approche comportementale permet d'opérer la liaison entre l'individuel et le social.

L'approche cognitive

L'étude du rôle des facteurs cognitifs dans le changement des comportements (Bandura, 1977) soulève de plus en plus d'intérêt chez les tenants de l'approche psychosociale. Les thèmes les plus investigués sont ceux des attentes concernant les effets des drogues (effet d'attribution), l'effet de violation de l'abstinence («*abstinence violation effect*») et la perception de son efficacité personnelle (Miller, 1980).

Le paradigme social

Dans la sphère du social, on peut attribuer à l'intervention quatre cibles différentes. La première vise la performance de l'individu, ses réponses aux demandes et aux sollicitations du milieu. La seconde concerne les interactions de la personne avec son milieu en termes de relations interpersonnelles. La troisième s'appuie sur le milieu de vie en tant que moyen d'interaction. La quatrième considère les rapports de la personne à la communauté plus large et inversement les rapports de la communauté à la personne ou au groupe cible.

L'apprentissage des habiletés sociales et de vie

Cette approche est celle de la réadaptation et s'intéresse aux compétences et aux performances. Elle est au coeur de l'approche psychosociale comme en témoignent les objectifs rapportés au tableau 23.3. Elle donne lieu à l'utilisation de techniques précises, destinées à modifier les habitudes inadéquates de consommation et à assainir le style de vie, de façon à maintenir la sobriété et à prévenir la rechute (Miller et Hester, 1980). Van Hasselt et ses collaborateurs (1978) ainsi que Collins et Marlatt (1981) ont répertorié les expériences sur l'utilisation de ces techniques auprès d'alcooliques et de toxicomanes.

L'approche interactionnelle

L'importance accordée par l'approche psychosociale aux thérapies de groupe, de couple et familiale témoigne de l'intérêt de cette approche pour la dimension interpersonnelle des problèmes de toxicomanie. Cette approche est supportée au plan théorique par la théorie générale des systèmes. Finlay, dans une article de 1978, expose comment cette théorie est congruente avec les données en clinique. En plus de l'ouvrage de Miller et Hester (1980), des publications récentes font le point sur l'utilisation de ces différentes techniques auprès d'alcooliques et de toxicomanes: Brandsma et Pattison (1984), Levine et Galloghy (1985), pour les thérapies de groupe; Kaufman et Kaufman (1981), Angel et coll., (1982), Kaufman (1984), pour les thérapies de couple et familiale.

Le milieu et la communauté thérapeutique

Les centres d'accueil de réadaptation empruntent au modèle de la communauté thérapeutique certains de ses modes d'intervention. Lors du séjour en résidence, le milieu est considéré comme élément actif de réadaptation. Le bénéficiaire peut y faire l'expérience de nouveaux comportements dans un climat de compréhension et d'entraide mutuelle. Les activités quotidiennes, les réunions des membres, la gestion des affaires courantes et l'accueil des nouveaux clients par des comités de bénéficiaires sont autant d'occasions de resocialisation.

Les milieux résidentiels sont cependant fort diversifiés pour ce qui est de leur philosophie de base, de leur orientation et de leurs objectifs. Price et Moos (1975) ont établi une typologie des milieux orientés vers la relation, vers l'action, vers l'«insight», vers le contrôle et vers les problèmes de comportement.

Iverson et Wenser (1978) ont publié une étude critique sur l'utilisation de l'approche de la communauté thérapeutique auprès de toxicomanes. Les auteurs mettent en relief les difficultés liées à l'utilisation de cette approche auprès de cette clientèle, passent en revue les études d'efficacité et font des propositions pour le traitement.

L'approche communautaire

L'approche communautaire définit à la fois une philosophie, une approche théorique et un modèle d'organisation des services. La notion centrale pourrait en être celle d'environnement naturel et sa manifestation la plus concrète, sur le plan du traitement, l'intervention de réseau. Ce type d'intervention, appliquée aux toxicomanes, est encore trop récent pour occuper une place importante dans la littérature. Le numéro de janvier-février 1984 de la revue *Alcoholism: Clinical and Experimental Research*, consacré au symposium «Alcoholism Treatment through Systems Intervention» (Galanter et Pattison, 1984b), et la monographie sur «le traitement psychosocial de l'alcoolisme» (Galanter et Pattison, 1984a) marquent sans doute un point de départ dans ce domaine. Il en est probablement de même pour l'article de Favazza et Thompson (1984) sur le réseau de soutien naturel de l'alcoolique et sa mobilisation pour le traitement. Une autre façon d'impliquer la communauté pour l'intervention consiste à développer «les renforcements communautaires» à partir d'un réaménagement des ressources conjugales, occupationnelles et communautaires de la personne (Azrin, 1976).

Sur le plan de l'organisation des services, Dembo et ses collaborateurs (1983) proposent un cadre conceptuel et méthodologique pour analyser les relations des groupes et agents de la communauté concernés par leurs services. On y traite des questions de la résistance et des attentes des communautés ainsi que des relations avec les groupes ethniques. Ce cadre de référence permet d'observer comment les relations s'établissent avec les communautés et comment elles influencent l'efficacité des programmes. Dans une perspective apparentée, l'Organisation mondiale de la santé a développé un modèle centré sur les réponses de la communauté aux problèmes de toxicomanie (World Health Organisation, 1981). Il s'agit là d'un modèle proprement communautaire où les interventions à tous les niveaux (juridique, médical, social, de bienfaisance) sont considérées.

De par sa dimension communautaire, l'approche psychosociale rejoint le mouvement de la santé publique, lequel a succédé, selon Watts (1982), aux traditions morale, puis médicale de l'alcoolisme. Suivant ce mouvement, les interventions vont viser la substance et non le consommateur, le contrôle s'exercera sur le produit et sur le milieu plutôt que sur la personne. Parce que l'alcool et les drogues représentent un danger potentiel pour la santé, ce mouvement favorise des politiques de prévention qui prennent en compte les variables de l'environnement. Cette question de l'influence de la société sur l'organisation des services en alcoolisme est reprise par Damkot et Meyer (1984), qui retracent quatre tendances successives dans les stratégies de traitement depuis le XVIIe siècle. On trouvera aussi dans Pattison (1984) un exposé des répercussions du modèle de la santé publique sur le traitement de l'alcoolisme. Par ailleurs, le modèle de la santé publique relève davantage de la conception des politiques et en ce sens, il transcende l'approche psychosociale (Pattison, 1984).

Techniques d'intervention et programmation d'orientation psychosociale

Les interventions liées à la pratique de l'approche psychosociale peuvent être repérées suivant leur cible, leur type et le lieu où elles ont cours, tel que l'illustre la *figure 23.1* à travers une représentation graphique des différentes techniques disponibles.

Figure 23.1
Typologie des interventions

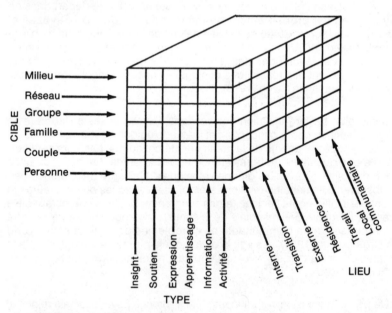

Chaque programme de traitement, aussi bien que chaque intervenant, va privilégier certaines combinaisons. En tant que telle, l'approche psychosociale tend aussi à établir des schémas préférentiels. Foy (1984) identifie un certain nombre de composantes des programmes de réadaptation sociale destinés aux alcooliques:

> Les domaines cibles d'intervention sont la consommation elle-même, la gestion de la vie personnelle, les habiletés relationnelles et l'environnement physique et interpersonnel. (Foy, 1984: 274)

On trouvera dans le document préparé à l'intention de la Table des directeurs généraux des centres d'accueil publics du Québec spécialisés en toxicomanie (Mercier, 1985), ce que l'on pourrait appeler le Guide 85 des techniques d'intervention. On y passe en revue les conclusions des études et des recherches des dix dernières années sur la psychothérapie individuelle, la thérapie de groupe, de couple et familiale, l'apprentissage d'habiletés sociales, la relaxation, les activités de loisir, l'éducation et l'information, l'adhésion à des groupes d'entraide. Ces techniques ont en effet fait l'objet de suffisamment d'études pour qu'on puisse en arriver à certaines conclusions et recommandations pour chacune d'elles.

En termes de programmation, certaines tendances actuelles dans la conception des programmes semblent aller de pair avec l'approche psychosociale. On songe ici au maintien de la sobriété (ou de la prévention de la rechute) en tant que phase distincte de la période de traitement intensif (Cummings et coll., 1980; Litman, 1980; Marlatt et Gordon, 1985; Zinberg et Bean, 1981), à l'appariement *(«matching»)* (Ewing, 1977; Gottheil et coll., 1981; Miller et Hester, 1980; Pattison, 1982; Voglum et Fossheim, 1980), et à l'approche par type de clientèle (Hadley et Hadley, 1983).

Il n'est pas possible dans le cadre de cette présentation d'aborder ces thèmes. Ils sont exposés dans le document cité plus haut (Mercier, 1985) avec les références pertinentes.

Le savoir spécialisé et l'approche psychosociale

Sur le plan du savoir spécialisé, l'approche psychosociale tend à adopter des positions bien définies. Des auteurs comme Bandura, Marlatt, Miller, Pattison et Peele semblent y occuper une place prépondérante (Bandura, 1977; Marlatt et Gordon, 1985; Miller, 1980; Pattison, 1982; Peele, 1982). Trois postulats paraissent fonder toute l'approche:

- les facteurs psychologiques, culturels et sociaux influencent l'émergence, la forme et l'évolution des toxicomanies. C'est sur ces facteurs qu'il faut intervenir si on veut modifier les habitudes de consommation;
- les comportements de surconsommation ou de consommation inadéquate des substances psychotropes ont une composante psychologique (niveau du vécu de la personne) et une composante sociale (niveau des interactions avec le milieu);
- même sous ses dimensions les plus physiologiques (dépendance physique, tolérance et symptôme de sevrage), la dimension biochimique ne rend pas entièrement compte du phénomène de la toxicomanie; la dépendance est à la fois physique et psychologique; les effets physiques de la dépendance sont eux-mêmes en quelque sorte «médiatisés» par des facteurs psychologiques et sociaux.

Conclusion

L'approche psychosociale est en voie de se définir à partir de la pratique d'intervenants, particulièrement sensibles aux mouvements de pensée qui traversent actuellement le champ de la toxicomanie. Ils participent à l'émergence de ce nouveau paradigme. En dernière analyse, on pourrait dire de l'approche psychosociale qu'elle est fondamentalement un processus où sont engagées des personnes.

Par ailleurs, il est assez fascinant d'avoir l'impression d'assister à l'émergence, dans la littérature, d'un courant nouveau dont l'identification n'est pas encore claire mais qui représenterait le versant théorique de cette pratique clinique. Marlatt évoque la transition vers un nouveau paradigme dans le champ de l'alcoolisme:

> Suivant cette perspective en émergence, les problèmes de dépendance à l'alcool sont redéfinis comme des problèmes de style de vie, comme des habitudes apprises dans un vain effort pour pallier au stress. (Marlatt, 1983: 1108)

Ces comportements inadéquats peuvent être modifiés en appliquant les principes de l'apprentissage, par des reconceptualisations, par la gestion du stress et par un changement du style de vie. La modération permet de réduire la consommation à un niveau non préjudiciable à la santé ou au bien-être.

Damkot et Meyer, à la suite de Levine (1978), parlent d'une période *«post-addiction»*:

> Dans cette phase, on observe le passage d'une philosophie basée sur l'assuétude à une conception de l'abus de l'alcool en tant que problème issu de l'interaction entre la société, des organisations et l'individu. L'abus d'alcool représente alors l'un des nombreux symptômes possibles liés à la nécessité de transiger constamment avec les pressions et les attentes sociales. (Damkot et Meyer, 1984: 487)

Saleeby pour sa part qualifie ce nouveau courant de «théorie sociale-psychologique de l'assuétude»:

> Cet article défend la thèse de l'émergence d'une théorie sociale-psychologique de l'assuétude, d'une théorie identifiable et peut-être utile. (Saleeby, 1985: 17)

L'auteur retrouve à la source de cette théorie les conceptions de Stanton Peele et de Philip Slater sur l'assuétude, les travaux sur la consommation contrôlée, les théories de l'interaction symbolique, de l'identification («*labelling/signification*»), de la recherche du pouvoir de McClelland et la théorie psychanalytique radicale. Les thèmes majeurs de cette nouvelle approche sont les suivants:

- l'assuétude est un état de conscience, une expérience subjective améliorée ou dégradée par des structures et des pro-

cessus interactionnels, culturels et sociopolitiques;
- l'assuétude est une disposition généralisée plutôt qu'exceptionnelle;
- les cultures et les structures sociales encouragent ou désavouent les tendances naturelles à l'assuétude.

Ces propositions projettent un éclairage nouveau sur la toxicomanie et sont propres à stimuler la recherche et la réflexion. Mais elles ne sont pas sans risques. Saleeby (1985) fait certaines mises en garde en regard de ces nouvelles conceptions de l'assuétude: elles ont tendance à occulter la dimension physique de l'assuétude; elles accentuent la distance entre les théories et les représentations courantes du «drogué» et de l'alcoolique; elles risquent de banaliser une disposition qui entraîne dans certaines circonstances des conséquences graves; finalement, elle offre peu d'indications pour le développement de programmes de prévention et de traitement.

Dans cette perspective, on ne saurait trouver meilleure fin à cette présentation que les conclusions des études longitudinales de Vaillant (1983) à l'effet que ce ne sont pas les traitements qui guérissent mais les personnes: les personnes qui se soignent elles-mêmes à travers un processus de guérison (*healing*) et les personnes qui les accompagnent dans cette démarche. Or, ces «accompagnants» sont d'autant plus efficaces qu'ils sont convaincus de la pertinence de leur approche.

Il semble qu'au Québec, «l'approche psychosociale» a un impact positif et dynamisant chez les personnes qui s'en réclament. À la lumière des conclusions qui précèdent, ce pourrait être là la mission fondamentale d'une approche et l'une des composantes essentielles de son efficacité.

Références

ANGEL, P., GEBEROWICZ, B. et STERNSCHUSS-ANGEL, S. (sous la direction de) (1982). *Le toxicomane et sa famille. Thérapies familiales et toxicomanie.* Paris: Éditions universitaires. Cahiers critiques de thérapie familiale et de pratiques de réseaux, n° 6.

ARMOR, P.J., POLICH, J.M. et STAMBUL, M.B. (1976). *Alcoholism and Treatment.* Santa Monica, California: The Rand Corporation.

AZRIN, W.H. (1976). Improvements in the community — reinforcement approach to alcoholism. *Behavior Research and Therapy, 14*: 339-348.

BANDURA, A. (1977). Self-efficacy: Toward a unifying theory of behavior change. *Psychological Review, 84*: 191-215.

BEAN, M.H. et ZINBERG, N.E. (eds.) (1981). *Dynamic Approaches to the Understanding and Treatment of Alcoholism.* New York: Free Press.

BRANDSMA, J.M. et PATTISON, E.M. (1984). Group-treatment methods with alcoholics in M. Galanter et E.M. Pattison (eds.). *Advances in the Psychosocial Treatment of Alcoholism.* Washington, D.C.: American Psychiatric Press, Inc.: 17-31.

CALLAHAN, E.J. (1980). Alternative strategies in the treatment of narcotics addiction: A review in W. R. Miller (ed.). *The Addictive Behaviors.* New York: Pergamon Press: 143-169.

COLLINS, R.L. et MARLATT, G.A. (1981). Social modeling as a determinant of dinking behavior: Implications for prevention and treatment. *Addictive Behaviors, 6,* 3: 233-239.

CORMIER, D. (1984). *Toxicomanies: styles de vie.* Chicoutimi: Gaëtan Morin éditeur.

CUMMINGS, C., GORDON, J.R. et MARLATT, G.A. (1980). Relapse: prevention and prediction in W.R. Miller (ed.). *The Addictive Behaviors.* New York: Pergamon Press.

DAMKOT, D.K. et MEYER, E. (1984). Alcohol and social policy: An historical perspective on evolving intervention strategies. *Journal of Drug Issues, 14,* 3: 479-490.

DEMBO, R., CIARLO, J.A. et TAYLOR, R.W. (1983). A model for assessing and improving drug abuse treatment resource use in inner-city areas. *The International Journal of the Addictions, 18,* 7: 921-936.

EDWARDS, G. et GRANT, M. (eds.) (1980). *Alcoholism Treatment in Transition.* London: Croom Helm.

EWING, J.A. (1977). Matching therapy and patients. The cafeteria plan. *British Journal of Addiction, 72*: 13-18.

EWING, J.A. (1980). Biopsychosocial approaches to drinking and alcoholism in W.E. Fann, I. Karaen, A.D. Pokorny et R.L. Williams (eds.). *Phenomenology and treatment of alcoholism.* New York: SP Medical and Scientific Books.

FAVAZZA, A.R. et THOMPSON, J.J. (1984). A psychosocial network approach to alcoholism, dans M. Galanter et E.M. Pattison (eds.). *Advances in the Psychosocial Treatment of Alcoholism.* Washington, DC: American Psychiatric Press, Inc.: 45-57.

FINLAY, D.G. (1978). Alcoholism and systems theory: Building a better mousetrap. *Psychiatry, 41*: 272-278.

FOY, D.W. (1984). Chronic alcoholism: Broad-spectrum clinical programming, dans M. Mirabi (ed.). *The Chronically Mentally Ill. Research and Services*. New York: SP Medical and Scientific Books.

GAGNON, J. (1980). Les aspects généraux de la psychothérapie, dans P.Lalonde, et F. Grunberg (eds.). *Psychiatrie clinique: approche contemporaine*. Chicoutimi: Gaëtan Morin éditeur.

GALANTER, M. et PATTISON, E.M. (eds.) (1984a). *Advances in the Psychosocial Treatment of Alcoholism*. Washington, D.C.: American Psychiatric Press, Inc.

GALANTER, M. et PATTISON, M.E. (1984b). Alcoholism treatment trough systems intervention: A perspective — Part 1. *Alcoholism: Clinical and Experimental Research, 8*, 1: 1-3.

GOTTHEIL, E., McLELLAN, T.A. et DRULEY, K.A. (eds.) (1981). *Matching Patients Needs and Treatment Methods in Alcoholism and Drug Abuse*. Springfield, Illinois: Charles C. Thomas.

HADLEY, R.G. et HADLEY, P.A. (1983). Rehabilitation of people with alcohol problems. *Annual Review of Rehabilitation, 3*: 121-177.

IVERSON, D. et WENSER, S.S. (1978). Therapeutic communities: Treatment practices in view of drug dependancy therapy. *Drug Forum, 7*, 1: 81-103.

KAUFMAN, E. (1984). The current state of family intervention in alcoholism treatment, dans M. Galanter et E.M. Pattison (eds.). *Advances in the Psychosocial Treatment of Alcoholism*. Washington, D.C.: American Psychiatric Press, Inc.: 1-17.

KAUFMAN, E., KAUFMAN, P. (1981). *Family therapy of drug and alcohol abuse*. New York: Gardner Press.

KISSING, B. (1977). Theory and practice in the treatment of alcoholism, dans B. Kissing et H. Begleiter (eds.). *Treatment and Rehabilitation of the Chronic Alcoholic*. New York: Plenum Press: 1-52.

LANDRY, M. (1987). *La réadaptation en alcoolisme et autres toxicomanies à Domrémy-Montréal. Contexte théorique*. Planification stratégique 1988-1993. Rapport technique VII. Montréal: Centre d'accueil Domrémy-Montréal. Miméo.

LEVINE, H.G. (1978). The discovery of addiction: Changing conceptions of habitual drunkenness in America. *Journal of Studies on Alcohol, 39*, 1: 143-174.

LEVINE, B. et GALLOGHY, V. (1985). *Group Therapy with Alcoholics*. Beverly Hills, CA: Sage Publications.

LITMAN, G.K. (1980). Relapse in alcoholism: Traditional and current approaches, dans G. Edwards et M. Grant (eds.) . *Alcohol Treatment in Transition*. London: Croom Helm: 294-304.

MARLATT, G.A. (1983). The controlled-drinking controversy. A commentary. *American Psychologist, 38*: 1097-1110.

MARLATT, G.A et GORDON, J.R. (eds.) (1985). *Relaps Prevention. Maintenance Strategies in the Treatment of Addictive Behaviors*. New York: Guilford Press. Guilford Clinical Psychology and Psychotherapy Series.

MERCIER, C. (1985). *L'approche psychosociale dans le traitement de la toxicomanie.* Montréal: Association des intervenants en toxicomanie du Québec. Miméo.

MILLER, W.R. (ed.) (1980). *The Addictive Behaviors.* Toronto: Pergamon Press.

MILLER, W.R. et HESTER, R.K. (1980). Treating the problem-drinker: Modern approaches, dans W.R. Miller (ed.). *The Addictive Behaviors,* New York: Pergamon Press: 11-143.

MOSCOVICI, S. (ed.) (1984). *Psychologie sociale.* Paris: Presses universitaires de France.

PATTISON, E.M. (1984). Socio-cultural approaches to the problem of alcoholism, dans M. Galanter et E.M. Pattison (eds.). *Advances in the Psychosocial Treatment of Alcoholism.* Washington, D.C.: American Psychiatric Press, Inc.: 69-97.

PATTISON, E.M. (ed.) (1982). *Selection of Treatment for Alcoholics.* New-Brunswich, N.J.: Rutgers Center of Alcohol Studies. Alcoholism Treatment Series, #1.

PEELE, S. (1982). *L'expérience de l'assuétude.* Montréal: Faculté de l'éducation permanente. Université de Montréal.

PRICE, R.H. et MOOS, R.H. (1975). Toward a taxonomy of inpatient treatment environments. *Journal of Abnormal Psychology, 84,* 3: 181-188.

SALEEBY, D. (1985). A social psychological perspective on addiction: Themes and disharmonies. *Journal of Drug Issues, 15,* 1: 17-29.

SERBAN, G. (ed.) (1984). *Social and Medical Aspects of Drug Abuse.* New York: SP Medical and Scientific Books.

SÉVIGNY, R. (1977). Intervention psychosociologique: réflexion critique. *Sociologie et sociétés, 9,* 2: 7-33.

SÉVIGNY, R. (sous la direction de) (1983). *L'intervention en santé mentale. Premiers éléments d'une analyse sociologique.* Montréal: Université de Montréal. Département de sociologie. Les cahiers du Centre d'information et d'aide à la recherche (CIDAR), #4.

SILVERMAN, I. (1985). Addiction intervention: Treatment models and public policy. *The International Journal of the Addictions, 20,* 1: 183-201.

VAILLANT, G.E. (1983). *The Natural History of Alcoholism.* Cambridge, Mass.: Harvard University Press.

VAN HASSELT, V.B., HERSEN, M. et MILLIONES, J. (1978). Social skills training for alcoholics and drug addicts: A review. *Addictive Behaviors, 3:* 221-233.

VOGLUM, P. et FOSSHEIM, H. (1980). The results of different institutional treatment programs - Are they different in different groups of drug abusers? *Acta Psychiatrica Scandinavia Supplementum, 284,* 62: 21-29.

WARD, D.A. (1985). Conceptions of the nature and treatment of alcoholism. *Journal of Drug Issues, 15,* 1: 3-17.

WATTS, T.D. (1982). Three traditions in social thought on alcoholism. *The International Journal of the Addictions, 17,* 7: 1231-1239.

WORLD HEALTH ORGANISATION (1981). *Community Response to Alcohol - Related Problems,* Phase 1, Final Report, Genève: World Health Organization. Miméo.

ZINBERG, N.E. (1981). Alcohol addiction: Toward a more comprehension definition, dans M.H. Bean et N.E. Zinberg (eds.) . *Dynamic Approaches to the Understanding and Treatment of Alcoholism.* New York: Free Press: 97-128.

ZINBERG, N.E. et BEAN, M.H. (1981). Introduction: Alcohol use, alcoholism, and the the problems of treatment, dans M.H. Bean et N.E. Zinbergh (eds.). *Dynamic Approaches to the Understanding and Treatment of Alcoholism.* New York: Free Press: 1-37.

RÉSUMÉ

L'appellation «approche psychosociale» est fréquemment utilisée en tant que critère d'identification et de référence dans le traitement de la toxicomanie. Or, le contenu lui-même de cette approche est peu défini: l'approche psychosociale est précisément en train de s'élaborer à partir d'un discours théorique, du développement de la recherche et de l'expérience clinique. À partir d'une recension des écrits pertinents à l'approche psychosociale et de l'expertise développée au Québec, l'auteure nous propose dans ce texte des paramètres propres à mieux définir le contenu et la spécificité de cette approche.

Chapitre **24**

L'entretien à la méthadone dans le traitement de la narcomanie*

François Lehmann et Pierre Lauzon

La méthadone est un narcotique synthétique découvert au début des années quarante, et qui a, par la suite, été employé comme analgésique. Dole et Nysmander (1966; 1967) furent les premiers à utiliser cette substance dans le cadre d'un programme de réhabilitation pour narcomanes[1]. Il faut se rappeler qu'en ces années, on considérait la narcomanie comme incurable par les moyens connus à l'époque, soit la psychothérapie, l'hospitalisation ou l'incarcération prolongée.

Les premiers résultats s'étant révélés presque miraculeux dans le contexte de l'époque, cette forme de traitement a connu un développement accéléré dans tout le monde anglo-saxon au début des années 1970. Les limites du traitement à la méthadone sont toutefois rapidement apparues dans les années qui ont suivi, et l'engouement du début a fait place à une vision plus objective des résultats que l'on peut escompter avec cette approche. Les résultats dépendent de l'utilisation que l'on fait du produit, du choix de la clientèle à qui on l'administre et de l'ensemble des mesures de support psychosociales disponibles en plus de la médication. Dans les pages qui suivent, nous allons tenter d'expliquer les différents concepts à la base de cette approche thérapeutique.

---

* Texte inédit. L'article rend compte de l'expérience de travail des deux auteurs au Centre de recherche et d'aide pour narcomanes (CRAN).

1. Les programmes de réhabilitation utilisant la méthadone sont souvent présentés sous le vocable anglais de «maintenance» à la méthadone.

Les opiacés: description et pharmacologie

Le terme «opiacé» ou «narcotique» réfère à toute substance qui agit sur un groupe de récepteurs spécifiques (au moins huit types différents) situés au niveau du cerveau, de la moelle épinière et de certains viscères creux (intestin, vessie). On en distingue trois groupes:

- les dérivés naturels de l'opium qui sont extraits directement de la plante nommée «*papaver somniferum*» et qui comprennent la morphine et la codéine. Ces deux substances sont abondamment utilisées en médecine pour leurs effets analgésiques;
- les dérivés semi-synthétiques de la morphine ou de la codéine sont obtenus par une modification de la molécule naturelle. Nous obtenons ainsi l'héroïne (diacétylmorphine) et l'hydromorphone (*Dilaudid®*), qui sont des dérivés de la morphine, l'oxycodone (*Percodan®*) et l'hydrocodone (*Hycodan®*) qui sont des dérivés de la codéine;
- le troisième groupe est constitué de substances entièrement synthétiques telles la mépéridine (*Demerol®*) la pentazocine (*Talwin®*), le fentanyl (*Sublimaze®*) et la méthadone.

Étant donné la variété des récepteurs opiacés, il n'est pas étonnant que ces substances aient également des effets variés au point de vue pharmacologique, dont les suivants:

- analgésie;
- effet sur le contrôle de la température corporelle;
- dépression respiratoire;
- euphorie, «*brain reward*»;
- stimulation;
- sédation, stupeur;
- effets psychotomimétiques;
- effet sur la sécrétion des hormones gonadotrophines.

Ceux qui abusent des opiacés apprécient surtout leur *effet euphorisant* et un *plaisir très sensuel*, presque orgasmique, ressenti peu après la prise.

Malgré la multitude de leurs effets pharmacologiques, les opiacés ont peu d'effets toxiques, même à long terme, le principal risque étant l'arrêt respiratoire — communément appelé «overdose» — qui peut survenir même chez des individus tolérants à l'effet des narcotiques.

Dépendance, tolérance et narcomanie

L'usage régulier d'opiacés pendant deux à trois semaines entraîne un certain degré de dépendance physique et, à l'arrêt de l'usage, l'individu peut ressentir des symptômes qui ressemblent à ceux du rhume et qui dureront quelques jours. C'est ce que l'on appelle le syndrome de sevrage. À dose égale de narcotique, l'intensité des symptômes de sevrage varie beaucoup d'un individu à l'autre. Dépendance physique n'égale toutefois pas narcomanie: on estime ainsi qu'au moins 90 % des personnes qui ont consommé des narcotiques vont en cesser l'usage par eux-mêmes, sans difficulté (Robins, 1974; Robins et Murphy, 1967).

La narcomanie se définit donc par un usage régulier et chronique d'opiacés et par une incapacité à en demeurer abstinent après s'en être sevré. La narcomanie n'est le fait que d'au plus 10 % de la population qui a été exposée à ce groupe de substances. Il s'agit donc d'une réaction atypique à une substance et des facteurs génétiques et environnementaux jouent un rôle important dans le développement de cette réaction.

Une autre notion importante est celle de la *tolérance*. Suite à un usage répété d'opiacés, l'individu devient tolérant aux effets pharmacologiques et doit augmenter la dose pour ressentir avec la même intensité les différents effets. Ceci est particulièrement vrai de la dépression respiratoire causée par les narcotiques: un narcomane pourra tolérer des doses extrêmement élevées qui provoqueraient un arrêt respiratoire chez des usagers inexpérimentés.

L'utilisation de la méthadone: fondements et pharmacologie

L'hypothèse de Dole et Nyswander (1966; 1967) était que la prise chronique d'héroïne entraînait un désordre biochimique irréversible au niveau du cerveau et qu'il fallait administrer une substance pour compenser ce désordre. Plusieurs années plus tard, la découverte des endorphines est venue justifier et nuancer cette hypothèse de départ. Les endorphines sont des substances fabriquées par le cerveau et ayant des effets analogues aux dérivés de la morphine. La consommation de narcotiques diminue la synthèse des endorphines, substances qui possèdent un rôle au niveau de la perception de la douleur, du sommeil, du contrôle de l'humeur et de la libido. Il n'est donc pas étonnant de rencontrer des symptômes associés à ces domaines lors de consommation ou de sevrage impliquant des narcotiques; les recherches futures permettront certainement de mieux cerner la base biochimique de la dépendance à ces drogues.

La méthadone ne ressemble pas structurellement à la molécule de morphine ou d'héroïne, mais elle est néanmoins un narcotique car elle agit sur les mêmes récepteurs que les opiacés. Contrairement à l'héroïne, la méthadone est bien absorbée lorsque prise par la bouche. Sa demi-vie est très longue (24 à 36 heures) par rapport à celle de l'héroïne (environ 90 minutes). Elle peut donc être prise une seule fois par jour, par la bouche, alors que l'héroïne doit être consommée de 3 à 4 fois quotidiennement, par voie intraveineuse. Prise oralement, la méthadone est captée par le foie à 90 % peu après son absorption (effet de premier passage), puis relâchée lentement par la suite. Il s'ensuit que la méthadone ne donne pas cette brusque sensation d'euphorie (*rush*) que procure l'héroïne utilisée par voie intraveineuse. La méthadone, par un phénomène de tolérance croisée, empêche le narcomane de ressentir les effets de l'héroïne s'il en consomme.

À l'instar de l'ensemble des substances narcotiques, la méthadone est une substance «addictive». S'il peut paraître à première vue bizarre de traiter une dépendance en employant une substance qui en crée une autre, cette propriété est cependant fort utile car elle permet de garder le patient en traitement, l'abandon étant souvent le principal obstacle à l'efficacité des différents programmes de réhabilitation en toxicomanie.

Les principes du traitement

Empêcher l'apparition des symptômes de sevrage

La méthadone, en raison de son effet sur les récepteurs opiacés, empêche l'apparition des symptômes de sevrage quand on en administre une dose suffisante. Les symptômes de sevrage constituent un des stimulus qui entretiennent la consommation d'opiacés; si ces symptômes sont éliminés, le ou la narcomane peut envisager de cesser sa consommation *régulière* pour consacrer ses énergies à autre chose qu'à la recherche de narcotiques.

Neutraliser l'effet des opiacés autres que la méthadone

La quasi totalité des narcomanes (plus de 90 %) qui sont désintoxiqués médicalement retournent à la consommation d'héroïne dans les jours ou les semaines qui suivent cette désintoxication. En début de traitement, la presque totalité de nos patients vont reconsommer de l'héroïne, même en l'absence de symptômes de sevrage. Si leur dose de méthadone est suffisante, ils ne ressentiront aucun effet agréable à la prise d'héroïne et ceci va contribuer à l'extinction de l'usage.

Déboucher sur une relation thérapeutique

Le narcomane sous traitement à la méthadone a accepté le transfert d'une dépendance non contrôlée à une dépendance pharmacologique contrôlée. La méthadone est cependant dispensée dans le cadre d'une relation avec un intervenant du programme et, en début de traitement, il y a au moins un contact par semaine.

En général, pendant ses premières semaines de traitement, le narcomane ne parle que de la méthadone, de son dosage et des symptômes qu'il ressent en rapport avec sa dose. Une fois le patient stabilisé à une dose d'entretien qui le maintient sans symptômes, la médication est reléguée progressivement au second plan et le contenu des entrevues devient beaucoup plus significatif, témoignant du développement de la relation thérapeutique. Il y a donc passage de la médication à la relation. Certains narcomanes assument ce passage plus lentement et plus difficilement: ceci est signe soit d'une absence de motivation à se réhabiliter, soit d'une grande difficulté à établir des relations humaines.

Le fait que la méthadone génère un état de dépendance permet également d'appliquer une certaine contrainte sur le narcomane pour qu'il reste en traitement. Si la contrainte en elle-même n'a pas de valeur thérapeutique durable, elle permet cependant de maintenir le patient en traitement assez longtemps pour que la relation thérapeutique se développe.

Population cible et choix des patients

Les personnes ayant consommé des narcotiques de façon sporadique ou pour une courte période de temps ont un excellent pronostic quant à l'abstinence de tout narcotique y compris de la méthadone. Des études nous indiquent qu'environ 90 % de toutes les personnes ayant consommé des narcotiques sont dans cette situation (Robins, 1974; Robins et Murphy, 1967). Le 10 % restant est constitué des consommateurs les plus gros et les plus réguliers. Le programme d'entretien à la méthadone s'adresse exclusivement à ce dernier groupe.

En conséquence, les critères d'admission de la plupart des programmes à travers le monde sont: avoir au moins dix-huit ans et une histoire de consommation quotidienne de narcotiques depuis au moins deux ans; avoir fait au moins une tentative d'abstinence.

Nous adhérons aux deux premiers critères mais reconnaissons qu'il est difficile de prouver la durée de la narcomanie, antérieure à l'admission en traitement. Bien que nous tentions d'obtenir des renseignements (preuves de traitement antérieur, arrestations ou incarcérations pour crimes reliés à la drogue, etc.), nous devons souvent nous fier aux faits que nous présente le patient.

Certains centres jugent important de prouver la dépendance physique avant d'accepter un nouveau patient. Les méthodes utilisées pour établir cette preuve (installation d'un soluté, injection d'antagonistes, etc.) nécessitent des ressources importantes et ne donnent aucun renseignement sur la durée antérieure de la dépendance. Pour ces raisons, et parce que nous croyons peu probable qu'un individu qui n'est pas véritablement narcomane veuille se soumettre à un programme de traitement aussi contraignant, nous ne menons pas d'examens pour prouver la dépendance, autre que des recherches de drogues dans l'urine.

L'idéal demeure de solutionner le problème de narcomanie sans perpétuer indéfiniment une dépendance médicamenteuse. C'est pourquoi nous endossons le troisième critère qui insiste sur le fait que tout narcomane fasse une tentative d'abstinence avant d'avoir recours à la méthadone. Nous favorisons particulièrement la participation à une communauté thérapeutique, en raison des résultats positifs confirmés par de nombreuses études (Bale et coll., 1980).

Il existe toutefois quelques situations où nous n'exigeons pas de tentative antérieure d'abstinence:

- la grossesse car la narcomanie constitue un risque important pour le foetus;
- certains clients qui ont un travail stable. Puisqu'un des buts de la réhabilitation est d'arriver à ce que le client puisse maintenir ou améliorer son insertion dans la société, il nous semble illogique d'exiger la participation à une communauté thérapeutique car il devrait alors laisser son emploi. Il leur reste quand même la possibilité d'utiliser des ressources en milieu ouvert pour devenir abstinent, tel «Narcotique anonyme»;
- une histoire de narcomanie remontant à plus de 10 ans;
- une personne transférée d'un autre programme de méthadone.

Le déroulement du traitement

Le contrat

Lors de sa première visite, le client prend connaissance des règles du programme et il s'engage par écrit à les respecter. *Nous sommes particulièrement sévères et intolérants à l'endroit de comportements antisociaux*: ainsi toute violence ou menace de violence envers les intervenants de même que tout vol ou trafic de drogues sur les lieux de la clinique entraînent l'exclusion immédiate et définitive du programme. Les autres règles concernent la ponctualité aux rendez-vous, l'obligation de fournir des spécimens d'urine pour la détection de drogues, les privilèges d'apporter la méthadone à la maison.

La pharmacie

Au début du traitement, les patients vont à leur pharmacie sept jours par semaine et boivent la méthadone, diluée dans du jus, *devant le pharmacien*. Éventuellement, le client pourra être autorisé à apporter des doses de méthadone à la maison et à se présenter moins souvent à la pharmacie. Ces privilèges sont très recherchés par nos patients et ils constituent une excellente source de motivation pour eux. Ils sont accordés aux conditions suivantes:

- conformité («compliance») aux règles du programme;
- abstinence de trois mois, à partir de la preuve que fournissent les analyses d'urine;
- avoir une occupation stable depuis au moins trois mois telle que travail, études, tâches parentales auprès de jeunes enfants.

Le dépistage urinaire

Le but du dépistage est de nous renseigner sur l'effet de blocage de la méthadone par rapport aux autres narcotiques, et sur la consommation d'autres substances.

Nous demandons au laboratoire de vérifier l'urine pour la présence de narcotiques autres que la méthadone, de cocaïne et de benzodiazépines. Si l'urine contient des narcotiques, nous devons remettre en question notre dose de méthadone qui n'est peut-être pas suffisante pour bloquer les effets agréables de l'héroïne. Si l'urine contient des benzodiazépines ou de la cocaïne, nous avons une preuve objective que la réhabilitation ne va pas bien et nous pouvons en discuter avec le patient.

Durant les premiers mois du traitement, nous demandons une analyse d'urine au moins une fois par semaine. Lorsque le narcomane a été abstinent pendant quelques mois et que nous pouvons constater une meilleure insertion sociale, nous pouvons diminuer la fréquence des dépistages urinaires. Le patient ne sait jamais à l'avance quels jours il aura à se présenter pour un test d'urine: c'est le pharmacien qui l'avise et le narcomane dispose alors de vingt-quatre heures pour se présenter chez nous et produire un spécimen.

La technique utilisée présentement permet de détecter la cocaïne et l'héroïne jusqu'à trois jours après la consommation d'une dose unique. La plupart des benzodiazépines peuvent être détectées dans l'urine plus d'une semaine suivant la prise.

Plusieurs centres contrôlent de façon très stricte la production du spécimen afin d'éviter que le patient donne une urine qui n'est pas la sienne. Nous ne contrôlons pas de routine, visuellement, la production des spécimens d'urine mais nous pouvons le faire à l'occasion pour certains clients.

La psychothérapie individuelle

Au CRAN, chaque patient a un intervenant principal avec qui il peut développer un lien. La relation qui s'établit est probablement le facteur le plus important dans la poursuite du programme et dans la réhabilitation qui va suivre. L'approche thérapeutique en est une d'écoute, de soutien et de travail sur les tâches concrètes de la réhabilitation. Il s'agit donc essentiellement d'une thérapie de soutien à long terme. La psychothérapie plus formelle n'est pas préconisée pour tous nos patients, la littérature indiquant clairement qu'elle n'est ni nécessaire ni utile dans tous les cas (Desmond et Maddux, 1983; Woody et coll., 1983; Rounsaville et coll., 1983; Rounsaville et coll., 1986; Kleber, 1984). Une fois en phase secondaire, si l'indication et la motivation sont présentes, le patient peut être référé pour psychothérapie. Cette opportunité se présente toutefois rarement.

La psychothérapie de groupe

La thérapie de groupe est abondamment utilisée en toxicomanie et plusieurs modèles d'intervention sont décrits dans la littérature (Mc Auliffe et coll., 1986; Zackon et coll., 1985; Journal of Psychoactive Drugs, 1987).

Le modèle le plus connu est certainement le groupe du type alcoolique anonyme. Le contenu des rencontres est centré sur l'expérience de la dépendance, le participant faisant appel à la force spirituelle d'un être supérieur pour l'assister dans sa réhabilitation; ces groupes sont animés par des ex-toxicomanes. Ce modèle a fait ses preuves depuis des décennies et nous encourageons nos bénéficiaires à participer à de tels groupes s'ils le désirent.

Le modèle que nous privilégions, connu sous le nom de «Recovery Training» (RT), a d'abord été conçu à Hong Kong avant de faire l'objet d'une validation scientifique à Boston. Ses caractéristiques sont les suivantes: le contenu des rencontres est centré sur l'expérience de l'abstinence; il s'adresse à des toxicomanes qui en sont au stade secondaire de leur traitement et qui ont cessé de consommer régulièrement; il est animé conjointement par un professionnel et un ex-toxicomane.

L'intervention est basée sur le principe qu'une fois la dépendance bien établie, le toxicomane se trouve confronté à une foule de stimuli qui le poussent à la consommation: la fréquentation de certains lieux et de certaines personnes, l'insomnie, la douleur, l'anxiété, la possession d'un gros montant d'argent sur soi, les contrariétés, la présence dans un «party», etc. Le but de la thérapie est d'apprendre à développer une nouvelle réaction face à ce genre de stimulation à prendre de la drogue. Cet apprentissage se fait par des échanges à l'intérieur du groupe, notamment avec des toxicomanes qui sont plus avancés dans leur réhabilitation.

En plus de la consommation de substances, d'autres sujets touchant l'expérience de l'abstinence sont abordés, tels que la vie professionnelle, la vie affective, la découverte de nouvelles activités procurant du plaisir et de la satisfaction, etc.

Les phases du traitement

Au CRAN, nous nous sommes donnés un modèle de l'évolution du client à l'intérieur du programme. La réhabilitation est un phénomène dynamique comportant des tâches à accomplir, des périodes de progrès, de stabilisation et parfois de recul. On distingue plusieurs étapes. La population en traitement est très hétérogène de sorte que le temps nécessaire pour traverser chaque étape varie beaucoup d'un client à l'autre.

Le traitement primaire

Quand le bénéficiaire est admis, et pendant les premiers mois du traitement, son profil est le plus souvent comme suit: consommation régulière de narcotiques et d'autres substances psychotropes; activités illégales; forte implication dans le milieu de la drogue; perte de contact avec le monde non-narcomane; absence de domicile stable; mauvais état de santé.

Les objectifs de cette phase sont l'arrêt de la consommation régulière de ces substances, l'évaluation de l'état de santé du sujet, la recherche d'un domicile fixe, la possibilité de couper les liens avec le milieu illicite et l'apprentissage des règles à suivre pour se conformer au programme.

Cette période dure de quelques semaines à plus d'un an, dépendamment des bénéficiaires; les entrevues avec l'intervenant sont d'environ une heure, au moins une fois par semaine. Parce que cette phase est caractérisée chez le client par des émotions très intenses et variées, il est important de passer beaucoup de temps avec ce dernier au début du traitement, afin de le stabiliser le plus rapidement. Au début, le narcomane ressent l'euphorie d'être enfin libéré de ses dettes, de ses activités criminelles et du sevrage. Le plus souvent, il voit la méthadone comme la solution miracle à tous ses problèmes. Quelques semaines après le début du traitement, le client devient plus réaliste: d'un côté, il a probablement perdu la plupart de ses amis car il ne partage plus avec eux la consommation de drogues; il est donc seul, et le plus souvent sans travail. D'autre part, il souffre souvent d'*anhédonie*, une incapacité presque totale de ressentir le plaisir, quelle que soit l'activité qu'il entreprend; il doit en effet réapprendre à apprécier et à goûter les choses de la vie. Ces souffrances engendrent une tristesse et parfois une vraie dépression. Le thérapeute doit accorder un soutien intense pendant ce temps et s'il s'agit d'une dépression majeure, il faut recourir aux antidépresseurs auxquels ces patients répondent très bien. La période de tristesse varie de quelques semaines à trois ou quatre mois.

Le traitement secondaire

À ce stade, le client commence à montrer une certaine stabilité. Il a cessé de consommer des narcotiques sur une base régulière, mais peut le faire à l'occasion; il se conforme aux règles du programme. Il s'est également trouvé un domicile et a cessé ses activités illégales régulières.

Les objectifs liés à cette seconde phase sont les suivants: le retour aux études ou au travail; l'amélioration des capacités à prendre ses responsabilités familiales ou parentales; la recherche de nouveaux amis hors du milieu de la drogue; le développement de sources de satisfaction dans sa vie (loisirs, hobbies, vie sociale, vie intime, etc.); la cessation définitive de la consommation et des activités illégales; la responsabilisation face aux conséquences du style de vie passé (paiement des dettes et amendes, capacité de faire face aux accusations criminelles, à la probation, à la libération conditionnelle, etc.)

Cette phase dure habituellement de un à trois ans. Le client a une rencontre individuelle avec son intervenant, une fois aux deux semaines de trente à soixante minutes, et il est invité à participer à un groupe de thérapie hebdomadaire. Certains bénéficiaires n'accomplissent jamais toutes les tâches de cette phase et plafonnent à ce niveau, ne parvenant jamais à une réhabilitation complète.

Le traitement tertiaire

À ce stade, le bénéficiaire est considéré complètement réhabilité et plus aucune intervention psychosociale n'est requise. Deux possibilités s'offrent alors: l'arrêt progressif de la méthadone sur une période de six à douze mois et l'adhésion à un groupe de soutien pour patients réhabilités durant quelques années; la poursuite de l'entretien à la méthadone pour une période indéfinie. En phase tertiaire, le client est en contact avec l'intervenant une fois par mois ou par deux mois, pour des séances de quinze à trente minutes.

Aspects médicaux du traitement

L'examen de santé

Tout nouveau patient est soumis à un examen de santé dans les premières semaines de son traitement. Les narcomanes actifs sont exposés à une foule de problèmes de santé qui découlent de leur style de vie et de l'usage de matériel d'injection non stérilisé. Les narcomanes non traités ont un taux de mortalité de dix fois supérieur à celui de leur groupe d'âge, d'après des études effectuées avant l'avènement du SIDA (Gearing et Schweitzer, 1974). Il est donc important de faire une bonne évaluation de l'état de santé en début de traitement, en s'attardant aux aspects suivants:

- hygiène et soins dentaires;
- maladies transmises sexuellement;
- contraception;
- enseignement sur les mesures à prendre pour prévenir la transmission ou la réception du virus HIV (SIDA);
- recherche des marqueurs de l'hépatite B; déterminer si le narcomane peut transmettre le virus afin de protéger le ou les partenaires sexuels;
- maladies reliées à l'usage d'alcool;
- maladies reliées à l'usage du tabac;
- évaluation de toute condition pouvant nécessiter un traitement ou pouvant nuire à un éventuel retour aux études ou au travail.

Les épreuves de laboratoire

Sont pertinentes les épreuves suivantes:

- le dépistage de la syphilis et des autres maladies transmises sexuellement s'il y a lieu;
- la détermination du statut par rapport à l'hépatite B;
- le dépistage du HIV lorsque cela est indiqué.

Ces épreuves, sauf le HIV, auraient avantage à être faites au tout début du traitement car les résultats pourront inciter à prendre des décisions préventives et thérapeutiques très précises.

La prescription de méthadone

«*Primum non nocere*». Il faut toujours garder en mémoire que la méthadone peut causer une dépression respiratoire importante chez les personnes non tolérantes aux narcotiques. De plus, le bénéficiaire, en début de traitement, consomme encore des drogues de rue et peut faire abus de tranquillisants et d'alcool; la méthadone exerce un effet cumulatif avec les autres dépresseurs du système nerveux central. Pour ces raisons, il est donc plus prudent de commencer avec de faibles doses de méthadone.

La méthadone est équivalente, milligramme pour milligramme, à la morphine. Dans le cas d'un patient hospitalisé à qui serait administrée de la morphine en dose connue, (dans le cas où ce patient ne prendrait aucun autre narcotique), il suffit de calculer la dose de morphine prescrite par vingt-quatre heures, et diminuer de 30 % pour obtenir la dose de méthadone à donner au patient par voie orale, une fois par jour et en une seule dose. Si le patient se plaint de symptômes de sevrage, on peut augmenter la dose de dix milligrammes par jour jusqu'à ce que les symptômes disparaissent.

Mais on a rarement le luxe de connaître avec une telle précision la dose de narcotique consommée par le client; on ne peut guère non plus se fier à ce qu'il nous rapporte attendu qu'il exagère souvent et que la qualité de l'héroïne ainsi que sa pureté varient de ville en ville et de mois en mois.

Nous prescrivons une dose initiale de trente milligrammes de méthadone par vingt-quatre heures; il est impossible de causer, même chez un individu qui n'est pas narcomane, une dépression respiratoire sévère avec cette dose. Nous revoyons le client quarante-huit à soixante-douze heures plus tard. S'il présente une lenteur psychomotrice, nous savons qu'il n'est pas vraiment narcomane ou bien qu'il prend d'autres substances en plus de la méthadone. On ne devrait jamais augmenter la dose dans ces circonstances, au contraire, il peut être indiqué de la diminuer ou d'arrêter le traitement.

Si l'individu se plaint de sevrage, même *s'il ne présente aucun signe objectif*, nous augmentons la dose de dix milligrammes par semaine, jusqu'à ce que les symptômes disparaissent.

Nous utilisons aussi les analyses d'urine pour nous aider à décider de la dose de méthadone; si nous y retrouvons régulièrement de l'héroïne, il est probable que la dose de méthadone ne soit pas assez élevée pour neutraliser l'effet du narcotique illicite.

Il est rare d'avoir à augmenter la dose à plus de cent milligrammes par jour et il est plus prudent de consulter un médecin expert en la matière avant de dépasser cette dose. Par contre, nous pensons qu'*il n'y a pas de maximum théorique*, et les individus qui ont besoin de fortes doses ne sont pas plus malades (Newman, 1987). Il est probable que certains patients métabolisent la méthadone plus rapidement. Aussi, plus l'héroïne de rue est pure, plus il faut une forte dose de méthadone pour bloquer ses effets.

Les intervenants

Il n'est pas recommandé, sauf dans des situations exceptionnelles, que des intervenants isolés pratiquent l'entretien à la méthadone. Il est important de constituer une équipe multidisciplinaire comprenant médecin, infirmiers et infirmières, ainsi que des intervenants psychosociaux pouvant détenir une formation en psychologie, en service social, en criminologie ou en psycho-éducation. Des ex-toxicomanes réhabilités peuvent aussi devenir d'excellents intervenants. Nous leur recommandons cependant de se donner une formation académique pour compléter leur expérience personnelle. Tous les intervenants doivent posséder les habiletés de base en relation d'aide.

Si nous voulons offrir un service de qualité et prévenir l'épuisement professionnel — «*burn out*» — chez les intervenants, leur charge de travail respective ne devrait pas dépasser vingt à trente clients en traitement actif (primaire et secondaire).

Tout programme a besoin d'un système pour dispenser la méthadone. Ceux que nous avons visités distribuent la méthadone sur place, ce qui implique que chaque matin plusieurs centaines de narcomanes se concentrent en un point pour venir chercher leur médicament. Faute de fonds, nous n'avons jamais opéré de cette façon à Montréal et à l'usage, cela se révèle plus heureux ainsi; la méthadone est dispensée dans une quinzaine de pharmacies commerciales dispersées sur tout le territoire de la Communauté urbaine de Montréal, ce qui comporte plusieurs avantages:

- diminuer le temps de transport du produit;
- éviter de concentrer les narcomanes en un seul point de la ville;
- diminuer les chances de rencontres entre patients ;
- préserver l'anonymat des clients;
- assurer des heures d'ouverture plus longues.

Le coût de la méthadone est à la charge du bénéficiaire, sauf pour les individus recevant de l'aide sociale.

Les cas de grossesse chez des narcomanes

Nous voudrions aborder le cas des narcomanes enceintes, car il s'agit d'une condition particulière qui mérite un *traitement immédiat en tout temps*. La narcomane enceinte a souvent un style de vie qui constitue un risque important pour son foetus en raison:

- du manque d'argent;
- d'une alimentation déficiente qualitativement et quantitativement;
- de l'usage de matériel d'injection non stérilisé comportant des risques d'infection grave, notamment le SIDA et l'hépatite B;
- du recours à la prostitution;
- de l'usage de multiples substances de rue (pouvant contenir des adultérants), de médicaments, de tabac et d'alcool;
- de climat général de vie peu propice à se préparer à son rôle de mère;
- de comportements ne respectant pas la nécessité des visites médicales prénatales et de la participation à un cours prénatal.

Les études portant sur les bébés nés de ces femmes confirment les dangers pour le foetus de l'usage de l'héroïne: l'incidence de toxémie, de décollement placentaire, de la naissance de bébés de petit poids, de prématurité et de mortalité néonatale est augmentée (Statzer et Wardell, 1972; Olofsson et coll.,

1983; Fitzsimmons et coll., 1986; Caviston, 1987). La fréquence de ces patho-logies diminue lorsque la narcomane enceinte est sous traitement à la méthado-ne.

Il n'est pas recommandé de procéder à un sevrage pendant la grossesse car le manque des narcotiques peut provoquer des contractions de l'utérus et, conséquemment, soit un arrêt de la grossesse, soit un accouchement prématu-ré. Dans l'état actuel de nos connaissances, il n'y a aucune évidence que la prise de méthadone par la mère occasionne des malformations chez le foetus et constitue une contre-indication à l'allaitement maternel.

Différences dans l'organisation des cliniques

Depuis la fondation des premières cliniques de traitement avec la métha-done il y a plus de vingt ans, il y a eu nombre de variations sur la façon de pro-céder. Ces variations se rapportent presque toujours au type de psychothéra-pie offert, à la modalité de dispensation du médicament ainsi qu'à son dosage et à la durée du traitement. Ainsi, Bigelow et ses collaborateurs (1980) ont combiné la prescription de méthadone avec des thérapies behaviorales.

À New York, tous les clients d'une clinique (rappelons qu'il y a 32 000 nar-comanes en traitement dans cette ville) doivent se présenter le matin à leur cli-nique pour recevoir leur médicament. En Europe, des autobus se promènent de quartier en quartier pour dispenser la méthadone et minimiser ainsi le temps que le narcomane doit consacrer pour se rendre à une clinique.

Les doses maximales varient selon le pays et même à l'intérieur de celui-ci. Aux États-Unis, par exemple, il faut une permission du gouvernement fédé-ral avant de prescrire une dose quotidienne de plus de cent milligrammes. Au Canada, chaque province semble avoir une philosophie différente bien que la plupart des cliniques ne dépassent pas le seuil du cent milligrammes. Au CRAN, nous n'avons établi aucun maximum théorique, mais décidons selon les besoins cliniques constatés.

On ne peut parler de différences sans mentionner celles relatives à la *durée du traitement*. Plusieurs options ont été étudiées:

- le sevrage avec l'aide de la méthadone en quelques se-maines;
- l'entretien bref (moins de un an), suivi du sevrage;
- l'entretien à durée non limitée, le client pouvant décider d'être sevré après un certain temps ou de continuer la mé-dication.

Nous avons choisi, pour notre part, la dernière option, car la littérature scientifique indique que l'abstinence de la méthadone n'est un objectif réaliste que pour environ 10 % de la clientèle que nous desservons (Stimmel et coll., 1987; Cushman, 1978).

Si le client le désire, le sevrage sera entrepris et étalé sur une période de six à douze mois. Il n'y a aucun avantage à procéder rapidement et il faut accepter de reprendre le client en traitement s'il y a rechute. L'incapacité de se sevrer ne constitue en rien un échec du traitement, notre objectif étant la *réhabilitation* d'une personne et non l'abstinence de la méthadone.

Résultats et controverses

Les principaux paramètres utilisés pour mesurer l'efficacité des programmes d'aide aux narcomanes ont été les suivants:

- la diminution et l'arrêt de la consommation de substances narcotiques ou autres;
- la diminution et l'arrêt de la criminalité;
- la participation au marché du travail;
- divers autres indices d'intégration sociale comme le degré de responsabilité parentale, l'étude des réseaux d'amis, la stabilité du logement, etc.

Au chapitre de la consommation, l'entretien à la méthadone se révèle efficace pour réduire la consommation de narcotiques. Cependant, cette clientèle étant fortement polytoxicomane, la consommation d'autres substances telles que la cocaïne, l'alcool, les tranquillisants peut persister et se révéler beaucoup plus rebelle au traitement et extrêmement nuisible à la réhabilitation.

Les études de Sechrest (1979) ont montré une diminution de la criminalité telle que mesurée par le nombre d'arrestations et d'incarcérations; après cinq ans de traitement, le taux de criminalité est ramené au niveau qui existait avant le début de la narcomanie.

Plusieurs études, dont celle de Achim et collaborateurs (1981), ont montré une augmentation de la participation au marché du travail si les patients sont maintenus en traitement prolongé. Les pourcentages de patients au travail varient beaucoup d'un programme à l'autre en raison de l'influence de conditions locales tels le taux de chômage, la scolarisation et la composition ethnique de la clientèle, la présence de discrimination dans la communauté, etc.

Les principales controverses quant à l'efficacité du traitement à la méthadone concernent l'évaluation des résultats et le lien de cause à effet qui existe entre la participation au programme et les changements observés; ces changements pourraient n'être que la conséquence du temps et de la maturation de la clientèle. Les résultats varient également d'un programme à l'autre.

Toute modalité thérapeutique devrait, si possible, être comparée à des modalités s'adressant à la même pathologie. Bale et ses collaborateurs (1980) rapportent les résultats d'une étude où 585 narcomanes furent assignés au hasard à diverses formes de traitement; les communautés thérapeutiques et l'entretien à la méthadone montraient des résultats analogues.

Il ne faut pas non plus négliger la controverse idéologique qui existe quant à l'utilisation d'une substance pharmacologique pour traiter la pharmacodépendance; certains rejettent d'emblée, par principe, toutes formes de traitement médicamenteux, quels que soient les résultats obtenus.

Il ressort de tout cela que le traitement d'entretien à la méthadone est une approche valable mais comportant des limites évidentes. Les intervenants doivent donc bien sélectionner les clients et enrichir le programme par diverses formules de soutien et d'encadrement.

Les facteurs pronostiques

Plusieurs paramètres peuvent avoir une valeur pronostique, particulièrement les événements antécédents à la toxicomanie de même que les conditions observables à l'entrée dans le programme, soit:

- les traumatismes de l'enfance et de l'adolescence (violence familiale, abandon parental, abus sexuel, etc.);
- une histoire familiale de toxicomanie et de maladie mentale;
- la présence d'une pathologie mentale chez le sujet (dépression, troubles de la personnalité, etc.);
- l'état matrimonial et les responsabilités parentales;
- l'intégration sociale et la participation au marché du travail;
- le degré de criminalité;
- les sources de revenu.

La liste n'est pas exhaustive. Ces facteurs nous permettent, comme cliniciens, de mesurer les difficultés que nous allons rencontrer dans la réhabilitation et les risques d'abandon en cours de traitement. Cependant, aucune mesure ne nous permet de prévoir avec certitude qui réussira et qui échouera.

Coûts du programme et prévalence du problème

Le coût actuel de notre programme se chiffre à 2000 $ par bénéficiaire, par année. À cela s'ajoute un montant de 1500 $, défrayé par le bénéficiaire pour l'achat de sa médication. Il est à noter que dans tous les programmes aux États-Unis et en Angleterre, la méthadone est distribuée gratuitement.

Ce coût se compare avantageusement à celui d'autres modalités thérapeutiques comme les communautés thérapeutiques ou la désintoxication médicale. Sachant qu'un narcomane en prison génère des coûts de l'ordre de 40 000 $ par an, l'entretien à la méthadone s'avère une approche rentable pour maintenir un individu fonctionnel au plan social.

Combien y a-t-il d'individus dans la communauté susceptibles de bénéficier d'un tel service? Se basant sur les arrestations et les saisies de drogues, les corps policiers évaluaient entre 4000 et 5000 le nombre d'usagers réguliers d'héroïne sur le territoire de la Communauté urbaine de Montréal, en 1986. En 1960, on évaluait ce nombre à moins de cent. Le nombre de narcomanes a augmenté de façon rapide pendant les années 1970; malgré une stabilisation de l'incidence des nouveaux cas dans les années 1980, cette population est en augmentation régulière étant donné la chronicité du problème et l'insuffisance des places en traitement.

Bien qu'un phénomène essentiellement montréalais, il existe cependant de petits groupes de consommateurs de narcotiques dans d'autres villes dont Québec, Sherbrooke et Chicoutimi.

Conclusion

Le traitement d'entretien à la méthadone existe depuis plus de vingt ans et sa validité est bien documentée, tout comme ses succès et ses limites. La qualité des résultats repose d'abord sur une bonne sélection de la clientèle et sur un support psychosocial approprié en cours de traitement. Cette thérapie se révèle rentable pour l'ensemble de la société en raison de ses effets réducteurs sur la criminalité et favorables quant au taux de participation au marché du travail. L'entretien à la méthadone devrait faire partie des services offerts aux toxicomanes dans les communautés aux prises avec un problème spécifique de narcomanie.

Références

ACHIM, D., LAUZON, P. et LEHMAN, F. (1981). Le traitement de soutien par la méthadone chez le narcomane. L'expérience du CLSC Centre Sud. *L'Union Médicale du Canada*, *Tome 110*, Avril.

BALE, R.N., VAN STONE, W.W., KULDAU, J.M., ENGELSING, T.M.H., ELASHOFF, R.M. et ZARCONE, V.P. (1980). Therapeutic communities vs methadone maintenance. *Archives of General Psichiatry*, vol. 37: 179-193.

BIGELOW, G., STITZER, M., LAURENCE, C., KRASNEGOR, N., D'LUGOFF, B. et HAW-THRONE, J. (1980). Narcotic addiction treatment: behavioral method concurent with methadone maintenance. *International Journal of the Addictions*, vol. 15, 3: 417-437.

CAVISTON, P. (1987). Pregnancy and opiate addiction. *British Medical Journal*, vol. 295: 285.

CUSHMAN, P. (1978). Abstinence following detoxification and methadone maintenance treatment. *American Journal of Medecine*, vol. 65: 46-52.

DESMOND, D.P. et MADDUX, J.R. (1983). Optional versus mandatory psychotherapy in methadone maintenance. *International Journal of Addiction*, vol, 18, n° 2: 281-290.

DOLE, V.P. et NYSWANDER, M.E. (1967). The methadone treatment of heroin addiction. *International Journal of the Addictions*, vol. 2.

DOLE, V.P., NYSWANDER, M.E. et DREEK, M.J. (1966). Narcotic blockade. *Archives International of Medecine*, vol. 118.

FITZSIMMONS, J., TUNIS, S., WEBSTER, D., IZES, J., WAPNER, R. et FINNEGAN, L. (1986). Pregnancy in a drug-abusing population. *American Journal of Drug and Alcohol Abuse*, vol. 12, n° 3: 247-255.

GEARING, F.R. et SCHWEITZER, M.D. (1974). An epidemiologic evaluation of long-term methadone maintenance treatment for heroin addiction. *American Journal of Epidemiology*, vol. 100: 101-112.

KLEBER, H.D. (1984). Is there a need for «professionnal psychotherapy» in methadone programs? *Journal of Substance Abuse treatment*, vol, 1: 73-76.

MC AULIFFE, W.E. et CH'IEN, J.M.N. (1986). Recovery training and self-help: e relapse-prevention program for treated opiate addicts. *Journal of Substance Abuse*, vol. 3: 9-20.

NEWMAN, R.G. (1987). Methadone treatment. Defining and evaluating success. *The New England Journal of Medecine*, vol. 317, n° 7: 447-450.

OLOFSSON, M., BUCKLEY, W. ANDERSEN, G.E. et FRIIS-HANSEN, B. (1983). Investigation of 89 children born by drug-dependant mothers. *Acta Paediatr Scand*, vol. 72, n° 3: 247-255.

JOURNAL OF PSYCHOACTIVE DRUGS (1987). Professionnal treatment and 12-step process., vol. 19, n° 3: 227-317.

ROBINS, L.N. et MURPHY, G.E. (1967). Drug use in a normal population of young negro men. *American Journal of Public Health*, vol. 57, n° 9: 1580-1596.

ROBINS, L.N. (1974). A follow-up study of vietnam veterans'drug use. *Journal of Dru g Issues*: 61-63.

ROUNSAVILLE, B.J., GLAZER, W., WILBER, C.H., WEISSMAN, M.M. et KLEBER, H.D. (1983). Short-term interpersonnal psychotherapy in methadone-maintained opiate addicts. *Archives General of Psychiatry*, vol. 40: 629-636.

ROUNSAVILLE, B.J., KOSTEN, J.R., WEISSMAN, M.M. et KLEBER, H.D. (1986). A 2,5 year follow-up of short-term interpersonnal psychotherapy in methadone-maintained opiate addicts. *Comprehensive Psychiatry*, vol. 27, n° 3: 201-210.

SECHREST, O.K. (1979). Methadone maintenance and crime reduction: a maintenance treatment. *American Journal of Medecine*, vol. 65.

STATZER, D.E. et WARDELL, J.N. (1972). Heroin addiction during pregnancy. *American Journal of Obstetrics and Gynecology*, vol. 113, n° 2: 273.

STIMMEL, B., GOLDBERG, J., RATKOPF, E. et COHEN, M. (1978). Ability to remain abstinent after methadone detoxification. A six-year study. *JAMA*, vol. 237, n° 12: 1216-1220.

WOODY, G.E., LUBORSKY, L., MCLELLAN, A.T., O'BRIEN, C.P., BECK, A.T., BLAINE, J., HERMAN, I. et HOLE, A. (1983). Psychotherapy for opiate addicts. Does it help? *Archives of General Psychiatry*, vol. 40: 639-645.

ZACKON, R., MC AULIFFE, W.E. et CH'IEN, J.M.N. (1985). Addict aftercare: recovery training and self-help. *National institute on drug abuse* (Rockville, MD), publication n° (ADM) 85-1341.

RÉSUMÉ

Le traitement des narcomanes au moyen de la cure d'entretien à la méthadone est en usage depuis plus de vingt ans et a fait l'objet de plusieurs études évaluatives. Avec les années, diverses autres modalités thérapeutiques ont été ajoutées au traitement pharmacologique. Ce chapitre passe en revue la sélection de la clientèle, la pharmacologie, le soutien psychosocial et les dimensions organisationnelles d'un programme global («comprehensive») de réhabilitation par l'entretien à la méthadone.

Chapitre 25

La rééducation sociale du toxicomane*

Yvon Blais

L'approche psychosociale connaît aujourd'hui une grande popularité, mais son volet «social» demeure encore bien en retrait par rapport au volet «psychologique». Le plus souvent formés aux techniques d'aide relevant de la psychopathologie ou de la croissance personnelle, les professionnels ont moins investi dans le secteur social de la réadaptation. Ce volet de l'approche psychosociale reste donc à developper et des tentatives en ce sens se font de plus en plus. Nous avons voulu ici relater une expérience en rééducation sociale, menée pendant plusieurs années dans le cadre d'un centre d'accueil de réadaptation pour toxicomanes.

Avant de définir les principales caractéristiques de cette approche, il nous apparaît important de la situer dans le cadre général de l'intervention, en rappelant l'esprit avec lequel l'approche psychosociale aborde le toxicomane et les objectifs qu'elle poursuit.

L'approche psychosociale du toxicomane

La personne toxicomane arrive le plus souvent chez nous à un moment où sa relation avec l'environnement s'est complètement détériorée, où elle n'arrive plus à trouver de réponses adéquates. Ceci n'est pourtant pas arrivé du jour au lendemain. Le processus a été long. La consommation de drogue procure des effets qui servent parfois de réponse «logique» aux situations problématiques que rencontrent certaines personnes. Plusieurs produits, comme l'alcool, possèdent un effet dépresseur sur le système nerveux central qui apporte un soulagement provisoire. Ils peuvent ainsi permettre d'échapper à la situation stressante et même de mieux y faire face... au moins pour un temps.

---

* Texte inédit. Conférence prononcée dans le cadre du séminaire d'automne de l'Association des intervenants en toxicomanie du Québec, en novembre 1985.

Il pourra s'agir d'une femme, maîtresse de maison, qui avec ses deux enfants a de plus en plus le sentiment de voir les quatre murs de la cuisine se refermer sur elle; ou de son amie, brillante femme de carrière, qui tente de mener de front une vie professionnelle et domestique.   Ou encore de son mari qui se «défonce» en temps supplémentaire pour pouvoir gagner encore plus.   Ils tiennent tous encore le coup, souvent grâce à l'alcool ou aux médicaments.

Si le recours à de telles solutions se répète fréquemment, la capacité de développer des réponses plus efficaces risque de s'émousser.   Toute stratégie adaptative basée sur le recours à des drogues, quelles qu'elles soient, finit par handicaper la personne dans ses interactions avec l'environnement.

L'approche psychosociale s'intéressera justement à la nature de ces interactions chez le toxicomane, en se demandant qu'est devenue sa façon d'être au monde, qu'est devenue sa façon de composer avec son milieu ?

Les objectifs poursuivis

Lorsque les toxicomanes entreprennent une démarche de réadaptation, ils croient souvent qu'il leur suffira de modifier la relation avec le produit dont ils abusent pour arriver à un meilleur fonctionnement.   Plusieurs seront amenés à couper avec l'univers particulier des effets de la drogue, attitude d'ailleurs fort positive.   Déjà, à ce stade, ils se sentent davantage «au monde» et retrouvent un meilleur contact avec eux-mêmes.

Très vite cependant, ils s'aperçoivent ne pas posséder toutes les habiletés nécessaires pour composer de façon satisfaisante avec leur environnement. Si cesser de consommer peut devenir une condition nécessaire à la réadaptation, elle ne suffit pas.   C'est un peu comme une personne ayant eu le bras dans le plâtre pendant des mois qui, une fois le plâtre enlevé, se retrouve quand même avec un bras très peu fonctionnel; elle doit faire des exercices, bien choisis, et cela régulièrement pour que son membre retrouve un fonctionnement adéquat.

Certains toxicomanes «gelés» pendant des mois, voire des années, ne retrouvent pas non plus, automatiquement avec la sobriété, l'aisance nécessaire pour composer de façon adéquate avec leur environnement.

Même «revenus à terre», ces individus ne retrouvent pas pour autant confiance en eux, confiance en leur potentiel. Ils ne se sentent pas nécessairement plus compétents pour «négocier» la réalité des contacts quotidiens avec tout le monde qu'ils rencontrent. Ils sont aux prises avec un ensemble d'attitudes inappropriées, le plus souvent développées au fur et à mesure de leur consommation, mais suffisamment enracinées pour persister même au-delà de l'abstinence.   Plusieurs essaient alors de recourir à des stratégies antérieures à la période où ils consommaient, mais la plupart du temps, celles-ci étaient déjà porteuses d'échec.   Ne resterait-il qu'à retomber dans le cercle vicieux de la consommation?   C'est probablement ce qui risque d'arriver si aucun outil approprié pour rééquilibrer leur relation avec l'environnement ne leur est offert. Permettre au toxicomane de reprendre le contrôle de sa relation avec l'ensemble de son milieu physique, social et humain constitue précisément l'objectif principal d'une approche de type psychosocial. Il s'agit là, d'abord et avant tout, d'un objectif de rééducation sociale, que nous avons expérimenté pour notre part dans un cadre d'intervention en milieu externe.

Caractéristiques d'une stratégie de rééducation sociale

La stratégie de rééducation consiste à faire du centre externe un lieu privilégié d'apprentissage, un milieu intermédiaire où le toxicomane peut, sur place, s'entraîner en toute sécurité à mettre en pratique des habiletés de vie. La chance de pouvoir le faire d'abord dans un milieu «facilitateur» constitue en fait l'étape souvent manquante du processus de réinsertion sociale.

L'intervention de groupe

La première caractéristique est l'importance accordée à l'intervention de groupe. Plusieurs types d'interventions ont été tentées ces dernières années, quelques-unes semblant avoir mieux résistées à l'expérience du temps. Il s'agit de groupes de soutien et d'information sur les toxicomanies, de groupes de relaxation et de travail sur soi, mixtes et non mixtes, de groupes «d'activités» et de groupes s'adressant plus particulièrement à l'entourage du toxicomane («Vivre avec un toxicomane»).

L'intervention de groupe est privilégiée, d'abord parce que le toxicomane qui vient en centre externe se trouve souvent complètement isolé ou, dans les meilleurs cas, évolue dans un contexte interactionnel très pauvre. Le cadre du groupe est alors propice à la création d'interactions nombreuses et variées, ce qui en soi agit déjà sur la motivation du client et facilite son implication.

De plus, le fait que plusieurs de ces groupes soient accessibles le jour et le soir permet au toxicomane une meilleure prise sur le «réflexe conditionné» à se tourner, quoi qu'il arrive, vers la consommation. En début de démarche, la participation à ces groupes lui permet en outre de rompre momentanément avec des milieux souvent encore trop associés à la consommation de drogue, besoin auquel la traditionnelle entrevue hebdomadaire individuelle ne suffit pas, dans la plupart de cas, à répondre.

Ces groupes, enfin, multiplient pour le toxicomane les occasions de faire l'expérience des différentes facettes du monde de ses émotions, et d'arriver ainsi, beaucoup plus rapidement, à en supporter le contact, voire même à leur redonner un sens nouveau. Ce monde des émotions qui, il n'y a pas si longtemps, lui faisait pourtant si peur.

L'implication dans des activités concrètes

La stratégie de rééducation favorise aussi l'implication dans des activités concrètes. Aussi, plusieurs sont offertes aux toxicomanes afin de favoriser leur passage à l'action. Celles qui semblent jusqu'ici obtenir les meilleurs résultats font appel à la créativité du bénéficiaire: la participation à des soirées d'improvisation, l'organisation de fêtes, de soirées d'amateurs ou d'une pièce de théâtre, la mise sur pied d'une activité sportive ou d'une fin de semaine de plein air, ou encore la collaboration au journal du centre, où le toxicomane osera apporter ses poèmes ou ses dessins. En bref, un ensemble d'activités suffisamment variées pour que le client puisse y trouver celle qui va le mieux faciliter son apprentissage de l'implication et le développement de ses habiletés sociales. Chaque toxicomane, tout au long de son cheminement, se verra proposer la participation à ces activités comme autant d'invitations constantes à se «mouiller», à se commettre avec d'autres individus.

L'apprentissage de l'implication et du passage à l'action ne consistent donc pas seulement à recevoir de l'information. C'est un processus dynamique où le toxicomane doit s'éprouver lui-même, dans l'action. Et le saut qu'il a à faire lui est très difficile: une remarque désobligeante, le moindre faux pas, risque de tout faire écrouler. À ce stade, plusieurs toxicomanes vivent encore la peur constante d'une blessure narcissique éventuelle. Mais l'enthousiasme qui se crée autour de la réalisation des différentes tâches est invitant. Le climat de travail entretenu par les bénéficiaires — des gens comme lui — est permissif, supportant. L'occasion est donc excellente d'oser essayer.

Le niveau d'implication demandé évolue au fur et à mesure qu'il avance dans sa démarche, car c'est au travers de ce processus qu'il va prendre de la force, qu'il va se responsabiliser. Cela va de la simple participation à une activité jusqu'à la collaboration à son organisation au sein d'un comité, et parfois même, jusqu'à l'accompagnement de l'intervenant dans son travail[1].

L'utilisation de ces différentes activités facilite grandement le travail de réadaptation dans la mesure où elles placent sans cesse le toxicomane dans des situations où il peut se voir aller, mais où l'intervenant a également l'occasion de le voir évoluer. L'intérêt de ces activités n'est d'ailleurs pas tant leur résultat que tout ce qui se passe avant d'y parvenir. Elles favorisent l'émergence d'un matériel, disponible pour le toxicomane et que l'intervenant va pouvoir, sur place, immédiatement utiliser. L'objectif, ne l'oublions pas, est avant tout rééducatif.

Dans cette optique, le rôle de l'intervenant, bien aguerri aux différents modes de fonctionnement du toxicomane, devient essentiel, ce que des stratégies antérieures ont d'ailleurs pu démontrer. Constamment présent sur le ter-

---

1. Au Secteur Est de Domrémy-Montréal, des clients en fin de démarche sont ainsi appelés les «accompagnateurs du Secteur». Ils donnent un coup de main à l'intervenant pour l'accueil des nouveaux, faire le lien avec l'hôpital ainsi qu'avec les services internes, etc.

rain de l'activité, il doit être apte à utiliser toutes ces occasions, privilégiées, qui permettent au comportement du toxicomane de se révéler: l'intervenant pourra ainsi amener le client à identifier les attitudes foncièrement incompatibles avec le nouveau mode de vie qu'il s'est choisi.

La vie du centre d'accueil

Une autre des caractéristiques de notre stratégie de rééducation consiste à utiliser la vie même du centre comme facteur important dans la réadaptation. D'abord, précisons que cette vie possède un caractère fort différent de celle des centres de consultations médicales et psychologiques où, dans les faits, on n'utilise pas l'environnement. Comme tout est centré sur la relation avec le personnel intervenant, le contexte environnemental est plutôt neutre, ce qui renforce d'ailleurs souvent les attitudes attentistes et passives du toxicomane.

L'ambiance se veut également différente de celle que l'on retrouve au sein des groupes de bénévoles: dans les «Unités Domrémy» par exemple, il est possible d'aller combler un manque au plan de la vie sociale en allant jaser avec des gens autour d'un café ou d'une table de jeu; l'atmosphère y est avant tout récréative et souvent chaleureuse, mais elle n'a pas pour but premier d'inciter à l'action.

L'ambiance recherchée, dans le milieu privilégié d'apprentissage que nous favorisons, en est d'abord une de travail et de créativité. Les toxicomanes y sont considérés comme des personnes qui peuvent aussi avoir du talent et faire quelque chose de constructif. Il s'agit donc d'une ambiance stimulante où chacun s'affaire autour d'un projet à initier ou à terminer. Une ambiance qui suscite un attrait pour le passage à l'action, et dont le maintien est assuré par des règles de vie connues et acceptées de tous.

C'est en fréquentant un milieu où, constamment, il peut se rendre compte de la qualité des réalisations de gens comme lui, que le toxicomane commence à éprouver un sentiment de fierté. «En venant ici, je fais peut-être partie de quelque chose de valable», dira l'un d'eux. L'identification progressive à un milieu dynamique et constructif contribue à la restauration de l'image de soi qui, en retour, favorise un enrichissement de ce même milieu.

Un tel dynamisme ne va pas sans favoriser un attachement au centre externe, facteur qui joue dans la motivation du toxicomane à poursuivre sa démarche. Nous savons que plus le toxicomane reste dans le programme, plus les chances de réussir sont grandes (Simpson et Savage, 1981-1982; Wilson et Mandelbrote, 1978). C'est pourquoi cette stratégie mise autant sur la vie même du centre que sur l'établissement d'une bonne relation avec l'intervenant.

Le suivi personnalisé

La quatrième caractéristique est d'assurer au toxicomane un suivi person-nalisé et assuré par des entrevues individuelles avec le même intervenant, du début à la fin de la démarche. C'est avec cet intervenant que le toxicomane va, à partir de tout ce qui est offert au centre, se construire le programme qui de-vrait le mieux répondre à ses besoins. C'est aussi avec cet intervenant qu'il prend l'engagement de s'impliquer dans le programme et d'aborder les difficul-tés qui se présenteront.

Dans cette perspective, l'entrevue individuelle a un rôle particulier, d'abord centré sur la façon dont le toxicomane vit son implication. Très sou-vent, certaines attitudes révélées à l'intérieur des groupes et au cours d'activi-tés ont sur lui un effet bousculant qu'il s'empresse, sur le coup, de contenir. Le contexte d'intimité et le climat de confiance qui s'installent au fur et à mesure des entrevues individuelles permettent alors de travailler sur ces aspects.

La stabilité d'une présence tout au long de la démarche diminue les pos-sibilités de manipulation et permet de mieux comprendre l'évolution personnelle du toxicomane afin de pouvoir ajuster son programme en conséquence. L'im-portance mise sur l'élaboration d'un programme individualisé va dans le sens des recherches les plus récentes qui indiquent que la majorité des toxicomanes s'améliorent si l'intervention sait s'adapter à leurs besoins spécifiques (Gottheil et coll., 1981: IX-XV, 33-50, 295-325).

Le rayonnement dans la communauté

La dernier point d'importance concernant le milieu privilégié d'apprentis-sage que nous décrivons est la dimension rayonnement dans la communauté.

Malgré ce que l'on croit, les toxicomanes et leur entourage sont loin d'être tous rejoints par les activités cliniques du centre externe de leur région; il est donc important d'intégrer à ce centre un service d'information et d'éducation. Aussi, les toxicomanes qui ne sont pas bénéficiaires de même que la commu-nauté au sein de laquelle ils évoluent, pourront être informés sur la toxicomanie, ses caractéristiques et les moyens disponibles pour s'en sortir. Ce service est d'autant plus crédible et efficace qu'il est offert en grande partie grâce à l'impli-cation de la clientèle arrivée en fin de démarche, c'est-à-dire ceux-là mêmes qui ont réussi à solutionner leur problème grâce au milieu de vie offert par le centre. C'est pour nous une façon idéale de s'enraciner dans la communauté et d'assurer un impact beaucoup plus grand à l'intervention. D'ailleurs, l'ap-proche communautaire s'avérera souvent le prolongement naturel de cette stra-tégie de rééducation sociale.

Résistances à l'implantation d'une telle stratégie

L'implantation d'une telle stratégie de réadaptation ne se fait pas sans soulever plusieurs résistances.

Les premières proviennent de la clientèle elle-même. Lorsque les toxicomanes arrivent au centre externe et réalisent qu'ils devront eux-mêmes bouger, que les intervenants ne les prendront pas complètement en charge mais ne feront que les orienter dans leur démarche en faisant le point à l'occasion, ils se félicitent au moins de ne pas avoir à payer! Un processus d'apprentissage si actif ne les séduit pas à prime abord, mais il suffit pourtant qu'ils y mettent le pied pour se laisser prendre au jeu. Cela étant dit, il est clair qu'aucune stratégie d'intervention ne peut se substituer à la motivation du client qui en constitue le prérequis.

Une autre résistance à s'impliquer vient du fait qu'une partie de la clientèle croit encore qu'il suffit d'arrêter de consommer pour que cesse le cycle d'assuétude et que soit retrouvée la pleine jouissance de leur vie. «Mon seul problème c'était de boire, maintenant que je ne bois plus, je ne vois pas ce que j'ai à faire ici». Souvent, ces toxicomanes quittent le centre dès que les premiers effets bénéfiques apparaissent. Ils ne sont pas prêts à remettre en cause leur façon d'être au monde et encore moins à en modifier certains aspects: c'est pourtant le prix que plusieurs doivent payer pour arriver à un meilleur fonctionnement. Souvent, ils reviendront un an plus tard. Il faut, en ce sens, accorder le temps nécessaire pour que l'idée fasse son chemin.

Des résistances viennent aussi du personnel intervenant. Ce sont souvent les plus difficiles à vaincre. L'insécurité créée par l'absence du cadre traditionnel d'intervention en est souvent à l'origine, car on s'expose beaucoup plus sur le plan professionnel en passant de l'intimité du bureau à la salle de groupe. On y est souvent d'ailleurs moins bien préparé.

Il y a aussi la crainte qu'en vivant plus rapproché de la clientèle, cela mettra en question son propre mode de vie. C'est une situation où les intervenants peuvent se sentir très vulnérables et les résistances sont d'autant plus grandes qu'ils s'identifient complètement à leur statut professionnel. Le travail de désinstitutionnalisation entrepris il y a quelques années ne doit donc pas se limiter uniquement aux structures, il doit se poursuivre jusque dans nos propres attitudes professionnelles.

Enfin, les résistances à investir dans une stratégie psychosociale se retrouvent aussi chez nos gouvernants. Il semble qu'en plus des restrictions s'appliquant à l'ensemble du secteur de la santé, l'attrait pour l'investissement dans la technologie plutôt que dans les ressources humaines ainsi que l'ambivalence envers la personne toxicomane qui ne suscite pas socialement la même compassion que le mésadapté socio-affectif ou le paralytique cérébral, soient les raisons de cette résistance.

Pourtant l'argent n'est pas si rare. Surtout celui accumulé grâce à la vente de la principale de nos drogues légales: l'alcool. Nous n'avons qu'à prendre l'exemple de la Société des alcools du Québec qui, à elle seule, réussit à effectuer pour plus d'un million de dollars de profit par jour ouvrable[2]. En fait, en 1984, le total des recettes directes et indirectes provenant de la vente des boissons alcooliques atteignait au Québec près de 400 000 000 $ et dépassait le milliard au Canada[3].

Pourtant, de tous ces revenus disponibles pour le gouvernement du Québec, moins de 3 % sera affecté à la réadaptation de personnes souffrant de dépendance à l'alcool ou à une autre drogue (voir le tableau 25.1 à la fin du chapitre).

L'argent qui ne sera pas dépensé à cette fin devra toutefois l'être d'autres façons: par exemple, le toxicomane détenu en prison qui, dès sa sortie, récidive afin de s'approvisionner en drogue et se trouve incarcéré à nouveau, coûte entre 30 000 $ et 55 000 $ par année de détention[4]...

Globalement, au Québec, les frais de santé et les coûts sociaux relatifs à la toxicomanie dépassent le milliard et demi de dollars (Conseil des affaires sociales et de la famille, 1984: 104), sans compter les souffrances nombreuses qui y sont reliées. C'est en rapport à l'ensemble de cette problématique que doit être reconsidéré la part de l'investissement de l'État dans la prévention et la réadaptation en toxicomanie. Une stratégie d'intervention comme celle proposée ici exige la mise sur pied de véritables équipes d'intervenants, capables d'offrir des services de qualité en plusieurs endroits du Québec. Est-ce là, réellement, un luxe?

---

2. «La Société des alcools du Québec a enregistré pour 1983-84 un bénéfice net de $321,8 millions, soit une hausse de $35 millions par rapport à l'exercice 1982-83», dans *Le Devoir*, 19 octobre 1984: 12.

3. Plus précisément: 386 845 000 $ au Québec et 1 061 410 000 $ au Canada, dans *L e contrôle et la vente des boissons alcooliques au Canada*, Statistiques Canada, Catalogue 63-202, 1983, Tableau 23: 29.

4. Coût annuel (1983-1984) pour institutions de sécurité maximum (hommes): 49 460 $; sécurité maximum (femmes): 56 693 $; sécurité moyenne: 35 418 $; sécurité minimum: 31 877 $, dans *Rapport annuel du solliciteur général du Canada*, 1983-84: 80.

Tableau 25.1
Comparaison entre les recettes effectuées grâce à la vente de boissons alcooliques et les sommes consacrées à la réadaptation (Québec,1984)

A. Calcul du 3 %:

- Recettes du Québec: 386 845 000 $*
- Recettes fédérales récupérables pour le bassin de population du Québec:

$$\frac{1\ 061\ 410\ 000\ \$^* \times 1}{3,7} = 286\ 867\ 560\ \$$$

- Total disponible pour le Québec:

386 845 000 $ + 286 867 560 $ = 673 712 560 $

3 %= 20 211 376 $

B. Calcul des sommes effectivement consacrées par le Québec à la réadaptation des alcooliques et autres toxicomanes:

- Coût des services de réadaptation interne: 13 420 544 $**
- Coût des services de réadaptation externe: 2 482 261 $**

Total investi: 15 913 805 $

---

* Dans *Le contrôle et la vente des boissons alcooliques au Canada*, Statistique Canada, Catalogue 63-202, 1983, tableau 23: 29.

** Dans *Statistiques-Bénéficiaires et données financières comparatives, Centre d'accueil de réadaptation en toxicomanie*, M.A.S., 1983-84: 23-25

Références

CONSEIL DES AFFAIRES SOCIALES ET DE LA FAMILLE (1984). *Rapport objectif: Santé*. Comité d'étude sur la promotion de la santé.

GOTTHEIL, E., MELELLAN, TH. A. et DRULEY, K.A. (1981). *Matching patient needs and treatment methods in alcoholism and drug abuse*. Springfield: Charles Thomas.

SIMPSON, D.D. et SAVAGE, L.J. (1981-82). Client types in different drug abuse. *Arch. gen. psychiatry, 8* (4): 416.

SIMPSON, D.D. Treatment for drug abuse. Follow-up outcomes and lenght of time spent. *Arch. gen. psychiatry*, vol.38: 875-880.

WILSON, S. et MANDELBROTE, B., (1978). The relationship between duration of treatment in a therapeutic community for drug abusers and subsequent criminality. *British Journal of Psychiatry*. n° 132: 487-491.

RÉSUMÉ

L'auteur, s'inspirant de sa propre expérience en milieu externe, présente une stratégie d'intervention dite de rééducation
sociale qui permet d'atteindre les objectifs d'une approche
psychosociale dans le traitement de l'alcoolisme et des toxicomanies. Cette stratégie consiste à faire du milieu externe
de traitement un milieu privilégié d'apprentissage pour le
client, à travers l'intervention de groupe, l'implication dans
des activités concrètes, la vie même du centre ainsi qu'un
suivi personnalisé devant ultimement déboucher sur un
rayonnement dans la communauté. L'auteur conclue en discutant des résistances qui se manifestent face à l'implantation de telles stratégies d'intervention.

Chapitre 26

L'importance du suivi en réadaptation* [1]

Guy Charpentier et Jacques Perras

Notre première tâche lorsqu'il est question de suivi est d'en définir la notion même. Une première distinction s'impose entre le suivi considéré dans une *perspective de soins continus* («*after-care*»), ou dans une *perspective de recherche* («*follow-up*»): dans ce dernier cas, le suivi consiste en des entrevues périodiques permettant d'évaluer l'état du client et de mesurer l'impact des programmes.

Ce dont nous traiterons ici, c'est du suivi dans une perspective de soins, décrit par Costello (1982) comme «... soins aux patients qui ont progressé suffisamment dans les autres services» (incluant le service externe), en vue de les aider à supporter les gains réalisés à l'intérieur du processus de traitement.

Deux éléments de base retiennent notre attention, qui servent à définir la notion de suivi que nous adoptons:

- le suivi vise à maintenir et à consolider les gains faits au cours du traitement;
- le suivi constitue une phase de maintien des acquis, donc une phase moins intensive.

Les formes de suivi

Il existe plusieurs formes de suivi dans une perspective de soins. Nous avons cru bon de les diviser en deux grandes catégories: le *suivi-maison*, offert principalement par le centre de traitement, et le *suivi communautaire*, où la

---

* Texte inédit. Conférence prononcée au 13e Colloque de l'association des intervenants en toxicomanie du Québec, à Montréal, en juin 1984.

1. Bien que cet article traite spécifiquement de l'alcoolisme, le propos peut généralement être adapté à l'ensemble des autres toxicomanies (note de l'éditeur).

ressource en traitement a surtout un rôle de référant vers une ressource communautaire.

Le suivi-maison dans sa forme minimale

Dans ce premier cas, le suivi consiste à envoyer quelques lettres, à contacter occasionnellement les clients pour prendre de leurs nouvelles et les encourager. Ces moyens, relativement simples et peu coûteux (sauf si on téléphone systématiquement à tous les clients à intervalles fréquents) ont quand même un impact surprenant.

Deux recherches intéressantes ont analysé cette stratégie. Panepinto et Higgins (1969) ont réduit le taux d'abandon de 51 % à 28 % au cours du premier mois de traitement en envoyant une lettre de rendez-vous lorsque le client ne s'était pas présenté à celui qu'il avait; une recherche plus récente de Nirenberg et ses collaborateurs (1980), portant sur trois groupes, est encore plus révélatrice: une lettre de routine est envoyée à un premier groupe demandant au client pourquoi il a manqué son rendez-vous et s'il est intéressé à poursuivre le traitement; cette lettre n'obtient pas de meilleurs résultats que le groupe témoin de l'enquête, 17 % décidant de revenir en traitement dans les deux cas. Une lettre plus personnelle est envoyée à un deuxième groupe, qui exprime clairement l'intérêt porté au client: 34 % reviennent alors en traitement. Pour le troisième groupe, on utilise le contact téléphonique et on obtient 40 % de retour.

Il semble donc que la relance — forme minimale de suivi pour ceux qui ont abandonné le traitement — s'avère d'autant plus efficace qu'elle est personnalisée. On peut supposer qu'un suivi de ce type, utilisé de façon proactive plutôt que réactive, possède également un impact sur le maintien de la sobriété. C'est cependant plus difficile à prouver.

Une recherche récente (Fitzgerald et Mulford, 1985), visant à vérifier l'efficacité d'un suivi par appels téléphoniques faits systématiquement tous les quinze jours, n'a pas démontré un plus haut taux de sobriété chez les personnes contactées. Cependant, il en a résulté une utilisation moindre des services externes en toxicomanie et moins de démêlés avec la police (arrestations et incarcérations). De plus, les personnes appréciaient les appels, voulaient qu'ils se poursuivent et les considéraient comme un bon traitement.

Le suivi fait uniquement par appels téléphoniques apparaît donc intéressant mais, même de façon proactive, non suffisant.

Le suivi-maison dans sa forme intensive

La notion de suivi se complique un peu lorsqu'il est question de service externe. Le service externe est déjà une forme de traitement moins intensive que le séjour résidentiel, qui pourrait viser à maintenir les gains antérieurs, tel que le définissait notre notion de suivi.

En fait, plusieurs auteurs considèrent le service externe comme une forme de suivi. Baekeland (1980), dans un texte où il affirme l'importance du suivi, répond en citant exclusivement des recherches sur la thérapie de groupe et les services externes. Costello (1982) étudie les programmes de traitement de quatre-vingts ressources et constate qu'il est très difficile de voir les éléments constitutifs du suivi, de sorte qu'on n'est jamais certain s'il s'agit de service externe ou de suivi. Il semble y avoir une transition imperceptible de l'un à l'autre, de sorte qu'un jour le maintien des gains antérieurs est devenu l'objectif principal: il est alors davantage évident qu'il s'agit de suivi.

Au Québec, l'accent est mis sur les services externes comme forme complète de traitement. Il en résulte que les services externes, pour beaucoup de clients, sont la modalité de traitement la plus intensive, là où les gains sont effectués.

Nos services externes feraient donc office de suivi uniquement pour ceux ayant utilisé des services résidentiels plus intensifs. Pour les autres, le suivi commence lorsque la fréquence des contacts thérapeutiques et parathérapeutiques avec l'institution diminue sensiblement, lorsque ces contacts sont devenus mensuels, par exemple.

Quoiqu'il en soit, plusieurs études (Gillis et Keet, 1969; Hansen et Teilman, 1954; Moore et Ramseur, 1960; Ritson, 1971), citées par Baekeland (1977), montrent que les clients qui s'impliquent en thérapie de groupe après un séjour résidentiel ont de meilleurs résultats que les autres.

Pokorny et ses collaborateurs (1973), pour leur part, comparent un programme résidentiel de soixante jours, suivi d'un groupe en externe, à un séjour résidentiel de quatre-vingt-dix jours sans suivi ultérieur. Ils obtiennent des résultats semblables et concluent à l'importance du suivi, spécialement celui du genre service externe.

Pour Litman (1980), le vrai suivi efficace, c'est le service externe intensif, ce qui n'a rien d'étonnant. De plus en plus, les recherches démontrent l'impact important des facteurs hors traitement sur les résultats du traitement: en particulier, plus la famille offre de cohésion et de soutien, meilleures sont les chances de réadaptation (Moos et Finney, 1983; Orford et Edwards, 1977). En outre, une forte proportion des rechutes a lieu dans les trois premiers mois suivant le séjour résidentiel, plusieurs de ces rechutes étant reliées à des situations où la pression sociale et les conflits interpersonnels entraînent de la frustration et de la colère (Marlatt et Gordon, 1979). Moos et Finney (1983) en concluent que le traitement de l'alcoolisme peut être plus efficace lorsqu'il est orienté vers les circonstances de la vie courante des clients. Or, nos services externes au Québec, du moins ceux que nous connaissons, représentent justement une aide apportée au client pour qu'il puisse améliorer sa façon de transiger avec les difficultés qu'il rencontre.

Nos services externes offrent trois types de service: de la thérapie individuelle et de groupe, une implication du conjoint et parfois de la famille et le soutien d'activités parathérapeutiques. La thérapie fournit un lien pour se sentir accepté, parler de ses difficultés, ventiler son agressivité et son amertume, partager ses joies et ses succès, relativiser son expérience au contact de celle des autres, expérimenter les réponses apprises, réévaluer son réalisme et renouer avec son désir de se prendre en main.

L'implication du conjoint permet de poursuivre les contacts commencés lors du séjour résidentiel et d'aider le conjoint à travailler à son propre épanouissement, à réapprendre à fonctionner en couple, à communiquer et à se comprendre.

Les activités parathérapeutiques quant à elles (loisirs et activités sociales, telles que les jeux, pique-niques, danses, etc.) servent de tremplin pour une réinsertion sociale au travers des activités communautaires. C'est l'occasion de sortir de sa solitude, de se faire des copains, de nouer des amitiés: «je n'ai jamais dansé sobre avant», «j'ai eu le courage de franchir la porte parce qu'il y avait des amis qui m'attendaient», «je ne me suis jamais autant amusée qu'à ces rencontres-là », etc., nous racontent d'ailleurs les participants à ces activités. Pour certains, cette forme d'activités s'avère d'ailleurs plus efficace que la thérapie formelle parce qu'elle leur permet d'être plus concrets, plus orientés vers la tâche, plus désintéressés et habiles dans les échanges verbaux; la compréhension de soi et la psychothérapie ont peu d'intérêt pour eux (plusieurs auteurs cités par Baekeland et Lundwall, 1977).

Au Pavillon Jellinek, nous constatons à cet égard que certains clients ne fréquentent aucun groupe animé par des cliniciens chevronnés et vont très bien: ils assistent à des groupes différents, moins confrontants et menaçants mais plus socialisants; d'autres ne participent qu'aux activités sociales et sportives. D'ailleurs, le «bon coup» réalisé en jouant au ballon-volant a souvent plus d'impact sur l'estime de soi qu'une séance de thérapie! Enfin, l'implication de nos clients comme bénévoles dans divers comités pour organiser ces loisirs et ces activités sociales possède un impact positif sur leur sobriété, en stimulant leur sens des responsabilités et l'apprentissage du don de soi.

Les services externes d'orientation psychosociale ont donc cet avantage d'offrir une forme de suivi à la fois intensive et variée.

L'Institution Donwood de Toronto a aussi un système de suivi-maison fort intéressant qui correspond dans les faits à la phase postcure. Cette phase implique des lettres, des contacts téléphoniques et des activités de groupe sérieuses à base d'information, de communication, d'échanges et d'activités sociales. Des bénévoles de la communauté et des anciens sont impliqués dans un programme «dégressif» de deux ans. C'est un système de suivi particulièrement intéressant en raison de sa structure facilitant le maintien du contact avec les bénéficiaires.

Le suivi communautaire

Le suivi communautaire, c'est celui où l'établissement se fie surtout aux ressources de la communauté pour maintenir les gains acquis lors du séjour à l'établissement; son rôle est alors de référer les clients à ces ressources. Nous allons brièvement aborder deux de ces ressources communautaires.

Les programmes d'aide aux employés (PAE)

Le suivi fait en milieu de travail peut s'avérer un complément intéressant et efficace au traitement donné par les établissements spécialisés. Ceux qui sont impliqués dans ces programmes sont, en général, convaincus qu'ils apportent un soutien important aux employés, et rapportent des taux de succès dépassant les 60 %. Il faut cependant tenir compte du fait que bon nombre des études d'efficacité des PAE comportent de sérieuses lacunes méthodologiques (Kuntz et coll., 1984). La compagnie Pratt & Whitney a mis sur pied deux modèles de suivi en milieu de travail. Dans le plan A, l'employé était référé à un conseiller pour des rencontres individuelles pendant un an: un taux de succès de 71 % avec les clients dépendants de l'alcool ou des autres drogues fut relevé. Le plan B ajoutait trente-huit sessions hebdomadaires de thérapie de groupe sur les lieux et heures de travail, l'implication du conjoint ou d'une personne significative dès le début du programme ainsi qu'une collaboration accrue avec les ressources de traitement; un taux de rétablissement de 84 % fut obtenu (Pilkington, 1980). Certaines recherches (Bromet et Moos, 1977) ont montré qu'un bon environnement de travail (bonne cohésion entre employés, haut niveau de soutien de la part des supérieurs et plus d'accent sur la tâche à accomplir) a plus d'importance pour ceux qui ne vivent pas dans un milieu familial. Il semble que le fait de vivre avec une famille permettrait de mieux «encaisser» les difficultés éprouvées au travail. Par ailleurs, un suivi en milieu de travail peut aussi permettre un exutoire et faciliter le maintien de la sobriété.

Les clubs alcooliques

Les clubs alcooliques constituent une autre forme de suivi communautaire dont la caractéristique semble être de fournir un milieu social à celui qui est en voie de réadaptation. L'activité récréative y joue un rôle prépondérant. Il y a une grande variété de clubs, dans plusieurs pays; en Croatie par exemple, on en retrouve plus de deux cents.

Au Québec, ce qui ressemble le plus à ces clubs, ce sont les Unités Domrémy. On en retrouve soixante, regroupées au sein de la Fédération des organismes bénévoles au service des toxicomanes du Québec (FOBAST).

S'il n'y a pas à notre connaissance de recherche scientifique sur l'efficacité des Unités Domrémy, une recherche récente (Mallams et coll., 1982) nous fournit par contre des renseignements intéressants sur l'impact d'un club social en particulier. Ce club, dirigé par des alcooliques, offrait diverses activités ré-

créatives aux alcooliques, à leur famille et à leurs amis; son but était de promouvoir l'apprentissage d'un autre mode de vie, sans alcool, et de fournir aux
alcooliques un nouveau groupe social qui renforçait l'abstinence. Les alcooliques qui furent systématiquement encouragés à participer aux activités du
club connurent des progrès significatifs dans leur sobriété, au plan du comportement et de la socialisation, comparativement à ceux d'un groupe témoin.

D'autres recherches sont sans doute nécessaires mais il ne faudrait pas
négliger l'apport possible de ces clubs dans les plans de traitement.

La fraternité des Alcooliques anonymes comme suivi[2]

Pour mieux aider les alcooliques qui voudraient se prévaloir des services
des AA suite à un traitement en interne ou en externe, il faut avant tout savoir
comment fonctionne ce mouvement et sur quoi repose sa philosophie.

Le mouvement des Alcooliques anonymes est universel et le nombre de
membres ne cesse de croître. En 1980, il y avait environ 1 250 000 membres
répartis dans près de 42 000 groupes à travers le monde. Au Québec, on retrouve 24 000 membres dans 1200 groupes. À Montréal, il y a des centaines
de rencontres de membres AA à chaque semaine. Un alcoolique qui adhère au
mouvement peut aussi obtenir du soutien de la part d'un autre alcoolique, vingt-
quatre heures par jour, à tous les jours.

Ce mouvement offre un programme simple. Le rétablissement de l'alcoolique se fait par la pratique des «Douze étapes» et par la participation à des réunions pendant lesquelles un alcoolique réadapté donne le témoignage de sa
vie alcoolique et explique comment il en est venu à se réhabiliter avec le mode
de vie suggéré par les Alcooliques anonymes. Il existe des rencontres plus
restreintes, où les membres participent à une discussion de groupe sur une des
étapes de leur programme. Quelle que soit la forme du groupe, l'alcoolique se
retrouve parmi des gens qui le comprennent. Le professionnel de la santé doit
se rendre à l'évidence qu'il existe une relation unique entre les alcooliques qui
se confieront beaucoup plus facilement à une personne qui possède un vécu
semblable. Là est la force du mouvement AA: nous pouvons tous *aider* des alcooliques mais nous ne pourrons jamais les *comprendre* comme ils peuvent se
comprendre entre eux.

Aux États-Unis, à la fin de la guerre du Viêt-nam, les psychiatres américains remarquèrent que les thérapeutes qui avaient le plus de succès auprès
des vétérants souffrant de troubles psychologiques étaient ceux qui avaient

---

2. Notons que cette forme de suivi au sein d'une fraternité est également pratiquée par
   les groupes Narcotique anonyme, qui s'adressent davantage aux usagers de produits
   comme l'héroïne et la cocaïne.

connu leurs souffrances. Cette notion d'identification est fondamentale au mouvement AA et s'avère si importante que de nombreux alcooliques réadaptés travaillent aujourd'hui au sein d'équipes multi-disciplinaires dans des centres de traitement (Bissel, 1982).

Le mouvement aide l'adhérent à prendre conscience de certains traits caractéristiques à l'alcoolique; ainsi, le nouveau membre entendra beaucoup parler de l'obstacle principal qui, selon AA, empêche une sobriété heureuse: le déni. Avant de passer aux autres étapes, l'alcoolique apprendra que la première étape — admission de son impuissance devant l'alcool — constitue la clé de voute de son rétablissement: il doit avoir accepté sa condition alcoolique avant de poursuivre sa réhabilitation.

Au point de vue social, les Alcooliques anonymes jouent un autre rôle important. Après avoir subi le rejet ou l'incompréhension de sa famille ou de la société, le nouveau membre trouvera au sein du mouvement des occasions de redévelopper ses habilités sociales, refaire des amitiés et augmenter son estime de lui-même. Il ressentira une très grande puissance dans le soutien du groupe qui lui redonne de la dignité et lui offre des occasions uniques de «resocialisation».

Comment doit se faire la transition dans les groupes AA? Le docteur John Norris, ancien directeur des services généraux du mouvement à New York, a passé plusieurs années de sa vie à enseigner aux professionnels de la santé comment aider l'alcoolique à faire une meilleure transition au sein des groupes AA. Voici de ses recommandations:

- encourager la formation de rencontres AA sur les lieux du traitement (centre ou hôpital) en même temps que l'on fait participer l'alcoolique à des sessions de groupe avec un thérapeute qualifié pour travailler sur des problèmes de comportement précis;
- s'assurer que l'explication et l'interprétation du mouvement AA soit faite par un membre AA ayant plusieurs années de sobriété;
- faire rencontrer au patient des membres AA qui sont susceptibles de l'accompagner dans les premières rencontres. Cette recommandation est peut-être la plus importante de toutes;
- prendre contact avec la famille et lui suggérer de contacter des membres Al-Anon (groupe pour les conjoints d'alcooliques) afin de mieux comprendre l'alcoolisme et de trouver un soutien chez ceux qui ont aussi subi l'alcoolisme dans la famille. Al-Anon aidera le conjoint à mieux comprendre la fragilité du processus de réadaptation dans les débuts du suivi.

Enfin, il faut savoir et se rappeler que pour les membres AA, les nouveaux membres sont les personnes les plus importantes dans la salle de réunion, de sorte que ce mouvement devient et constitue en effet, une transition vers le rétablissement progressif.

La famille: une des clés du suivi

L'alcoolisme est aussi une maladie familiale et une plus grande attention est désormais accordée à la complexité d'un problème qui affecte la vie affective, psychologique et économique de la famille.

La famille est confuse, anxieuse et entretient des peurs en raison des comportements imprévisibles de l'alcoolique. Cette lente désintégration prend des années à survenir et passe par des stades identifiables.

Joan Jackson (1962), une pionnière dans la recherche des effets de l'alcoolisme sur la famille, fut la première à décrire de façon systématique ces stades; ils se rapportent à une famille dont l'homme est alcoolique mais, avec quelques adaptations, ils peuvent adéquatement rendre compte de toute famille aux prises avec un alcoolique. Voici ces stades:

- le déni du problème d'alcoolisme par le conjoint;
- des efforts entrepris pour éliminer le problème;
- la désorganisation et le chaos;
- un essai de réorganisation en dépit du problème;
- des efforts pour s'en sortir (par la séparation ou le divorce);
- la réorganisation de la famille sans alcoolique.

La plupart des problèmes de la famille sont d'ordre comportemental. Après des années de vie incertaine, le conjoint et les enfants ont autant besoin d'aide que l'acoolique lui-même.

C'est pour ces raisons que le meilleur suivi possible tiendra compte des besoins de la famille quand l'alcoolique retournera chez lui. L'éducation et des rencontres avec la famille sont des atouts non négligeables dans le suivi de l'alcoolique.

Des études démontrent que les alcooliques jouissant d'une stabilité sociale relative (mariage, emploi etc.) ont un meilleur pronostic d'amélioration que ceux ayant une instabilité sociale et un niveau socio-économique faible (Baekeland, 1977). Impliquer la famille dans le suivi ne peut qu'améliorer les chances de succès.

La famille devra apprendre ce qu'est l'alcoolisme et réapprendre de nouveaux comportements face à l'alcoolique en voie de rétablissement. L'alcoolique sortant d'un stage en milieu interne ou venant d'un centre externe devra faire face à tous les problèmes d'une vie normale sans le soutien de l'alcool. Ceci demande des ajustements de la part de tous les membres de la famille.

Comme pour l'alcoolique, les conjoints et les enfants ne peuvent être suivis indéfiniment. Une forme de suivi complémentaire est offert par Al-Anon, qui organise des rencontres pour les conjoints. Ces derniers rencontrent des membres de l'organisation qui ont vécu les difficultés de l'alcoolisme dans leur famille. Ils retrouvent l'entraide, la compréhension et le partage. Le but est d'aider la personne aux prises avec un alcoolique à mieux vivre sa propre vie et à comprendre l'alcoolisme.

Il existe plus de cent groupes Al-Anon dans la seule région de Montréal. Ce réseau d'entraide continue d'exister grâce à la participation de nombreux bénévoles. Les rencontres sont gratuites et le service téléphonique disponible tous les jours de l'année.

L'exemple de la Maison Jean Lapointe

La Maison Jean Lapointe croit que l'alcoolisme est une maladie sérieuse qui requiert des soins particuliers et un suivi prolongé. Le programme de thérapie de la Maison Jean Lapointe repose sur la prise de conscience par le «résidant» de sa condition alcoolique, de la gravité de sa maladie et de l'importance d'établir un plan de vie qui l'aidera dans sa lente réadaptation vers une vie heureuse sans alcool[3]. La Maison offre un suivi d'un an, période pendant laquelle le «résidant» peut venir rencontrer son conseiller sur semaine. Le conseiller contacte aussi l'alcoolique par téléphone une fois par semaine pendant le premier mois, et pendant les onze mois suivants, il lui envoie quatre lettres d'encouragement ainsi que deux questionnaires (au sixième et douzième mois) afin de s'informer de la situation familiale et des progrès accomplis dans la réinsertion sociale.

Pendant le stage de vingt et un jours, le «résidant» aura appris l'importance du suivi prolongé, accessible en tout temps par l'entremise du mouvement des Alcooliques anonymes. La Maison Jean Lapointe croit que la fraternité des Alcooliques anonymes constitue le suivi le plus naturel et le plus universel qui soit.

Dans son programme familial, la Maison reçoit les conjoints des «résidants» en stage. On leur explique en détail le vécu de l'alcoolique et de quelle façon cette maladie a perturbé toute la dynamique familiale. Après un suivi de deux mois avec ces conjoints, il leur est fortement recommandé de poursuivre leur démarche personnelle dans les groupes Al-Anon, et d'impliquer leurs enfants dans les groupes de discussion Alateen.

---

3. La Maison Jean Lapointe préconise l'abstinence totale pour la réhabilitation de l'alcoolique.

Conclusion

Plusieurs établissements offrent à la fois le suivi-maison et le suivi communautaire. Il n'y a aucune incompatibilié entre les deux. Il semble, au contraire, que plus il y a de variétés de choix dans les modalités d'aide, plus il y a de chances de réussite pour les alcooliques.

Cependant, il semble qu'il y ait une limite à la quantité de services qu'une personne peut utiliser avec profit en guise de suivi (Powell et coll., 1985; Carle, 1987).

Les recherches ont démontré l'importance de trois facteurs reliés aux rechutes: les événements difficiles de la vie, les lacunes dans la façon de transiger avec ses émotions et l'insuffisance du soutien des ressources dans l'environnement (Moos et coll., 1982). Le suivi vise à accorder de l'aide au moment où se vivent ces difficultés.

Les formes de suivi où il y a davantage de relations interpersonnelles positives paraissent donner les meilleurs résultats, à tel point que ces formes pourraient être un substitut ou un complément aux relations familiales saines.

L'implication des clients dans les activités de suivi semble être reliée à leur motivation (Solomon, 1981). Si l'on tient compte que c'est le rôle du thérapeute de donner à son client l'occasion de vivre avec lui une relation interpersonnelle positive et aussi de le stimuler à s'impliquer dans les activités qui peuvent lui être bénéfiques, on réalise toute l'importance de la «continuité des soins». Le thérapeute principal peut suivre son client à travers les diverses étapes de son évolution.

Malgré les lacunes au plan de la recherche sur l'efficacité du suivi (Costello, 1982), nous sommes convaincus de l'importance de ce type de démarche, particulièrement si elle est bien organisée. Le suivi est essentiel à un programme de traitement et c'est probablement en tenant compte de cet aspect qu'il doit être évalué (Costello, 1982), attendu le fait que le processus thérapeutique est avant tout un processus de resocialisation par une expérience de vie (Kissin, 1977).

Références

BAEKELAND F., (1977). Evaluation for Treatment Methods in Chronic Alcoholism. *The Biology of Alcoholism, vol 5: Treatment and Rehabilitation of the Chronic Alcoholic.* B. Kissin et H. Begleiter (ed.), New York: Plenum Press.

BAEKELAND F. et LUNDWALL, L.K. (1977). Engaging the Alcoholic in Treatment and Keeping him there. *Treatment and Rehabilitation of the Chronic Alcoholic.* B. Kissin et H. Begleiter (ed.), New York: Plenum Press.

BISSEL L. (1982). Recovered Alcoholic Counsellors. *Encyclopedic Handbook of Alcoholism.* E.M. Pattison et E. Kaufman (ed.), New York: Gardner Press: 810-817.

BROMET, E. et MOSS, R.H. (1977). Environmental resources and the post-treatment functioning of alcoholic patients. *J. Health Soc. Beav.* 18: 326-338 (cité par Moos et coll., 1982.)

CARLE, G. (1987). Facteurs de succès et d'insuccès dans le traitement; quelques résultats de la recherche du Pavillon Jellinek. *Fondation Jellinek, Alcoolisme et toxicomanie: questions de l'heure.*

COSTELLO, R.M. (1982). Evaluation of Alcoholism Treatment Programs. *Encyclopedic Handbook of Alcoholism.* E.M. Pattison et E.K. Kaufman (ed.), New York: Gardner Press : 810-817.

DONGIER, M. (1984). Vers un consensus dans les critères d'évaluation du traitement des alcooliques. Conférence présentée au 13e colloque de l'*Association des intervenants en toxicomanie du Québec*, Montréal.

DONGIER, M., ENGELSMANN, F., GROS LOUIS, Y. et GERVAIS, M. (1983). Résultats à long terme du traitement de l'alcoolisme en institution spécialisée. *Psychotropes.* vol.1, n° 2.

FITZGERALD, J.L. et MULFORD, H.A. (1985). An Experimental Test of Telephone Aftercare Contacts with Alcoholics. *Journal of Studies on Alcohol.* vol. 46, n° 5: 418-424.

GILLIS, L.S., et KEET, M. (1969). Pronostic factors and treatment results in hospitalized alcoholics. *Quarterly Journal Studies Alc.* 30: 426-437. (Cité par Baekeland, 1977.)

HANSEN, H.A. et TEILMAN, K. (1954). A treatment of criminal alcoholics in Denmark. *Quartely Journal Studies Alc.* 15: 245-287. (Cité par Baekeland, 1977.)

JACKSON, J. (1962). Alcoholism and the family. *Society, culture and drinking patterns.* D.J. Pittman et S.R. Snyder (ed.), New York: John Wiley & Sons.

KISSIN, B. (1977). Theory and Practice in the Treatment of Alcoholism. *Treatment and Rehabilitation of the Chronic Alcoholic*, B. Kissin et H. Begleiter (eds.), New York: Plenum Press.

KUNTZ, N.R., GOOGINS, B. et HOWARD, W.C. (1984). Measuring the Success of Occupational Alcoholism Programs. *Journal of Studies on Alcohol.* 45, 1: 33-46.

LITMAN, G.K. (1980). Relaps in alcoholism: Traditional and current approaches. *Alcohol Treatment in transition*, G. Edwards et M. Grant (eds.), Baltimore: Univ. Press. (Cité par Moos et Finney 1983.)

MALLAMS, J.H., GODLEY, M.D., HALL, G.M. et MEYERS, R.J. (1982). A social systems approach to resocializing alcoholics in the community. *Journal of Studies on Alcohol.* 43, 11: 115-123.

MARLATT, G.A. et GORDON, J. (1979). Determinants of relapse: implicating for maintenance of behavior change. *Behav. Medecine: Changing Health Life Styles.* Davidson, P. (ed.), New York: Brunner/Mazel.

MOORE, R.A. et RAMSEUR, F. (1960). Effects of psychotherapy in an openward hospital in patients with alcoholism. *Quartely Journal Studies Alc.* 21: 233-252. (Cité par Baekeland 1977.)

MOOS, R.H., CRONKITE, R.C. et FINNEY, J.W. (1982). Alcoholism Treatment Evaluation. *Encyclopedic Handbook of Alcoholism.* Pattison E.M et Kaufman E. (eds.), New York: Gardner Press.

MOOS, R.H. et FINNEY, J.W. (1983). The expending Scope of Alcoholism Treatment Evaluation. *American Psychologist.* Vol. 38, n° 10: 1037-1044.

NIRENBERG, T.D., SOBELL, L.C. et SOBELL, M.B. (1980). Effective and Inexpensive procedures for decreasing client attrition in an out-patient alcohol treatment program. *American Journal on Drug and Alcohol Abuse.* 7: 73-82.

ORFORD, J. et EDWARDS, (1977). *Alcoholism: A Comparison of Treatment Advice with a study of the influencce of Marriage.* Oxford Univ. Press. (Cité par Moos et al. 1977.)

PANEPINTO, W.C. et HIGGINS, M.J. (1969). Deeping alcoholics in Treatment: Effective follow-through procedures. *Quartely Journal of Studies on Alcohol.* 30: 414-419.

PILKINGTON, C.F. (1980). Aftercare: One employer's total commitment. *EAP Digest* Nov/déc.: 12-15.

POKORNY, A.D., MILLER, B.A., KANAS, T. et VALLES, J. (1973). Effectiveness of extended aftercare in the treatment of alcoholism. *Quartely Journal of Studies on Alcohol* 34: 435-443. (Cité par Baekeland, 1977.)

POWELL, B.J., PENICK, E.C., READ, M.R. et LUDWIG, A.M. (1985). Comparison of Three Outpatient Treatment Interventions: A Twelve-Month Follow-up of Men Alcoholics *Journal of Studies on Alcohol.* Vol. 46, n° 4: 309-312.

RITSON B. (1971). Personality and prognosis in alcoholism. *Brit. J. Psychiatry.* 118: 79-82. (Cité par Baekeland, 1977.)

SOLOMON S.D. (1981). *Tailoring alcoholism therapy to clients needs.* DHHS Publ N° ADM 81-1129, Washington, DC

RÉSUMÉ

Les auteurs se penchent sur le suivi dans une perspective de soins postcure en faisant ressortir son importance au plan de la réadaptation de l'alcoolique. Ils analysent successivement le suivi-maison, le suivi communautaire, les programmes d'aide aux employés, les clubs alcooliques pour terminer par une discussion plus approfondie de la fraternité des Alcooliques anonymes ainsi que du contexte de la famille comme milieux privilégiés de suivi. La Maison Jean Lapointe est finalement présentée comme exemple d'un lieu de traitement tenant compte de l'importance du suivi en réadaptation.

Section **8**
L'ÉVALUATION ET LA FORMATION

Chapitre 27

Méthode d'évaluation de l'efficacité des programmes*

Serge Brochu et Céline Mercier

L'évaluation de programme consiste en l'application de méthodes scientifiques pour savoir comment et avec quels résultats un programme fonctionne. Cette activité a comme double objectif de démontrer l'efficacité des interventions dispensées tout en fournissant des pistes d'amélioration.

L'évaluation de l'efficacité d'un programme doit répondre à certaines règles et suivre certaines étapes qui seront exposées dans ce chapitre. Plus spécifiquement, des sections particulières seront consacrées à l'importance d'un regard descriptif concernant l'intervention en tant que telle, à la planification de l'évaluation, à la cueillette des données préinterventions, aux variables postinterventions, aux sources de données et à la période de suivi (voir tableau 27.1).

Description du programme

La première étape lors de l'évaluation d'un programme consiste en l'examen détaillé de ce dernier. Cette description est indispensable tant pour l'évaluation que pour les lecteurs potentiels s'intéressant aux résultats du programme. De plus, l'accumulation de ces rapports descriptifs permet d'identifier les variables pouvant contribuer à l'amélioration, ou à la détérioration, observée chez les différents groupes de sujets.

Quatre aspects relatifs à cette description s'avèrent importants, soit: *l a philosophie et les orientations théoriques* qui y sont rattachées; *les objectifs* dé-

---

* Texte inédit. Les opinions exprimées dans ce texte sont celles des auteurs et ne reflètent pas nécessairement les vues ou les politiques du ministère de la Défense nationale.

finis de façon opérationnelle et en relation avec les besoins de la population desservie; *les composantes de l'intervention* et *les caractéristiques des intervenants.* Alors que les deux premiers aspects s'avèrent suffisamment clairs par eux-mêmes, il convient d'élaborer davantage sur les deux autres dimensions.

Tableau 27.1:
Guide pour l'évaluation de programmes en toxicomanie

1. Décrire le programme:
    a. philosophie et orientation théorique;
    b. objectifs;
    c. interventions:
        1. type;
        2. modalités;
        3. lieu;
        4. fréquence;
        5. période;
        6. intensité;
        7. durée;
    d. intervenant:
        1. formation;
        2. expérience.

2. Planifier l'évaluation:
    a. prérequis;
    b. schème d'évaluation;
    c. analyses statistiques.

3. Obtenir des données préinterventions:
    a. données sociodémograhiques;
    b. chronicité du problème (diagnostic);
    c. autres variables.

4. Utiliser des mesure d'efficacité variées, valides et fidèles:
    a. mesures de la consommation;
    b. autres mesures.

5. Utiliser des sources d'information multiples:
    a. client;
    b. collatéraux;
    c. autres sources.

6. Planifier le suivi en fonction de certains facteurs:
    a. longueur;
    b. début;
    c. fréquence des contacts;
    d. taux d'abandon;
    e. taux de mortalité des sujets;
    f. pourcentage des personnes contactées.

Les composantes de l'intervention

Il importe à cette étape-ci d'examiner les activités qui composent le programme d'étude. Celles-ci doivent d'abord et avant tout répondre aux objectifs spécifiques du programme. Les facteurs liés à l'intervention doivent être soit manipulés (variable indépendante), soit contrôlés et décrits pour chaque client. Il en est ainsi du *type* (prévention primaire, secondaire, traitement), de la *modalité* (éducation, session dynamique de vie, etc.), du *lieu* (hôpital, communauté, etc.), de la *fréquence* des interventions, de la *période* de temps, de l'*intensité* et de la *durée*.

Les caractéristiques des intervenants

L'*expérience* et la *formation* des intervenants sont également des facteurs trop souvent négligés, qui doivent pourtant être considérés. Les travailleurs de milieu, les conseillers certifiés, les paraprofessionnels et les professionnels apportent leur vision particulière aussi bien que leur expertise propre concernant les problèmes de toxicomanie: l'intervention de chacun pourra s'avérer quelque peu différente (Cartwright, 1981).

Planification de l'évaluation

La planification de la méthode d'évaluation facilitera de beaucoup le processus. Une évaluation planifiée permettra d'informer les clients des étapes pendant lesquelles leur coopération sera sollicitée et d'obtenir les informations nécessaires à la poursuite du suivi (adresses, numéros de téléphone, employeurs, etc.). Ces étapes se révèlent d'autant plus pertinentes que les études bien planifiées présentent habituellement un pourcentage élevé de personnes contactées durant la période de suivi (Moos et Bliss, 1978). Pour ce faire, il convient d'examiner les *prérequis* à l'évaluation, de déterminer le *schème d'évaluation* et les *analyses statistiques*.

Les prérequis

Il faut d'abord établir si le programme est prêt à être évalué (Spicer, 1980). Pour ce faire, il s'agit de déterminer:

- si le moment est propice à l'évaluation (stabilité du programme);
- si les employés, la direction et le conseil d'administration sont prêts à supporter l'évaluation ;
- si les ressources nécessaires (temps, argent et expertise) sont disponibles.

Si les prérequis ne sont pas satisfaits, le stade de planification sera plus long afin de permettre le développement de ces conditions préalables.

Avant même de choisir le schème d'évaluation, il est recommandé de réviser les études s'apparentant à celle projetée. Cette revue, même brève, permettra d'évaluer les différentes méthodes d'évaluation utilisées et de profiter de l'expertise disponible.

Le schème recherché devrait présenter comme principale caractéristique la possibilité de répondre aux problèmes posés. Si l'évaluation vise l'observation du processus se déroulant durant la période d'intervention, un suivi très long n'apportera pas beaucoup plus qu'un suivi minimal. Par contre, un suivi plus long est indispensable pour observer les effets à court, moyen et long terme d'une intervention. Trois *schèmes d'évaluation* de l'efficacité peuvent être envisagés: *expérimental*, *quasi expérimental* et *non expérimental*.

Les schèmes d'évaluation

Schème expérimental

Le schème expérimental fait appel à une répartition au hazard des sujets entre groupes contrôle (aucune intervention dispensée) et groupes expérimentaux (intervention dispensée). Le schème expérimental est de loin le meilleur afin d'établir la validité des résultats obtenus lorsque le contexte d'intervention le permet. L'addition du groupe contrôle facilite ainsi de beaucoup l'interprétation des résultats par le fait que les variables extérieures à l'intervention sont contrôlées.

Schème quasi expérimental

Le schème quasi expérimental est ainsi dénommé en raison de sa similarité avec le schème expérimental. Il est habituellement utilisé lorsque des problèmes importants empêchent l'utilisation du schème expérimental. Il en est ainsi lors de l'évaluation de programmes en toxicomanie puisque la nature et l'importance de l'intervention ne permet habituellement pas l'utilisation d'un groupe de contrôle composé de sujets ne recevant aucune forme d'intervention, ni la répartition au hasard des sujets entre le groupe expérimental et le groupe contrôle. Le schème quasi expérimental permet alors de résoudre à la fois les problèmes d'éthique et d'évaluation en autorisant l'utilisation d'un groupe de comparaison. Ce groupe de comparaison peut alors être composé de clients semblables placés sur une liste d'attente ou encore qui ne recevront qu'une intervention minimale.

Schème non expérimental

La majorité des études en toxicomanie n'utilise qu'un seul groupe de sujets et des mesures prises avant et après l'intervention. Ce schème d'évaluation permet d'observer les changements s'opérant au cours d'une période de temps définie. Pourtant, l'absence de groupe contrôle ou de comparaison ne permet pas d'attribuer les changements observés à l'intervention donnée. En fait, ce schème ne tient pas compte des facteurs extérieurs à l'intervention qui peuvent influencer l'état des clients (ex: d'autres interventions, des événements sociaux, etc.). La validité des résultats s'en trouve donc considérablement réduite.

En plus de ces considérations méthodologiques, le schème d'évaluation retenu dépendra aussi en grande partie de l'utilisation prévue des résultats. Ainsi, selon Donald Campbell (Watson, 1986), une évaluation qui, selon toute évidence, sera publiée, requiert un schème et une méthodologie plus rigoureux qu'une évaluation de programme strictement vouée à des fins internes. Pourtant, il faut garder en tête l'urgent besoin dans le domaine des toxicomanies d'obtenir des évaluations de programme valides afin d'augmenter l'efficacité des interventions. Campbell et Stanley (1963) ainsi que Wood (1977) offrent aux lecteurs intéressés une discussion détaillée des avantages et des inconvénients associés aux différents schèmes de recherche.

Une question reliée de près au schème d'évaluation est celle de la taille et de la composition de l'échantillonnage. La qualité de l'étude risque d'être proportionnelle à la possibilité de gérer les activités d'évaluation, ce qui est directement relié à la quantité de sujets qui composent les échantillons. Trop souvent, l'évaluateur tentera de suivre tous les clients ayant participé au programme. La population étudiée est par conséquent trop large, l'évaluateur est débordé, les clients ne sont pas suivis adéquatement et les données ne sont pas recueillies de façon rigoureuse. Il est, dans beaucoup de situations, préférable d'utiliser un échantillon plus restreint, constitué de clients choisis au hasard. Par contre, les analyses statistiques requérant un nombre minimal de sujets, il est alors fort important de considérer ce facteur lors de la planification de l'évaluation.

Les analyses statistiques

Le choix des analyses statistiques constitue donc une étape préalable à l'évaluation qui est d'une extrême importance. Dans bien des cas, le nombre de variables impliquées dans l'intervention d'une clientèle toxicomane (ou sur le point de le devenir) fait en sorte que les analyses multivariées sont les plus adéquates. Leur disponibilité sur micro-ordinateur les rend faciles d'accès. Ce genre d'analyses très spécialisées requiert un niveau d'expertise spécifique. Il est donc recommandé de consulter un statisticien afin de s'assurer du bien-fondé de l'emploi d'une méthode particulière. Cette méthode devra alors être décrite en détail lors du rapport des résultats afin d'assurer la validité de la discussion et des interprétations (Skinner, 1980).

Données préintervention

De façon à mesurer et à interpréter adéquatement les données recueillies concernant l'efficacité de l'intervention, il est nécessaire d'obtenir différents types de données préintervention, dont des *données sociodémographiques* et de *sévérité du problème*.

Les données sociodémographiques

Les caractéristiques sociodémographiques des clients (sexe, âge, statut marital, ethnie, revenu, éducation et occupation) sont des facteurs de pronostic (Moos et coll., 1982). En fait, Sobell et Sobell (1982) ont relevé certaines études démontrant que différentes populations d'abuseurs d'alcool:

- présentent des résultats différents;
- nécessitent des stratégies de suivi adaptées;
- rapportent leur consommation de façon plus ou moins fiable et valide;
- débutent le traitement avec un niveau de chronicité variable.

La sévérité du problème

La capacité de changement ou d'amélioration de la situation problématique d'un individu est affectée par le niveau initial de chronicité de sa consommation de psychotropes. Il importe donc de bien définir cette dimension chez les sujets à l'étude. Pour ce faire, l'utilisation de mesures multiples est recommandée. Toutefois, l'histoire de la consommation devrait être évaluée dans le contexte de la santé totale de l'individu et de son environnement. De fait, le rôle de la substance dans la vie de l'individu devrait être tout aussi considéré que l'intensité et la fréquence des consommations, de façon à déterminer ses possibilités personnelles de réadaptation. Ces mesures devraient être de type quantitatives afin d'assurer l'application d'analyses statistiques appropriées. À cet effet, le National Institute on Drug Abuse (NIDA, 1978) et le National Institute on Alcohol Abuse and Alcoholism (NIAAA, 1985) suggèrent une liste variée d'instruments disponibles.

Les autres variables

En plus des deux types de variables dont il vient d'être question, toutes les variables dépendantes qui feront l'objet du suivi devront être mesurées avant le début de l'intervention afin de permettre une observation et une comparaison adéquates de l'effet du programme sur ces mesures.

Les mesures recueillies devraient couvrir un intervalle équivalent, avant et après l'intervention. Ainsi, si un suivi de deux ans est prévu, les mesures préintervention devraient elles aussi couvrir la période de deux ans précédant l'intervention (Cooper et coll., 1980; Sobell, 1978).

Ces mesures préintervention s'avèrent très importantes en vue de déterminer la généralisation des résultats. L'absence de telles données rend difficile, sinon impossible, l'interprétation des résultats. Sobell et ses collaborateurs (1987) font clairement ressortir cet état de fait en précisant que cette lacune importante est commune à plusieurs études.

Variables postintervention

Suite à leur revue de la littérature, Maisto et McCollam (1980), de même que Sobell et ses collaborateurs (1987), rapportent que le type et le nombre de mesures postintervention faisant l'objet d'étude sont très variables d'une recherche à l'autre. De toutes les mesures rencontrées, celle de la consommation est la plus utilisée.

La mesure de la consommation

Traditionnellement, l'efficacité d'une intervention se mesurait à l'aide de la dichotomie consommation versus abstinence. En fait, la consommation modérée d'alcool ou d'autres psychotropes n'était tout simplement pas envisagée. La position dichotomique a graduellement fait place à une catégorisation nominale alors que l'on qualifiait la consommation ou son absence par les termes «améliorée», «inchangée» ou «détériorée» (Emrick, 1974 et 1975 ; Armor et coll., 1976). D'autres auteurs ont plutôt utilisés les niveaux de consommation suivants: «abstinence», «consommation normale» et «consommation abusive» (Pattison, 1976; Blane, 1977; Vaillant et coll., 1983). Pourtant, ces classifications tiennent peu compte des fluctuations dans le temps ainsi que du contexte dans lequel prennent place la consommation ou la non-consommation. De plus, la définition même de ces qualificatifs prête parfois à discussion. Étant donné que la consommation varie habituellement selon la période de temps étudiée, certains auteurs ont jugé préférable de la définir opérationnellement en terme de consommation quotidienne et ont offert différentes techniques valides et fidèles pour la mesurer (Sobell et coll., 1980 et 1982; Skinner et Sheu, 1982; Skinner, sous presse; Winkinson et Shrimpton, 1984). À l'inverse, Edwards et ses collaborateurs (1977) ainsi que Gordis et ses collaborateurs (1983) ont travaillé à partir du nombre de jours d'abstinence et de périodes de sobriété.

D'autres façons d'évaluer les comportements reliés à la consommation consistent à mesurer les conséquences, les préoccupations des sujets ou leurs fixations cognitives envers la substance. Ainsi, une personne qui, systématiquement, structurerait ses activités quotidiennes de façon à éviter tout contact avec la substance, ou ce qui la lui rappellerait, pourrait être considérée comme étant préoccupée par un retour possible à sa consommation antérieure. De même, la personne qui penserait à la substance de façon répétitive au cours de la journée souffrirait d'une fixation cognitive (Sobell et Sobell, 1978 et 1982). Ces comportements peuvent facilement être évalués par l'auto-observation (Sanchez-Craig et Annis, 1982; Wilkinson et Shrimpton, 1984). Maisto et McCollam (1980) ainsi que Simard (1973) mentionnent clairement que les mesures de consommation ne sont cependant pas suffisantes pour évaluer l'efficacité d'une intervention. Ainsi, certains alcooliques abstinents n'ont pas démontré d'amélioration dans d'autres sphères de leur vie, et certains ont même présenté une détérioration (Simard, 1973; Pattison, 1976). Aussi, la section suivante traitera des autres types de mesures qui sont utilisées en vue d'évaluer l'intervention.

Les autres mesures

Suite à leur révision des études portant sur l'évaluation des programmes offerts en toxicomanie, Sobell et ses collaborateurs (1987) mentionnent qu'une grande varitété de mesures utilisées ne sont pas directement reliées à la consommation en tant que telle. En fait, 60 % des études utilisent au moins une mesure qui n'est pas liée à la consommation. Voici une description des mesures qui ont été utilisées par au moins 25 % des études révisées.

* *Le fonctionnement vocationnel*. Il peut être défini par le statut d'emploi, le nombre de jours travaillés, les sources de revenu, l'attitude du client face au travail, ainsi que les besoins d'aide face à la recherche d'emploi.
* *Les interventions additionnelles*. Elles peuvent être définies par le nombre et le type de services reçus en rapport plus ou moins direct avec l'intervention originellement dispensée. Ainsi, lors de l'évaluation d'un programme de traitement pour alcooliques, il est important d'évaluer les diverses activités apparentées auxquelles le sujet a participé au cours de la période de suivi.
* *Le fonctionnement familial*. Ce facteur correspond habituellement au niveau de satisfaction du client et des membres de sa famille immédiate.
* *L'hospitalisation reliée à la consommation*. Il s'agit ici d'obtenir le nombre de jours d'hospitalisation suite à un diagnostic relié à la consommation.
* *La santé physique*. La santé physique s'évalue par le nombre de jours durant lesquels le client éprouve des problèmes médicaux. Elle peut aussi se mesurer par des tests de laboratoire tels le gamma glutamyl transpeptidase (GT), le volume globulaire moyen (VGM) ou d'autres tests.
* *Les arrestations dues à la consommation*. Il s'agit ici d'obtenir le nombre d'arrestations qui ont un rapport direct ou indirect avec la consommation.

En plus de ces variables, d'autres facteurs valent la peine d'être considérés. Il s'agit du fonctionnement émotionnel, du fonctionnement social, des problèmes légaux, du fonctionnement psychologique, de la situation résidentielle, des fonctions cognitives, des activités interpersonnelles ainsi que toute autre variable spécifiquement liée aux objectifs de l'intervention évaluée.

Les variables qui ne sont pas directement liées à la consommation peuvent parfois être difficiles à interpréter. Ainsi, pour le changement de statut marital, est-ce qu'un divorce devrait être interprété comme un fait négatif ou comme une meilleure prise en charge de soi? C'est ici que l'interprétation clinique prend toute son importance. Les conclusions basées sur de telles interprétations devraient toutefois être étayées par la présentation de toutes les données pertinentes.

Tout comme pour la mesure de consommation, ces autres mesures de fonctionnement devraient être définies de façon quantifiable (nombre de jours d'hospitalisation, d'absence au travail, etc.). Par ailleurs, beaucoup de variables sont, pour le moment, difficiles à évaluer de façon opérationnelle, et des instruments spécifiques devront être développés dans le futur.

Sources d'information multiples

Un autre aspect d'importance à considérer lors de l'évaluation d'une intervention est la source des informations recueillies de même que le degré de confiance qu'elle inspire. Cette section traitera, dans un premier temps, des rapports complétés par les *clients*, de l'utilité des rapports des *collatéraux* et, enfin, des *autres sources* de données.

Les rapports du client

Comme il a été mentionné préalablement, la consommation du client est une variable qui mérite d'être mesurée. Malgré l'apparente simplicité de cette mesure, des interrogations soutenues sur la validité des rapports d'auto-évaluation, spécialement chez les buveurs problématiques et les alcooliques (Watson et coll., 1984), ont eu pour effet de compliquer cette simple mesure. En fait, le problème de la validité du rapport des consommateurs est presque aussi vieux que la première étude d'efficacité de programme dans le domaine des toxicomanies (Summers, 1970). Les rapports du client sont régulièrement soupçonnés d'être entachés d'erreurs dues à une mauvaise mémoire, au déni ou encore à l'intention de fausser les données. Paradoxalement, en dépit de cette méfiance, les études rapportées dans la littérature utilisent principalement ce moyen comme source de données (Sobell et coll., 1987).

Plusieurs auteurs (Sobell et coll., 1974; Sobell et Sobell, 1975 et 1978; Nathan et Lansky, 1978; Miller et coll., 1979; Maisto et coll., 1979; Sobell et coll.,

1979; Cooper et coll., 1981; Maisto et coll., 1982; Polich, 1982; Hesselbrock et coll., 1983; Verinis, 1983; Maisto et O'Farrell, 1985; Williams et coll., 1985) ont présenté des évidences indiquant que les alcooliques et les buveurs problématiques font habituellement un rapport adéquat de leur consommation. D'autres soutiennent le contraire (Blane, 1977; Gordis et coll., 1981). Par ailleurs, il est clair que la possibilité d'imprécisions s'accroît en relation avec la grandeur des intervalles entre les entrevues où les sujets sont priés de rapporter leur consommation, ce biais étant attribuable à l'oubli (Orrego et coll., 1979).

Skinner (sous presse) mentionne certaines conditions qui favorisent la validité du rapport des clients. Ainsi, il y a lieu de croire que l'utilisation d'une échelle de consommation structurée présentera habituellement un rapport valide dans les cas où le patient: n'est pas en état d'intoxication; présente un comportement stable et sans symptôme de retrait; permet l'établissement de bons contacts; est conscient que ses réponses seront vérifiées avec d'autres sources; a coopéré au cours des autres étapes de l'intervention; sait que les informations recueillies seront traitées de façon confidentielle; n'a pas de raisons évidentes de maquiller l'information. Skinner ajoute que, dans ces conditions, le rapport des problèmes reliés à l'alcool est souvent en parfaite harmonie avec les données officielles concernant les infractions au code de la route, les hospitalisations et le statut d'emploi. De plus, lorsqu'un désaccord existe, il est généralement le produit d'un incident rapporté par le client, mais qui n'a pas été enregistré dans les données officielles. Néanmoins, la possibilité existe que, dans certains cas, pour une raison ou une autre, le rapport du client ne soit pas valide. En fait, il est de plus en plus reconnu qu'aucune source de données ne peut être considérée totalement dépourvue d'erreurs; c'est pour cette raison qu'un nombre croissant d'études utilisent différentes sources d'information.

Les rapports effectués par les collatéraux

La seconde source de données la plus souvent utilisée est constituée des rapports complétés par les collatéraux. Un collatéral — ou personne significative dans la vie de l'individu — s'avère une source de données importante concernant le fonctionnement du client. Cette source de données permet de valider, du moins partiellement, celles recueillies auprès du client. Par contre, lorsque des données plus ou moins contradictoires sont rapportées, il pourrait être inadéquat de considérer le rapport du collatéral comme étant le plus valide. En fait, bien qu'un collatéral puisse fournir des données relativement précises concernant la fréquence de la consommation d'un sujet, il n'a habituellement qu'une vague idée de la quantité consommée ou de la présence de symptômes de dépendance (Polich, 1982). De plus, certains clients se trouvent dans un état d'isolation sociale tel qu'il est pratiquement impossible de trouver un collatéral qui satisfasse les critères minimaux de validité. L'implication de collatéraux doit donc s'effectuer avec distinction, étant donné les limites qui y sont rattachées (Skinner, sous presse).

Les autres sources

D'autres sources de données plus objectives, mais aussi plus coûteuses, sont disponibles pour l'évaluateur (dans les limites éthiquement et légalement acceptables) qui veut raffiner sa collecte de données. Il en est ainsi de la mesure du niveau d'alcool dans le sang. Cette mesure prise de façon routinière à l'aide d'un test d'haleine, permet de juger du degré de l'intoxication actuel du client et de la valeur des informations rapportées. Idéalement, un test d'urine et de sang devrait être administré de façon à évaluer la consommation de drogues et d'alcool récente. Les données recueillies alors que le client est intoxiqué devraient être reprises ultérieurement ou, à tout le moins, rapportées séparément (Emrick et Hansen, 1985).

Les données officielles des corps policiers, des services de santé, de l'employeur ou d'autres agences gouvernementales, même si elles ne sont pas toujours enregistrées de façon précise, peuvent aussi servir à valider le rapport du client. Skinner (sous presse) rapporte qu'au moins les deux tiers des informations fournies par les clients concordent avec ces sources de données.

Pour leur part, Sobell et ses collaborateurs (1987) mentionnent que seulement 11 % des évaluations révisées entre 1980 et 1984 utilisaient le rapport du client comme source unique de données. Par ailleurs, 85 % des études comportait au moins deux sources de données, alors que 55 % en rapportait au moins trois.

Le suivi

Assumant que les mesures d'efficacité ainsi que les sources d'information ont été définies, il faut alors se pencher sur le suivi. Six facteurs doivent alors être considérés. Il s'agit de la *longueur*, du *début*, de la *fréquence des contacts*, du *pourcentage de clients qui se sont désistés* au cours de l'intervention, du *taux de mortalité* des sujets ainsi que du *pourcentage de personnes contactées*.

La longueur

Les évaluateurs s'entendent généralement sur une période minimale de suivi s'échelonnant entre douze et dix-huit mois (Sobell et coll., 1987). En fait, pour les alcooliques, il semble qu'après cette période les données de groupes ne varient que très légèrement, même si les données individuelles continuent de fluctuer (Sobell et Sobell, 1982).

Le début

On ne peut vraiment considérer la longueur du suivi sans aborder le moment où il débute. Le problème se pose peu lorsqu'il s'agit d'un traitement intensif interne puisqu'il débute habituellement à la fin de celui-ci. Mais qu'en est-il lors d'une intervention de type communautaire qui s'échelonne sur une période de temps plus ou moins longue? Comme le client ne reçoit pas de «congé» officiel de l'institution, Sobell et Sobell (1982) recommandent de débuter la période de suivi au moment où le client reçoit sa première intervention. De cette façon, il devient possible de déterminer les facteurs extérieurs à l'intervention qui ont favorisé ou non le bien-être du client.

La fréquence des contacts

Sobell (1978) a clairement démontré que des contacts fréquents avec les clients avaient pour effet d'augmenter le taux de personnes rejointes lors des suivis. De plus, de fréquents contacts semblent représenter une continuité de services qui, pour beaucoup de clients, aide à l'atteinte des objectifs d'intervention.

Le taux d'abandon

Bien que le suivi d'une intervention s'adresse aux individus qui ont complété le programme qui leur était offert, il importe aussi de s'interroger sur le pourcentage des clients qui se sont désistés en cours de route. Un programme qui présente un taux d'abandon de 60 % rencontre un problème différent de celui qui présente un taux de 10 %. Aussi, le taux d'abandon peut en dire long sur l'efficacité et la pertinence des modalités de l'intervention.

Le taux de mortalité des sujets

Une dimension tout aussi primordiale que le taux d'abandon est celui de la mortalité. Cette dimension est d'autant plus importante lorsqu'il s'agit de programme de traitement, car la cause de décès peut être reliée à la consommation. En fait, il n'y a aucune raison de ne pas rapporter le taux de mortalité de façon routinière puisque ces données sont facilement identifiables de par les registres publics (Sobell et coll., 1987).

Le pourcentage de personnes contactées durant le suivi

L'utilité de l'évaluation est directement reliée au pourcentage de personnes contactées durant le suivi. La littérature rapporte des taux de suivi qui varient de 95,5 % (Levinson, 1977) à 27 % (Gordis et coll., 1981) après un an. Que sont devenus les gens qui n'ont pas été retraçés? Sauf exception (Laporte, 1981), les études sur la question rapportent qu'ils fonctionneraient moins bien que ceux qui sont retraçés (Vannicelli et coll., 1976; Moos et Bliss, 1978; Nathan et Lansky, 1978; Sobell, 1978; Sobell et coll., 1982).

Caddy (1980) a émis quelques suggestions destinées à améliorer le pourcentage de clients contactés. Selon lui, il faut d'abord intégrer les procédures d'évaluation à l'intervention tout en s'assurant que tant les clients que le personnel en réalisent l'importance. Il réitère donc l'importance de la planification de l'évaluation. En second lieu, il suggère de présenter le suivi comme une étape faisant partie de la continuité de service et qui, de plus, permet d'évaluer la pertinence du programme d'intervention. Troisièmement, il mentionne que l'utilisation de collatéraux accroît les possibilités de retracer le client. Enfin, il réitère l'importance des contacts fréquents.

Conclusion

Il n'existe aucune recette facile et infaillible en vue d'obtenir une bonne évaluation de programme. Toutefois, les chances d'arriver à des conclusions valides sont accrues lorsque l'évaluation est basée sur des principes scientifiques. Il faut s'attendre à ce que chaque intervention offre des problèmes d'évaluation spécifiques, mais aussi des ressources bien particulières.

Il faut aussi garder en tête que toute intervention ne peut être efficace avec tous les clients. Certaines interventions peuvent même parfois produire des résultats négatifs. Ainsi, il a été rapporté dans la littérature que certains programmes d'éducation visant une meilleure connaissance des effets des drogues avaient comme conséquence d'accroître la consommation (Goodstadt, 1975; Goodstadt et coll., 1982; Pickover et coll., 1982). Pourtant, habituellement, les évaluateurs hésitent à présenter de tels résultats, alors que les éditeurs de journaux donnent trop souvent la préférence à des évaluations rapportant des résultats positifs. Ces évaluations de programme qui présentent des effets négatifs, de même que celles qui ne présentent aucun effet, sont d'une extrême importance pour l'avancement des connaissances. Si elles ne sont pas rapportées, quelqu'un d'autre risque de répéter les mêmes erreurs. Le principal critère pour soumettre une évaluation de programme à un journal spécialisé ne devrait plus être l'obtention de résultats positifs, mais une méthode d'évaluation valide et adaptée à la spécificité du problème étudié.

Références

ARMOR, P.J., POLICH, J.M. et STAMBUL, M.B. (1976). *Alcoholism and Treatment.* Santa Monica, CA: The Rand Corporation.

BLANE, H.T. (1977). Issues in the evaluation of alcoholism treatment. *Professional Psychology, 8*: 593-608.

CADDY, G.R. (1980). Problems in conducting alcohol treatment outcome studies: a review, dans L.C. Sobell, M.B. Sobell et E. Wards (eds): *Evaluating Alcohol and Dru g Abuse Treatment Effectiveness: Recent Advances.* New York: Pergamon Press.

CAMPBELL, D.T. et STANLEY, J.C. (1963). *Experimental and Quasi-experimental Designs for Research.* Chicago: Rand McNally.

CARTWRIGHT, A.K.J. (1981). Are different therapeutic perspectives important in the treatment of alcoholics? *British Journal of Addiction, 76*: 347-361.

COOPER, A.M., SOBELL, M.B., MAISTO, S.A. et SOBELL, L.C. (1980). Criterion intervals for pretreatment drinking measures in treatment evaluation. *Journal of Studies on Alcohol, 41*: 1186-1196.

COOPER, A.M., SOBELL, M.B., SOBELL, L.C. et MAISTO, S.A. (1981). Validity of alcoholic's self-reports: duration data. *The International Journal of Addiction, 16*: 401-406.

EDWARDS, G. et coll. (1977). Alcoholism: a controled trial of «treatment» and «advice». *Journal of Studies on Alcohol, 38*: 1004-1031.

EMRICK, C.D. (1974). A review of psychologically oriented treatment of alcoholism I — The use and interrelationship of outcome criteria and drinking behavior following treatment. *Quaterly Journal of Studies on Alcohol, 35*: 533-549.

EMRICK, C.D. (1975). A review of psychologically oriented treatment of alcoholism II — The relative effectiveness of different treatment approaches and the effectiveness of treatment versus no treatment. *Journal of Studies on Alcohol, 18*: 263-277.

EMRICK, C.D. et HANSEN, J. (1985). Thoughts on treatment evaluation methodology, dans B.S. McCrady, N.E. Noel et T.D. Nirenleig (eds). *Future Directions in Alcohol Abuse Treatment Research.* Research Monograph n° 15. Rockville: NIAAA.

GOODSTADT, M.S. (1975). Impact and roles of drug information in drug education. *Journal of Drug Education, 5*: 223-233.

GOODSTADT, M.S., SHEPPARD, M.A. et CHAN, G.C. (1982). Relationships between drug education and drug use: carts and horses. *Journal of Drug Issues, 12*: 431-442.

GORDIS, E., DORPH, D., SEPE, V. et SMITH, H. (1981). Outcome of alcoholism treatment among 5578 patients in an urban comprehensive hospital-based program: application of a computerized data system. *Alcoholism: Clinical and Experimental Research, 5*: 509-522.

HESSELBROCK, M., BABOR, T.F., HESSELBROCK, V., MEYER, R.E. et WORKMAN, K. (1983). «Never believe an alcoholic»? On the validity of self-report measures of alcohol dependances and related constructs. *The International Journal of the Addiction, 18*: 593-609.

LAPORTE, D.J. (1981). Treatment outcome as a function of follow-up difficulty in substance abusers. *Journal of Consulting and Clinical Psychology, 49*: 112-119.

LEVINSON, T. (1977). Practical experiences in the treatment evaluation though follow-up studies. *Alcoholism: Clinical and Experimental Research, 1*: 319-323.

MAISTO, S.A. et McCOLLAM, J.B. (1980). The use of multiple life health to assess alcohol treatment outcome: a review and critic, dans L.C. Sobell, M.B. Sobell et E. Ward (eds). *Evaluating Alcohol and Drug Abuse Effectiveness: Recent Advances.* New York: Pergamon Press.

MAISTO, S.A. et O'FARRELL, T.J. (1985). Comment on the validity of Watson et al's «Do alcoholics give valid self-reports»? *Journal of Studies on Alcohol, 46.*

MAISTO, S.A., SOBELL, L.C. et SOBELL, M.B. (1979). Comparison of alcoholics self-reports of drinking behaviour with reports of collateral informants. *Journal of Consulting and Clinical Psychology, 47*: 106-112.

MAISTO, S.A., SOBELL, M.B. et SOBELL, L.C. (1982). Reliability of self-reports of low ethanol consumption by problem drinkers over 18 months of follow-up. *Drug and Alcohol Deoendance, 9*: 273-278.

MILLER, W.R., CRAWFORD, V.L. et TAYLOR, C.A. (1979). Significant others as corroborative sources for problem drinkers. *Addictive Behaviours, 4*: 67-70.

MOOS, R. et BLISS, F. (1978). Difficulty of follow-up and alcoholism treatment outcome. *Journal of Studies on Alcohol, 39*: 1252-1257.

MOOS, R.H., CRONKITE, R.C. et FINNEY, J.W. (1982). A conceptual framework for alcoholism treatment evaluation, dans E.M. Pattison et E. Kaugmen (eds). *Encyclopedic Handbook of Alcoholism.* New York: Gardner Press: 1120-1139.

MORGAN, P.P. (1986). The seven deadly scientifics sins of clinical studies. *Candian Medical Association Journal, 134*: 1225.

NATHAN, P.E. et LANSKY, D. (1978). Common methodological problems in research on the addictions. *Journal of Consulting and Clinical Psychology, 46*: 713-725.

NATIONAL INSTITUTE ON DRUG ABUSE (1978). *Drug abuse instrument handbook.* Rockville, MD: NIDA, Reasearch Issues n° 12.

NATIONAL INSTITUTE ON ALCOHOL ABUSE AND ALCOHOLISM (1985). *Alcoholism treatment assessment research instruments.* Rockville, MD: US Department of Health and Human Services. NIAAA Treatment Handbook Series, n° 2.

NATIONAL INSTITUTE ON ALCOHOL ABUSE AND ALCOHOLISM (1985). *Researc h Strategies in Alcoholism Treatment Assessment.* Rockville, MD: Us Department of health and Human Services. NIAAA Treatment Handbook Series, n° 3.

ORREGO, H., BLENDIS, L.M., BLAKE, J.E. et KAPUR, B.M. (1979). Reliability of assessment of alcohol intake based on personal interviews in a liver clinic. *The Lancet, 2*: 1354-1356.

PATTISON, E.M. (1976). A conceptual approach to alcoholism treatment goals. *Addiction Behaviours, 1*: 177-192.

PICKOVER, B., BARBRACK, C. et GLATT, M. (1982). Preventive and educative programs within the high school. *School Psychology Rewiew, 4*: 399-408.

POLICH, J.M. (1982). The validity of self-reports in alcoholism research. *Addictive Behaviour, 7*: 123-132.

SANCHEZ-CRAIG, M. et ANNIS, H.M. (1982). «Self-monitoring» and «recall» measures of alcohol consumption: convergent validity with biochemical indices of liver function. *British Journal of Alcool and Alcoholism, 17*: 117-121.

SIMARD, L. (1973). *Évaluation psychologique des traitements d'alcooliques.* Sainte-Foy: Office de prévention et de traitement de l'alcoolisme et des autres toxicomanies.

SKINNER, H.A. (1980). Factor analysis and studies on alcohol; a methodological review. *Journal of Studies on Alcohol, 11*: 1091-1101.

SKINNER, H.A. (sous presse). Assessing alcohol use by patients in treatment, dans R.G. Smart et coll. (eds). *Research Advances on Alcohol and Drug Problems,* vol. 8. New York: Plenum Press.

SKINNER, H.A. et SHEU, W.J. (1982). Reliability of alcohol use indices: The life time drinking history and the MAST. *Journal of Studies on Alcohol, 43*: 1157-1170.

SOBELL, L.C. (1978). Critique of alcoholism treatment evaluation, dans G.A. Marlatt et P.E. Nathan (eds). *Behavioural Approaches to Alcoholism.* NIAAA-RUCAS Alcoholism Treatment Series n° 2. New Brunswick, NJ: Rutgers Center of Alcohol Studies.

SOBELL, M.B., BROCHU, S., SOBELL, L.C., ROY, J. et STEVENS, J.D. (1987). Alcohol treatment outcome evaluation methodology: State of the Art 1980-1984. *Addictive Behaviours: An International Journal, 12*: 113-128.

SOBELL, L.C., CELLUCCI, T., NIRENBERG, T.D. et SOBELL, M.B. (1982). Do quantity, frequency data underestimate drinking-related health risks? *American Journal of Public Health, 72*: 823-828.

SOBELL, M.B., MAISTO, S.A., SOBELL, L.C., COOPER, A.M., COOPER, T. et SANDERS, B. (1980). *Developing a prototype for evaluating alcohol treatment effectiveness: Recent advances.* New York: Pergamon Press.

SOBELL, L.C. et SOBELL, M.B. (1975). Outpatient alcoholics give valid self-reports. *The Journal of Nervous and Mental Disease, 161*: 32-42.

SOBELL, L.C. et SOBELL, M.B. (1978). Validity of self-reports in three populations of alcoholics. *Journal of Consulting and Clinical Psychology, 46.*

SOBELL, L.C. et SOBELL, M.B. (1982). Alcoholism treatment outcome evaluation methodology, dans National Institute on Alcohol Abuse and Health Monograph n° 3. *Prevention intervention and treatment: Concerns and models.* Washington, DC: NIAAA.

SOBELL, M.B., SOBELL, L.C. et SAMUELS, F.H. (1974). Validity of self-reports of alcohol-related arrests by alcoholics. *Quaterly Journal of Studies on Alcohol, 35*: 276-280.

SOBELL, M.B., SOBELL, L.C. et VANDERSPEK, R. (1979). Relationships among clinical judgement, self-report, and breath analysis measures of intoxication in alcoholics. *Journal of Consulting and Clinical Psychology, 47*: 204-206.

SPICER, J. (1980). *Outcome evaluation: How to do it?* Center City, Minnesota: Hazelden.

SUMMERS, T. (1970). Validity of alcoholics' self-reported drinking history. *Quaterly Journal of Studies on Alcohol, 31*: 972-974.

VAILLANT, G.E., CLARK, W., CYRUS, C., MILOFSKY, E.S., KOPT, J., WULSEN, Y.W. et MOGIELNICKI, N.P. (1983). Prospective stydy of alcoholism treatment. Eight-year follow-up. *The American Journal of Medecine, 75*: 455-463.

VANNICELLI, J. PFAU, B. et RYBACK, R.S. (1976). Data attrition in follow-up studies of alcoholics. *Journal of Studies on Alcohol, 37*: 1325-1330.

VERINIS, J.C. (1983). Agreement between alcoholics and relatives when reporting follow-up status. *The International Journal of the Addictions, 18*: 891-894.

VORIS, S.W. (1982). Alcohol treatment outcome evaluation: an overview of methodological issues. *American Journal of Drug and Alcohol Abuse*: 549-558.

WATSON, K.F. (1986). Programs, experiments ans other evaluations: an interview with Donald Campbell. *Canadian Journal of Program Evaluation, 1*: 83-86.

WATSON, C.G., TILLESKJOR, C., HOODECHECK-SCHOW, E.A., PUCEL, J. et JACOBS, L. (1984). Do alcoholics give valid self-reports? *Journal of Studies on Alcohol, 45*: 344-348.

WILKINSON, D.A. et SHRIMPTON, S, (1984). *Self-control training: Guidelines for self-monitoring and examples of coping strategies.* Toronto: Addiction Research Foundation.

WILLIAMS, G.D., AITKEN, S.S. et MALIN, H. (1985). Reliability of self-reported alcohol consumption in a general population survey. *Journal of Studies on Alcohol, 46*: 223-227.

WOOD, G. (1977). *Fundamentals of Psychological Research.* Toronto: Little, Brown and Company.

RÉSUMÉ

Les auteurs présentent dans ce texte les règles et les étapes méthodologiques devant présider à l'évaluation de l'efficacité des programmes de traitement en toxicomanie. Il importe en premier lieu de bien décrire le programme évalué (philosophie et orientation théorique, objectifs, intervention et intervenants), puis de planifier l'évaluation (prérequis, schème d'évaluation, analyses statistiques); ensuite, il faut obtenir des données préintervention (sociodémographiques, diagnostiques et autres) qui seront comparées aux résultats obtenus selon des mesures d'efficacité variées et auprès de diverses sources d'information (client, collatéraux, autres). Enfin, une évaluation fiable devrait tenir compte d'une période de suivi minimale pour laquelle certains facteurs sont à prendre en considération (longueur, début, fréquence des contacts, taux d'abondon et de mortalité, pourcentage de personnes contactées).

Chapitre **28**
Résultats de l'évaluation du traitement en alcoolisme*

Céline Mercier et Serge Brochu

Dans leur relevé de la littérature sur l'évaluation du traitement de l'alcoolisme, Hill et Blane faisaient état de quarante-neuf publications. C'était en 1967. En 1975, Emrick rendait compte de trois cent quatre-vingt-quatre études. La liste des références du manuel publié par NIAAA en 1985, *Summaries of Alcoholism Treatment Assessment Research* comporte plus de cinq cents titres. C'est dire que le domaine de l'évaluation du traitement de l'alcoolisme a connu ces vingt dernières années une expansion rapide.

L'un des objectifs de l'évaluation est de produire de l'information et des connaissances pour l'amélioration du traitement. Ce chapitre vise à rapporter les conclusions de la recherche en relation avec certaines questions: le traitement a-t-il des effets? Quelles sont les personnes plus aptes à en profiter? A-t-on trouvé une forme de traitement supérieure aux autres? Que penser de l'appariement («*matching*») et des programmes spécialisés? Pour faire un bilan des connaissances, trois types de sources sont disponibles:

- les revues de littérature les plus récentes (Annis et Liban, 1980; Baekeland 1977; Baekeland et coll., 1975; Blane, 1977; Costello, 1975, 1982; Costello et coll., 1977; Emrick, 1974, 1975, 1982; Miller et Hester, 1980; Nathan et Skinstad, 1987; Ogborne, 1978);
- les enquêtes de grande envergure comme celle de la Corporation Rand (Armor et coll., 1976; Polich et coll., 1981);
- les études de suivi à long terme (Dongier et coll., 1983;

* Texte inédit. Ce relevé de littérature a en partie été réalisé dans le cadre d'une subvention accordée au Pavillon Jellinek (Hull) par le Conseil québécois de la recherche sociale (n° RS-933 A 84).

Duckitt et coll., 1985; Edwards et coll., 1983; Vaillant, 1983; Vaillant et coll., 1983; Vaillant et Milofsky, 1982).

Le traitement a-t-il des effets?

Une première question est de savoir si le fait de suivre un traitement a une influence réelle sur la consommation d'alcool. En effet, un certain nombre de personnes stabilisent leur consommation sans avoir recours à un traitement (Tuchfield, 1981). Blane (1977) rapporte que, parmi des personnes non traitées, de 9 à 16 % parviennent à l'abstinence et que 30 à 54 % réduisent leur consommation de façon sensible. À partir de sa recension de la littérature, Smart (1976) propose un pourcentage variant entre 10 % et 42 % de rémissions spontanées. Les résultats des analyses d'Emrick (1975) font état de 13 % d'abstinents parmi les alcooliques non traités et de 41 % présentant des améliorations. La dernière recension confirme ces données: Miller et Hester (1980) évaluent que le taux de rémission spontanée basée sur l'abstinence ou la stabilité du boire, lors d'un suivi d'une année, oscille entre 4 et 42 %, pour une moyenne de 19 %. Suivant Smart (1976), l'âge et la maladie apparaissent le plus souvent liés à la stabilisation spontanée de la consommation. Saunders et Kershaw (1979) attribuent les rémissions spontanées à l'amélioration ou au renouvellement des relations sociales, à la fin d'un emploi lié à la consommation, à des changements dans la situation de vie et à la maturité.

Chez les personnes traitées, les taux moyens d'abstinence et d'amélioration sont un tant soit peu plus élevés[1]. À l'enquête de la Corporation Rand (Armor et coll., 1976), 25 % des personnes traitées sont abstinentes au suivi de dix-huit mois et 45 % ont diminué leur consommation. Blane (1977), en regard des revues de littérature, observe que, suite à un traitement, les taux d'abstinence varient entre 17 et 35 %. La diminution de la consommation s'observe de façon constante chez 62 à 68 % des personnes, alors qu'on enregistre une détérioration chez 6 à 10 % des clients. Costello et ses collaborateurs (1977), qui utilisent comme critère de réussite l'absence de boire problématique et considèrent les clients perdus comme des échecs, estiment que le taux de succès se situe entre 12 et 45 %. Miller et Hester (1980) concluent à un taux de 26 % d'abstinents après un an. Emrick (1982) propose un taux moyen de 66 % de cas améliorés (dont 33 % d'abstinents). Des enquêtes récentes vont dans le même sens avec des taux d'abstinence de 32 % après un an et de 27 % après deux ans (Gordis et coll., 1981), ou des taux d'amélioration de 55 % après deux ans (Gottheil et coll., 1982).

Sur de plus longues périodes, l'interprétation des résultats commande une certaine prudence: à mesure que le temps s'écoule, il devient de plus en

---

1. Il faut considérer avec prudence les comparaisons entre les taux de rémission spontanée et les taux de succès des programmes. Les deux populations peuvent être tout à fait différentes en ce qui concerne leur motivation, leur consommation et leurs ressources. De plus, il est parfois difficile de s'assurer qu'aucune intervention n'a pas vraiment eu lieu dans le cas des rémissions spontanées.

plus risqué d'attribuer les effets observés au seul traitement (Haver, 1986; Nordström et Berglund, 1986). Au suivi de quatre ans de la cohorte étudiée dans le cadre du Rapport Rand (Polich et coll., 1981), le taux d'abstinents pour la période entière est de 7 %; 21 % des sujets sont abstinents depuis un an avant l'enquête. Dans l'enquête de Pettinati et de son équipe (1982), quatre ans après le traitement, toutes les personnes suivies (cent cinquante hommes et soixante-quinze femmes) ont pu être revues: la population comptait alors 22 % d'abstinents et d'abstinentes.

Les données publiées par Vaillant (1983) sur un suivi de huit ans font état d'un pourcentage de 34 % d'abstinents. Cette proportion est relativement stable d'une année à l'autre alors que le décès et les placements en institution chez les dépendants à l'alcool entraînent une diminution régulière de leur nombre.

Douze ans après le traitement initial, soixante-huit des quatre-vingt-dix-neuf alcooliques étudiés par l'équipe d'Edwards (Duckitt et coll., 1985; Edwards et coll., 1983) ont été revus. De ceux-ci, dix-neuf (28 %) étaient abstinents depuis au moins un an et le groupe comptait vingt-sept personnes (40 %) classées comme des cas de succès.

Les résultats les plus récents enregistrés au Québec concordent tout à fait avec ces données. Dongier et ses collaborateurs (1983) ont retrouvé dans leur échantillon 35 % d'ex-clients du centre l'Escale à Sainte-Anne-des-Monts qui étaient sobres, et 50 % qui avaient amélioré leurs comportements de consommation. À l'instar de Vaillant (1983) et de Gottheil et ses collaborateurs (1982), ils concluent aussi que la durée du suivi de recherche (de un à douze ans dans leur cas, avec une moyenne de 6,4 ans) n'a pas d'influence sur les taux de rémission.

Tous ces auteurs font remarquer que, sur de longues périodes, l'abstinence ne va pas sans rechutes, bien que le processus de réadaptation soit en cours: on observe des périodes de plus en plus longues d'abstinence ou le retour progressif à une consommation normale. Ils signalent aussi l'alternance entre les périodes de sobriété et de consommation et décrivent des patterns de consommation périodique. Edwards (1984) propose d'ailleurs d'ajuster le traitement à ce processus de réadaptation.

La grande majorité des études citées fondent leurs analyses et leurs conclusions sur la base des résultats dans le domaine de la consommation. Pattison (1976) et les auteurs du rapport Rand (Armor et coll., 1976) ont cependant fortement insisté sur l'importance de considérer aussi des variables de l'ordre de la santé physique, du fonctionnement social, professionnel et personnel dans l'évaluation du résultat du traitement. Suivant ces auteurs, même si on enregistre aucun changement quant à la consommation, le traitement peut avoir eu des résultats positifs dans d'autres domaines. Inversement, la sobriété peut aller de pair avec une détérioration à d'autres niveaux. Dans son article de 1976, Pattison rapporte nombre d'études à l'appui de sa thèse. Plus récemment, Vaillant et Milofsky (1982) ont observé dans leur enquête rétrospective qu'un divorce, de la dépression, un rendement intellectuel et professionnel diminué peuvent aller de pair avec les débuts de la sobriété.

L'abstinence est cependant plus souvent liée à la réadaptation sociale. De sa revue de littérature, Emrick (1974) a conclu à l'existence de fortes relations entre les changements dans la consommation et les contacts interpersonnels à la maison, la situation de travail, les arrestations et les problèmes légaux. Ces relations sont faibles en ce qui a trait aux variables affectives et cognitives, à la condition physique et à la situation sociale.

En 1980, Maisto et McCollam observent qu'un comportement plus adéquat dans le domaine de la consommation va de pair avec les autres aspects de la réadaptation. Les travaux de Billings et Moos (1983) ont aussi démontré que les personnes qui réussissent à contrôler leur consommation ont un meilleur fonctionnement au travail et dans leur vie familiale. De même, McLellan et ses collaborateurs (1982, 1986) ont pu conclure que le traitement améliore aussi bien la condition familiale, financière et psychologique que les comportements de consommation. Dans cette étude, les effets sur la santé physique sont non concluants. Les travaux de l'équipe de Bucky (Bucky et coll., 1975 a, b) ainsi que ceux de Kolb et ses collaborateurs (1982), effectués auprès de la marine américaine, indiquent cependant une diminution du nombre de journées d'hospitalisation et de maladie à la suite du traitement.

Selon l'enquête de l'OPTAT réalisée en 1969-1970 (Saint-Laurent—Simard, 1973), l'abstinence ou une baisse importante dans la consommation d'alcool sont liées à l'amélioration du style perceptuel, de la stabilité émotionnelle et de la confiance en soi. Les personnes qui ont diminué grandement leur consommation ont un meilleur fonctionnement psychologique que les abstinentes, celles-ci étant plus déprimées et ayant des réactions moins adaptées à la frustration. D'autres recherches démontrent que différents types de traitement ont une influence sur le niveau d'anxiété (Cormier et coll., 1983) et le sens de responsabilité sur la vie des alcooliques (Brochu et coll., 1983; Rohfenow et O'Leary, 1978). De plus, les résultats indiquent qu'un changement positif de cette dernière dimension est en relation avec un bon ajustement durant le suivi (Ude, 1978).

Les développements les plus récents quant aux effets du traitement concernent effectivement le fonctionnement psychosocial de la personne traitée et l'influence de la réadaptation sur la famille et les proches (Moos et Moos, 1984). D'après ces travaux, il apparaît que les rapports entre l'environnement familial et le fonctionnement après traitement sont réciproques. Un comportement de consommation plus adéquat a des répercussions directes sur le climat du milieu de vie, lequel facilite à son tour la stabilisation de la consommation. Ces effets croisés entre les variables et les interrelations des différentes mesures des effets du traitement ne sont pas sans poser des problèmes méthodologiques. Maisto et McCollam (1980), à l'occasion de leur recension de la littérature, en donnent un aperçu.

Qui profite du traitement?

Un corpus d'études a permis de mettre en relation des caractéristiques des clients et l'issue du traitement et, de ce fait, d'établir des facteurs de pronostic. Un statut socio-économique élevé et la stabilité sociale (évaluée par la stabilité de l'emploi, du lieu de résidence et de la relation de couple) ou encore le niveau de fonctionnement à l'admission, sont régulièrement associés à une meilleure issue du traitement dans toutes les recensions de littérature.

Gibbs et Flanagan (1977) ont systématiquement revu les études visant à identifier des caractéristiques personnelles des alcooliques en relation avec le pronostic du traitement. Ils ont relevé quarante-cinq études où pas moins de deux cent huit indicateurs avaient été sondés pour leur efficacité au plan de la prédiction. Aucun des indicateurs présents dans au moins six études ne se sont avérés constants dans l'ensemble des travaux où ils avaient été considérés. Par contre, si on retient comme critère la présence d'un indicateur dans au moins six études et une liaison constante avec l'issue du traitement dans au moins la moitié de ces études, il est possible de dégager les facteurs de pronostic suivants: un mariage stable, un emploi stable, un statut professionnel élevé, un statut social élevé, le fait d'être marié, d'occuper un emploi, l'absence de passé judiciaire, la participation aux AA avant l'admission, le diagnostic de psychonévrose et un score élevé à l'échelle arithmétique de Wechsler.

Dans sa revue de littérature, Ogborne (1978) relève les mêmes caractéristiques auxquelles s'ajoutent un niveau d'éducation supérieure, l'absence de déficits cognitifs, la pratique religieuse, l'estime de soi.

La gravité des symptômes à l'admission et la carrière alcoolique n'ont pas livré de résultats clairs, bien que certaines convergences semblent se dessiner. Les tenants de l'intervention précoce maintiennent que le pronostic est d'autant plus favorable que la consommation n'a pas encore entraîné trop de conséquences négatives. Dans les études recensées par Blane (1977), la sévérité de l'alcoolisme à l'admission a une influence négative sur l'issue du traitement. Une histoire plus longue de consommation rend le pronostic moins favorable (Ogborne, 1978). Gibbs et Flanagan (1977) identifient comme facteurs négatifs un traitement antérieur à l'interne, un comportement agressif, des tentatives de suicide, un syndrome organique et une personnalité du type sociopathe. Chez les femmes, de l'alcoolisme ou de la maladie mentale dans la famille proche, un début précoce de consommation excessive, l'abus d'autres drogues, des maladies physiques dues à l'alcool et de la psychopathologie sont associés à un résultat moins favorable (Annis et Liban, 1980).

À la recherche du programme idéal

Les recherches destinées à documenter les relations entre une modalité de traitement et son résultat n'ont pas permis d'identifier des types de programmes plus performants que d'autres. Les auteurs du rapport Rand (Armor et coll., 1976) concluent que quels que soient les formes ou les milieux de traitement, les taux de rémission sont à peu près identiques après dix-huit mois. D'après les synthèses de la littérature effectuées par Baekeland et ses collaborateurs (1975, 1977), par Costello (1975) et par Blane (1977), les programmes qui utilisent une multiplicité de moyens «pourraient» s'avérer d'une efficacité supérieure. Les traitements à large spectre, apparamment les plus efficaces d'après Blane (1977), sont ceux qui combinent le traitement interne et externe, pratiquent un suivi serré, impliquent des proches, utilisent le disulfirame et la thérapie behaviorale.

Costello (1980) s'est livré à une méta-analyse des résultats de recherches évaluatives. À partir d'un modèle de cheminement de la causalité («*path analysis*»), il a pu calculer l'effet direct, indirect et total de groupes de variables sur l'issue du traitement. Là encore, la stabilité sociale constitue l'effet direct le plus marqué sur l'issue du traitement. Pour ce qui est du traitement lui-même, le chercheur a pu identifier des composantes qui permettent de distinguer les programmes les plus efficaces des autres: une approche de milieu ou de communauté thérapeutique pour les programmes en interne et une durée de six à huit semaines; l'usage du disulfirame; un suivi constant et ferme en externe après le congé; une participation soutenue des proches et des employeurs au traitement.

Les revues de la littérature de Miller et Hester (1980), de Finney et de ses collaborateurs (1981) et de Annis (1984) ne permettent pas de dégager des influences nettes pour ce qui est de la durée du traitement, au-delà d'un seuil minimum (la seule désintoxication est d'une efficacité à peu près nulle). L'issue du traitement semble plus clairement affectée par le niveau de participation du client (Armor et coll., 1976; Bromet et coll., 1977) et le nombre d'interventions (Armor et coll., 1976; Blane, 1977). À titre d'exemple, à l'enquête Rand, on a observé une amélioration (abstinence ou consommation normale) chez 83 % des clients qui terminent la cure alors que chez ceux qui l'écourtent, le taux de 58 % est à peine supérieur à celui de ceux qui n'ont pas donné suite à leur inscription dans le programme (53 %). Il faut cependant prendre en considération le fait que les effets de ces facteurs sont souvent cumulatifs: les patients qui poursuivent activement leur traitement en externe après un séjour à l'interne sont précisément ceux dont la stabilité maritale, sociale et professionnelle est la plus grande (Pokorny et coll., 1973).

Vaillant (1983), pour sa part, a proposé d'autres paramètres qui peuvent influer sur les résultats du traitement. L'auteur passe en revue quatre expériences très différentes les unes des autres[2], mais également reconnues pour leur taux élevé de succès. Ces expériences ont en commun cinq caractéristiques qui expliquent mieux leur réussite que les techniques dont elles veulent démontrer l'efficacité: chaque programme offre de l'espoir en même temps qu'une explication rationnelle de la souffrance; l'alcoolisme est présenté comme une maladie; le changement s'appuie sur un rituel; le programme table davantage sur l'estime de soi et la valorisation personnelle que sur la crainte; les thérapeutes sont convaincus de la valeur de leur approche et de son efficacité pour la réadaptation.

---

2. L'une de conditionnement aversif, l'autre avec *Antabuse*® et thérapie de groupe, la troisième avec les AA et un groupe d'ex-alcooliques et la quatrième portant sur la consommation contrôlée.

De son côté, Moos (Bromet et Moos, 1977; Moos et Finney, 1983) défend l'idée qu'il faut considérer les facteurs environnementaux dans le maintien de la sobriété. Les travaux de son équipe (Billings et Moos, 1983; Bromet et Moos, 1977; Finney et Moos, 1981; Moos et coll., 1981, 1982; Moos et Moos, 1984) tendent à démontrer que le climat familial, la perception du travail, l'absence d'événements stressants, les ressources sociales ont autant d'influence sur la réhabilitation que les influences combinées des caractéristiques à l'admission et du traitement. Ward et ses collaborateurs (1982) ont confirmé cette influence des ressources du milieu sur le fonctionnement après le traitement.

Le défi de l'appariement

Les recherches recensées plus haut n'apportent qu'une réponse partielle et incomplète à la question proposée par Pattison et ses collaborateurs en 1969, et reprise en 1982:

> Quels symptômes du syndrome alcoolique, à quelle phase de leur développement, quels types de patient-e-s répondent suivant quelles conditions, à court et à long terme, à quels types de techniques administrées par qui? (Pattison, 1982: 11)

Jusqu'au début des années 1980, la recherche évaluative a surtout visé à identifier des facteurs de pronostic ou des formes de traitement plus efficaces. Ces recherches livrent des résultats passablement constants, mais néanmoins limités. Armor et ses collaborateurs (1976) observent que le niveau de consommation du client, sa situation sociale, le type et la quantité de traitement n'expliquent que 13,3 % de la variance dans les taux de rémission. Les analyses de Bromet et de ses collaborateurs (1977) et de Cronkite et Moos (1978, 1980) indiquent qu'un maximum de 50 % de la variance peut être expliquée avec une certaine évidence: entre 15 et 33 % en relation avec les caractéristiques sociodémographiques et l'état à l'admission; entre 1 et 20 % par le niveau de participation et un maximum de 4 % par le type de programme. Luborsky et McLellan (1978) observent aussi qu'un maximum de 20 % de la variance dans les résultats du traitement peut être expliqué par les caractéristiques du client avant le traitement.

Les facteurs de pronostic permettent cependant une première appréciation plus fine des taux de réussite et d'échec. Ainsi Costello (1977), suite à une revue de la littérature parue entre 1951 et 1975 (quatre-vingts études), conclut qu'un programme offrant des approches multiples à des personnes au pronostic favorable peut espérer un taux de succès de 50 % alors qu'un programme aux ressources limitées dont les patients ont un pronostic pauvre peut s'attendre à un taux de 15 %. Avec ce même type de clientèle, le taux peut atteindre 30 % dans le cas des programmes à approches multiples. Baekeland (1975) et son équipe en arrivent à des conclusions similaires: avec des clients au pronostic favorable, on peut s'attendre à des taux d'amélioration variant entre 32 et 68 %. Quand le pronostic est pauvre, ce taux ne dépasse pas 18 %.

Sur cette lancée, on cherche maintenant à identifier des types de traitement plus appropriés pour certains clients (Gibbs, 1980; Glaser, 1980; Gottheil et coll., 1981; Kissin, 1977; Pattison, 1982). Suivant Glaser (1980), l'appariement peut se fonder sur trois paramètres: on peut associer les caractéristiques du client et celles du thérapeute; les caractéristiques du client et les objectifs du traitement; les problèmes du client et les formes de traitement.

Emrick (1982) suggère qu'un traitement résidentiel (mais non hospitalier) peut être bénéfique aux clients les plus détériorés socialement. Armor et ses collaborateurs (1976) sont aussi d'avis que le traitement interne à long terme ne devrait être proposé qu'aux alcooliques souffrant de détériorations physiques graves et à ceux et celles qui causent des problèmes sérieux dans leur famille ou leur communauté. Kissin et ses collaborateurs (1970) rapportent que les gens éduqués occupant un emploi élevé s'orientent naturellement vers la psychotérapie et répondent bien à cette approche. Lyons et ses collaborateurs (1982) ont analysé les données de suivi (trois et huit mois) de 1340 personnes traitées dans dix-sept programmes: il leur apparaît que les femmes réussissent mieux dans un programme à orientation médicale, que le groupe de pair est favorable aux alcooliques masculins et que les buveurs à problèmes profitent mieux d'un programme orienté vers la réadaptation professionnelle.

La vérification empirique de l'efficacité de cet appariement pose cependant un certain nombre de problèmes conceptuels et méthodologiques (Finney et Moos, 1986). En 1978, Smart (cité dans Finney et Moos, 1986) a tenté une première vérification statistique, sans pouvoir identifier des interactions significatives entre des caractéristiques des clients et des variables de traitement. La recherche de Finney et Moos (1979) sur les relations entre types d'alcooliques (sur une population de trois cent quatre-vingt-sept sujets) et cinq modalités de traitement n'a pas davantage livré de résultats concluants. Depuis, des recherches expérimentales ont commencé à livrer des résultats plus encourageants.

Deux études récentes font apparaître la pertinence de l'appariement suivant les objectifs et les formes de traitement pour augmenter l'efficacité du traitement. Sanchez-Craig et ses collaborateurs (1984) ont ainsi démontré qu'un objectif de consommation contrôlé présente plus d'attrait et préside à de meilleurs résultats chez les buveurs à problèmes socialement stables, qu'un objectif d'abstinence. Les travaux de McLellan et de son équipe suggèrent que la condition psychiatrique représente un facteur de premier ordre quant au résultat du traitement (McLellan et coll., 1983a, 1986); les personnes qui connaissent des problèmes psychiatriques importants réagissent peu à toute forme de traitement alors que les personnes en bonne santé mentale progressent dans tous les types de programme. Par contre, pour les personnes en position intermédiaire (60 % de l'échantillon), l'interaction entre les variables personnelles et les variables de traitement s'avère très significative. Ainsi, les personnes ayant beaucoup de problèmes légaux profitent fort peu d'un traitement de type communauté thérapeutique (avec une philosophie AA) et d'un programme d'apprentissage de consommation contrôlée. De même, un programme en externe donne peu de résultats lorsque les clients connaissent de graves problèmes familiaux et d'emploi.

Ces résultats ont été confirmés par une étude de vérification (McLellan et coll., 1983b). Les clients qui avaient été assignés à une forme de traitement présumée mieux adaptée à leur condition ont effectivement obtenu de meilleurs résultats au suivi de six mois. De plus, ces personnes se sont montrées plus motivées au traitement et y restèrent plus longtemps.

Les populations spéciales

Une autre façon d'adapter le traitement aux clientèles est de développer des programmes spécifiques pour des groupes cibles donnés. Un des traits marquants des dernières années est le passage d'une approche par substance à une approche par type de clientèle (Hadley et Hadley, 1983; Schuckit, 1980). Les jeunes, les femmes et les personnes âgées furent parmi les premières cibles identifiées. Vinrent s'y ajouter les travailleurs, les minorités ethniques, les autochtones, les populations rurales, les homosexuels, les conducteurs automobiles, les prisonniers, les jeunes patients psychiatriques, les itinérants, les handicapés physiques, les professionnels de la santé et les militaires. Et cette liste n'est sans doute pas exhaustive.

Les données sur l'efficacité du traitement auprès de ces populations spéciales sont de deux ordres: les unes rapportent les effets d'un traitement général sur un sous-groupe donné; les autres font état des effets d'un traitement spécialement développé à l'intention d'une population spécifique.

Pour pouvoir considérer les effets de traitement sur un sous-groupe particulier, il importe que ce sous-groupe ait été distingué de l'ensemble de la population, ce qui, jusqu'à tout récemment, était plutôt rare. Bourgeois (1984) note que «la majorité des études qui abordent l'efficacité thérapeutique des programmes de traitement n'effectuent aucune distinction entre les hommes et les femmes, ou ne comportent que des échantillons masculins» (p. 131). Smart (1979) note que nulle part on ne trouve de «l'information sur les taux de rémission des jeunes alcooliques». En 1983, Westermeyer et Peake ne peuvent retracer dans la littérature spécialisée aucune publication sur les résultats du traitement auprès des autochtones.

Lorsqu'elles existent, les études sur les populations spéciales sont confrontées à des limites méthodologiques particulières: les échantillons sont souvent petits; on doit considérer comme homogènes des populations éventuellement très hétérogènes; les indicateurs et les instruments de mesure sont peu adaptés, sinon biaisés.

Dans ces conditions, les études en arrivent le plus souvent à des résultats comparables pour la population cible ou à des observations non concluantes. Pour ce qui des femmes, Annis et Liban (1980), Bourgeois (1984) et Vannicelli (1984) remarquent que la majorité des études disponibles (15/23) ne rapportent aucune différence entre les hommes et les femmes en traitement. Dans son étude sur les jeunes, Smart (1979) observe que les jeunes se présentent en traitement avec moins de ressources, de stabilité et de motivation que les personnes plus âgées, mais qu'ils ne profitent pas moins du traitement que leurs aînés. Suivant la revue de littérature de Hinrichsen (1984), les personnes âgées pourraient mieux réagir au traitement que les autres groupes d'âge. En fait, pour le moment, la littérature spécialisée porte davantage sur les besoins spéciaux de ces populations (Braiker, 1982; NIAAA, 1982) et sur des recommandations pour le traitement que sur l'évaluation différentielle des résultats obtenus.

Certains programmes spécialisés de traitement font cependant maintenant l'objet d'une attention particulière. On trouve maintenant dans la littérature les résultats d'évaluation de programmes destinés exclusivement aux femmes (Carver et coll., 1984; Mercier, 1986a), aux conducteurs arrêtés pour conduite en état d'ébriété (Brassard, 1984), aux personnes qui travaillent (Kurtz et coll., 1984), aux prisonniers (Annis et Chan, 1983; Ross et Lightfoot, 1985), aux itinérants alcooliques ou aux toxicomanes (Mercier, 1986b).

Que conclure?

Une conclusion générale se dégage de l'ensemble des recherches d'évaluation du traitement: les variables liées au client ont plus d'influence sur l'issue du traitement que le type de traitement. Le niveau de stabilité sociale à l'admission, l'expérience du traitement (nombre d'interventions et participation) et la perception du traitement par les clients ont plus d'influence «reconnue» sur l'issue du traitement que le type de traitement lui-même.

À ce jour, les recherches n'ont donc pas permis d'identifier une modalité de traitement plus efficace que les autres. Cette question du traitement idéal est d'ailleurs pratiquement abandonnée au profit d'une problématique de l'appariement optimal entre les caractéristiques des clients et les modalités du traitement. Le fait que les traitements à dimensions multiples semblent plus efficaces que les approches uniques peut constituer un indice de la justesse des hypothèses de l'appariement. Mais les variables significatives chez le client, le thérapeute et le programme demeurent difficiles à isoler.

Un important travail de sensibilisation a aussi été réalisé quant aux besoins spécifiques en matière de traitement des jeunes, des femmes, des personnes âgées et des minorités. On observe de même le développement de programmes spécialisés à l'intention de populations cibles telles que les conducteurs automobiles, les travailleurs et les personnes judiciarisées, par exemple.

Par ailleurs, les recherches les plus récentes invitent à un élargissement de la problématique de l'efficacité du traitement, de façon à tenir compte des facteurs de milieu dans l'atteinte et le maintien de comportements de consommation plus adéquats. On parle désormais de prévention de la rechute (Marlatt et Gordon, 1985; Moos et Finney, 1983).

Dans tous les cas, ces nouvelles orientations se traduisent en programmations différentielles vers l'atteinte d'objectifs spécifiques, ce qui rend possible des procédures d'évaluation plus fines et, réciproquement, permet à l'évaluation de contribuer davantage au développement d'approches mieux ciblées et plus efficaces.

Références

ANNIS, H.M. (1984). *Is inpatient rehabilitation of the alcoholic cost effective? Con position.* Toronto: Addiction Research Foundation.

ANNIS, H.M. et LIBAN, C.B. (1980). Alcolism in women: Treatment modalities and outcome, dans Y. Israël, F.B. Glaser, H. Kalant, R.E. Popham, W. Schmidt et R.G. Smart (eds). *Research Advances in Alcohol and Drug Problems*, vol. 5, New York: Plenum Press: 385-423.

ANNIS, H.M. et CHAN, D. (1983). The differential treatment model: Empirical evidence from a personality typology of adult offenders. *Criminal Justice and Behavior, 10*, 2: 159-173.

ARMOR, P.J., POLICH, J.M. et STAMBUL, M.B. (1976). *Alcoholism and Treatment.* Santa Monica, CA: The Rand Corporation.

BAEKELAND, F. (1977). Evaluation of treatment methods in chronic alcoholism, dans B. Kissin et H. Begleiter (eds). *Treatment and Rehabilitation of the Chronic Alcoholic.* New York: Plenum Press: 385-440.

BAEKELAND, F., LUNDWALL, L. et KISSIN, B. (1975). Methods for the treatment of chronic alcoholism: A critical appraisal, dans R.J. Gibbins, Y. Israël, H. Kalant, R.E. Popham, W, Schmidt et R.G. Smart (eds). *Research Advances in Alcohol and Dru g Problems*, vol. 2, New York: Wiley: 247-327.

BILLINGS, A.G. et MOOS, R.M. (1983). Psychosocial processesm of recovery among alcoholics and their families: Implications for clinicians and program evaluators. *Addictive Behaviors, 8*: 205-218.

BLANE, H.T. (1977). Issues in the evaluation of alcoholism treatment. *Professional Psychology, 8*: 593-608.

BOURGEOIS, L. (1984). Le traitement, dans L. Nadeau, C. Mercier, L. Bourgeois. *Les femmes et l'alcool en Amérique du Nord et au Québec.* Québec: Presses de l'Université du Québec. Coll. Monographies de psychologie, n° 2: 131-137.

BRAIKER, H. (1982). The diagnosis and treatment of alcoholism in women in National Institute on Alcohol Abuse and Alcoholism, *Special Population Issues.* Rockville, MD: US Department of health and Human Services. Alcohol and health Monograph, n° 4: 111-143.

BRASSARD, S. (1984). *Relevé de littérature sur la conduite en état d'ébriété et proposition d'une méthode d'évaluation du programme «Réadaptation des conducteurs ivres».* Baie Comeau: centre d'accueil N.A. Labrie. Miméo.

BROCHU, S., PROULX, R., CORMIER, D. et STROBEL, M. (1983). Évolution du sens des responsabilités sur sa vie chez l'alcoolique au cours d'un traitement psychosocial dispensé à Domrémy-Montréal. *Revue Québécoise de Psychologie, 4*, 2: 23-40.

BROMET, E. et MOOS, R.H. (1977). Environmental resources and the posttreatment functioning of alcoholic patients. *Journal of health and Social Behavior, 18*: 326-338.

BROMET, E., MOOS, R., BLISS, R. et WUTHMANN, C. (1977). Posttreatment functioning of alcoholic patients: Its relation to program participation. *Journal of Consulting and Clinical Psychology, 45*: 829-842.

BUCKY, S.F., EDWARDS, D. et BERRY, N.G. (1975a). A note on hospitalisation and discharge rates of men treated at the Navy's Alcohol Centers, dans *U.S. Navy Alcohol Studies*, vol 1 (1980). San Diego: Naval Alcohol Rehabilitation Center.

BUCKY, S.F., EDWARDS, D. et COBEN, P. (1975b). Primary and secondary benefits from treatment for alcoholism, dans *U.S. Navy Alcohol Studies*, vol 1 (1980). San Diego: Naval Alcohol Rehabilitation Center.

CARVER, V., McGREGOR, B. et STEFFENS, C. (1984). *Amethist Women's Adddiction Centre. Final Report.* Ottawa: Amethist Women's Addiction Centre. Miméo.

CORMIER, D., BROCHU, S., LANDRY, M. et STROBEL, M. (1983). Baisse de l'anxiété de l'alcoolique lors d'un traitement psychosocial dispensé à Domrémy-Montréal. *Revue Québécoise de Psychologie, 4*, 1: 88-107.

COSTELLO, R.M. (1975). Alcoholism treatment and evaluation: In search of methods. *International Journal of Addictions, 10*: 251-275 et 857-867.

COSTELLO, R.M. (1977). Alcoholism treatment programming: Historical trends and modern approaches. *Alcoholism: Clinical and Experimental Research, 1*, 4: 311-317.

COSTELLO, R.M. (1980). Alcoholism treatment effectiveness: Slicing the outcome variance pie, dans G. Edwards et M. Grant (eds). *Alcoholism Treatment in Transition*. London: Croom Helm: 113-125.

COSTELLO, R.M. (1982). Evaluation of alcoholism treatment programs, dans E.M. Pattison et E. Kaufman (eds). *Encyclopedic Handbook of Alcoholism*. New York: Gardner Press: 1197-1210.

COSTELLO, R.M., BIEVER, P. et BAILLARGEON, J.G. (1977). Alcoholism treatment programming: Historical trends and modern approaches. *Alcoholism: Clinical and Experimental Research, 1*: 311-318.

CRONKITE, R.C. et MOOS, R.H. (1978). Evaluating alcoholism treatment programs: An integrated approach. *Journal of Consulting and Clinical Psychology, 46*, 5: 1105-1119.

CRONKITE, R.C. et MOOS, R.H. (1980). Determinants of the posttreatment functioning of alcoholic patients: A conceptual framework. *Journal of Consulting and Clinical Psychology, 48*: 305-316.

DONGIER, M., ENGELSMANN, F., GROSLOUIS, Y. et GERVAIS, M. (1983). Résultats à long terme du traitement de l'alcoolisme en institution spécialisée. *Psychotropes, 1*, 2: 65-70.

DUCKITT, A., Brown, D., EDWARDS, G., OPPENHEIMER, E., SHEEHAN, M. et TAYLOR, C. (1985). Alcoholism and the nature of outcome. *British Journal of Addiction, 80*: 153-162.

EDWARDS, G. (1984). Drinking in logitudinal perspective: Career and natural history. *British Jounal of Addiction, 79*: 175-183.

EDWARDS, D., BUCKY, S.F. et SHUKITT, M. (1977). Personality and attitudinal change for alcoholics treated at the navy's alcohol rehabilitation center. *Journal of Community Psychology, 5*: 180-185.

EDWARD, G., DUCKITT, A., OPPENHEIMER, E., SHEEHAN, M. et TAYLOR, C. (1983). What happens to alcoholics? *Lancet*: 269-271.

EMRICK, C.D. (1974). A review of psychologically oriented treatment of alcoholism I — The use and interrelationship of outcome criteria and drinking behavior following treat ment. *Quaterly Journal of Studies on Alcohol, 35*: 533-549.

EMRICK, C.D. (1975). A review of psychologically oriented treatment of alcoholism II — The relative effectiveness of different treatment approaches and the effectiveness c treatment versus no treatment. *Journal of Studies on Alcohol, 18*: 263-277.

EMRICK, C.D. (1982). Evaluation of alcoholism psychotherapy methods, dans E.M Pattison et E. Kaufman (eds). *Encyclopedic Hand book of Alcoholism.* New York Gardner Press: 1152-1169.

FINNEY, J.W. et MOOS, R.H. (1979). Treatment and outcome for empirical subtypes of al coholic patients. *Journal of Consulting and Clinical Psychology, 47*, 1: 25-38.

FINNEY, J.W. et MOOS, R.H. (1981). Characteristics and prognoses of alcoholics who be come moderate drinkers and abstainers after treatment. *Journal of Studies on Alcohol, 42*, 1: 94-105.

FINNEY, J.W. et MOOS, R.H. (1986). Matching patients with treatments: Conceptual an methodological issues. *Journal of Studies on Alcohol, 47*, 2: 122-134.

FINNEY, J.W., MOOS, R.H. et CHAN, D.A. (1981). Length of stay and program componer effects in the treatment of alcoholism: A comparison of two techniques for proces analyses. *Journal of Consulting and Clinical Psychology, 49*, 1: 120-131.

GIBBS, L.E. (1980). A classification of alcoholics relevant to type specific treatment. *Th International Journal of Addictions, 15*: 461-488.

GIBBS, L. et FLANAGAN, J. (1977). Prognostic indicators of alcoholism treatment outcc me. *The International Journal of Addictions, 12*, 8: 1097-1141.

GLASER, F.B. (1980). Anybody got a match? Treatmen research and the matching hypc thesis, dans G. Edwars et M. Grant (eds). *Alcoholism Treatment in Transition.* Londor Crown Helm: 178-196.

GORDIS, E., DORPH, D., SEPE, V. et SMITH, H. (1981). Outcome of alcoholism treatmer among 5578 patients in an urban comprehensive hospital-based program: applicatio of a computerized data system. *Alcoholism: Clinical and Experimental Research,* 509-522.

GOTTHEIL, E., McLELLAN, T.A. et DRULEY, K.A. (eds) (1981). *Matching Patient Need and Treatment Methods in Alcoholism and Drug Abuse.* Springfield, Illinois: Charles C Thomas.

HADLEY, R.G. et HADLEY, P.A. (1983). Rehabilitation of people with alcohol problems *Annual Review of Rehabilitation, 3*: 121-127.

HAVER, B. (1986). Female alcoholics. 1. Psycho-social outcome six years after treatmen *Acta Psychiatrica Scandinavica, 74*: 102-111.

HILL, M.I. et BLANE, H.T. (1967). Evaluation of psychotherapy with alcoholics: A critic review. *Quaterly Journal of Studies on Alcohol, 28*: 76-104.

HINRICHSEN, J.J. (1984). Toward improving treatment services for alcoholics of advar ced age. *Alcohol Health and Research World, 8*, 3: 30-40.

KISSIN, B. (1977). Theory and practice in the treatment of alcoholism, dans B. Kissin et H Begleiter (eds). *Treatment and Rehabilitation of Chronic Alcoholic.* New York: Plenur Press: 1-52.

KISSIN, B., PLATZ, A. et SU, W.H. (1970). Social and psychological factors in the treatment of chronic alcoholics. *Journal of Psychiatric Research, 8*: 13-27.

KOLB, D., BAKER, G.D. et GUNDERSON, E.K.E. (1982). *Effects of alcohol rehabilitation treatment on health and performance of navy enlisted men.* San Diego: Naval Health Research Center. Report n° 82,9.

KURTZ, N.R., GOOGINS, B. et HOWARD, W.C. (1984). Measuring the success of occupational alcoholism programs. *Journal of Studies on Alcohol, 45*, 1: 33-44.

LUBORSKY, L. et McLELLAN, A.T. (1978). Our surprising inability to predict the outcomes of psychological treatments — with special reference to treatments for drug abuse. *American Journal of Drug and Alcohol Abuse, 5*: 387-398.

LYONS, J.P., Welte, J.W., BROWN, J. SOKOLOW, L. et HYNES, G. (1982). Variation in alcoholism treatment orientation: Differential impact upon specific subpopulations. *Alcoholism: Clinical and Experimental Research, 6*, 3: 333-343.

MAISTO, S.A. et McCOLLAM, J.B. (1980). The use of multiple life health to assess alcohol treatment outcome: a review and critic, dans L.C. Sobell, M.B. Sobell et E. Ward (eds). *Evaluating Alcohol and Drug Abuse Effectiveness: Recent Advances.* New York: Pergamon Press.

MARLATT, G.A. et GORDON, J.R. (eds) (1985). *Relapse Prevention. Maintenance Strategies in the Treatment of Addictive Behaviors.* New York: Guilford Press. Guilford Clinical Psychologe and Psychotherapy Series.

McLELLAN, A.T., LUBORSKY, L., O'BRIEN, C.P., WOOD, G.D. et DRULEY, K.A. (1982). Is treatment for substance abuse effective? *Journal of the American Medical Association, 247*: 1423-1428.

McLELLAN, A.T., LUBORSKY, L., WOODY, G.E., O'BRIEN, C.P. et DRULEY, K.A. (1983a). Predicting response to alcohol and drug abuse treatments. *Archives of General Psychiatry, 40*: 620-625.

McLELLAN, A.T., WOODY, G.E., LUBORSKY, L., O'BRIEN, C.P. et DRULEY, K.A. (1983b). Increased effectiveness of substance abuse treatment. A prospective study of patient-treatment «matching». *Journal of Nervous and Mental Disease, 171*, 10: 597-605.

McLELLAN, A.T., LUBORSKY, L. et O'BRIEN, C.P. (1986). Alcohol and drug abuse treatment in three different populations: Is there improvment and is it predictable? *American Journal of Drug and Alcohol Abuse, 12*, 1-2: 101-120.

MERCIER, C. (1986a). L'évaluation du traitement pour les femmes: Sortir de l'impasse. *L'Intervenant, 3*, 3: 12-13.

MERCIER, C. (1986b). *Itinérance et alcoolisme. Recension de publications.* Montréal: Centre d'accueil Préfontaine. Miméo.

MILLER, W.R. et HESTER, R.K. (1980). Treating the problem-drinker: Modern approaches, dans W.R. Miller (ed). *The Addictibe Behaviors,* New York: Pergamon Press: 11-143.

MOOS, R.H. et FINEY, J.W. (1983). The expanding scope of alcoholism treatment evaluation. *American Psychologist, 38*, 10: 1036-1044.

MOOS, R.H. et MOOS, B.S. (1984). The process of recovery from alcoholism: III. Comparing functioning in families of alcoholics and matched control families. *Journal of Studies on Alcohol, 45*, 2: 111-118.

MOOS, R.H., FINNEY, J.W. et CHAN, D.A. (1981). The process of recovery from alcoholism: I. Comparing alcoholi patients and matched controls. *Journal of Studies on Alcohol, 42*, 5: 383-402.

MOOS, R.H., FINNEY, J.W. et GAMBLE, W. (1982). The process of recovery from alcoholism: II. Comparing spouses of alcoholic patients and matched community controls. *Journal of Studies on Alcohol, 43*, 9: 888-909.

NATHAN, P.E. et SKINSTAD, A.H. (1987). Outcomes of treatment for alcohol problems: Currents methods, problems and results. *Journal of Consulting and Clinical Psychology, 55*, 3: 332-340.

NATIONAL INSTITUTE ON ALCOHOL ABUSE AND ALCOHOLISM (1982). *Special Population Issues*. Rockville, MD: US Department of Health and Human Services. Alcohol and Health Monograph n° 4.

NATIONAL INSTITUTE ON ALCOHOL ABUSE AND ALCOHOLISM (1985). *Summaries of Alcoholism treatment assessment research*. Rockville, MD: US Department of Health and Human Services. Treatment Handbook Series, n° 1.

NORDSTROM, G. et BERGLUND, M. (1986). Successful adjustment in alcoholism. Relationships between causes of improvment, personality, and social factors. *Journal of Nervous and Mental Disease, 174*, 11: 664-668.

O'CONNOR, A. et DALY, J. (1985). Alcoholics. A twenty-year follow-up study. *British Journal of Psychiatry, 146*: 645-647.

OGBORNE, A.C. (1978). Patient characteristics as predictors of treatment outcomes for alcohol and drug abusers, dans Y. Israël, F.B. Glaser, H. Kalant, R.E. Popham, W. Schmidt et R.G. Smart (eds). *Research Advances in Alcohol and Drug Problems*. vol. 4. New York: Plenum Press: 177-223.

PATTISON, E.M. (1976). A conceptual approach to alcoholism treatment goals. *Addiction Behaviours, 1*: 177-192.

PATTISON, E.M. (ed.) (1982). *Selection of Treatment for Alcoholics*. New Brunswick, NJ: Rutgers Center of Alcohol Studies. Alcoholism Treatment Series, n° 1.

PATTISON, E.M., COE, R. et RHODES, R.J. (1969). Evaluation of alcoholism treatment. A comparison of three facilities. *Archives of General Psychiatry, 20*: 478-488.

PETTINATI, H.M., SUGARMAN, A.A., DiDONATO, N. et MAURER, H.S. (1982). The natural history of alcoholism over four years after treatment. *Journal of Studies on Alcohol, 43* 3: 201-215.

POKORNY, A.D., MILLER, B.A., KANAS, T. et VALLES, J. (1973). Effectiveness of extended aftercare in the treatment of alcoholism. *Quaterly Journal of Studies on Alcohol 34*: 435-443.

POLICH, J.M., ARMOR, D.J. et BRAIKER, H.B. (1981). *The Course of Alcoholism: Four Years after Treatment*. New York: John Wiley et Sons.

ROHFENOW, D.J. et O'LEARY, M.R. (1978). Locus of control research on alcoholic population: A review 1. Development scale and treatment. *International Journal of the Addiction, 13*: 55-78.

ROSS, R.R. et LIGHTFOOT, L.D. (1985). *Treatment of the Alcohol — Abusing Offender*. Springfield, Ill.: Charles C. Thomas.

SAINT-LAURENT—SIMARD, L. (1973). Évaluation psychologique du traitement des alcooliques au Québec. *Toxicomanies, 6*, 1: 7-32.

SANCHEZ-CRAIG, M., ANNIS, H.M., BORNET, A.R. et MacDONALD, K.R. (1984). Random assignment to abstinence and controlled drinking: Evaluation of a cognitive-behavioral program for problem drinkers. *Journal of Consulting and Clinical Psychology, 42*: 390-403.

SAUNDERS, W.M. et KERSHAW, P.W. (1979). Spontaneous remision from alcoholism — A community study. *British Journal of Addiction, 74*: 251-254.

SCHUCKIT, M.A. (1980). Charting what has changed, dans G. Edwards et M. Grant (eds). *Alcoholism Treatment in Transition*, London: Croom Helm: 59-79.

SMART, R.G. (1976). Spontaneous recovery in alcoholics: A review and analysis of the available research. *Drug and Alcohol Dependance, 1*: 277-285.

SMART, R.G. (1979). Young alcoholics in treatment: Their characteristics and recovery rates at follw-up. *Alcoholism: Clinical and Experimental Research, 3*, 1: 19-23.

TUCHFIELD, B.S. (1981). Spontaneous remission in alcoholics: Empirical observations and theoretical implications. *Journal of Studies on Alcohol, 42*: 626-641.

UDE, G.R. (1978). Locus of control as both a predictor and outcome measure of therapeutic success in an alcoholic population. *Dissertation Abstracts International, 38*.

VAILLANT, G.E. (1983). *The Natural History of Alcoholism*. Cambridge, Mass: Harvard University Press.

VAILLANT, G.E. et MILOFSKY, E.S. (1982). Natural history of male alcoholism. IV. Paths to recovery. *Archives of General Psychiatry, 39*: 127-133.

VAILLANT, G.E., CLARK, W., CYRUS, C., MILOFSKY, E.S., KOPT, J., WULSEN, Y.W. et MOGIELNICKI, N.P. (1983). Prospective stydy of alcoholism treatment. Eight-year follow-up. *The American Journal of Medecine, 75*: 455-463.

VANNICELLI, M. (1984). Treatment outcome of alcoholic women: The state of the art in relation to sex bias and expectancy effects, dans S.C. Wilsnack et L.J. Beckman (eds). *Alcohol Problems in Women: Antecedents, Consequences and Intervention*. New York: The Guilford Press: 369-413.

WARD, D.A., BENDEL, R.B. et LANGE, D.A. (1982). A reconsideration of environmental resources and the posttreatment functioning of alcoholic patients. *Journal of Health and Social Behavior, 23*: 310-317.

WESTERMEYER, J. et PEAKE, E. (1983). Follow-up of alcoholic native Americans. *American Journal of Psychiatry, 140*, 2: 189-194.

RÉSUMÉ

Les auteurs présentent un relevé de la littérature sur l'évaluation du traitement de l'alcoolisme. Le texte rapporte les conclusions de la recherche en rapport avec certaines questions: le traitement a-t-il des effets? Quelles sont les personnes les plus aptes à en profiter? A-t-on trouvé une forme de traitement supérieure aux autres? Enfin, que penser de l'appariement et des programmes spécialisés en fonction de clientèles particulières?

Chapitre 29
Le Bar ouvert: évaluation d'une expérience en prévention*

Pierre Lamarche, Louise Nadeau,
André de Champlain et Johanne Reney

Le Bar ouvert est un programme de sensibilisation à l'alcool destiné aux étudiants des niveaux collégial (17-19 ans) et universitaire. Son objectif principal est d'animer les milieux étudiants et de fournir aux utilisateurs une occasion de réfléchir sur leur consommation d'alcool.

L'origine du programme remonte à 1984 alors que la Brasserie Molson du Québec décidait de poser un geste concret afin de prévenir les jeunes contre l'alcoolisme. L'entreprise commença par consulter des experts des milieux de la santé, de l'enseignement et de la jeunesse. Un comité de coordination de cinq personnes fut formé et de ses travaux naquit l'idée d'avoir recours à l'informatique pour rejoindre les jeunes. Plus précisément, il s'agissait de créer un vidéo interactif permettant aux jeunes 1) d'obtenir des renseignements sur l'alcool et sur l'alcoolisme et 2) de fournir de données sur leurs propres habitudes de consommation. La coordination des recherches et le développement de ce programme furent confiés à l'Institut de recherches cliniques de Montréal (IRCM).

La recherche portant sur la prévention des problèmes liés à l'alcool et sur l'autocontrôle des comportements de consommation indique que l'information seule ne suffit pas à influencer le comportement. Selon les spécialistes de l'IRCM, il faut fournir aux jeunes des occasions de se confronter à des situations concrètes où ils doivent faire des choix face à l'alcool. Le Bar ouvert a été bâti dans cet esprit.

* Texte inédit. Les auteurs tiennent à remercier M. Jocelyn Philibert pour son apport à la formulation finale de cet article.

Le Bar ouvert est une première au Québec et ce, pour deux raisons. Tout d'abord, c'est la première fois qu'on utilise l'informatique pour faire de la prévention bien que des expériences semblables aient été menées ailleurs (Perreault, sous presse). Ensuite, l'expérience a été soumise à une évaluation quantitative et qualitative dont il sera fait état ultérieurement.

Un barman attentif

Essentiellement, le Bar ouvert est un kiosque où se trouve un micro-ordinateur. Ce dernier comporte un clavier, un moniteur couleur et un disque rigide de grande capacité. Il utilise un logiciel interactif. On a tenté de personnaliser le plus possible la relation entre l'usager et l'ordinateur. Par ailleurs, le kiosque peut être transporté d'école en école ou encore être installé dans un centre commercial. En fait, le Bar ouvert constitue une application de pointe des recherches en informatique, en ergonomie cognitive et en médecine comportementale menées à l'IRCM.

Une fois dans le kiosque, l'usager converse à l'aide du clavier avec «Jean-Paul», un barman fictif. Choisi pour son double rôle de confident naturel et de dispensateur familier d'alcool, ce dernier jouit d'une grande crédibilité auprès des clients du fait de l'expérience de la vie qu'on lui prête facilement.

La simulation amène l'usager à influencer le cours de la conversation et ce, en fonction de ses propres caractéristiques individuelles que «Jean-Paul» enregistre en mémoire et finit par mieux connaître en posant des questions. Cette conversation tient compte d'une foule de variables comme le sexe, l'âge, la présence ou non de relation de couple, le degré de stress perçu, le type de résidence, l'accès à une automobile ou à une motocyclette, l'affirmation de soi, le statut d'emploi, les problèmes liés à l'alcool dans la famille et autres variables qui peuvent intervenir dans la problématique de l'alcool. À la fin de la conversation, le barman y va de quelques conseils individualisés sous forme d'une note imprimée qui est remise au client.

Installé pendant une semaine dans plusieurs écoles et universités à travers la province, le Bar ouvert a ainsi reçu les «confidences» anonymes de plusieurs milliers d'étudiants, «confidences» qu'il a conservées en mémoire sous formes de données.

L'évaluation

L'évaluation du Bar ouvert a été confiée au Groupe de recherche appliquée sur les psychotropes (GRAP) qui a voulu en premier lieu évaluer la fiabilité des données. S'il devait s'avérer que celles-ci soient fiables, la santé publique aurait fait un nouveau pas en se dotant d'un outil alliant la valeur éducative à la valeur épidémiologique. Outre cette commande précise de l'IRCM et du commanditaire, le GRAP a également voulu mesurer l'impact du Bar ouvert sur les usagers.

L'évaluation quantitative

L'évaluation quantitative avait tout d'abord pour but de valider le Bar ouvert comme méthode de cueillette de données. De plus, on voulait contrôler l'authenticité des réponses.

Pour ce faire, on a bâti un questionnaire comportant dix items. Le questionnaire comportait peu de questions afin d'éviter un taux de non-réponse trop élevé. De plus, quatre d'entre elles correspondaient au CAGE, un outil de dépistage de la symptomatologie alcoolique que contient également le Bar ouvert. Trois autres questions visaient à vérifier l'authenticité des réponses tandis que deux questions tentaient d'évaluer l'impact du Bar ouvert sur les habitudes de consommation des étudiants. Finalement, une question avait pour objet l'identification de l'alcoolisme parental.

L'échantillon

Au total, 757 personnes ont répondu au questionnaire. Près du tiers (31 %) étaient des universitaires tandis que les deux tiers (69 %) étaient des cégépiens. L'âge moyen était de 19,85 ans. Trente-quatre pour cent des sujets étaient de sexe féminin.

Un instrument de cueillette de données relativement fiable

Divers indices portent à conclure que les réponses recueillies par le Bar ouvert sont relativement fiables. La première question est d'une importance capitale à ce sujet puisqu'elle se rapporte directement à l'authenticité des réponses. Quatre-vingt-treize pour cent des répondants ont ainsi affirmé avoir participé au programme une seule fois malgré la qualité ludique du programme; les données ne se trouvent donc que très faiblement contaminées par la répétition de scénarios de réponses. De plus, l'analyse statistique ne révèle aucune différence dans le taux de réponse pour l'âge, le statut, le sexe ou l'école. Par ailleurs, dans des «focus groups» menés dans plusieurs écoles qui ont reçu «Jean-Paul» , les sujets ont estimé que le taux de «véracité» de leurs réponses était de 70 %. On précise qu'on peut avoir répondu une seule fois et pour soi mais avoir «menti» à quelques questions de «Jean-Paul». Il faut donc conclure qu'en dépit de ces limites — comparables à celles des études sur le même sujet effectuées avec d'autres méthodes — un logiciel interactif comme celui du Bar ouvert semble un moyen valable de recueillir des données. Il faut toutefois garder en mémoire que les enquêtes sur la consommation d'alcool sont sujettes à une minimisation de la quantité consommée.

D'autre part, on a estimé que 11,7 % des répondants ont exploité exclusivement l'aspect ludique du Bar ouvert. Par exemple, certains ont mentionné qu'ils voulaient voir ce que «Jean-Paul» répondrait et ils l'ont «testé»; d'autres ont dit qu'ils s'étaient mis à la place d'un proche qui a des problèmes d'alcool; d'autres encore ont noté qu'ils ne voulaient pas prendre le risque de faire connaître leurs difficultés tandis que certains ne voulaient tout simplement pas que les gens autour d'eux voient leurs réponses.

Avez-vous appris quelque chose?

En ce qui a trait à l'impact du Bar ouvert, on a aussi demandé aux étudiants s'ils avaient pris conscience de quelque chose de particulier suite à leur entretien avec «Jean-Paul». La moitié d'entre eux ont affirmé avoir été «imperméables» au Bar ouvert. Quant aux autres, ils ont dit avoir réalisé «quelque chose». Le quart des étudiants ont précisé la nature de leur prise de conscience: certains ont réalisé qu'ils devaient modérer leur consommation tandis que 8 % ont précisé qu'ils seraient dorénavant plus conscients des dangers de la conduite en état d'ébriété. Seulement 2 % d'entre eux ont mentionné avoir réalisé que l'intoxication était plus facile à atteindre qu'ils le croyaient tandis que 7 % ont affirmé que le Bar ouvert leur avait fait prendre conscience de leur façon de boire.

Cela dit, la grande majorité des participants (86 %) ont mentionné qu'ils n'avaient malgré tout rien à changer à leur façon de boire tandis que les autres ont pensé qu'ils devaient plutôt la modifier. On notera que 10 % des répondants ont dit qu'ils avaient des problèmes liés à l'alcool (ni l'âge, ni le statut, ni l'école n'influencent ces réponses). On notera encore que plus de garçons (16,4 %) que de filles (10,4 %) ont affirmé qu'ils devaient changer leur façon de boire. Ce résultat va dans le sens des données épidémiologiques qui indiquent que la prévalence des problèmes d'alcool est plus élevée chez les hommes que chez les femmes (cette différence significative se manifestera tout au long de l'analyse des résultats).

Famille, reproches et culpabilité

L'étude a également abordé la question des problèmes liés à l'alcool dans la famille et 32 % des participants ont admis que ces problèmes ont déjà existé dans leur famille. Plus de filles (38 %) que de garçons (28,2 %) ont indiqué que de tels problèmes existent. Par ailleurs, 72 % des répondants ont affirmé qu'ils n'avaient jamais pensé sérieusement à réduire leur consommation tandis que 28 % ont indiqué le contraire. Pour être plus précis, 32 % des garçons et seulement 20,3 % des filles y avaient déjà songé. Cette réponse va aussi dans le sens des données épidémiologiques. Fait à noter: les étudiants anglophones semblent plus enclins à vouloir réduire leur consommation que leurs confrères ou consoeurs francophones. De même, ils auraient plus tendance à se sentir mal ou coupables de boire.

Par ailleurs, plus de garçons (20,1 %) que de filles (13,3 %) ont mentionné qu'on leur reprochait de trop boire. La grande majorité des participants (89 %) ont précisé en outre qu'ils n'avaient jamais pris un verre en se levant le matin pour soulager une gueule de bois. Parmi ceux qui l'ont déjà fait, il y a plus de garçons que de filles et plus d'anglophones que de francophones.

Analyse des résultats au questionnaire CAGE

L'analyse des quatre questions du CAGE permet de dégager deux constatations. Les distributions de scores au CAGE ne sont pas identiques chez les garçons et les filles: 57 % des filles et 45,9 % des garçons ont obtenu un score de 0. Ensuite, les deux cégeps anglophones ont le plus grand nombre de répondants qui représentent des problèmes liés à l'alcool. De plus, un test de corrélation mettant en relation les réponses relatives aux problèmes liés à l'alcool dans la famille et le score au CAGE a permis de vérifier que les problèmes liés à l'alcool dans la famille sont plus fortement associés à un score plus élevé au CAGE. Ce résultat permet d'inférer que la présence de ce type de problèmes est un indicateur de troubles similaires à prévoir chez nos répondants. On peut donc identifier ainsi un groupe de jeunes nettement plus vulnérables ques les autres et penser à une prévention adaptée à eux. Ce résultat vient corroborer un corpus de travaux indiquant que les problèmes liés à l'alcool sont plus fréquents dans les familles d'alcooliques (Cotton, 1979; Goodwin, 1980).

L'étude qualitative

On a aussi cherché à évaluer qualitativement l'impact du Bar ouvert et ce, quant à son contenu, la forme de communication utilisée et le style de réponses obtenues. On a de plus voulu savoir s'il avait fait «réfléchir» les participants.

L'approche méthodologique utilisée fut la technique d'enquête sociologique du «focus group» (Moser et Rootman, 1984). Les discussions ont été enregistrées et menées à l'aide d'un schéma d'entrevue semi-structurée. Les rencontres ont duré approximativement deux heures. Au total, dix-sept filles et seize garçons ont été interviewés.

Les participants ont indiqué qu'ils avaient beaucoup réfléchi à la question. En général, ils ont d'abord apprécié la qualité graphique du programme et jugé que cette formule de cueillette de données est plus dynamique et attirante qu'un simple questionnaire. Ils ont aussi aimé l'atmosphère du kiosque. On a toutefois moins apprécié quelques aspects techniques (dessins trop lents à se former, textes trop longs, etc.).

Fait à souligner: ils sont d'avis que le programme vise davantage à recueillir des informations qu'à en donner. Mais cela ne les a pas empêché d'en cerner tout de même les objectifs. De plus, il semble que personne n'ait répondu naïvement aux questions. Ils ont aussi tous pu imaginer facilement les motifs des mises en situation et anticiper les questions à venir. Plusieurs auraient toutefois aimé connaître les objectifs du programme avant de s'y impliquer.

La confidentialité

La question de la confidentialité a semblé poser un problème. Non pas la confidentialité des réponses fournies à l'ordinateur, au questionnaire ou lors d'entrevue mais bien le caractère trop public de la conversation avec «Jean-Paul». Plusieurs ont ainsi déploré le manque d'intimité pour répondre à des questions traitant de l'alcoolisme dans la famille, de l'auto-évaluation de son comportement vis-à-vis l'alcool et de la présence ou l'absence d'un-e conjoint-e dans sa vie. Cette situation a pu inciter des répondants à donner de fausses informations. Certains ont pu être tenté d'exagérer ou d'atténuer la réalité évoquée, biaisant ainsi certaines données.

Enfin, quelques sujets ont considéré qu'il est difficile de s'auto-évaluer, comme le demande le programme. Dans ce cas, il s'agit des questions relatives à l'agressivité et à l'évaluation de sa fréquence de consommation d'alcool. Selon eux, il est plus facile pour un observateur de porter ce type de jugement. De plus, le contexte compte beaucoup dans ce genre d'évaluation.

Un barman sympathique

Tous ont aimé le ton de la discussion qu'on a trouvé amical et familier. Cependant, les avis sont partagés face au barman: certains le trouvent moralisateur alors que d'autres disent le contraire. On a quand même apprécié son humour et la justesse de la plupart de ses conseils. On a cependant trouvé irréaliste qu'un barman soit si rapidement intime avec ses clients. On a de plus critiqué certains de ses commentaires et attitudes ainsi que quelques-uns des sujets abordés. De plus, des répondants ont trouvé que le barman parlait trop. Précisons cependant que le manque de réalisme n'a pas semblé influencer les répondants qui n'ont pas perdu confiance en la validité de l'interaction.

Des répondants ont par ailleurs apprécié l'idée de poser des questions par le biais de mises en situation. Ils ont trouvé dynamique cette façon de faire. Certains mentionnent qu'ils auraient préféré traiter de sujets d'actualité alors que d'autres auraient voulu avoir plus de renseignements sur l'alcool au volant ou des suggestions pour aider des amis qui éprouvent des difficultés avec l'alcool. Certains ont dit que le fait que les «consommations» fussent gratuites enlevait beaucoup de réalisme à l'expérience. Enfin, on aurait aimé s'impliquer davantage et avoir la possibilité de corriger ses réponses.

Les répondants ont par ailleurs spécifié que les conseils ont un effet immédiat mais, qu'une fois l'interaction terminée, ils n'y ont plus pensé. Ils ont aussi été déçus du résultat final. Ils auraient préféré un diagnostic plus poussé et surtout plus personnalisé. De plus, ils ont jugé ce message trop superficiel. Les répondants ont déclaré ne pas tenir compte des recommandations qui leur étaient faites parce qu'ils ont considéré ces remarques comme des observations générales qui ne leur étaient pas personnellement adressées. En d'autres mots, ils ont oublié tout ça après avoir quitté le kiosque. Il faut toutefois retenir qu'un répondant sur deux a quand même dit avoir réalisé «quelque chose». À noter également: la plupart des discussions qui ont eu lieu après l'expérience ont davantage porté sur le jeu informatique que sur la consommation d'alcool.

Conclusion

Le Bar ouvert est une expérience intéressante à plus d'un titre. Ainsi, cet instrument de cueillette de données s'avère être aussi fiable que n'importe quel autre moyen utilisé bien qu'il faille tout de même considérer les données recueillies avec une certaine prudence. Cependant, seule une étude comparative des diverses méthodes cherchant à mesurer les mêmes contenus permettrait de confirmer cette hypothèse.

L'environnement peu intime a sans doute amené certains répondants à donner de fausses informations. De plus, l'impossibilité de corriger ses réponses produit parfois des informations non valides. Il faut aussi tenir compte des répondants qui expérimentent plus d'une fois le Bar ouvert; les informations qu'ils inscrivent alors sont rarement représentatives de leurs comportements; leur intention est de tester l'ordinateur. De plus, ils s'attendaient à une «révélation» très sophistiquée sur soi-même, un objectif évidemment hors de portée d'un tel programme.

Malgré cela, la moitié des répondants ont appris quelque chose et 14 % ont considéré qu'ils devaient changer dans une certaine mesure leurs habitudes de consommation. On peut aussi considérer le Bar ouvert comme un bon outil d'animation auprès des jeunes à la condition de profiter de son passage dans un établissement pour présenter d'autres informations sur l'alcool et l'alcoolisme. Nous n'avons pas de données à ce sujet mais des impressions très favorables nous laissent croire que l'arrivée du Bar ouvert dans les écoles crée un événement, une série d'événements même, qui suscitent un grand intérêt. Le Bar ouvert est alors un prétexte idéal pour informer et faire de la prévention.

Références

CHAMPLAIN, A. de, (1987). *Enquête évaluative du Bar ouvert*. Montréal: GRAP.

COTTON, N.S. (1979). The familial incidence of alcoholism. *Journal of Studies on Alcohol, 40*, 1: 89-116.

GOODWIN, D.W. (1980). Genetic factors in alcoholism. *Recent Advances in Substance Abuse*. M. Mellow (ed.), Greenwich (Conn.): GAL Press, 305-327.

MOSER, J. et ROOTMAN, I. (1984). *Guidelines for Investigatig Alcohol Problems and Developing Appropriate Responses*. Geneva: World Health Organization.

PERREAULT, R. (sous pressse). *Le rôle des logiciels interactifs en prévention*.

RENEY, J. (1987). *Étude d'impact du programme: «Le Bar ouvert»*. Montréal: GRAP.

■ RÉSUMÉ

Les auteurs évaluent un programme de prévention qui s'adresse principalement aux étudiants des cégeps et des universités et qui fait appel à l'informatique. Ce programme a été baptisé le Bar ouvert. Il s'agit d'un kiosque d'information où les étudiants peuvent converser au moyen d'un clavier et d'un écran avec un barman fictif nommé «Jean-Paul». Ils ont alors l'occasion de réfléchir sur leurs habitudes de consommation tout en fournissant des données qui sont mémorisées par l'ordinateur. Bien qu'il faille considérer les données recueillies avec une certaine prudence, le Bar ouvert s'avère un instrument aussi fiable que n'importe quel autre instrument fréquemment utilisé. Les auteurs croient également que le Bar ouvert peut être un bon outil d'animation auprès des jeunes à la condition de profiter de son passage pour présenter d'autres informations sur l'alcool et l'alcoolisme.

Chapitre 30

La formation en toxicomanie au Québec: l'expérience de l'Université de Sherbrooke*

Lise Roy

La question de la toxicomanie touche plusieurs personnes, d'abord celles directement ou indirectement aux prises avec un problème ou ses conséquences, mais également les personnes désireuses de venir en aide aux individus affectés et à leur entourage.

Il est indéniable que la qualité des services offerts est fonction, pour une grande part, des connaissances et des aptitudes des intervenants. Aussi, le travail dans le champ de l'usage et de l'abus des psychotropes requiert-il une formation spéciale, voire même spécialisée.

C'est pour cette raison que le ministère de la Santé et des Services sociaux (MSSS) organise à l'intention des intervenants et des intervenantes à l'emploi de son réseau d'établissement, des sessions de perfectionnement en toxicomanie. De plus, à l'occasion, certaines associations ou fédérations professionnelles offrent aussi des activités visant à ressourcer leurs membres. Toutefois, ces sessions de formation ne font pas partie d'un programme et ne peuvent être créditées. Par ailleurs, certains cégeps et universités offrent quelques cours d'appoint en toxicomanie, dans le cadre de programmes de formation (médecine, service social, éducation spécialisée); ces cours fournissent des notions de base en toxicomanie en tentant de sensibiliser les étudiants et les étudiantes à cette problématique. Cependant, ces cours ne constituent pas un programme spécialisé.

---

* Texte inédit.

La formation créditée en toxicomanie au Québec

Au Québec, il existe deux programmes spécifiques en toxicomanie, qui conduisent à une formation créditée de niveau universitaire: les certificats de toxicomanie de l'Université de Sherbrooke et de l'Université de Montréal. Il n'existe aucun autre programme de spécialisation en toxicomanie de niveau collégial ou universitaire, qui permettrait d'obtenir un diplôme reconnu comme un DEC ou un baccalauréat.

L'accumulation de trois certificats conduit au mieux à l'obtention d'un diplôme de premier cycle universitaire (habituellement un baccalauréat ès arts ou général). L'enseignement dispensé à l'intérieur de ces certificats est multidisciplinaire et vise, entre autres, à développer chez l'étudiant un regard critique sur la problématique des toxicomanies et les diverses formes d'intervention.

Créé en 1978 à la Faculté de l'éducation permanente de l'Université de Montréal, le Certificat de *toxicomanies: prévention et intervention*, cherche depuis dix ans à répondre aux besoins de formation des intervenants et intervenantes dans le domaine de la toxicomanie au Québec. Il s'agit d'un programme universitaire de premier cycle offrant un ensemble d'activités permettant d'obtenir trente crédits, soit l'équivalent de quatre cent cinquante heures de cours.

Un autre programme est issu de la volonté d'une petite équipe dirigée, entre autre, par le docteur André Boudreau[1]. Ce dernier avait mis sur pied, en 1957, des cours d'été sur l'alcoolisme et les toxicomanies à l'Université de Sherbrooke dans le but de répondre aux besoins de formation de base des intervenants de l'époque. Bien que modifiés, ces cours existent toujours.

Par la suite, à la demande de certaines personnes, des cours furent organisés en région sous le nom de *Formation des intervenants en alcoolisme et autres toxicomanies*, ou FIAT. En 1984, à la suite d'une révision de programme basée sur les contenus et l'impact de la formation FIAT, l'Université de Sherbrooke crée le Certificat de toxicomanie, sous la responsabilité de la Direction générale de l'éducation permanente (DGEP). Il s'agit, comme à Montréal, d'un programme universitaire de premier cycle comprenant un ensemble de cours totalisant trente crédits. Ces cours sont offerts tant à Sherbrooke qu'en région. Le programme s'adresse à tous ceux et celles qui veulent mieux comprendre le phénomène de la toxicomanie et les toxicomanes, ainsi qu'aux personnes désireuses de développer leurs capacités d'intervention dans les milieux concernés.

---

1. Fondateur et animateur du défunt Office de la prévention et du traitement de l'alcoolisme et des autres toxicomanies (OPTAT).

Le Certificat de toxicomanies de l'Université de Sherbrooke

Une enquête en cours auprès des étudiants inscrits depuis 1984 au Certificat de toxicomanies de l'Université de Sherbrooke fait ressortir les besoins que la clientèle désirait satisfaire lorsqu'elle s'est inscrite au programme du certificat.

Ces besoins se subdivisent en trois catégories: besoins de croissance personnelle, besoins de compétence professionnelle et besoins de culture générale.

Une bonne partie des étudiants se regroupe autour du besoin de *croissance personnelle*. Ils s'intéressent à la formation parce qu'eux-mêmes ou des gens de leur entourage sont directement concernés par la question. Ces personnes peuvent désirer s'impliquer comme intervenants bénévoles ou rémunérés. La plupart d'entre elles sont déjà engagées dans la communauté et sentent le besoin d'acquérir de nouvelles connaissances tout en intégrant leurs expériences.

Une autre partie de la clientèle s'inscrit au programme pour combler des besoins de *compétence professionnelle*. À partir de besoins rencontrés dans leur milieu de travail, certains veulent se faire reconnaître une compétence professionnelle particulière ou encore veulent accéder à un nouvel emploi.

Enfin, une dernière partie de la clientèle s'inscrit pour acquérir des connaissances à partir d'un besoin de *culture générale*. La toxicomanie étant une question des plus actuelles, certains désirent en connaître davantage sur le sujet.

Bien que ces catégories ne soient pas mutuellement exclusives, les besoins manifestés par la majorité semblent se regrouper autour de la pratique alors que, pour une minorité, ils tendent plutôt vers l'acquisition de connaissances.

Outre ces besoins de formation, le portrait global de la clientèle inclut d'autres caractéristiques qui se dégagent depuis le printemps 1984.

Les expériences de vie et de travail de la clientèle

Sur quatre cent trente-trois personnes inscrites au programme, l'étude de la répartition des sexes met en évidence une proportion égale d'hommes et de femmes, soit 48 % d'hommes et 52 % de femmes. L'âge moyen des étudiantes et des étudiants se situe autour de quarante ans de sorte qu'au plan pédagogique, il apparaît important de tenir compte des situations variées de vie et de travail, cette clientèle présentant l'avantage de pouvoir intégrer des connaissances à partir d'une solide base d'expériences.

La clientèle étant âgée de vingt et un ans et plus, l'admission tient compte d'expériences jugées appropriées de sorte que la moitié des étudiants n'a pas complété un diplôme d'études collégiales. Dans ce contexte, il est évident qu'une bonne partie de la motivation des étudiants à s'inscrire au Certificat résulte d'un mûrissement favorisé par de multiples expériences personnelles et professionnelles, plutôt que de la seule volonté d'accumuler des connaissances. Il importe donc, comme nous l'avons déjà mentionné, de considérer le bagage d'expériences qu'apporte la clientèle et, pour au moins la moitié des gens inscrits, de garder en mémoire que les besoins sont davantage d'ordre pratique.

L'Université de Sherbrooke a pour croyance de base que l'apprentissage chez l'adulte est favorisé lorsque la pédagogie tient compte du cadre de référence de ce dernier. D'où l'importance, dans le cadre du Certificat de toxicomanie, de tenir compte des besoins, des expériences de vie et de travail, des questions personnelles et des intérêts des gens inscrits, tout en respectant les exigences universitaires d'un programme de certificat de premier cycle.

Ces expériences de vie peuvent être très variées: si certains ont acquis une expérience de travail, d'autres sont restés à la maison; des adultes ont gardé un lien avec le système scolaire en poursuivant leurs études, alors que d'autres ont quitté l'école depuis longtemps. Enfin, certains ont l'expérience d'un problème de dépendance aux psychotropes. C'est de cette diversité qu'il importe de tenir compte au plan pédagogique et organisationnel.

Les préoccupations personnelles et les champs d'intérêts

La clientèle adulte désire mettre à profit ses expériences de vie et ses réflexions personnelles. Ces étudiants ont souvent des questions très spécifiques pour lesquelles ils désirent obtenir des réponses: le fait d'avoir pris de la marijuana pendant un certain temps a-t-il affecté mes chromosomes? Mon enfant risque-t-il de s'en ressentir? L'alcoolisme est-il héréditaire? Etc.

Dans le même ordre d'idées, ils désirent explorer le contenu de leur vécu en rapport aux questions de la famille, de la sexualité, de la jeunesse, des personnes âgées, des divers milieux de travail, etc.

Le degré de satisfaction de la clientèle

Dans l'ensemble, les étudiants sont satisfaits de la formation en toxicomanie donnée par l'Université de Sherbrooke. Toutefois, certains abandonnent le programme. Le taux de désistement après admission se situe autour de 16 %. Ce fait semble s'expliquer par deux facteurs principaux: le premier concerne le temps de déplacement pour assister aux cours (des étudiants de Trois-Rivières devant par exemple se déplacer à Québec); le second est attribuable à la charge des gens qui travaillent et qui ont des responsabilités familiales. Les exigences universitaires, dans le contexte de tâches multiples, font en sorte que certains se sentent vite débordés, d'autant plus s'ils doivent parcourir plusieurs kilomètres pour assister aux cours.

Les orientations générales de la formation

Compte tenu des caractéristiques dégagées face aux besoins de la clientèle — le fait que la moyenne d'âge soit de quarante ans, que ce soit des adultes possédant des expériences de vie et de travail variées, et dans des champs d'intérêt souvent très diversifiés, qu'ils doivent fournir un effort particulier en plus du travail et des responsabilités familiales —, certaines orientations générales, au plan pédagogique et organisationnel, doivent être dégagées:

- faciliter l'accès à l'Université en tenant compte non seulement de la formation de l'adulte, mais aussi de son expérience;
- rejoindre les personnes intéressées à la toxicomanie dans leurs besoins, que ce soit des besoins de croissance personnelle, de compétence ou de culture générale;
- rendre les ressources éducatives accessibles dans le milieu de vie des adultes concernés par la toxicomanie;
- choisir des démarches d'apprentissage qui valorisent la compétence des adultes, qui développent les habiletés à la communication, qui favorisent la formation par les pairs en suscitant des interactions entre les étudiants (démarche andragogique), qui développent l'usage des connaissances;
- développer le souci constant d'évaluer l'acquisition par les étudiants des connaissances acquises, en tenant compte de leurs besoins.

Les orientations générales se concrétisent donc par les contenus offerts, par l'approche pédagogique, etc. Ainsi, la structure et le contenu du Certificat découlent des orientations générales, ce qui lui donne ses forces sans toutefois éliminer ses limites.

Forces et limites du Certificat de toxicomanie

Au terme de trois années d'existence et à la suite d'une cueillette de commentaires auprès de la clientèle et des formateurs, nous sommes à même de faire certains constats concernant la formation offerte.

Parmi les acquis réalisés ou rapportés, mentionnons une plus grande ouverture aux multiples facettes que comporte une problématique comme celle de la toxicomanie, une acquisition de connaissances qui se répercute de manière positive, tant au plan personnel que professionnel, et l'amorce d'un processus de croissance personnelle suscitant des impacts multiples à l'échelle de la vie quotidienne.

La force du programme de l'Université de Sherbrooke serait de répondre aux besoins de formation des personnes dans leur milieu de vie en permettant à certains adultes une réorientation en ce qui concerne leur travail ou encore, de compléter une formation.

Pour ce qui est des limites, outre le taux de désistement de 16 % en raison de facteurs déjà mentionnés, notons qu'il n'existe pas à ce jour de formation pour ceux qui désireraient une suite au programme de certificat.

Les groupes en formation étant très hétérogènes, cela a comme avantage de favoriser l'occasion d'un échange d'expériences riches et variées. Par contre, il peut devenir difficile de susciter l'intérêt dans un groupe lorsque les gens qui le composent n'ont pas tous le même niveau de scolarité, ou encore manifestent des besoins très différents. On pourrait croire que cette hétérogénéité est attribuable à une particularité de la formation en région; l'enquête menée par Nadeau et Boivin en 1985 auprès de la clientèle du Certificat de toxicomanie de l'Université de Montréal montre toutefois une hétérogénéité similaire des groupes en milieu métropolitain.

La rareté des personnes spécialisées dans le domaine de la toxicomanie fait que la plupart de nos experts québécois sont surchargés de travail. Actuellement, la formation au niveau des certificats est offerte par des chargés de cours. La plupart d'entre eux ont un autre emploi à temps plein ou encore ne sont que contractuels; aussi, il n'est pas rare qu'ils doivent travailler quatorze jours consécutifs sans congé. À ce problème s'ajoute celui de la distance à parcourir: un formateur pourra ainsi parcourir plusieurs centaines de kilomètres dans le même week-end pour offrir la formation en région.

En résumé, il appert que la formation dispensée constitue un outil *sine qua non* de changement, en dépit du fait que certaines des conditions de son opérationnalisation sont parfois contraignantes. Il reste à élaborer des voies de solution pour les problèmes liés à la continuité, à l'hétérogénéité des groupes et à la rareté des formateurs dans le domaine.

Les voies possibles d'amélioration

Au chapitre du taux d'abandon, les moyens envisagés pour tenter de réduire le pourcentage de désistement pourraient aller dans le sens d'une meilleure adaptation aux besoins des étudiants; il faudrait par exemple réduire le nombre de formateurs par charge de trois crédits car, lorsqu'il y a trois responsables pour une période de quarante-cinq heures, ceci implique pour les étudiants un minimum de trois travaux ou trois examens différents, ce qui est beaucoup.

D'autre part, pour ceux qui désireraient une formation plus spécialisée après le Certificat, un programme de deuxième cycle en toxicomanie pourrait constituer une solution.

Compte tenu de la variété des besoins et des intérêts de la clientèle adulte désireuse de recevoir de la formation en toxicomanie et, d'autre part, des coûts trop élevés de la formation sur mesure (il faut un minimum d'inscriptions pour offrir le programme), l'hétérogénéité des groupes risque de demeurer. Il serait cependant possible d'en contourner les inconvénients par différents moyens. D'abord, pour répondre aux besoins de formation, qu'ils soient d'ordre personnel, professionnel ou culturel, la formation contrôlée généralisée pourrait être assouplie. Par exemple, l'enseignement pourrait s'adapter davantage aux besoins des personnes adultes (distance, heures de cours, nombre de responsables par période de quarante-cinq heures, etc.), tout en tenant compte des exigences universitaires.

Il faudrait aussi contrôler le critère d'admissibilité. Dès le début, les niveaux d'intérêt personnel, professionnel et culturel pourraient être mesurés à l'aide d'une grille d'évaluation. Le cheminement de chacun ou chacune selon ces trois niveaux pourrait être suivi tout au long du certificat en relation avec chacun des modules: le premier module consacré à l'acquisition des connaissances de base; le second module dédié aux pratiques d'intervention comme telles et le troisième module, spécialisé sur les pratiques spécifiques d'intervention.

Il est possible d'imaginer qu'à l'intérieur du dernier module, l'évaluation pourrait être adaptée en fonction de pratiques contrôlées; par exemple, un étudiant qui fait déjà de l'intervention auprès des jeunes et qui aurait acquis les exigences demandées pour le cours pourrait choisir de travailler sur un problème spécifique de son choix, sous forme de projet ou de stage, le tout devant être mesuré lors d'une évaluation finale. En respectant davantage les besoins de chacun, le problème de l'hétérogénéité des groupes pourrait mieux être contrôlé.

Pour pallier l'hétérogénéité des groupes, il pourrait également être possible de développer des outils en ce qui a trait à la reconnaissance des acquis, ce qu'explore déjà l'Université de Sherbrooke avec le Centre d'information et de recherche en reconnaissance des acquis (CIRRAC).

Finalement, le problème de la rareté et de la disponibilité des formateurs pourrait être résolu en formant une table de concertation qui regrouperait les milieux où se retrouvent les enseignants (centres de réadaptation, entreprises, universités, etc.), de façon à prévoir des échanges de services sous forme de dégagement d'horaires pour les chargés de cours, d'apports en outils d'évaluation, de formation, en préparation de questionnaires, etc.

Les perspectives d'avenir

Compte tenu des considérations précédentes et dans un souci constant d'amélioration des services de formation en toxicomanie, la création d'un centre d'étude et de formation en alcoolisme et toxicomanie (CEFAT) serait grandement apprécié. Ce centre aurait comme mandat de recueillir les besoins de formation en toxicomanie de l'ensemble de la population du Québec, de s'occuper du contrôle de la qualité de cette formation et de veiller à ce que la formation offerte réponde de façon efficace aux besoins de la clientèle. De plus, ce centre pourrait établir des mécanismes de collaboration entre les divers organismes impliqués en toxicomanie et organiser des sessions de perfectionnement à l'intention des formateurs.

Un tel centre pourrait cumuler cinq fonctions principales, soit l'information, la recherche, la concertation, la formation et la consultation. Il aurait un rôle important à jouer conjointement avec les milieux de travail. Son impact pourrait être important pour l'ensemble de la formation en toxicomanie dispensée au Québec, l'aide apportée pouvant se répercuter dans tous les milieux impliqués. Proposée comme solution d'avenir, la création d'un tel centre mérite d'être étudiée en profondeur.

Dans le domaine de la formation en toxicomanie au Québec, plusieurs initiatives ont à ce jour suscité des impacts positifs; il reste toutefois encore beaucoup de place pour l'amélioration et l'innovation. À cet égard, tous ceux qui s'intéressent de près au développement d'outils de formation en toxicomanie au Québec devraient, en priorité, faire preuve d'ouverture et d'un esprit créatif vis-à-vis ce champ nouveau de connaissances et de pratiques.

Références

CONSEIL DES AFFAIRES SOCIALES ET DE LA FAMILLE (1985). *Le point sur les habitudes de vie: l'alcool.* Publié par le gouvernement du Québec.

MARINIER, R.L., (1982). *Rapport d'études sur la consommation de psychotropes chez les femmes du Québec.* Montréal: Université de Montréal.

MINISTÈRE DE LA SANTÉ NATIONALE ET DU BIEN-ÊTRE SOCIAL DU CANADA, (1984). *L'alcool au Canada, une perspective nationale.* Ottawa.

MINISTÈRE DE L'ÉDUCATION DU QUÉBEC, (1987). *Le phénomène drogue et les jeunes.* Québec.

NADEAU, L. et BOIVIN, D. (1985). Le certificat en toxicomanie de l'Université de Montréal, la clientèle et ses attentes. *Psychotropes.* Vol. II, n° 3: 89-92.

■ RÉSUMÉ

Après une présentation historique sommaire des activités de formation en toxicomanie au Québec, l'auteure analyse les différentes composantes de la formation offerte au Certificat de toxicomanie de l'Université de Sherbrooke et met en évidence les caractéristiques de la clientèle, ainsi que les forces et les limites de cette formation pour lesquelles elle propose des voies de solution. En dernier lieu, l'auteure tente d'esquisser ce que pourrait être l'avenir de la formation en toxicomanie au Québec.

ndex

Achevé Imprimerie
d'imprimer Gagné Ltée
au Canada Louiseville